Les Fondements
de la Phénoménologie
Husserlienne

PHAENOMENOLOGICA

COLLECTION FONDÉE PAR H.L. VAN BREDA ET PUBLIÉE
SOUS LE PATRONAGE DES CENTRES D'ARCHIVES-HUSSERL

85

SERGE VALDINOCI

Les Fondements
de la Phénoménologie
Husserlienne

SERGE VALDINOCI

Les Fondements de la Phénoménologie Husserlienne

1982

MARTINUS NIJHOFF PUBLISHERS
THE HAGUE/BOSTON/LONDON

Distributors:

for the United States and Canada
Kluwer Boston, Inc.
190 Old Derby Street
Hingham, MA 02043
USA

for all other countries
Kluwer Academic Publishers Group
Distribution Center
P.O.Box 322
3300 AH Dordrecht
The Netherlands

Library of Congress Cataloging in Publication Data

Valdinoci, Serge.
    Les fondements de la phénoménologie husserlienne.

    (Phaenomenologica ; 85)
    Bibliography: p.
    1. Husserl, Edmund, 1859-1938. 2. Phenomenology
--History--20th century. I. Title. II. Series.
B3279.H94V286   193   81-22307
ISBN 90-247-2504-6   AACR2

ISBN 90-247-2504-6 (this volume)
ISBN 90-247-2339-6 (series)

PRINTED IN THE NETHERLANDS

TABLE DES MATIERES

INTRODUCTION

1. APPROCHER DE LA PHENOMENOLOGIE

Husserl n'a pas suscité une école phénoménologique unifiée: c'en est fait de l'illusion d'une linéarité phénoménologique se perpétuant dans la tradition de la philosophie régénérée et déployée; le travail phénoménologique s'est d'abord éclaté en tendances diverses, puis a été contesté dans son fondement, enfin il est en passe de s'intégrer dans les "dossiers de l'histoire", les premiers contreforts du vingtième siècle.

Ce phénomène progressif de mise en coulisses n'est pas toutefois terminé: Husserl sert de repoussoir; on le révère même pour la netteté de ses attitudes antipsychologistes, toujours d'actualité; la phénoménologie n'est pas ce monument que les décortiqueurs impassible ravaleraient pour une dernière toilette. En ce sens, elle ne participe pas des unités textuelles mortes, individualisées dans leur passivité, et suffisamment distanciées de notre présent pour que la foule des voyeurs y risque un regard tranquille. Cependant, la phénoménologie n'engage plus les pointes acides de la pensée contemporaine; elle n'est pas de son monde, ne forme pas avec elle une unité. Ni unité dans le passé, ni unité dans le présent, le texte husserlien erre comme intermonde, encore imprégné dans ses plis de la figure du Maître, mais vidé de sa charge d'actualité. Alors la phénoménologie est dans l'oubli, en partie justifié par cette contradiction qui trouble le regard porté sur elle.

Dans ces conditions, il est impossible de prétendre aborder simplement le corpus husserlien: il se dérobe à l'historien strict, mais se refuse à sa simple reprise, car il a été dévié, enseveli peut-être. Notre perspective est de nous introduire par delà les grilles de lecture successives en revenant à la vérité du texte. La visée fondamentale est de détecter cette dernière, pour ensuite la reconstruire et hardiment, continuer des raisonnements interrompus depuis plus de quarante ans.

Mais l'esquisse demeure une simple intention vide tant qu'une méthode efficace ne vient pas diriger le débat. Le premier problème consiste à isoler l'identité du texte derrière son allure protéiforme, déjà sanctionnée par la disparité entre les manuscrits non publiés et l'extension restreinte des publications. Cette disparité ne reflète-t-elle cependant pas un trouble dans l'organisation des contenus, ce qui expliquerait l'incapacité de l'auteur à *synthétiser* son travail sous une forme univoque? Est-il possible de donner une réponse positive à la question de l'unité de la problématique husserlienne? Et commence la difficulté ... Les textes ont été abordés par plusieurs biais: Diemer[1] impose l'approche structurale; à celle-ci répond l'eidétique husserlienne, ensemble de structures de description. Lauer[2] a suivi la progression historique de la formation de la phénoménologie; il retrouve la notion husserlienne selon laquelle les textes se sont complexifiés, allant d'une hégémonie de la description à celle de l'histoire. Beaucoup ont répéré des thèmes isolés décisifs, et Husserl laisse ouverte cette possibilité car il associe l'intuitionnisme des *Recherches*, l'idéalisme de *Ideen I*, et d'autres modèles encore. Les textes justifient des lectures contradictoires: l'étude du développement se scinde d'une perspective synchronique qui, à son tour, est exclusive de l'exhibition d'*un* moment, cette approche niant aussi bien la succession intrinsèque des moments que leur système synchronique. Les textes semblent se disperser et prendre forme au gré d'une décision libre de lecture. Et, si le lecteur revient à la disposition de ces derniers par-delà toute interprétation unifiante, il est entraîné dans une déroutante combinaison de thèmes qui engagent "la" phénoménologie dans la logique, la philosophie idéaliste, l'analytique de la temporalité, de la corporéité, et même de la morale, de l'Etat, de l'instinct de la vie et de la mort etc... Le tout dans une terminologie bigarrée qui suscite autant les neólogismes qu'elle emprunte à la tradition. Les interprétations unifiantes et contradictoires, dont nous avons parlé, sont justement fondées dans cette complexité souvent inextricable, où l'universalité d'un concept et d'une méthode sont contradictoirement niés et affirmés. Mais la complexité suscite l'aspect attachant de ce corpus où l'on sent la pensée qui hésite, se ramasse, bondit dans la lumière de l'évidence, pour reculer aussitôt. Plus que jamais, cependant, s'impose la recherche d'une méthode d'approche.

Les commentateurs ne nous aident guère dans notre entreprise d'identification, pas plus que les textes bruts. Ne manque-t-il pas la "bonne distance" par rapport au corpus? A moins, autre possibilité, que ce dernier forme une cathédrale fantasmatique dont la réalité est château de cartes. Il est impossible de trancher a priori. Existe-t-il un géométral des points de vue, un *centre* nerveux qui décide des zones de sensibilité périphériques? Un principe de cohésion sera pour l'instant simplement *postulé*. C'est lui qui formera l'idée de la possibilité intrinsèque du travail. Pour autant, notre relation méthodologique au corpus demeure un mystère à élucider.

2. LA RELATION PROBLEMATIQUE AUX TEXTES

Nos remarques montrent que la relation aux textes est une aventure dont il s'agit de réduire les inconnues. Un point de sécurité est d'ores et déjà acquis: ce n'est pas dans les indications husserliennes, si diverses qu'elles désorientent les lectures, qu'on trouvera un principe d'unité. Quand bien même ce dernier rassemblera assurément certaines indications expresses c'est que, préliminairement, aura été élaborée une structure d'homogénéité qui les accorde. Les moments cruciaux de la recherche husserlienne se contestent souvent - nous l'avons montré - c'est pourquoi il est fort dangereux d'imposer soit une diachronie, soit une synchronie systématisante, soit une thématique isolée. Cependant, cette difficulté ne confine nullement à l'idée selon laquelle les textes sont à assembler de l'extérieur: les modélisations linguistique, sociologique, politique présupposent les textes comme ensemble de discours à fixer de l'extérieur. Ils oublient que la phénoménologie peut être une *unité formelle et sémantique intrinsèque* à thématiser, et en acceptant la cohérence de ses propres présupposés. Et si tel est le cas, les modélisations externes ne concerneront qu'une approche *ultérieure*, fondée de toute manière sur une discipline articulée par une loi interne et autosuffisante. Danger de la lecture immédiate, mais danger aussi du décryptage dévastateur. Une donnée positive apparaît, toutefois: une relation véridique au corpus a pour tâche première de tout lire. Tout est important. En d'autres termes, la vérité de la phénoménologie est recelée, peut commencer à chaque ligne et servir de fondement pour la construction d'une structure de concorde pourvu qu'une méthode impose l'idée d'une cohésion et justifie notre hypothèse d'un principe de cohésion.

Dès lors, comment lire les textes en évitant de se laisser dérouter par Husserl et par des modèles qui écrasent l'identité éventuelle de la phénoménologie? Plusieurs méthodes demeurent envisageables. Une compilation totaliserait toutes les indications husserliennes, et toutes les réflexions des commentateurs. Mais la compilation pratiquée communément procède des lignes directrices indiquées par l'auteur, celles que nous refusons justement comme déroutantes. Notre compilation serait donc chargée de varier à l'infini les perspectives, de former une table de vérité monstrueuse pour assembler et critiquer tous les points de vue. Outre l'impossibilité pratique d'un tel travail, il existe une difficulté théorique: cette méthode généralisée des valences de vérité et de fausseté livrerait un immense tableau de possibles, à l'image des tables de vérité dans l'étude des fonctions propositionnelles de la logique. Mais comment retrouver *une* vérité, vérité qui ressortit à un sens dominant toutes les significations possibles? Rien n'est dit sur ce point pour une synthèse *sémantique* des valeurs de vérité des compositions de significations. On aura bien la vérité ou la fausseté de chacune des connexions mais pas la synthèse des connexions en une vérité. Cette compilation n'assure donc pas d'*une* cohésion de la phénoménologie mais de la vérité ou de la fausseté des parcours possibles, sans critère pour le choix d'un cheminement.

Une approche herméneutique, qui n'écrase pas le discours mais ne le relativise pas non plus, est-elle alors justifiée? Une herméneutique recherche le sens de la parole pleine par-delà les présentations superficielles du discours tronqué. C'est une interprétation; "il y a interprétation là où il y a sens multiple"[3] dit Ricoeur. Pour nous, l'application de cette proposition fait problème dans le cas de *la* phénoménologie car, justement, nous tentons de procéder à la détermination préliminaire d'une *univocité* de la forme phénoménologie. La situation est donc bien claire: une herméneutique serait certes habilitée à traiter du corpus plurivoque; mais notre travail consiste à fonder unitairement le corpus, ce qui s'écarte du projet herméneutique, car ce dernier n'unifie pas mais exhibe la pluralité. Dans ces conditions, une herméneutique remplacerait avantageusement la table des vérités généralisée, car elle ne confirme pas pauvrement les vérités mais enrichit les sens. Resterait toutefois à unifier les sens pour fonder *une* doctrine. Et le travail déboucherait sur la même difficulté: qu'est-ce que *la* phénoménologie? C'est ce centre sémantique que nous postulons pour travailler efficacement à l'établissement de *la* vérité qui domine l'éventuelle circonscription phénoménologique, par-delà la myriade des significations. Telle est la procédure lorsqu'on suppose qu'il y a *une* articulation fondamentale dans le discours husserlien.

Cette exigence abrupte permet d'exclure *a priori* toute lecture critique: une dénonciation marxiste (Desanti; Tran-Duc-Thao), logicienne (Cavaillès), sociologique (Toulemont) ne fait pas justice à la question préliminaire que nous introduisons et risque donc de frapper contre les détails du corpus. Est également exclue une lecture continuiste qui insèrerait la phénoménologie dans l'histoire des idées, notamment celle de l'idéalisme allemand par exemple. Car la même difficulté resurgit: quel pan, ou quelle déviation à supprimer, d'*une* phénoménologie normative éventuelle, prêtent-ils le flanc à cette continuité? Toute l'incertitude quant à l'identité de la phénoménologie a barre sur ces lectures prenant rang après notre considération fondamentale.

Partir des thèmes husserliens et les légitimer ou les critiquer, voilà deux naïvetés. Imposer un modèle de lecture externe, une grille, c'est écraser l'unité phénoménologique éventuelle. Enfin une compilation généralisée légiférant sur les vérités, ou une herméneutique articulant les sens cachés n'introduisent pas la notion d'une forme sémantique d'unité. Dans ces conditions, il faut bien garder à l'esprit qu'une méthode identificatoire s'enracinera *dans le texte* sans rien lui imposer *a priori*.

Est-ce à dire que la relation à ce texte intégral soit élucidée? Certes non si elle prétend s'originer immédiatement. Mais une issue est possible si la relation supporte de se transformer au contact de tous les aspects du corpus. Et alors, l'éventuelle *loi de continuité* de toutes les transformations déterminerait une unité. L'unité serait la forme dominant la diversité des développements empruntant au texte leur type d'articulation. Mais la proposition ainsi énoncée est une perspective finale: comment, épistémologiquement, commencer l'insertion dans la logique éventuelle du texte?

La tentative pour dégager l'unité supposée est progressive. En notre faveur, il y a l'hypothèse de centration des discours. Mais nous avons besoin d'une seconde proposition universelle, qui nous insère dans les textes en toute certitude: ce serait celle de l'existence, à éprouver, d'*un projet* husserlien dominant tous les discours[4]. Si ce projet existe, il formera le territoire de première approximation qui ramifie, même superficiellement, le corpus. Au moins procéderions-nous de l'assurance d'une enracinement sans présupposés dans le corpus intégral. En d'autres termes, l'hypothèse de cohésion serait la dynamique directrice à insérer dans le projet décelé. Ensuite s'engendrerait une dialectique opposant le type d'unité du projet (unité faible dans sa formulation husserlienne) aux autres exigences du corpus. Vérifions donc qu'il existe une projet husserlien travaillant le corpus, puis relevons son type de cohérence. Si le projet s'exhibe, on aura repéré le premier maillon d'une éventuelle chaîne de continuité, ce maillon étant engagé positivement en elle, ou servant au contraire de repoussoir universel. En somme, cette première relation problématique aux textes, qui nous insèrerait en eux, servirait d'instrument.

3. LA NOTION D'ETATS DE LA PHENOMENOLOGIE

Nous avons abouti à supposer la notion d'un projet thématisé par Husserl, qui recouvre le maximum d'énoncés du corpus. Ce projet formerait l'état husserlien, l'Etat I de la phénoménologie. Il ne constitue pas *la* phénoménologie, sinon il se serait imposé de lui-même avec toute cohérence et aurait unifié tous les commentaires du corpus. Le projet serait une unité faible qui attend sa fondation par une unité forte. Cette distinction renvoie donc à l'idée d'états séparés de la phénoménologie, qui se structurent en formes d'unité de plus en plus fortes. Ainsi est éclaircie la nécessité d'une progression dans l'approche de la vérité du corpus.

Toutefois, ces états distincts ne doivent pas déroger à la loi de continuité. Les états seront des espèces de plus en plus riches d'*une* structure phénoménologique définitive. En d'autres termes, le corpus devra s'auto-transformer sur fond de même sémantique. Sinon, le travail isolerait des morceaux phénoménologique et non l'identité du corpus.

Respecter la continuité des états de cohérence de plus en plus complexes, c'est sans réplique. Mais l'exigence suscite une dernière difficulté: si le projet à vocation universelle existe, comment le rattacher aux autres états au cas où il s'avère insoutenable, ce qui est un risque à assumer? N'y aurait-il pas en cet endroit une cassure qui romprait l'unité phénoménologique annexée à la continuité? La réponse, à nouveau, ne se proposera que dans le texte: si le projet n'est pas intégrable dans un Etat II de la phénoménologie, la condition minimale de la progression est que se propose *dans le texte* une méthodologie; le corpus, ayant alors dépassé le projet, devra livrer des éléments pour contester le projet et articuler unitairement une polémique aboutissant à des résultats inscrits dans une forme de cohérence. Ainsi la discontinuité serait fondée dans une continuité supérieure qui constituerait ensuite la preuve de l'existence d'un domaine phénoménologique.

Les développements antérieurs prouvent qu'il est impossible de proposer une plan global initial. Car les contenus textuels sont justement à composer. Il existe toutefois trois moments cardinaux: en premier lieu s'impose la nécessité de détecter un projet extensif, sans quoi toute démarche supérieure est vaine; puis ce projet devrait livrer une méthodologie générale articulée par les textes; enfin la méthode appliquée pourrait déboucher continûment sur l'idée d'un état autonome de la phénoménologie (Etat II). C'est donc un procès de fondation qui sera mené à bien, à condition que ces trois hypothèses qui sous-tendent les trois moments et proposent la victoire sur les difficultés soient résorbées en thèses. En somme, nous avons à transformer le conditionnel d'espérance en présent d'apodicticité. La fondation opérée marquerait la fin des processus proposant des ordres conceptuels de mieux en mieux unifiés et nommés à cette occasion *Prolégomènes empiriques*[5]. Enfin, sur ces fondements assurés se développeraient en toute liberté des *Elaborations*[6] patientes, chargées de dégager les lois de l'espace d'autonomie de *la* phénoménologie, pour conduire à un Etat III, qui concrétiserait la notion encore abstraite d'une forme d'identité dans l'Etat II. C'est ainsi que se donne à penser la vérité autogérée de la phénoménologie, vérité demandant en dernier ressort son autodéploiement.

1 Diemer: *Ed. Husserl. Versuch einer systematischen Darstellung seiner Phänomenologie.*
2 Lauer: *La phénoménologie de Husserl.* Essai sur la genèse de l'intentionalité.
3 *Le conflit des interprétations*, p. 17.
4 La notion d'un *projet* husserlien est bien l'idée directrice globale qui a la chance de recouper le plus de données du corpus, même si certaines démentent ce projet. Dégager ce projet, c'est tenter de couvrir le corpus, d'une manière certes provisoire, et dans l'attente d'une méthodologie précise de relais.
5 Nous appelons: *Prolégomènes empiriques*, l'ensemble de nos approches préparatoires visant à établir, en partant du fait du corpus, une continuité des éléments de la polémique. Ces Prolégomènes devraient progressivement mener vers un Etat II qui supplante l'Etat husserlien.
6 Les *Elaborations* formeraient l'ensemble des démarches théoriques (et non plus empririques et polémiques) travaillant à l'intérieur de l'identité présumée de la phénoménologie et du champ théorique occupé par cette dernière.

SECTION I: PROLEGOMENES EMPIRIQUES

PARTIE I: DEPASSER L'ETAT HUSSERLIEN DE LA PHENOMENOLOGIE

PARTIE I

CHAPITRE I: L'ETAT HUSSERLIEN DE LA PHENOMENOLOGIE

1. LA NECESSITE HUSSERLIENNE FONDAMENTALE

On s'accorde pour reconnaître que le tournant de l'itinéraire husserlien se révèle dans *Ideen I*: un contexte conceptuel nouveau fait écho à la prétention scientifique depuis les études sur l'arithmétique et la logique. Pourtant une continuité règne en maîtresse, celle de l'exercice "scientifique": comme déjà les *Recherches*[1], *Ideen I* privilégie la "vue directe" intuitive sur les "conclusions médiates"[2]; la science est un mouvement direct vers les domaines d'essences. Dès lors, les médiations sont secondes. La caractéristique de la science est donc de pouvoir se terminer de droit dès lors qu'elle commence. Tel est le projet, qui demeure incontesté.

Quant au procès phénoménologique, il dépend alors des résistances rencontrées par la nécessité de l'intuition. Savant, le phénoménologue est aussi explorateur dans "une partie inconnue du monde"[3]. Toutefois ces résistances de l'inconnu sont inexplicables de droit: de droit, la phénomenologie contracte le procès de diversification. C'est la pensée forte qui active mais traverse l'idéalisme transcendantal. La science est intuitive, non déliée dans une série d'accumulations[4]. Dans *Philosophie Première*, Husserl s'attache toujours à une fondation en droit de la science qui fait fi de la médiation historique: l'ordre empirique du progrès est subordonné à l'avènement de la Raison rendue évidente; c'est pourquoi bien commencer est aussi terminer.

a. *Le premier substitut*: Mais il est interdit à la "phénoménologie" de se dérober à sa nécessité; et nul plus que Husserl ne s'est essayé à écrire tout en désirant ne pas publier encore. L'événement d'apodicticité est donc retardé. Avec difficulté, Husserl s'emploie à assurer une cohérence à sa pensée: toutes les médiations sont progressivement à raccorder à l'immédiation fondamentale; si, dans *Ideen I*, la réduction inaugure la démarche, dans *Philosophie première*, la phénoménologie est en "route vers la réduction"[5], vers la suppression de son propre déploiement simplement préparatoire. Et Husserl insiste de plus en plus notoirement sur la nécessité d'une autocritique qui conteste un développement naïf de la phénoménologie[6]. Voilà une forme de coïncidence avec soi dans la vérité. Cette immédiateté proposée dans une autocritique réussit-elle toutefois à s'imposer aux textes et à les rassembler dans un point de vue unique fondamental?

b. *La science reportée*: Il existe un report qui place la phénoménologie sur un sommet rassemblant les points de vue. *Ideen I* transfère l'apodicticité du registre naturel au transcendental. L'opération de réduction fixe définitivement les recherches husserliennes[7]. Toutefois, cette approche n'est pas radicale. Tran-Duc-Thao a constaté que "la solution des *Ideen I* aboutissait à définir, pour chaque espèce de réalité, un "équivalent dans la conscience"[8], expression reprise de Husserl. Le donné transcendantal renfermerait-il des inconnues de statut semblable à celles du donné empirique? Il est vrai que la relevance des lois "se trouve liée aux conditions matérielles du jugement vrai"[9] comme il est affirmé dans *Logique formelle et logique transcendantale*. On comprendra qu'intervienne la caution de l'*essence*: puisque les conditions matérielles ne sont pas unifiantes de droit, l'appel à l'essence signifie une jonction de suppléance par le haut. Dès lors, la position de l'essence est le symptôme de la difficulté[10]: elle resignale celle de la donnée empirique. Dans ce contexte il devient clair que l'ordre transcendantal dans les textes tardifs est appuyé à une *decision* de l'humanité: la théorisation étant toujours affrontée aux résidus empiriques, et à ses succédanés essentiels, c'est une problématique morale du libre-arbitre qui est chargée d'imposer la vérité. Parallèlement l'analyse théorique, au lieu de s'unifier en immédiation, s'éclate vers une phénoménologie de la spiritualité, du corps, des instincts, de la temporalité irradiée, etc..., autant de procès de diversification. Ainsi, soit on abandonne la science pour une théorie de valeur, soit on la casse et l'émiette désastreusement.

Une seconde opération fondamentale, couplée à la première n'aboutit-elle pas au résultat escompté? Dans le champ de la Réduction, Husserl développe effet une thématique de l'association[11]. L'association est le mode de constitution des connexions primitives qui structurent la temporalité passive. Un nouveau transfert de l'apodicticité s'instaure. Il s'agit de substituer à la description de l'essence d'objet une histoire de l'objectivation, de l'*unification* des états objectifs parcellaires. La vérité d'immédiation renverrait à l'opérer du présent vivant qui capte, dans un instant, des composantes éclatées dans le temps. L'essence imposait un ordre externe. Nous voici dans un ordre interne. Le discours philosophique semble fondé. Qui plus est, pour rendre compte de la fuite des perceptions qui échappent à une synthèse définitive, Husserl introduit la législation de l'Idée: cette dernière impose à la loi de succession des impressions une régulation qui la rapporte à l'identité de l'objet perçu. Comme l'exprime D. Souche-Dagues, l'Idée "vérifie" l'appartenance du dilué au contracté. Temporalité et Idéalité coopèrent pour l'établissement d'une science où l'immédiat est juge des médiations. Ce Serait *La* phénoménologie.

Malheureusement, la thématique essentialiste d'Ideen I demeure une béquille inébranlable. *Philosophie première* réaffirme cette thèse, de même que les *Méditations cartésiennes* (§ 34). En sorte que l'*essence* de la philosophie domine et l'Idée de la philosophie et la temporalité[12]. Mais si l'Idée et le présent ont pour maître l'Eidos, c'est que la transfert d'apodicticité n'est qu'apparent. Les difficultés antérieures resurgissent donc rapidement. C'est pourquoi Husserl tend de fait à remplacer quelquefois le concept de "phénoménologie génétique" par celui de "phénoménologie explicatrice"[13]. Le savant convient de s'en tenir à l'élucidation des faits qui se succèdent; c'est tout l'opposé d'une science qui intuite l'unité dans l'immédiateté. La connotation de philosophie empirique mérite-t-elle d'être attachée à toute la phénoménologie de l'association?

Cependant un troisième report semble assurer la phénoménologie de sa capacité à former une problématique de l'immédiat. En 1913, Dieu n'est pas le créateur, mais un "concept-limite" qui autorise la pensée de la totalité. L'épochè place d'ailleurs la question de Dieu entre parenthèses[14], ce qui donne à Dieu le statut d'index d'approfondissement de la recherche. Au contraire, dans les manuscrits tardifs, la notion de Dieu est royale. Reprenons un texte qui fait la juste part à toutes les connotations de Dieu. Une première partie inscrit Dieu dans le problème de la connaissance; mais une seconde renverse la situation:

Et par là, la Raison est éternelle, ou, corrélativement, être parfait, vérité parfaite, tout d'être parfait: une Idée qui donne son sens d'être à tout être relatif dans la temporalité totale, qui rend possible tout ce qui est dans une totalité d'être (...)
Ici *l'idée de Dieu* et l'idée d'une téléologie du monde comme principe d'une totalité d'être possible doivent devenir un problème, faisant un avec l'explication de l'extension de cette téléologie et avec celle de la façon dont elle procède de l'amour de l'être et de la volonté libre, en tant qu'elle est motivée par la liberté elle-même. "Grâce divine"/elle-même dans la "domination" des hasards, des irrationalités, de la mort et du destin de chaque forme[15].

Au départ *domine* la contexte phénoménologique d'*Ideen I*, avec l'efficace de la raison et de la temporalité. La totalité d'être est explicatrice. Mais dans le second mouvement, la "totalité d'être" réclame un "principe". La théorisation est annexée à la "grâce divine", à la présence de Dieu qui régit tout. Dieu serait la vérité du tout, et notamment des reports d'apodicticité antérieurs. La divinité contracte tous les problèmes, "hasards, irrationalités" dans l'immédiateté. Le garant absolu serait trouvé: les médiations ne sont qu'apparentes, parce qu'invoquées à partir d'un mauvais point de vue. Pourtant, il faut clarifier les conditions de l'immédiation. Notamment, Dieu est à la fois garant épistémologique et critère ontologique: la confusion des deux "bloque" toutes les procédures médiatrices. Mais cette fusion n'est pas légitimée du tout. Elle est proposée. En retour il est facile de voir que le critère épistémologique reprend la fonction de l'essence et que le critère ontologique reprend, en la métamorphosant, l'extériorité empirique. La difficulté originaire n'est donc pas dépassée. Dans ces conditions, le dernier report concentre simplement les impossibilités antérieures de l'immédiation. Par trois fois a été suscitée l'illusion d'un point d'appui indiscutable; par trois fois l'échec a pu être constaté. En ce sens, le projet d'une *auto*critique est inassumable.

Le verdict à prononcer est simple et décisif: le projet husserlien réclame que la phénoménologie se forge comme doctrine de l'immédiation; c'est son obstinée Rigueur. Comme cette nécessité n'est pas respectée, il faut affirmer avec force que le projet spécifiquement husserlienne ne coïncide pas avec l'unité de sens

14

éventuelle de la phénoménologie. En fait, il reporte cette identité recherchée. Ainsi l'identité de la phénoménologie, si elle existe, n'est pas l'identité du projet de Husserl.

2. AU-DELA DE L'APORIE

L'état husserlien de la phénoménologie ne donne pas satisfaction. L'échec du projet unificateur laisse devant une série de textes incoordonnés, même si des unités locales apparaissent. C'est d'une forme de *désordre*, dont il s'agit. A notre disposition demeure l'hypothèse de cohésion qui suppose un régime d'identité et d'ordre, et qui justifie la recherche entreprise. Il y a aussi tous les textes, à coordonner selon une autre perspective, avec l'espérance qu'une méthodologie d'approche puisse se dégager. Le fait que soient nécessairement refusées et les méthodologies externes aux textes (linguistique, historique etc.) et la méthode prônée par Husserl nous entraîne à reconsidérer attentivement les écrits de Husserl pour eux-mêmes.

a. *Le désordre homogène*: On peut considérer qu'un texte se lit, se suit. Mais dans la mesure où ce dernier ne livre pas sa loi d'organisation, il tourne au laby-rinthe. Pour échapper aux routes fallacieuses, il est donc préférable de ne se rac-crocher à rien qui s'impose de soi. Ainsi, le texte sera *méthodologiquement* perçu d'abord comme chaos. Mais, le texte n'est pas pris à partie de l'extérieur, on l'a vu; au contraire, c'est le commentaire restitutif qui doit refléter un travail dans les écrits. C'est pourquoi notre entreprise suppose que le corpus phénomé-nologique enferme de quoi caractériser *de lui-même* le chaos. Aussi pourra-t-on ensuite considérer qu'une coordination puisse s'établir intrinsèquement, sans toutefois qu'elle bénéficie fallacieusement de schémas arbitraires imposés par le commentateur. Plus simplement, il faut donc repérer un niveau d'étiage dans les écrits, qui soit explicité comme tel[16], et qui homogénéise le désordre. Ce serait donc une première base *dans* les textes[17].

Husserl lutte continuellement, au nom de l'idée transcendantale, contre les faits. Dans la mesure où le projet échoue, c'est alors que les faits irrationnali-sables saturent les écrits. Ce point accordé il est toutefois requis que la fonction impérialiste du fait apparaisse écrite *dans* le texte lui-même. Nous toucherions alors à une lecture pertinente. Avant la réduction transcendantale, dans *Ideen I*, le monde naturel est pensable comme chaos, ou folie. La "logique" de *Ideen I*, donne raison d'être à cette inquiétude: aux essences s'opposent les faits, ou le degré inférieur de l'essence (le Dies-da des Wesens). La réduction dresse un rempart entre les faits du monde et leur légitimation; c'est du moins le propos husserlien considéré sans regard critique. En ce sens, les faits (comme antithèse de l'essence) sont dé-faits par la lumière rayonnante du regard transcendantal. Le fait du monde est résorbé. Toutefois, la situation prend un aspect curieux, et même profondément étonnant, lorsqu'on s'aperçoit que, après la réduction de

1913, un concept de Faktum ressuscite le problème. Le Faktum transcendantal absolu régit l'essence, et dépasse les conditions de théorisation:

L'absolu a en lui-même son fondement (...) Toutes les nécessités d'essence sont des moments de son Faktum (...)[18].

Les cartes épistémologiques sont retournées, l'efficace de l'essence est totalement subvertie. Au pinacle est l'anti-sens dans l'Absolu. Mais il est notoire que la sphère d'extension du Faktum, procèdant de l'absolu, se subordonne toute la transcendantalité: l'ego est factuel[19], l'intersubjectivité est factuelle[20], ou "Urtatsache"; l'histoire (Geschichte) n'échappe pas au processus[21]. Enfin, l'Urzeitigen, ou instance suprême, est le Faktum même en marche:

Mais alors: l'intégralité monadique – le tout de l'humanité de notre terre, de toutes les terres en une – à cela ajoutées cependant les formations animales, les sous-animalités! Oui, tout cela est "factuel" ainsi. Le fait que des hommes et des animaux existent, est-ce donc dû au "hasard"? Ce monde est comme il est. Mais c'est un contresens de dire, c'est fortuit, que le hasard enferme en lui un horizon de possibilités, dans lequel le hasardeux lui-même signifie une des possibilités, justement celle qui est effectivement intervenue. "Faktum absolu" – le mot Faktum est ici mal utilisé, en respectant son sens: de même "le fait" n'est pas ici un effectuateur. C'est justement l'absolu, qui ne peut non plus être désigné comme "nécessaire" (...)[22].

Le résultat est net: les Fakta composent avec l'absolu de Faktualität qui nie toute différenciation: la dimension-temps occulte toutes les modalités – anthropologique ("le fait n'est pas ici effectuateur"), et épistémologique (l'absolu du Faktum est au-delà de l'essence). Une homogénéité terminologique apparaîtrait-elle dans la confusion?

De fait s'offrent des points lumineux dans cette noirceur de l'indistinction. Husserl a toujours préservé les significations de tout obscurcissement. Ce sont les points ultimes qui constellent un cosmos "épouvanté". Cependant l'approche épistémologique des significations nous ramène à l'uniformité:

– Ce qu'est "la signification", peut nous être donné aussi immédiatement que nous est donné ce qui est la couleur ou le temps: cela ne peut être défini davantage, c'est un élément descriptif dernier[23].
– On ne peut rien dire de plus ici que "voyez"...[24]

En somme, la signification "s'offre" comme Faktum et Husserl avoue son impuissance à aller plus loin dans la rationalisation. Dès lors, l'écriture en désordre est homogène. La décomposition de la Geltung de transcendantalité renvoie à un fond d'écriture selon l'ordre des faits. Il suffit d'exploiter cette écriture.

b. *La terminologie du dés-ordre*

On notera que le fait connaît d'abord un statut par rapport à l'essence; puis c'est cette dernière qui subit le Faktum. Enfin le Faktum recouvre l'écriture. De sorte que la terminologie husserlienne *assume* la situation d'a-conceptualité. En somme, le Faktum est une instance flottante qui globalise la confusion en l'étendant à tous les niveaux, qu'il mêle inextricablement. Tel est le matériau premier qui signale le désordre méthodologiquement postulé. Ainsi est rencontrée une formulation absolument négative: les trois reports d'apodicticité sont trois figures du Faktum (le je — le temps — Dieu); mais complémentairement, cette régularité du négatif conduit à installer nos repères à partir de cette formulation. On pourrait soutenir textuellement que le langage factuel est la première offensive contre le sens apparent, qui est donc contresens. Toutefois rien n'est dit sur la grammaire du langage de la factualité, ce qui est strictement à faire, afin précisément d'éviter la résorption du commentaire par le désordre.

c. *Une méthodologie contre le désordre*

En assumant l'hypothèse de cohérence, il s'agit de repérer les enchaînements textuels. Cette situation permet toutefois l'hypothèse d'un trajet du commentaire, que celui-ci s'organise comme un échec futur ou comme progression de coordination. D'abord, il est évident que la démarche est ici empirique: par empirique, nous entendons une approche qui n'est ni fondée sur des principes a priori, ni surtout sur une théorie. Ainsi, à notre disposition, il n'y a que les formulations de l'écriture husserlienne comme Faktum; c'est déjà une *constatation*.

Empirique, la démarche doit s'éprouver au contact des énonciations factuelles: partir des cassures, les poser ensemble et tenter d'en tirer un schéma de rationalisation qui dépasse le chaos, tel est le premier moment (a); aussitôt il sera nécessaire de replacer le schéma dans les textes, afin d'étudier son mode de fonctionnement (b) et sa tenue face aux propositions thématisées et non thématisées par Husserl. Enfin, les conclusions seront réutilisées afin d'affirmer le schéma de rationalisation, de l'injecter à nouveau dans la textualité, puis, de le reconsidérer (c). La plasticité du modèle de départ est donc totale, et n'engage pas de droit la suite du travail. Dès lors, avancer dans la lecture identifiante du corpus husserlien va signifier jouer sur la continuité d'un schéma (ou de plusieurs) en surveillant les ruptures, la polémique des faits incoordonnables. Cette perspective revient à proposer un fait explicatif, tiré du texte, à le réinvestir dans ce dernier pour assister à sa validation comme droit momentané ou à son exclusion. Un droit définitif devra coordonner tous les faits. Ainsi, un contenu méthodologique est donné à l'hypothèse de cohérence: nos recherches ont pour rôle de montrer si, oui, ou non, il existe une *continuité* dans la présentation du ou des schémas. En somme, l'hypothèse renvoie à une méthode bâtie sur la valeur heuristique de l'échec[25]. Si un procès se construit, les cassures sont problématisables, ce qui ouvre à l'espérance.

d. *Entrer dans le dés-ordre*

Le commentateur a le droit de s'inscrire en tout point de la textualité phénoménologique. Cependant, n'existe-t-il point des entrées plus heuristiques que d'autres? Les cassures problématiques laissent en place les thématiques qui, certes, sont dés-unifiées de leur contexte husserlien puisque le projet se casse. Mais à parler précisément, peu importe la qualité thématique intrinsèque, car le rattachement à un projet ne vaut plus comme principe critériologique. Dès lors seuls les critères extérieurs suscitent l'intérêt, notamment celui de *l'extension*; car plus l'extension est grande, plus le domaine terminologique factuel concerné est à la fois universel (par sa largeur) et déterminé (par la thématique). Plus, en somme, la coordination relevée traversera de faits. Sur ce point, il existe une thématique intéressante qui concerne la phénoménologie:

Elle se décompose en une phénoménologie eidétique (ou ontologie universelle) en tant que *philosophie Première* et en une *philosophie seconde*, la science de *l'univers* des *Fakta* ou de l'intersubjectivité transcendantale qui les circonscrit tous synthétiquement. La philosophie Première constitue l'universalité de la méthode pour la Seconde et est rapportée à elle-même dans sa fondation méthodique.[26]

Si nous abandonnons le projet husserlien, il demeure que "l'universalité factuelle" de l'intersubjectivité est frappante. C'est pourquoi la thématique de l'intersubjectivité tiendra lieu de point d'appui.

Ainsi assumer l'hypothèse de cohésion va d'abord signifier orchestrer mélodiquement (en continuité) le désordre par des constructions élucidantes. La possibilité positive, ce sera la mise à jour du travail de coordination dans un texte autonome. Auquel cas la théorisation succéderait à la thématisation et déploierait le logos de *la* phénoménologie. Mais d'abord, les analyses devront s'employer à réussir la *transfiguration* de l'état husserlien de la phénoménologie.

1   En fait, la "science husserlienne" dont nous parlons a respecté l'exigence de la "vue directe" dès la *Philosophie de l'arithmétique*: dans cette oeuvre déjà, *la* signification est isolée des processus psychologiques complexes qui la cernent. Ainsi, la structure est préparée pour le concept de "l'intuition de l'objet idéal" dans les *Recherches* (Cf. p. 40 de la *Philosophie de l'arithmétique*, Traduction).
2   *Ideen I*, p. 240, traduction Ricoeur.
3   Ibid. p. 334.
4   Dans *Philosophie première*, Husserl renforce cette attitude en justifiant une "méthode platonicienne" (p. 197-198). Par ailleurs, Husserl cherchera, à partir d'*Ideen I*, à concrétiser l'exigence d'immédiate scientifique en tentant la synthèse de ses oeuvres sous la bannière d'une critique de la Raison. Ce qui l'occupera jusqu'à la fin de sa vie.
5   I. Kern, dans *Kant und Husserl*, détaille bien les voies d'accès à la science.
6   Cf. *Méditations cartésiennes*, notamment, p. 129. Mais cette problématique se retrouve partout dans les années 30.
7   Cf. pour les années 30 encore, *Husserliana 15*, p. 390, entre autres.
8   In *Phénoménologie et matérialisme dialectique*, p. 87.
9   Ibid. p. 196.
10   Nous analyserons la fonction réelle de l'essence husserlienne.
11   Dès 1916. Cf. Holenstein: *Phänomenologie der Assoziation*, p. 11.
12   D. Souche-Dagues: *Le développement de l'intentionnalité dans la phénoménologie husserlienne*, p. 198.
13   *Husserliana 11*, p. 340. "(...) Erklärende Phänomenologie".
14   *Ideen I*, p. 265.

15 E III, 4, p. XI, XII. "Und ist somit Vernunft ewig, oder korrelativ vollkommenes Sein, vollkommene Wahrheit, vollkommenes Seinsall: eine Idee, die allen relativen Sein in der Allzeitlichkeit Seinssinn gibt, alles, was ist, möglich macht in einer Seinstotalität (...). Hier muss die *Gottesidee* und die Idee der Weltteleologie als Prinzip einer möglichen Seinstotalität zum Problem werden, in eins mit der Aufklärung, wie weit diese Teleologie reicht und wie weit sie aus der Seinsliebe und dem freien Willen herstammt, als aus der Freiheit selbst her motivierte "Gottesgnade/selbst in dem "walten" der Zufälle, der Irrationalitäten, des Todes und Schicksals jeder Form."

16 Pourquoi ce niveau d'étiage est-il nécessairement *explicité comme tel* alors que tout notre travail part à la recherche d'un opérer? Tout d'abord, notons que nous nous bornons à exhiber un niveau d'écriture, sans reprendre la structure discursive du projet fondamental husserlien. Mais surtout, cette première approche inaugure le combat contre l'arbitraire et le désordre: en effet, il est à tout le moins *préliminairement* exigé de procéder d'un "déjà là" écrit, et non d'un impensé dont l'effectivité ne serait que postulée et donc injustifiable. Par la suite, seulement, s'exhiberont les impensés, mais en s'articulant – positivement ou négativement – sur un premier état de discours.

17 Notre approche, qui procède des textes et de leur supposée cohérence, cherche donc leur radicalité. On donne le préférence aux conditions minimales, puisque l'examen de la situation maximale (l'envergure du projet husserlien) n'a pas abouti à l'identification de la phénoménologie. Ceci ne laisse aucunement sous-entendre que toutes les thèses formulées par Husserl seront invalidées. Nous recherchons certes un opérer, une coordination non thématisée par l'auteur. Mais que certains éléments explicités par Husserl peuvent y participer, cela est évident, pourvu que le projet général dans lequel ils s'insèrent ne se réintroduise pas. Complémentairement, une recherche de coordination devra faire état des positions husserliennes, – à son point de départ (puisque la coordination doit travailler dans la phénoménologie) et à son point d'arrivée (car la coordination ne doit pas s'écarter de l'opérer phénoménologique) –.

18 *Husserliana 15*, p. 336. "Das Absolute hat in sich selbst seinen Grund (...), Alle Wesensnotwendigkeiten sind Momente seines Faktum (...)".

19 Manuscrit E III 9, p. 73-74-85. *Husserliana 15*, p. 374, 376 etc.

20 *Husserliana 15*, p. 316, 368, 403 etc.

21 *Husserliana 8*, p. 506; *Husserliana 15*, p. 381 etc.

22 *Husserliana 15*, p. 668-669. "Nun aber: allmonadische - Allmenschheit, unserer Erde, aller Erden in eins – dazu jedoch die tierischen, die untertierischen! Ja, das alles ist "faktisch" so. Ist es also "zufällig", dass Menschen und Tiere sind? Diese Welt ist, wie sie ist. Aber es ist widersinnig zu sagen, zufällig, da Zufall in sich schliesst einen Horizont von Möglichkeiten, in dem selbst das Zufällige eine der Möglichkeiten, eben die wirklich eingetretene, bedeutet. "Absolutes 'Faktum'" – das Wort Faktum ist seinem Sinn nach verkehrt hier angewendet, ebenso "Tatsache", ist hier kein Täter. Es ist eben das Absolute, das auch nicht als "notwendig" bezeichnet werden kann".

23 *Recherches logiques*, t. II, p. 218.

24 *Leçons pour une phénoménologie de la conscience intime du temps*, p. 102.

25 Une procédure husserlienne peut servir de modèle. Dans le paragraphe 49 d'*Ideen I*, Husserl opère la réduction transcendantale. Alors, il oppose au fait de la décision d'exclure le monde le fait ontologique du monde. Deux faits se choquent, et du heurt est exhibé le droit transcendantal. Cependant, nous ne nous arrêtons que sur le procédé et non sur la projet sémantique qu'il renferme (l'idéalisme transcendantal), car sur ce dernier, nous avons statué.

26 *Husserliana 9*, p. 298-299. "Sie zerfällt in die eidetische Phänomenologie (oder universale Ontologie) als *Erste Philosophie* und in die *Zweite Philosophie*, die Wissenschaft vom *Universum* der Fakta oder der sie alle synthetisch beschliessenden transzendentalen Intersubjektivität. Die Erste Philosophie ist das *Universum* der Methode für die Zweite und ist auf sich selbst zurückbezogen in ihrer methodischen Begründung".

CHAPITRE II: PROPOSITIONS EMPIRIQUES

1. LA PREMIERE POLEMIQUE

L'examen attentif des textes consacrés à l'intersubjectivité, trouble l'esprit de qui cherche *une* problématique de l'intersubjectivité. L'éparpillement des thèmes règne, sans synthèse. Pour simplifier, on considérera les écrits par l'intermédiaire du concept d'*Einfühlung*[1]. Le travail portera sur la cohésion du concept et sur l'extension d'une coordination éventuelle du corpus à partir de la thématique-souche de l'intersubjectivité.

a. *L'ambiguïté de l'Einfühlung*: Dès 1905, Husserl adopte une attitude trans-cendantale; la connexion de moi à autrui n'est pas "reale"[2]. En 1910, l'auteur affirme que "l'Einfühlung est en tout cas une expérience que nous pouvons réduire phénoménologiquement comme tout autre"[3]. L'univocité semble donc de mise. Il est à noter que l'Einfühlung est déjà théorisée par rapport à la temporalité[4], ce qui préfigure l'avenir. En effet, les *Méditations cartésiennes* reprendront ainsi une thèse remarquable par sa continuité:

De même que mon passé, en tant que souvenir, transcende mon présent vivant comme sa modification, de même l'être de l'autre que j'apprésente transcende mon être propre au sens de "ce qui m'appartient" d'une manière primordiale.[5]

Et, puisque le souvenir admet une "double réduction"[6], une première qui l'atteint comme "vécu" et une seconde qui touche son "contenu reproductif", on comprend que la réduction des contenus de conscience d'autrui entre en adéquation avec la réduction du contenu représentatif du souvenir qui m'appartient. Le temps modélise l'opération d'Einfühlung.

Concurremment, Husserl se livre à des élucidations contradictoires avec l'affirmation du statut de transcendantalité de l'Einfühlung. Il déclare que "je ne peux prendre connaissance d'un je étranger et d'un je suis (étranger) que par le medium de l'expérience psychophysique"[7]. Il faut passer par le monde dans lequel le corps étranger se situe[8]. Il existe une ambiguïté dans l'approche de l'Einfühlung. Et la symétrie est d'autant plus parfaite que le corps d'autrui prend rang par rapport à moi dans l'espace du monde et non plus dans le temps.

Un rééquilibrage est-il pensable à partir d'une conjonction du temps et de l'espace? Des manuscrits tardifs proposent que l'espace procède d'une auto-objectivation d'une temporalité fondamentale. Il y est dit que "Souvenirs et Einfühlung" en sont des "présentifications se temporalisant elles-mêmes"[9]. Dans le temps se coordonneraient les deux acceptions de l'Einfühlung. Toutefois, le temps lui-même se redifférencie: du Zeitigen primitif, acte pur, se séparent ses objectivations dans des stases (présent, passé, avenir)[10]. Et l'Einfühlung participe aussi bien d'un acte pur communautaire absolu que d'un procès de séparation où autrui est objectivité[11]. Ainsi, transcendantalité et infratranscendantalité se trouvent transportées dans la temporalité. L'ambiguïté, insuppressible, installe une polémique ouverte. Dès lors, il ne faut pas hésiter à laisser se destructurer l'Einfühlung, pour chercher un ordre plus radical.

La dualité de l'Einfühlung livre un premier résultat: une fonction objet vient s'opposer à la fonction sujet. Ces deux dimensions seront à concilier. Les textes montrent que l'Einfühlung se dédouble d'abord en Auffassung (appréhension): "dans "l'Einfühlung" nous avons à constater une nouvelle forme de l'appréhension", dit Husserl[12]. La présence de guillemets renvoie à ce que l'Auffassung est une fonction d'objectivation[13]. L'Auffassung prend ainsi le relais de l'Einfühlung mais est utilisée à un niveau dont elle ne rend pas compte (la fonction sujet).

Le brouillage est plus complet toutefois. A une pente réductrice fait souvent écho une thématique enrichissante. Le titre du texte cité sur l'appréhension introduit la "*Deutung*" (interprétation):

L'Einfühlung comme appréhension présentifiante et comme "interprétation".[14]

La "Deutung" est entre guillemets. Husserl souligne ainsi la nécessité d'un contrepoids à la présentification objectivante, contrepoids à élucider toutefois. L'imbrication de deux perspectives est flagrante: le corps d'autrui est perçu par une "interprétation animante"[15], la perception du corps d'autrui est un phénomène de sens. De plus, la dimension d'interprétation s'élargit en gerbe et s'oppose à la continuité étroite de l'Auffassung. La présentification s'annonce comme une "aperception compréhensive" (*Husserliana 13*, p. 59), une "interprétation" (*Husserliana 13*, p. 250, 336 etc. — le mot "interprétation" figurant en français): enfin, le corps d'autrui est interprétable parce qu'"exprimant" (*Husserliana 13*, p. 64) la "spiritualité" d'autrui.

Une possibilité ne s'offre-t-elle pas? En effet, la motivation opère régulièrement la conjonction des deux approches:

Je demeure donc absolument dans mon champ, qui s'est toutefois étendu par le moyen de l'Einfühlung jusqu'à la sphère d'une multiplicité de flux de conscience fermés (...), lesquels sont en connexion avec le "mien" par le biais des rapports de motivation de l'Einfühlung ...[16]

Or la motivation a une fonction téléologique (*Ideen I*, p. 157). De sorte que la perspective objectivante aurait pour *fin* l'approche interprétante. En somme, le fait de l'objet se relie au fait du sujet solipsiste dans une relation stable. C'est la première occurrence d'une coordination globale qui connaît une efficace dans tout le champ conceptuel parcouru patiemment. Cette rationalisation a-t-elle une force suffisante?

Husserl introduit une autre connotation de l'Einfühlung. En déterminant que l'Einfühlung possible est le "reflet" (*Spiegelung*) de chaque monade dans chacune des autres, l'auteur sépare moi et autrui, rétablit la distance. L'événement est d'importance lorsqu'on sait que l'intervention de la Spiegelung est loin d'être accidentelle[17]. Enfin, une terminologie diversifiée essaime à partir du thème constant de la Spiegelung. On trouve *Verdoppelung* (*Husserliana 13*, p. 263; *Husserliana 14*, p. 312 etc.), *Ahnlichkeit* (*Husserliana 14*, p. 267, 270, 285 etc.), *Analogisierung* (*Husserliana 13*, p. 316, 330 etc.), *Reproduktion* (*Husserliana 13*, p. 57). Comment le concept de motivation conservera-t-il son efficacité dans cette doctrine du redoublement séparateur? Il n'y a pas progrès téléologique qui englobe l'approche objective.

Cependant une indication terminale semble aplanir la difficulté: il y aurait deux espèces conjoignables de l'Einfühlung:

L'*Einfühlung inauthentique* est l'indication passive, associative d'une subjectivité étrangère, l'*Einfühlung authentique* est l'active co-action et co-passion, elle consiste à se laisser motiver par le moi, mais aussi à suivre dans l'arrière-fond les motivations intérieures au lieu des associations. L'âme comme flux immanent de la vie du je et de l'avoir du je renferme tout ce qui est indiqué empiriquement et constitue par là le champ de la psychologie comme science de la nature.[18]

L'authenticité jouerait le rôle de critère de liaison. L'Einfühlung authentique obéit aux lois téléologiques de la motivation. Elle verse dans l'inauthenticité quand la motivation se dégrade en association. Voilà l'Einfühlung à nouveau graduée. Les "motifs" empiriques "associants" sont le préliminaire de la motivation intersubjective. En sorte que l'alternative n'est plus entre motivation et rien (Spiegelung) mais entre motivation et association, et que la séparation n'est plus franche.

Mais, là encore, le brouillage gagne, car l'indication empirique est quelquefois absolutisée; le même texte se prolonge ainsi:

Il doit être mieux souligné que l'indication empirique et que la causalité qui procède de l'ordre physique atteignent l'âme dans son intérieur (...).[19]

La causalité gagne donc explicitement sur l'exigence de motivation soulignée auparavant. Cette donnée est relayée par l'utilisation du concept de *Paarung* (accouplement). L'accouplement est une "association perceptive"[20]. Et l'auteur approfondit la question de l'intersubjectivité en utilisant le concept de Paarung. Son programme de recherche est net: "Il nous faut expliquer comment il (l'accouplement) peut devenir possible entre ce corps-point zéro et un corps extérieur"[21]. Une forme de télos empirique (associatif) supplante le télos articulé par la motivation. Il n'y a pas de composition stable du sujet et de l'objet en une unité ordonnée au sujet.

En retour, il apparaît que la décomposition de l'Einfühlung est définitive au plan traité. Restent la fonction sujet et la fonction objet. De plus, on aura appris qu'il y a *irréductibilité* de la position d'un sujet et d'un objet. C'est un point d'ancrage qui justifie que nous procédions de ces deux termes pour la construction d'un schéma coordonnateur. Méthodologiquement, il est requis dorénavant de transporter la difficulté dans le corpus husserlien généralisé: d'une part seront globalisées les indications intersubjectives[22]; d'autre part, le terrain sera peut-être plus propice à une rationalisation.

b. *Vers une coordination*: La méthode choisie répercute donc les données de l'intersubjectivité dans le corpus. Ensuite sera conduite l'opération inverse, et ainsi de suite tant que dureront les *Prolégomènes empiriques*. Il est simplement commode de reprendre le parcours husserlien, de nature historique, sans pour autant l'imposer radicalement; dans ce but, nous interrogerons la *Philosophie de l'arithmétique,* pour y détecter un mode de composition de la fonction sujet et de la fonction objet.

Le fondement de la constitution du domaine arithmétique est dans l'étude de la quantité: c'est l'adjonction des unités de "quelque chose" qui forme la quantité[23]. Plus précisément, il s'agit de la sommation simple des "un quelque chose". Mais la simplicité n'est qu'apparente puisque l'auteur procède déjà à la distinction des concepts de l'unité et du nombre un; *Das Eins* est le quelque chose en général qui forme le corrélat objectif de la liaison objective: l'unité est dans la quantité dont elle est abstraite[24]. Au contraire, *die Eins*, ou le nombre un, apparaît dans un second temps: le nombre "un" caractérise "l'unité par *opposition* à la quantité" et "ce n'est pas la même chose que l'unité *dans* la quantité"[25] à laquelle correspond *das Eins*. L'explication du concept de quantité consiste donc à trouver les connotations du concept de "un quelque chose". Le traducteur de la *Philosophie de l'arithmétique* explique dans une note terminale que la dénomination *das Eins* correspond "à une étape où il y a bien déjà un rassemblement, mais pas encore un dénombrement au sens précis du terme"[26]. *Das Eins* est formé au terme d'un rassemblement qui renvoie à une opération subjective. Un passage du texte original s'emploie à le montrer:

Au moment où nous construisons la représentation de l'ensemble, nous ne faisons pas attention au fait qu'avec les contenus, quand la mise en collection s'est déroulée, des changements se sont produits; *nous visons à les retenir effectivement et à les unifier* (...).[27]

Ainsi la subjectivité est unifiante: "est un ce qui unifié" constate encore l'auteur[28].

Qui plus est, l'aspect subjectif de l'unification est renforcé par un processus de catégorisation du "un quelque chose" qui n'est pas sans rappeler la subsomption kantienne; Husserl introduit ainsi le concept de "catégorie"[29]; les textes suivants sont critiques — au sens kantien du terme —:

— Quand nous dénombrons, nous plaçons *sous* ce concept chacune des choses concrètes présentes.[30]
— Dans cette mesure il est donc juste que les choses à dénombrer doivent être amenées sous un concept commun de genre (...).[31]
— Mais elle (la représentation du nombre) provient bien plutôt de ce que nous les amenons (les objets) — quel que soit ce que nous dénombrons — *con*-

tinuellement sous le même concept, celui du quelque chose, en réunissant simultanément dans une collection les objets pensés sous la médiation de ce concept (...).[32]

Le concept, comme la catégorie, est médiateur: il permet de *connaître* la pluralité sensible. L'exhibition de l'élément conceptuel essentiel à la formation de la
quantité découvre ainsi une ligne théorique subjective qui place la conscience au
premier plan.

Toutefois, la question de la quantification, plus complexe, livre un envers:
dans l'élucidation des équivoques du mot unité, Husserl relève que si le "nom
unité se rapporte tout d'abord au concept abstrait de l'unité", le "nom unité
signifie aussi n'importe quel objet, dans la mesure où il se range sous le concept
d'unité"[33]. Se manifeste ici une objectivité de l'unité, bien que celle-ci soit encore "rangée" sous le concept d'unité. La dimension objective de l'unité s'exprime nettement dans des textes où l'auteur écrit que l'être-ensemble des éléments colligés par la conscience prend une consistance instrinsèque. Il s'agit
d'une unité de degré supérieur[34]. L'être-ensemble des contenus correspond à
la fonction de la signification logique qui dépasse toutes les différences des contenus progressivement modifiés par le temps[35]. Ainsi domine l'impression que le
logique bénéficie d'une autonomie par rapport à la description psychologique:

(...) Il faut quand même en général faire une distinction entre le phénomène en
tant que tel et ce à quoi il nous sert ou ce qu'il nous signifie; et par conséquent
aussi entre la description psychologique d'un phénomène et l'indication de sa
signification".[36]

On peut donc dire du texte qu'il semble inégal dans la mesure où, à la fois, on
distingue et ne distingue pas la spécificité du domaine objectif par rapport à la
catégorisation subjective. Pourtant, cette inégalité n'est-elle pas qu'apparente?

L'idée que la fonction d'identité assurerait l'unité du processus d'énumération joue un rôle par rapport à la fonction médiatrice du concept de quelque
chose. Un passage de la *Philosophie de l'arithmétique* renferme des éléments
d'élucidation:

L'importante fonction qu'occupe le concept de quelque chose ou de un dans
la formation du concept général de quantité consiste en ceci que chacun des
contenus déterminés pris un à un que renferme en elle-même la représentation
concrète de la quantité est pensé sous la médiation du concept de quelque chose,
et n'est considéré que dans la mesure où il se range sous ce concept; par là se
trouve supprimée toute limitation du contenu, ce qui donne au concept de quantité sa généralité.[37]

On aura bien compris que Husserl cherche à justifier un déploiement indéfini du
processus de l'énumération. Notre interrogation porte plutôt sur la forme de
cette énumérabilité sans limites apparentes. D'abord, l'auteur opère l'égalisation
du concept de quelque chose et du concept de un: les deux sont donc équiva-
lents. Or, le texte montre que la catégorie du quelque chose représente la condition de possibilité de la "représentation concrète de la quantité". A notre tour,

nous cherchons la condition de possibilité de cet état de chose. Autrement dit, nous progressons dans l'analyse dans la mesure où nous ne nous attachons plus au fait de la structure de l'énumération (qui itère les disjonctions), mais au droit de conjonction par lequel la possibilité du fait est prescrite.

Dans ce contexte, l'égalisation de un et de quelque chose est fondamentale: l'unité assure au procès de l'adjonction indéfinie des "quelque chose" l'identité conceptuelle. Le fait que le "quelque chose" soit "un" et que le "un" ait une valeur "indéterminée" constitue la base d'identité de la numération, nous l'avons vu. En même temps, l'unité est celle du quelque chose quelconque. Le concept de "chose quelconque" renvoie bien à la médiation entre l'unité et la pluralité des choses particulières. Dès lors, la cellule "un quelque chose" constitue l'imbrication de départ: on assiste au *conditionnement mutuel de l'objectif, c'est-à-dire de la valeur idéale de l'unité, et du subjectif, ce dernier étant représenté par le concept médiateur et subsumant de quelque chose.* Une matrice originelle opérante est donc contractée dans l'interaction obligatoire de la face-objet et de la face-sujet. Puis, l'immédiation matricielle de droit se développe en médiation par les faits successifs de numération (pensés *sous* le "quelque chose"), mais ne se perd pas dans la succession factuelle. En somme, la structure discontinue de la numération a pour condition de possibilité une matrice opérante (non inscrite dans la numération) qui articule sujet et objet dans une immédiateté d'interaction (celle du un-quelque chose).

En conclusion, la reconnaissance de la dimension de droit qui régit le devenir énumératif clarifie la discussion: la légalité comprise dans la signification de la cellule subjectivo-objective originaire est caractérisée par l'interaction d'un sujet-objet idéal. Le développement de cette cellule détermine ensuite la médiation du concept d'unité idéale objective par le concept, à valeur subjective, de quelque chose. Malgré tout, cette *dé-contraction de la médiation originaire qui était immédiatisée dans l'équation un-quelque chose (dé-contraction qui réitère les quelque chose) vit sous la loi de l'identité du processus assurée par l'unité.* Tel est le nouveau droit local, provisoirement antipolémique. Dès lors, l'inégalité de fait de la face-objet et de la face-sujet procède de la hiérarchisation d'un processus où la subsomption subjective est ordonnée à l'identité objective. C'est pourquoi le devenir subjectivo-objectif du dénombrement est homogène dans son *opération* fondamentale malgré les brisures apparentes déterminées par l'ambivalence des concepts: ainsi par exemple la bi-valence du concept de "un-quelque chose" conjugue une valeur explicite de "représentation médiatrice" et une valeur opératoire d'identification de l'énumération à une unité intrinsèque. *La Philosophie de l'arithmétique* a concrétisé la possibilité de former une problématique fondée sur la relation sujet-objet. Cette dernière relation suscite la prégnance d'un *droit* qui régit l'arithmétique conceptuelle. On saisit toute l'importance de cet acquis provisoire sur la chaos méthodologique. Un effort rationalisateur a subverti la co-position intersubjective du sujet-objet pour réintégrer ces deux *facteurs* conceptuels dans une rationalité affinée. Mais il est à remarquer que la réalité de ce droit est pratiquée, opérée.

Dans la perspective qui vient d'être élaborée, il est intéressant de s'attacher à la possibilité d'une logique explicite du sujet-objet qui *thématise* ce qui demeure un *opérer* dans *Philosophie de l'arithmétique*. Les *Recherches logiques* procèdent à cette thématisation. Le concept d'intuition catégoriale actualise la législation de l'idéal dans le champ de l'objet formel. Or, la logique développée du sujet-objet n'apparaît en aucun endroit plus clairement que dans les *Recherches logiques* où Husserl travaille le concept de vérité. La vérité dépend du remplissement de l'intention, intention et remplissement étant deux opérations distinctes. Mais dans sa définition du processus de remplissement, Husserl s'-exprime en termes beaucoup plus voilés:

(Il faut distinguer): d'une part, ceux (les actes) qui sont *essentiels* à l'expression (...); ce sont ces actes que nous appelons *les actes conférant la signification*, ou *intentions de signification*. D'autre part, les actes qui ne sont sans doute pas essentiels à l'expression comme telle, mais qui se trouvent néanmoins avec elle dans ce rapport logique fondamental, qu'ils remplissent (confirment, renforcent, illustrent) son intention de signification (...).[38]

Les verbes entre parenthèses ne peuvent que nous arrêter tant ils relativisent la force des affirmations contenues dans les textes précédents. Si le remplissement n'est qu'un renforcement, il ne fait que confirmer un état de chose qui existe déjà. Certains commentateurs vont même jusqu'à prendre le verbe "illustrer" dans son sens le plus négatif, le moins riche aussi: Mohanty, par exemple, affirme que le remplissement est "prédéterminé" par la signification[39]. Des interprètes plus mesurés n'en constatent pas moins que le sens même de la perception est "renfermé dans l'acte donateur intentionnel qui se dirige vers un donné possible", ce qui justifie que le "sens appartienne aussi bien à l'acte intentionnel qu'à l'acte donateur (de l'objet)"[40]. D. Souche-Dagues remarque que la relation de connaissance s'origine dans "l'affirmation explicite de l'identité de la signification et de l'objet" et que "l'unité idéale de la signification est donc celle de l'objet"[41]. L'homogénéité du rapport intentionnel à quelque chose et de la vision intuitive de la chose convainc de la nécessité de penser l'unité entre intention et intuition, donc de l'unité entre face subjective et face objective du procès de connaissance. Ainsi le concept de vérité est comme stabilisé autour de cette indissociabilité du penser et du voir.

C'est bien en ces termes que l'entend Husserl dans le paragraphe 39; en effet selon l'auteur, "la pleine concordance entre le visé et le *donné comme tel* (...) est vécue dans l'évidence, en tant que l'évidence est la réalisation actuelle de l'identification adéquate"[42]. Ce passage soude autour de l'évidence de la vérité l'aspect subjectif du visé et le caractère objectif du donné comme tel. La catégorialité de l'idée de vérité, en dépassant les non-formulations d'un *opérer* que nous avons vu animer la *Philosophie de l'arithmétique* rend possible l'adéquation d'un état de chose et d'un acte qui suscite le droit dans l'acquisition de l'évidence. La vérité, celle qui est "là, devant nous" devient une configuration ontologique intrinsèque qui suscite de l'intérieur la nécessité d'une perception.

26

De plus, la vérité légifère également sur les conditions de possibilité de sa propre perception:

Tandis que la vérité, au sens précédent, était l'objectivité qui correspondait à l'acte de l'évidence, dans ce second sens, la vérité est l'idée appartenant à la *forme de l'acte*, c'est-à-dire *l'essence cognitive et appréhendée comme idée* de l'acte de l'évidence (...) ou bien *l'idée de l'adéquation absolue comme telle.*[43]

Dès lors, la dualité acte-donné se reflète dans *l'unité "objectivité"* − "forme de l'acte" qui assure, dit Husserl "l'idée de l'adéquation absolue comme telle"; ce qui veut dire que, dans l'ordre explicite et non plus dans celui d'un opérer (cf. *Philosophie de l'arithmétique*), l'idée de l'adéquation se ré-fléchit dans la dé-contraction (inadéquation) possible et provisoire de l'acte et du donné. *L'immédiateté* des fonctions différentes bloquées dans le concept de vérité est le positif de la possibilité de la *médiation* négative de l'acte par le donné. L'élargissement de la phénoménologie aux objets d'ordre supérieur apporte donc une nécessité thématisée à l'unification opératoire du processus subjectivo-objectif. L'idée complexe, et une à la fois, de vérité constitue l'équivalent de la matrice originelle que nous avons évoquée dans la *Philosophie de l'arithmétique*, cellule qui rassemblait en elle l'immédiation de l'interaction nécessaire et idéale du sujet-objet.

Qui plus est, les autres acceptions possibles du concept de vérité, contenues dans le même paragraphe 39, semblent illustrer également la possibilité d'un phénomène analogue à celui que nous avons déjà nommé "décontraction de l'immédiation originaire". Les deux premières acceptions de la vérité sont en effet caractéristiques de la vérité en elle-même et de sa riche ambivalence que nous avons analysée. Les deux dernières opèrent une redistribution épistémologique des médiateurs de la vérité, entendons par là l'objet et l'intention: Husserl affirme que, "dans l'évidence, nous *vivons* l'objet donné dans le mode de l'objet visé: il est la plénitude même"[44]. Il est à remarquer ici que, à la différence de l'évidence de la vérité qui nécessite un "acte propre d'appréhension objectivante" − une thématisation particulière −, au contraire, l'objet donné dans l'évidence est vécu. La thématisation, du second degré, est donc dans ce cas inutile. De même, la quatrième acception du concept de vérité, qui met en valeur la "justesse de l'intention", place cette détermination de l'intention au même niveau que l'opération "d'adéquation à l'objet vrai". La vérité en personne se délègue donc elle-même sous les espèces de la plénitude de l'objet et de la justesse de l'intention et développe ainsi un processus qui n'est pas thématiquement raccordé à l'idée complexe et unifiante de la vérité appréhendée pour elle-même, tout en étant *opéré* sous la législation de la vérité. Nous retrouvons la logique d'un développement où la médiation du subjectif-intentionnel et de l'objectif-pris-dans-saplénitude conditionne l'activité même de la connaissance. Ainsi, la cellule originelle thématisée qui contracte la légalité se dé-contracte dans un mouvement où l'inégalité sujet-objet opère dans le légal sans thématisation de celui-ci. La situation présente cependant une originalité par rapport à celle que nous avons exploitée dans la *Philosophie de l'arithmétique*: dans cette dernière oeuvre, le statut de la cellule originelle dépendait de l'identité objective qui passe du concept de un à celui de quelque chose. Le concept de quelque chose — d'extraction subjective — renfermait donc malgré tout l'ambiguïté de son origine subjective et de sa nature objective identique; le concept de quelque chose était le médiateur de l'identité, cette dernière devant adopter la forme de la "catégorie" pour retrouver le multiplicité. Mais dans les *Recherches*, les unités de signification construisent des objets logiques de sorte que la vérité *soude* objet et sujet. Le sujet n'est plus nécessairement connoté par l'activité de représentation (du nombre). Ainsi, la *thématisation* de la catégorialité *fixe* bien les compositions originaires.

La décision de confronter maintenant la coordination esquissée contre les fakta avec le texte d'*Ideen I* est particulièrement riche d'enseignements. En effet, une universalité des faits du monde est thématisée par Husserl dans *Ideen I*. La réduction opère contre eux. Plus que jamais, le schéma, tiré des écrits de Husserl, retourne aux textes. Dans ces conditions, peut-on dire que la coordination aujet-objet domine comme droit les fakta dont parle Husserl?

Il semble que la nouvelle rationalité rencontre des échos assurés. Ainsi, la matrice originaire resurgit sous l'espèce de la structure néotico-noématique; l'interaction sujet-objet se manifeste clairement dans l'enceinte de la conscience transcendantale puisqu'il est établi qu'existe "une corrélation nécessaire et réciproque entre telle essence de noèse et telle essence de noème, (que) autrement dit, telle visée implique tel objet et (que) tel objet implique telle noèse qui le vise"[45]. La corrélation noématique reproduit dans son resserrement le sujet-objet originaire. Enfin, le développement de cette cellule originaire est lui-même thématisé et prend le nom de constitution; la possibilité même de la croyance en les objets est intégrée au noème[46]. Dès lors, le Faktum du monde procède du caractère de croyance inclus dans la thèse du monde. Les objets du monde sont donc subordonnés dans leur être à la légalité thématisée d'un sujet-objet primordial qui immédiatise de droit la médiation imposée par la facticité des objets du monde. Ainsi "fonctionne" le schéma connu qui s'appliquerait parfaitement à la conceptualisation de *Ideen I*. Ce serait donc la légalité du droit qui intégrerait sans difficulté le Faktum du monde.

A la limite, le monde est intégré dans le noème, tellement l'indice de réalité du monde procède de la thèse du monde. Alors, le fait conceptuel du monde serait transparent à la vection téléologique qui procède de la structure néotico-noématique. La réalité de l'étant s'identifie à sa vérité. Cette thèse est soutenue par Fink qui distingue radicalement le noème transcendantal du noème psychologique: le noème transcendantal est pour Fink "le monde lui-même en tant qu'unité de validité reposant dans la croyance de la fluante aperception du monde de la subjectivité transcendantale"[47]. Le noème est donc "l'étant lui-même"; Fink, fortement appuyé par Husserl, restitue ainsi à l'objet son statut de "pôle idéal" connecteur. Au point ultime de l'analyse la médiation de l'objet serait supprimée par une explication adéquate des éléments de la structure néotico-noématique. Le schéma rationalisant serait parfaitement valide: les dé-contractions seraient *thématisées* et fixées comme moments de la contraction noé-tico-noématique[48].

Toutefois, l'idéalisme transcendantal a-t-il vraiment éliminé le Faktum mondain? Comme l'affirme Husserl, le "tournant"[49] des recherches apparaît avec le chapitre II de la quatrième section qui porte sur la phénoménologie de la raison. Mais, dès la fin du chapitre I, l'auteur pose abruptement deux questions qui remettent en question l'édifice construit:

— Le X, doté dans les différents actes ou noèmes d'actes d'un "statut de détermination" différent, est nécessairement atteint par la conscience comme étant le même. *Mais est-il réellement le même? et l'objet lui-même est-il "réel"?*[50]

— (Les questions de réalité) ont leurs corrélats dans des "objets" qui sont tenus comme "étant réellement". Quand, peut-on demander partout, l'identité du X "visé" noématiquement est-elle une "identité réelle" et non pas "simplement" visée, et que signifie partout ce "simplement visé"? [51]

Il existe donc un écart à dépasser entre le visé noématique et la réalité. Le monde resurgit, s'opposant polémiquement à son intégration dans la structure noético-noématique. Le droit du schéma est alors contesté par les faits. En clair, et dans la mesure où le droit n'est que l'émanation de la conciliation de tous les faits, il suffit d'une seule contradiction marquée pour désavouer la coordination.

Il est intéressant de tenter de comprendre la cause de l'incoordination entre la fonction objet et la fonction sujet, et fort utile de revenir à la thématique témoin, celle de l'intersubjectivité, afin d'y faire travailler la matrice subjectivo-objectivo et laisser se déployer la coordination et sa déconstruction. Peut-être progresserons-nous ainsi dans l'intégration des faits.

c. *Intersubjectivité et Fakta*: La matrice sujet-objet retentit sur les rapports de moi à autrui et transforme la bivalence de la terminologie initiale (interprétation et objectivante) en une véritable thématisation du "lieu" où se trouve autrui par rapport au lieu occupé par moi. Dans les strates des textes il est permis d'isoler une thématique qui met en place la situation intersubjective comme relation entre intériorité et extériorité. Un extrait datant de 1918 parle dans ce sens:

La corrélation entre intériorité et extériorité n'existe qu'au niveau aperceptif dont la réalité est due à l'Einfühlung. Pour l'homme qui n'aurait vécu aucune *Einfühlung*, ou qui serait placé du point de vue de l'abstraction de toute *Einfühlung*, il n'y a (aurait) pas d'intériorité d'une extériorité.[52]

L'Einfühlung consiste justement à former la métamorphose de la position d'autrui comme extériorité dans l'aperception d'autrui comme intériorité. L'Einfühlung est donc l'opérateur qui neutraliserait les différences topologiques en alignant la dimension d'extériorité sur celle d'intériorité. Telle est l'idée à éprouver.

A cet égard, la perception commune du monde d'objets illustre le statut complexe de l'objet et du sujet pris dans les déterminations de la constitution intersubjective. Dans un texte central écrit vers 1921, l'auteur explique que chaque homme est d'abord sujet et qu'il est donné pour lui "dans un mode d'intériorité" alors que son "vis-à-vis est donné dans un mode d'extériorité (dans la communication) et réciproquement"[53]. De plus, chaque homme a "son monde intérieur solipsiste orienté autour du corps propre intérieur solipsiste"[54]. Ainsi, Husserl peut dire que "chacun saisit autrui de l'extérieur grâce à l'Einfühlung, tandis qu'il saisit son corps propre et ses objets "à partir de lui"[55]. Il apparaît que les sujets sont pour l'instant extériorisés les uns par rapport aux autres alors que les objets sont pour ainsi dire intériorisés par rapport à chacun. Pourtant l'Einfühlung accomplie change la face de la situation; dorénavant, "en ce qui concerne les objets, il s'avère que tous les modes d'appréhension produisent le même objet"[56]. Ainsi, l'objet constitué par tous est extériorisé par rapport à chacun. Inversement, les perspectives subjectives originellement extérieures les unes aux autres se sont désormais alignées dans un intérieur excluant l'extériorité des perspectives spatio-temporelles individuelles. La différenciation de l'*Innen* et de l'*Aussen*, une fois supprimée, conduit donc à une conception cohérente de l'Einfühlung authentique qui se fonde sur les relations internes de la motivation:

Le sujet comme objet est donné dans des connexions causales avec le corps propre: ceci, je peux l'établir fermement et rechercher les règles de cette causalité. Mais c'est une connaissance extérieure. Une connaissance intérieure produit déjà en ce qui concerne l'âme le retournement de cette causalité extérieure en motivation et ensuite seulement la motivation entière qui reste.[57]

Husserl emploie même la notion de "connaissance intérieure". En somme, il existe un moi-autrui originaire donné dans une *intériorité* post-aperceptive qui a *intégré l'extériorité* primitive d'un autrui dans une *contraction* dont la conceptualisation fait ressortir qu'elle renferme en elle des lois de motivation qui s'imposent de droit.

Notre travail, dans le texte husserlien, forcerait donc à transformer les êtres en rôles: c'est ce que fait déjà explicitement Husserl à propos du *"sens d'être"* d'autrui[58] qu'il intègre à la fonction constituante de la sphère primordiale. De plus, la mise en rapport avec une hypothèse de Husserl selon laquelle tous "les moi sont un seul moi"[59] ouvra la porte à la recherche d'un fonctionnement implicite qui unit la fonction sujet et la fonction objet dans une matrice originaire. C'est la voie par laquelle serait retrouvé le modèle d'explication qui s'essayait à travers la *Philosophie de l'arithmétique*, les *Recherches logiques* et *Ideen I*. En effet, dans l'Einfühlung véritable, le problème de l'intersubjectivité est abordé dans sa fonctionalité intentionnelle et non à partir des réalités spatio-temporelles:

Ainsi, l'autre je transcendantal est en moi, il est en moi comme unité de validité, de sorte qu'il est une certitude d'être anticipée et confirmée, et il est vrai, en tant que non-moi, qui est lui-même je et qui en tant qu'autre je, me contient lui-même en retour en soi.[60]

Autrui est en moi comme "certitude d'être" et "unité de valeur", ce que je suis également pour lui: de moi à lui, il y a identité de l'unité de valeur subjective qui "immanentise" la relation externe dans un être-dans-l'autre intentionnel. Husserl continue alors droitement sa pensée:

Cette intériorité de *l'être-pour-l'autre* en tant qu'*être-dans-l'autre intentionnel* est le fait originaire "métaphysique", c'est l'appartenance mutuelle de l'absolu.[61]

En somme, autrui et moi sommes des porteurs de la fonction absolue d'être-pour-un-autre, qui est la véritable dimension de la subjectivité. L'altérité représente donc de droit notre être-en commun. De même, la fonction-objet perd ses rapports avec l'espace et le temps: le rôle de l'objet dans la sphère matricielle absolue est joué par l'altérité comme différenciation: autrui est non-moi bien que autrui et moi ayons pour être subjectif de renvoyer l'un à l'autre. L'altérité comme unité est subjective; mais en tant que différence, elle est objectivante, ce qui signifie que le couple moi-autrui se décompose en un sujet-objet dont la portée supplante le clivage opérant je-toi grâce à une réalisation objectivante du je et du toi.

En effet, la décomposition extériorisante de cette sphère restitue au sujet et à l'objet leur statut d'individus réalisés dans l'espace et dans le temps. On sait en effet que l'individualité s'acquiert dans la répétabilité temporelle et que les limites géométriques de celle-ci découpent l'espace. Dans ce nouveau contexte, sujet et objet perdent leur qualité de fonctions non directement reliées à une incarnation subjectivo-objective. Autrui "sujet-objet" est extérieur à moi. Or, nous avons vu que l'altérité comme différence est objectivante. C'est ce qui explique que Husserl doit commencer par reconnaître autrui comme *Leibkörper* dans une unité d'appréhension qui préfigure seulement l'expérience d'autrui culminant dans une unité supérieure d'interprétation; cette Einfühlung "inauthentique" est le point de passage obligatoire vers l'Autre au sein de relations entre un sujet et un autre sujet se présentant d'abord comme un objet dans l'espace:

Tandis que je vois l'homme devant moi, je peux considérer sa corporéité empirique (dans le monde environnant) pour elle-même et la saisir en tant "qu'expression", en tant qu'indication aperceptive, en tant "qu'apprésentation" de la personne humaine avec sa vie personnelle.[62]

Ainsi est signifiée l'"Einfühlung psychologique"[63]. Cependant, dans l'expérience d'intersubjtecivité comme dans la *Philosophie de l'arithmétique*, le modèle fondé en droit intègre son propre devenir-dans-des-éléments-discrets-et-décontractés; l'unité de droit conditionne l'unification de fait:

L'Einfühlung transcendantale (...) est une structure de constitution *au moyen de laquelle seulement* deviennent possibles la prédonnée du monde et l'existence personnelle dans le monde, les actes personnels de l'*Einfühlung* psychologique en général.[64]

l'Einfühlung transcendantale représente la condition de possibilité de l'Einfühlung psychologique. C'est en ces termes que s'explicite la communicabilité moi-autrui dans la mesure où nous procédons d'une légalité qui domine les faits.

Tel serait le travail positif de coordination. Le schéma de rationalité se réinvestirait fructueusement dans la thématique-souche de l'intersubjectivité. Mais tous les faits acceptent-ils leur intégration? On ne peut éviter cette question puisque la recherche s'emploie à intégrer les gestations implicites, mais sans ignorer les approches lucides de Husserl[65]. Il faut donc ne pas refouler certaines présentations de l'écriture husserlienne. Or, deux textes parlent fortement:

— Ceci (le *Faktum* du contenu réel du monde) vaut aussi bien, cela va de soi, pour "l'absolu", l'intersubjectivité transcendantales en général. *L'Absolu, que nous découvrons, est un "fait" absolu.*[66]
— Je ne peux pas dépasser mon être factuel et en lui (je ne peux pas dépasser) l'être-avec-autrui intentionnel qui est contenu etc... (...).[67]

Ainsi, le Faktum intersubjectif en général, et surtout l'être-dans-l'autre intentionnel, qui renvoie dans certains textes de l'auteur à la bi-fonction subjective-objective de la fonction d'altérité, sont référés à la facticité. C'est donc la facticité qui reprend à son compte ce qui constituait la législation du droit:

Toutes les nécessités d'essence sont des moments de son Faktum, sont des modes d'un fonctionnement rapporté à lui-même — ses façons de se comprendre soi-même ou de pouvoir se comprendre.[68]

Ce retournement des idées en leur contraire permet de mettre en place dans son originalité le concept de Spiegelung. Autrui comme reflet de moi-même signifie bien que "je ne peux pas dépasser mon être factuel" et que le seul mode de compréhension du sens d'être d'autrui est acquis dans le redoublement d'un Faktum. Ainsi s'exprime l'idée d'une "coexistence universelle"[69] — ou universalité polémique — qui répond dans l'ordre des Fakta à l'idée rationalisante d'un être-dans-l'autre intentionnel. Qui plus est, le concept de Spiegelung autorise à montrer que toute la problématique de l'intersubjectivité s'origine dans le fait du reflet: de moi à autrui, il n'y a jamais que la projection de mon être sur la surface d'être étrangère[70]. On trouve encore:

— Ainsi se reflète (...) dans chaque monade non seulement l'univers de la nature, mais encore *l'univers absolu des monades.*[71]
— *Chaque corps reflète l'univers corporel entier (...).*[72]

La théologie s'enracine donc dans le Faktum de ma présence et le concept de Spiegelung trouve par là un sens certain dans la reproduction du Faktum originaire. En somme, l'Einfühlung dé-génère en Spiegelung, et ce dernier concept perd intrinsèquement certaines connotations, qui laissaient en partie présager son insertion dans un logos herméneutique[73], pour endosser son véritable habit.

La déconstruction conceptuelle de l'Einfühlung en Spiegelung simple liquide donc conceptuellement la prépondérance de la matrice contractée dans une intériorisation et développée dans une extériorisation réalisante. Elle constitue la dernière étape sur le chemin qui conduit à placer la thématique de l'intersubjectivité dans la même position que celle de *Ideen I*. Dans *Ideen I*, l'être réalisé est nié au profit du mode de constitution qui se résume dans le caractère de croyance. Dans les manuscrits consacrés à l'intersubjectivité, la thématisation des Fakta subjectifs et objectifs qui accomplissent la médiation de fait de l'intersubjectivité n'est que superficielle et contourne la réalité brute du Faktum dont dépendent même l'essence et le droit. Or, la thématisation husserlienne devrait justement se déployer à partir du rejet du Faktum originaire par un autre fait afin de fonder réellement les faits dans un droit. Qui plus est, et comme le montre l'opérer polémique de l'exercice de réduction dans *Ideen I*, la fondation d'un droit se poursuit par la prise en charge conceptuelle de ce qui est rejeté. C'est bien ce qui fait problème selon l'auteur lui-même qui s'exprime en ces termes:

En tant que phénoménologue, j'exhibe et pose l'ego comme point de départ nécessaire d'une réflexion philosophique, d'une prise de conscience qui me rend accessible et compréhensible constitutivement l'univers de l'étant. Au départ, il n'apparaît concrètement que non-dévoilé, entrant dans le champ du regard, un *Faktum* que je ne découvre comme *Faktum* que pas à pas. Mais bientôt je vois que je ne peux m'avancer jusqu'à un dévoilement universel effectif du *Faktum*.[74]

La première partie du texte est étonnante de lucidité dans la mesure où Husserl thématise, dans une conceptualisation qui s'appuie sur la réduction phénoménologique, la "prise de conscience" par laquelle le fait du monde doit être expliqué par le procès de la constitution après avoir été écarté par l'*épochè*. Cependant, cette lucidité dans le questionnement achoppe sur la situation que nous avons déjà exploitée et qui révèle que la perspective entamée dans *Ideen I*, appuyée sur la réduction, avorte faute d'une polémisation de l'épochè, théorisée universellement; ce manque fait ressortir le Faktum solitaire. Mais, alors que nous avions exhibé la face-objet du Faktum, il apparaît maintenant qu'il existe aussi une face-sujet du Faktum, ce que fait ressortir la deuxième partie du texte. C'est donc tout l'édifice d'autojustification qui s'écroule inéluctablement, à force de se percellariser. Par ailleurs, les aboutissements intersubjectifs de ce passage sont également importants puisque l'analyse du concept d'Einfühlung a révélé qu'autrui est le reflet-objet de moi-sujet. Dans ces conditions, la thématique de l'intersubjectivité culmine ainsi dans l'avortement de la tentative d'une fondation des rapports sujet-objet dans le droit, étant donné que le fait rejaillit aussi bien au niveau du sujet — comme nous le remarquons ici — qu'au plan de l'objet, ce que nous avons développé à partir d'*Ideen I*. En d'autres termes, l'intériorité de ma subjectivité est alourdie du fait de sa réalité tout comme mon reflet objectivé en autrui est enfermé dans sa réalité de fait. La progression est nette: alors que dans *Ideen I* le Faktum est encore spécifié et comme exorcisé en objet que le sujet tente de constituer de mieux en mieux, les manuscrits sur l'intersubjectivité enveloppent avec une terminologie subjective l'universalité d'un substrat de fait qui engloutit les rapports superficiels entre sujets. Nous saisissons la raison de l'ambiguïté qui affecte le concept d'Einfühlung: la téléologie du droit, qui prend figure dans le concept de motivation et qui est la deuxième couche du penser husserlien, repose à son tour sur une troisième couche, celle de l'*a-theoricité d'un chaos factuel qui s'infiltre dans le sujet et l'objet*.

C'est en tout cas le premier échec sérieux et complet de la coordination. La polémique destructure donc à juste titre la composition subjective-objective, contractée et décontractée selon une loi de droit. Reste évidemment l'hypothèse de cohérence, que nous conservons. Mais le travail a un versant positif. Une des failles fondamentales de la rationalisation procède de la contamination du droit dans la matrice de contraction par les faits dé-contractés; ce qui casse les combinaisons du sujet-objet soudé. Ne serait-il pas alors plus simple, et plus fructueux, de désamorcer la difficulté en partant d'un sujet simple et d'un objet simple? Nous retournons donc vers les *causes* de la difficulté de mettre en place cette matrice. Peut-être y trouverons-nous la source factuelle, celle qui contamine justement et le sujet et l'objet. Le schéma matriciel était jusqu'à présent pierre angulaire. Il devient pierre de touche. La *continuité* de l'approche est cependant préservée, puisqu'on cherche à *fonder* ce qui s'est simplement donné.

2. LA POLEMIQUE SIMPLIFIEE

a. *L'ontologie de l'indétermination*: La mise en présence simple du sujet et de l'objet ne propose-t-elle pas des éléments qui apportent une clarification? L'analyse de "*l'a priori* de corrélation de l'objet d'expérience et des modes de données"[75] a une importance décisive; l'intégration des données — ou *Fakta* — objectives dans l'univers de droit de la subjectivité est présentée avec une grande autorité.

L'être-là de chaque sens concret ou abstrait, real ou ideal a ses modes de se donner lui-même; du côté du je, il a ses modes de l'intention sous l'espèce de la validité, et faisant partie de cela ses modes de changement de l'intention dans ses synthèses de la concordance et de la non-concordance, subjective-isolée et intersubjective.[76]

Ainsi, l'être de l'objet est donné dans les structures réceptives du sujet, il est également pris dans des modes d'intentionalité qui assurent du côté du sujet la validité perceptive, et les modulations de l'intention perceptive sont gouvernées par les lois de la raison subjective ou intersubjective. Le seul Faktum possible semble affecter la qualité d'être du sujet. Ce qui est à éprouver.

L'*a priori* de corrélation conduit à la réduction phénoménologique. Or, ce dernier concept renferme la clef qui permet d'investir subjectivement la logique du sujet-objet; l'analyse statique de la validation de la donnée objective dans des modes d'intentionalité subjectifs renvoie en effet à une dynamique de l'intentionalité. La réduction libère donc le pro-jet intentionnel universel qui était oblitéré par la vie naïve. La pro-jet est inthématisable puisqu'il "est" toujours en avant, dans l'ouverture d'un nouvel horizon. C'est cet horizon fonctionnel pré-accueillant les étants qui constitue la dimension originaire du projet de la *fungie-rende Intentionalität*[77]. En fait, l'universalité de la production de l'horizon de tout être et de toute connaissance semble fonder la logique du sujet-objet dans le sujet, qui serait alors dépositaire du Faktum.

Pourtant le résultat n'est pas univoque. Si la *Krisis* propose l'*a priori* de corrélation à fondement subjectif, le même texte balance aussi bien vers une direction opposée:

(il s'agit d'effectuer le projet de fondation des disciplines dans la phénoménologie) et par là de les laisser surgir dans une figure radicale et authentique en tant que rameaux de l'*une absolue et de l'absolument universelle ontologie*, notamment celle de la phénoménologie transcendantale pleinement développée. Elle-même est la dernière science, rapportée à soi dans sa justification.[78]

Le destin du travail husserlien reposerait dans son statut d'ontologie autojustificatrice. L'exercice de la fungierende Intentionalität n'aurait alors qu'une valeur programmatique puisque le langage de l'être assurerait la fondation d'une science "rapportée à elle-même dans sa justification". La situation est renversée.

Mais une solution provisoire, et équilibrée, semble s'annoncer. Dans le *Problème de la Phénoménologie*, Fink recentre le débat:

La description *intentionnelle* n'est pas la reproduction de "choses", qu'on nomme intentionalités, présentes dans l'espace de la conscience; elle est intentionnelle dans la mesure où son thème est l'intentionnalité *fonctionnante*, et dans la mesure où elle est, elle-même, un mode de ce fonctionnement.[79]

Le propos de Fink tend à montrer que le clivage sujet-objet ne constitue pas une donnée pertinente. Pour Fink, la description intentionnelle thématise la pré-intention, celle-même qui est projet d'un horizon d'inscription des choses. Qui plus est, l'intention seconde dérive "elle-même" de l'intention primitive ou fungierende Intentionalität. Cette analyse facilite le resserrement de la distance qui repoussait à l'infini la phénoménologie ontologique par rapport à la fungierende Phänomenologie. Pourtant, le commentaire de G. Brand citant le texte, va dans un sens contraire:

La description n'est rien qui soit indépendant, mais au contraire, elle se détermine justement à partir de ce qui est décrit là (...).[80]

Or, ce qui est "décrit là" est justement l'objet thématisé et ontifié. Il serait donc largement permis d'affirmer que la préséance de la position du sujet intentionnel emprunte toutefois, dans le processus de la connaissance, à la présence inthématisée de l'horizon-objet. C'est pourquoi la légalité de la connaissance procéderait manifestation en personne de l'objet-dans-son-horizon.

Toutefois, la prévalence de la position ontologique pose problème: la phénoménologie qui se déploie dès *Ideen I* décompose l'horizon-objet pour y retrouver la composante subjective de l'horizon. Ainsi, l'horizon de surgissement est un espace d'ouverture où sujet et objet concourent à son extension en tant que potentialités. C'est dans le post-surgissement, dans la stase consécutive que la *position* objective occulte le *travail* subjectif. Un texte de L. Eley aboutit également à reserrer la problématique su sujet-objet:

> (...) le plus souvent et d'abord, c'est la conscience constituée dans ses modalités que nous thématisons. Mais la conscience constituante ne peut pas être en dehors de la conscience constituée; elle ne peut plutôt qu'être donnée et empirique, dans la mesure où, en tant que conscience constituante, elle se perd dans la conscience constituée (...). Elle s'oublie dans l'objet.[81]

La conscience constituante s'absorbe dans son objet qui n'est toutefois qu'une "conscience constituante objectivée". Sujet et objet mordent l'un sur l'autre. Un double mouvement entraîne la raréfaction progressive du sujet dans l'objet (qui illustre l'objectivation ontologique et l'absorption des positions ontologiques dans la thématisation de l'opérer inhérent à la fungierende Intentionalität). Cette neutralisation des deux pôles (sujet-objet) entraîne l'exhibition d'une zone in-thématisable à partir de laquelle rayonnent aussi bien le Faktum du monde dont nous venons de parler, que le Faktum du sujet dont la reconnaissance a consti-tué la ligne directrice de notre élucidation de l'intersubjectivité. Le concept de Faktum prend ainsi *place* dans le corpus; il est au moins localisé.

Cet acquis exige en retour la réinsertion du sujet-objet dans son cadre inter-subjectif. Nos recherches sur le concept d'Einfühlung ont révélé l'importance du corps. Husserl en fait le point de départ d'un mouvement d'entrée dans l'intério-rité d'autrui. En effet, le sens d'être du corps propre, ce corps dont le sens est retenu lors de la réduction phénoménologique à la *sphère primordiale*, est consti-tué en moi. Ainsi, c'est dans ma sphère primordiale où autrui n'existe pas que le sens d'être de la région *Leib* en général est constitué. Dès lors, le sens d'être du corps propre d'autrui est produit en moi. Cependant, *Erste Philosophie* (53ème leçon) dans une même perspective transcendantale, prouve que la production d'autrui en tant que corps doit compter avec l'autodonation d'autrui dans son *Leib*; c'est le phénomène d'apprésentation:

> Les corps organiques étrangers (...) sont pour moi des réalités, ils sont pour moi des certitudes indubitables que je ne pourrai jamais sacrifier.[82]

Il est donc établi que le Leib d'autrui n'est pas vierge de signification, qu'il résiste en son nom et que la mise-en-analogie des deux corps ne peut s'effectuer que parce qu'à la constitution du sens-d'être-corps propre en moi répond la structure "corps propre" en autrui. Et l'on retrouve une zone d'incertitude fac-tuelle, en qui ne se coordonne pas la connexion du "donner un sens au Leib d'autrui" et du "recevoir un sens par le Leib d'autrui".

Alors la tâche d'harmonisation des deux consciences corporelles se perd dans la réalité du monde où autrui devient pour moi *Mensch*. D'ailleurs, la di-mension d'humanité (*Menschheit*) en autrui est constituée par moi et définit autrui, tout de même que mon humanité est constituée par autrui; en effet, les relations humaines sont aussi placées dans la nature, même si elles connaissent des aboutissements culturels:

Je, en tant qu'homme, suis partie du monde environnant real du je pur (...).[83]

En fait, le monde environnant "real" est l'objet d'une constitution intersubjective. Les sujets *originaires* ont disparu de la scène fondamentale; ils s'éloignent dans l'arrière-plan.

Toutefois, ce trajet retourne à la difficulté initiale dès que Husserl emprunte le langage de la constitution transcendantale du corps et cesse de couler la théorisation dans la facticité:

Je, en tant qu'homme suis partie du monde environnant real du je pur, qui, en tant que centre de toutes les intentionalités, accomplit aussi celle-ci, par laquelle justement je, l'homme et la personnalité, se constitue.[84]

Les deux types de constitution (l'autoconstitution par le je transcendantal et l'hétéro-constitution par le je d'autrui) se choquent ici et traduisent la difficulté de l'approche.

Notre analyse, reliée à l'étude de la logique su sujet-objet dans toute la phénoménologie, aboutit à un résultat qui trouble la rationalité de cette logique. Alors que nous avions certes déjà reconnu que le Faktum surgissait dans le corpus tant sous la forme de l'objet que sous celle du sujet, ce qui n'excluait pas encore la coordination du sujet et de l'objet, il apparaît à présent que le Faktum prend racine dans une origine à laquelle s'alimentent les relations entre sujet et objet. Il est créé un véritable espace où une forme "X" opère les conjonctions du sujet et de l'objet: cet X est le rien-tout de l'indétermination. Dès lors, le texte de Husserl prend un statut difficile dans la mesure où les deux directions (subjective; ontologique) s'enfouissent dans une origine de fait qui engendre l'équivocité. Le Faktum est moteur. Ainsi, l'ambiquïté du concept d'Einfühlung procède de l'indétermination de la coordination sujet-objet[85].

Le schéma de coordination était pierre de touche. Sujet et objet simples s'absorbent l'un l'autre dans une région factuelle d'indétermination. Dès lors, il faut poursuivre l'exercice, assumer la ligne de *continuité* de la recherche en établissant des conditions de possibilité encore plus originaires de la construction du schéma. La démarche régressive est donc nécessaire: quels sont les véritables référents éventuels, derrière le sujet et l'objet, dont l'efficace ferait front contre toute indétermination factuelle? Remarquons que sont épuisées les ressources offertes par les concepts directeurs, tant dans l'intersubjectivité que dans les applications de la matrice à l'oeuvre entière. Mais il reste justement deux concepts de référence, qui ont seulement servi de point d'appui: le temps et l'espace[86]. Il est donc indiqué de théoriser ce qui jouait le rôle de fond occulte de progression. Temps et espace ne sont-ils pas les véritables acteurs de la coordination, les moteurs assurant une cohérence universelle au schéma?

b. *Les nouveaux acteurs de la coordination*: Il n'y a pas chez Husserl de composition thématique du temps et de l'espace, à l'image de celle qui conjoint le sujet et l'objet. C'est pourquoi il est nécessaire de distinguer la référence temporelle et la référence spatiale, pour les rassembler ensuitesen fonction de critères retenus au cours de l'analyse. Husserl met en rapport la phénoménologie et le temps dans ces termes:

Nos méditations ont été poussées assez loin pour mettre en évidence le caractère nécessaire de la philosophie, comprise comme philosophie phénoménologique transcendantale (...). Cette évidence implique aussi que le *travail infini de l'explicitation* du moi méditant que nous impose le plan général tracé par nous (...) s'intègre comme chaîne de ″méditations″ particulières dans le cadre d'une ″méditation″ universelle *indéfiniment poursuivie.* [87]

En dernier ressort, la preuve de la phénoménologie s'institue pour Husserl dans l'auto-explicitation temporelle de la pratique scientifique. Notre démarche qui cherche à cerner la couverture temporelle de la phénoménologie recontrerait ainsi la ligne de continuité juridique.

Pourtant, c'est bien dans le temps également que le fond de facticité indéterminant trouve une place de choix. Husserl opère la matérialisation du Faktum en ces termes:

A l'intérieur de l'intériorité, le premier ″étranger à moi″ prédonné au je pur, ce qui *affecte* le je (exerçant un attrait): l'hylétique. Dans la mesure où il appartient à l'essence du je (...) d'être attiré par ce qui lui est étranger (...) dans cette mesure le sujet est dit réceptif.[88]

L'hylé est le fait originaire et incarne par ailleurs la fonction de réception du *Ich*, qui s'exerce dans une zone neutre où le je n'est pas et où ce qui *est* n'est pas encore connu. Est donc redonnée la trouble connexion de la communication du sujet avec les archi-choses. En résumé, la phénoménologie intégrale est rattachée au temps sous l'espèce de sa nécessité et sous celle de sa *facticité* hylético-génétique. Peut-on dépasser cette contradiction? La structuration de la conscience dans la forme-temps intègre le Faktum hylétique dans un devenir temporel totalisant. C'est bien ce que le propos de Husserl tente de prouver:

Dans la dernière sphère originelle hylétique, il n'y a d'identification que par une modification intentionnelle qui se *différencie dans une continuité*; c'est la modification rétentionnelle ″rétention″ qui constitue la succession fluente du temps en tant que transformation par analogie et qui produit dans cette succession le procès de la continuelle unification d'identité.[89]

Le texte insiste sur les limites arché-hylétiques. Dans cette ″sphère originelle″, la ″succession fluente du temps″ qui se double d'une ″continuelle modification″ ne s'exprime que dans la continuité de com-position. La continuité composante représente l'opération-clef qui réintègre dans sa progressivité la discontinuité intra-phénoménologique occasionnée par le point-Faktum extérieur à toute problématisation. Les faits com-posés apparaissent comme des moments du droit; mais qui plus est, les expressions du Faktum dans les sphères plus éloignées du point-source hylétique sont, de proche en proche, également ré-intégrées; en ce qui concerne le Ich, d'abord, qui se trouve le plus près du moment hylétique, un manuscrit est décisif:

> Le je est en soi et avec soi en continuité intérieure, qui est différente, fondamen-talement, de la continuité extérieure, de la continuité d'une extension; mais en tant que je de la continuité intérieure, qui se tient (*stehendes*) et qui demeure (*bleibendes*) il est "le même" dans la continuité ex-tensive de sa vie (...).[90]

Lorsqu'on sait par ailleurs que "la hylé originaire dans sa temporalisation propre est pour ainsi dire *le noyau étranger au je* dans le présent concret"[91] il est facile de constater que c'est la même continuité qui passe de la hylé au je par le *noyau du je*. La continuité s'étend à la conscience puisque cette dernière, "dans son originalité première est impensable sans *Ichpol* originalement premier"[92]. Alors c'est tout l'horizon de la conscience qui est soumis à la même continuité. En conséquence, du point-source hylétique aux effectuations intentionnelles les plus lointaines ayant trait au futur, se déploie un *continuum* temporel de coordination (com-position) cohérente. Les faits se développeraient de l'intérieur, et ils seraient maîtrisés. De plus, et dans une invitation à la réflexion, Husserl propose d'intégrer les faits extérieurs (af-fectants) dans un devenir personnel régi par les lois de l'activité:

> Il faut réfléchir sur le fait que tout ce qui est affectant (*Affektive*) n'est déjà commun (*pour toutes les monades*) que dans la mesure où tout ce qui est actif lui-même se transforme en affection.[93]

Aussi la contradiction, qui touche à la difficulté de coordonner facticité et né-cessité temporelle, se donne-t-elle comme dominée.

Demeure cependant à instituer une coordination avec les domaines objec-tifs spatiaux pour retrouver la loi de continuité. La confrontation avec les ma-nuscrits portant sur l'intersubjectivité sera comme toujours éclairante. Un texte tardif de Husserl reprend la terminologie continuiste dans une perspective *néga-tive*:

> Communauté avec les autres en tant que mes autres. Est constituée la nature commune. Mais aucune continuité (*Kontinuierung*) ne conduit de mon pôle subjectif à celui d'autrui, de ma base, de mes actes etc. à ceux de l'autre. C'est pourtant une communauté, un mode du "recouvrement" des *Ichpole* dans la discontinuité de la vie de l'acte recouverte etc.[94]

A cette affirmation décisive, opposons simplement un propos de Husserl tout aussi péremptoire et qui date de la même époque:

> Identification dans le souvenir — séparation dans le souvenir — *continuité* de ce qui est séparé et constitution dans la différence (*Andersheit*) continue *d'une distinction*. *D'abord* dans la primordialité — champ primordial — ensuite Ein-fühlung, au lieu d'un "champ", monde intersubjectif etc. (...).[95]

Du souvenir à l'Einfühlung il y a une même continuité dans la réunion de ce qui est séparé. La modèle de continuité est le temps qui s'applique "d'abord" dans la primordialité, et "ensuite" au plan de l'Einfühlung. C'est un même mouvement qui compose le complexe à partir du simple.

Deux perspectives contraires se partagent le terrain. Cette difficulté force une fois de plus à rechercher un implicite fondateur qui dirigerait la démarche husserlienne et assurerait la fondation d'un droit *conciliateur des faits opposés*. Il est possible, dans ce but, de tenter d'élucider la mise en rapport de l'Einfühlung et de l'Erinnerung. La question a déjà été évoquée; mais la rigueur impose de quitter la simple *référence* au temps pour inclure la référence dans une thématisation d'ensemble.

Pour Husserl, le passé est une unité continue. Mais l'Einfühlung semble ne pas s'accomoder de cette loi dans la mesure où "il n'y a pas de continuité possible qui conduit de mon Ichpol (...) à un "autre" Ichpol[96]. Il faut alors poursuivre la mise en théorie du parallèle entre Einfühlung et Erinnerung pour tenter de cerner l'élément qui fonde la distinction entre ces deux types d'expériences. L'étude de la double intentionalité du ressouvenir est intéressante. Par "double intentionalité" Husserl entend la fonction qui s'exerce dans l'acte de se res-souvenir et qui, d'une part, aboutit à "la constitution de l'objet immanent" mais qui, d'autre part, met en oeuvre "l'intentionalité constitutive de l'unité de ce souvenir primaire dans le flux"[97], appelée encore "intentionalité transversale". Cette dernière forme d'intentionalité synthètise rétentionnellement le continuum du flux en écoulement, phase après phase. Les aboutissements de cette distinction facilitent la compréhension du fait intersubjectif; en effet l'intentionalité d'objet thématise l'objet, certes. Par contre, l'intentionalité transversale "se recouvre elle-même continûment"[98]. Il existe donc une *Deckung*, autorecouvrement: tout comme il y a *Deckung* de moi et d'autrui. De plus le mode de recouvrement imposé par l'intentionalité transversale correspond au recouvrement intersubjectif authentique dans la mesure où est éliminé le recouvrement associatif qui pulvériserait l'unité intentionnelle en chaînons:

Ce n'est donc pas que nous ayons une simple chaîne d'intentions "*associées*" les unes aux autres, celle-ci se souvenant de la plus proche (dans le flux) mais nous avons *une seule* intention, qui est en elle-même une intention qui vise la série des réalisations possibles.[99]

La dynamique d'une intention unitaire rend superflues les chaînes associatives. Dès lors, l'intentionalité transversale a une importance particulière puisque le recouvrement non associatif qu'elle opère introduit la possibilité d'une "communauté" avec lui-même du flux:

L'apparition en personne du flux n'exige pas un second flux, mais en tant que phénomène il se constitue lui-même. Le constituant et le constitué coïncident (*decken sich*) et pourtant ils ne peuvent pas naturellement coïncider à tous égards. Les phases du flux de la conscience en lesquelles des phases de ce même flux de conscience se constituent phénoménalement, ne peuvent pas être identiques à ces phases constituées, et ne le sont pas non plus.[100]

Nous pouvons relever que l'intentionalité transversale favorise l'autoconstitution du flux sans qu'un second flux soit nécessaire. De même, dans la situation inter-subjective, le recouvrement des deux sujets s'opère par soi: l'Einfühlung suscite une unité de communication radicale qui fait que le "constituant et le constitué coïncident" également. Mais le parallélisme doit être mené plus avant: dans le res-souvenir, les phases constituées sont dorénavant *thématisées* par les phases constituantes de sorte que s'établit un clivage interne dans la durée personnelle. Dans l'expérience d'Einfühlung inauthentique, la thématisation d'autrui lui don-ne nécessairement le statut d'objet, comme l'intentionalité d'acte constitue l'ob-jet dans le ressouvenir. C'est pourquoi, en un certain sens, de moi à autrui, il n'y pas continuité. Dans ces conditions, l'approfondissement de l'Einfühlung et de l'Erinnerung fonde la possibilité du double langage husserlien: la continuité de la communicabilité authentifiée connote l'aspect transversal et horizontal d'une intention a-thématique; la discontinuité exprime la thématisation d'au-trui, opération par laquelle il se distingue de moi. Le chemin serait ouvert, qui mènerait vers la suppression de la polémique.

Cependant, la signification d'autrui ne s'épuise pas dans une thématisation com-posant la continuité temporelle qui me relie à lui. Si Husserl remarque sou-vent qu'"aucune continuité ne conduit de mon pôle subjectif à celui d'autrui". (*Husserliana 15*, p. 574), c'est certes qu'autrui est objet d'une intentionalité d'acte qui le thématise et le soustrait donc à ma subjectivité puisqu'il appartient dorénavant à un champ objectif. Mais par ailleurs, le mode essentiel d'autrui se distingue du mode d'être du souvenir: ce dernier est idéal alors qu'autrui est "real". Quand bien même ces deux régimes d'existence n'enlèvent rien à la nécessité de placer en parallèle l'Einfühlung et l'Erinnerung, il est donc néces-saire de rendre compte du statut d'être "real" d'autrui. Or, la "réalité" d'autrui procède de son statut d'existence-dans-l'espace. En somme, la thématisation d'autrui, qui objective celui-ci, doit être complétée elle-même par la thématisa-tion des conditions spatiales d'individualisation de son objectivité. *La rationali-sation, qui a absorbé le fait du temps dans le droit, doit affronter le fait de l'espace.*

Pour suivre l'éventuel fil directeur de la continuité, il faut donc repartir de l'espace objectif "réalisé"; Husserl rassemble les éléments de la situation dans la proposition suivante:

Il n'est que d'accomplir, donc, la transformation kinesthétique pour amener en *recouvrement géométrique* mon corps et le corps étranger (*Leibkörper*), et la continuité règle alors kinesthétiquement, tout est à transférer dans tout con-tinûment.[101]

Ce texte appelle un commentaire. La continuité est obtenue après "recouvre-ment géométrique", et la configuration spatiale de mon corps coïncidera avec celle du corps apprésenté. Tel est l'état de chose terminal; deux objectivités se confondent morphologiquement. Toutefois, initialement, s'est opérée une "transformation kinesthétique" qui est effectuée en pensée, ce qui explique que "chaque je est en relation intentionnelle avec le monde spatial universel". Au terme de la "transformation kinesthétique", mon corps est pour ainsi dire "transposé" en autrui (*hineinversetzt*). Husserl exprime cette idée en l'étendant à l'Einfühlung:

> Me transposant en lui dans ma post-compréhension de lui, *je me recouvre* avec lui et ainsi il semble qu'une Einfühlung intuitive soit équivalente avec le: "moi-même j'aurais pu aussi être ainsi".[102]

Traduite en termes corporels, la propositions prend une forme intéressante:

> Mais si je suis ici et si je vois au loin un analogon de mon corps, alors celui-ci indique le système de manifestation que j'aurais "si j'étais là-bas".[103]

Le recouvrement des deux corps procède donc d'une transposition de mon corps par la pensée; une variation kinesthétique concrétise la relation intentionnelle du sujet avec l'espace étant donné que l'exercice de la domination sur l'espace dépend des mouvements de l'organe corporel. La transposition de mon corps là-bas explique la similitude – Ähnlichkeit –[104] des deux corps. Pour cette raison, il est inutile à Husserl d'expliciter plus avant la possibilité de la similitude; en effet, autrui n'est que moi là-bas; les expressions *quasi*[105], *gleichsam*[106], *als ob*[107] connotent le fait que c'est moi qui sers d'unité identifiante en étant quasi-autrui, pour ainsi dire autrui etc. Profondément, une même propriété se retrouve dans des supports différents. On explique ainsi pourquoi, dans le texte qui est commenté, "tout est à transférer dans tout continûment". En résumé, rappelons que la pensée de la variation kinesthétique crée un espace isomorphe centré sur moi. Le fait que tout ceci n'est que *pensé* renvoie à l'affirmation husserlienne selon laquelle "tout ce qui se présente maintenant corporellement réclame maintenant une interprétation en forme de comme si"[108]. Nous touchons à un processus de variation fondé sur l'imagination:

> Est-ce que je m'imagine dans l'autre corps (*Phantasieren*)? (...). Est-ce que j'accomplis imaginativement un comme-si-j'avais-le-deuxième-corps-là-bas-comme-mon-corps (...)? Quel peut être alors le bon sens de ce discours, qui ne veut donc pas dire une transformation (de mon corps) mais un "imaginer" (*Phantasieren*)? [109]

L'appel au nom *Phantasieren* qui s'oppose à *Bild* (ou image-portrait) montre bien que l'imagination en question n'est pas reproductrice mais productrice. En même temps, nous comprenons qu'une même propriété se retrouve dans des lieux différents: une variation imaginative, concrétisée dans les kinesthèses, *produit* la perception d'une essence, ou *eidos*, qui se retrouve égale à elle-même ici ou là-bas; que je me dirige à droite ou à gauche, l'imagination d'un système de modes d'apparaître extérieur rencontre en autrui l'essence de corps. Serions-nous en présence d'un principe de continuité com-posante? Quel est donc l'opérateur de la continuité, si c'est le cas?

La réponse renvoie à *mon* corps, en ce qu'il ne participe pas de l'essence en se surbordonnant à elle, ce que font les autres corps. Dès lors, les configurations corporelles extérieures sont autant de fois "moi-en-un-autre-endroit-que-dans-le-*Nullpunkt*". Les autres corps forment donc des variations de mon corps. Les corps "émanent" du mien, "procèdent" de lui comme les cas particuliers procèdent de l'essence. Dès lors, la propriété "corps" ne se trouve pas indifféremment dans tous les supports corporels, mais l'essence-corps participe de mon corps. La continuité moi-autrui, réelle, est donc caractérisée par l'auto-recouvrement de l'essence de corps à partir de moi en qui est comprise l'essence de corps. Ainsi, il existe une possibilité de continuité qui intègre l'opposition extérieur-intérieur, dépassée grâce à la mise en oeuvre d'un registre dominé par l'essentialité. Nous constatons que le fait de l'extériorité, polémique, semble dépassée dans sa réassomption par un schéma rationalisateur de continuité.

Cependant, quel rôle doit être accordé à l'essence? Alors que la donnée temporelle originaire se re-formule polémiquement dans le temps et participe de son auto-transformation, l'essence-corps ne conserve-t-elle pas inéluctablement son identité? Mon corps est le centre de mon monde. Il y a donc une facticité immuable de l'essence-corps, qui a trait notamment à son aspect *real* dans l'espace et le temps objectivité. C'est pourquoi une réduction phénoménologique husserlienne définitive s'exerce à son encontre alors qu'elle inclut polémiquement les données hylétiques temporelles; au contraire, dans la réduction à la sphère primordiale, Husserl casse l'essence-de-corps actualisée; il exclut du champ primordial les données objectives; mais il inclut polémiquement dans l'espace originaire le corps kinesthétique qui renferme la véritable activité constituante et qui compose avec le sujet transcendantal; la cassure des corps-essence libère dès lors la dualité chaotique du corps constituant et du corps constitué. Le Faktum du corps-essence-actuel est repoussé du côté des autres corps tout comme l'essence réalisée (mon corps) et l'essence possible (les autres corps) sont regroupées pour être écartées d'un travail phénoménologique qui met entre parenthèses toute essentialité. Dans *Philosophie première*, Husserl est absolument radical:

C'est pourquoi justement en tant que moi réfléchissant je n'ai devant moi rien qui soit *donné* comme objectivités réelles ou idéales, objectivités ontologiques ou axiologiques et pratiques, qui m'étaient auparavant *données* purement et simplement.[110]

Le donné "purement et simplement" est évacué du terrain d'opération phénoménologique. La continuité de la ré-itération de l'essence-de-corps est donc une fausse continuité qui n'engage pas l'opérer. Cet échec est fondamental: ni l'espace n'autorise la pensée d'une continuité, ni a posteriori il est possible de conjoindre la continuité temporelle avec celle de l'espace. En sorte que la continuité temporelle reste insuffisante pour construire la coordination, puisqu'elle devait justement se compléter nécessairement par celle de l'espace. Dès lors, la référence problématisée au temps et à l'espace ne permet pas de former l'idée de concepts fondateurs qui supprimeraient les incertitudes d'une ontologie de l'indétermination. Le schéma sujet-objet serait-il sans fondement?

Une remarque s'impose, troublante: malgré l'insertion du Faktum dans la zone de confluence du sujet et de l'objet, la possibilité de généraliser la coordination établie sur le terrain intersubjectif et, inversement, de particulariser dans l'intersubjectivité les rationalisations issues du corpus d'ensemble, laisse entendre qu'une forme de cohérence demeure indubitable. Le désordre méthodologique, dont nous sommes partis, est par quelque manière conjuré. Notre situation est semblable à celle de Husserl qui, soucieux d'une forme de cohérence du monde, ne parvient pas immédiatement à en fonder le principe. Pour nous, le schéma proposé (empirique) ne livre pas l'identité de la phénoménologie. Pour Husserl, le sens commun (empirique) ne donne pas la clef de l'identité du monde, distribué en significations incoordonnables à ce niveau de réflexion. Cependant, il est indéniable que l'espace et le temps sont les points ultimes qu'on ne peut renier totalement sans supprimer les coordonnées fondamentales du texte. De même, Husserl constate bien que les objets du monde existent, alors que, certes, ils ne livrent rien de la vérité de l'Idée du monde. On le voit, le parallélisme est certain. Et, puisque nous avons pour tâche de coordonner les textes de l'intérieur, il est donc fructueux de poursuivre notre chaîne démonstrative en utilisant une articulation du corpus. Dans la situation définie, Husserl propose une *épochè* du monde et donne aux objets le statut de fils directeurs de recherche. Semblablement nous nous essaierons à une épochè méthodologique qui nous écartera un instant du souci de rationalité (coordonner les faits du texte pour produire le droit et l'identité du texte); complémentairement, temps et espace ne seront plus *acteurs*, mais *fils directeurs* de progression[111].

---

1 Nous préférons ne pas traduire *Einfühlung* en français, trop mal rendu par empathie ou introphatie.
2 *Husserliana 13*, p. 88. "Die Verknüpfung ist ihrem Sinne nach keine reale Verknüpfung".
3 Ibid., p. 188. "Einfühlung ist nun jedenfalls eine Erfahrung, die wir wie jede andere *phänemenologisch reduzieren können*".
4 Ibid.
5 *Méditations cartésiennes*, p. 98.
6 *Philosophie première 2*, p. 121-122.
7 *Husserliana 13*, p. 443. "Von dem fremden Ich und Ich-bin kann ich nur durch das Medium psychophysischen (...) Erfahrung Kenntnis nehmen (...)".
8 De nombreux textes vont irrémédiablement dans ce sens. *Husserliana 13*, p. 10, 239 etc.
9 *Husserliana 15*, p. 588-589, "Erinnerungen und Einfühlungen (...) sich selbst verzeitlichende Vergegenwärtigungen (...)".
10 Ibid.
11 Ibid., p. 514-516.
12 *Husserliana 13*, p. 46. "In der "Einfühlung" haben wir zu konstatieren eine neue Form der Auffassung". Voir aussi *Husserliana 14*, p. 355, et une multitude d'autres passages.

(*Husserliana 13*, p. 47, 48, 253, 255, 266, 270, 272 etc.).

13 *Ideen I*, p. 478.

14 *Husserliana 13*, p. 46. "Éinfühlung als eine vergegenwärtigende Apprehension und "Deutung"".

15 Ibid., p. 50. "Beseelenden Deutung".

16 Ibid., p. 87. "Ich bleibe also durchaus in meinem Feld, das sich aber durch Einfühlung erweitert hat zur Sphäre einer Mehrheit von geschlossenen Bewusstseinsflüssen (genannt Ichbewusstsein), welche mit dem "meinen" verknüpft sind durch die Motivationszusammenhänge der Einfühlung ...".

17 Cf., par exemple, *Husserliana 13*, p. 306, 326; *Husserliana 14*, p. 7, 294 etc.

18 *Husserliana 13*, p. 455, note 1. "*Die uneigentliche Einfühlung* ist die passiv assoziative Indizierung einer fremden Subjektivität, *die eigentliche Einfühlung* das aktive Mittun und Mitleiden, sich ichlich Motivieren lassen, aber auch im Untergrund den inneren Motivationen Nachgehen statt den Assoziationen. Die Seele als der immanente Strom des Ichlebens und der Ichhabe birgt alles empirisch Indizierte und ist daher das Feld der naturwissenschaftlichen Psychologie". (C'est nous qui soulignons).

19 *Husserliana 13*, p. 445, note 2. "Es muss besser hervortreten, dass empirische Indizierung und Kausalität von Physischen her in das Seelische hineinreicht (...)".

20 *Husserliana 14*, p. 530. "Perzeptive Assoziation".

21 Ibid., p. 533. "Aufzuklären ist, wie sie hier bei diesem Nullkörper und einem Aussenkörper möglich werden soll".

22 La thématique de l'intersubjectivité recoupe certes *toutes* les questions phénoménologiques. C'est pourquoi elle a été choisie. Pourtant, elle ne les développe pas. D'où la nécessité de généraliser.

23 *Philosophie de l'arithmétique*, p. 97.

24 Ibid., p. 163-164 et note du traducteur.

25 Ibid., p. 164.

26 Ibid., p. 395.

27 Ibid., p. 40. (C'est nous qui soulignons).

28 Ibid., p. 190.

29 Ibid., p. 103.

30 *Philosophie de l'arithmétique*, p. 102. (C'est nous qui soulignons).

31 Ibid., p. 176. (C'est nous qui soulignons).

32 *Philosophie de l'arithmétique*, p. 176. (Les expressions entre parenthèses sont ajoutées par nous).

33 Ibid., p. 187.

34 Ibid., p. 97.

35 Ibid., p. 39.

36 Ibid., p. 38.

37 *Philosophie de l'arithmétique*, p. 98-99.

38 *Recherche logique* II, p. 43-44.

39 J.N. Mohanty: *E. Husserl's theory of Meaning*, p. 47.

40 Almeida: déjà cité, p. 98-99.

41 D. Souche-Dagues, p. 25.

42 *Recherche logique VI*, p. 151.

43 *Recherche logique VI*, p. 151.

44 Ibid., p. 152. (C.est nous qui soulignons).

45 *Ideen I*, note du traducteur, p. 339-340.

46 *Ideen I* voir § § 89-90.

47 La phénoménologie face à la critique contemporaine, in Fink: *De la phénoménologie*, p. 152.

48 Le statut de l'Idée est affecté par la coordination subjectivo-objective. Almeida constate de son côté que "dans une Idée" (...) on ne peut plus distinguer entre intention et

modes de donnée". (*Sinn und Inhalt in der Genetischen Phänomenologie E. Husserls*, p. 148). Il y a donc intrication de la fonction sujet et de la fonction objet; un *opérer* – comme dans la *Philosophie de l'arithmétique* – joue le rôle de matrice; c'est l'idée opérante qui est une règle téléologique de construction. Mais la thématisation de cette règle en acte produit un objet, comme l'affirme également Almeida: "dans le cas de l'identité idéale, l'intention visante et l'intention donnante coïncident en tant que règles de la constitution objective. En ce qui concerne ce qui est constitué objectivement (...) cela ne vaut plus, justement parce qu'il s'agit là d'un *objet idéal* et non de son idéalité en tant que telle" (p. 149-150). En termes husserliens strictement appliquées, l'Idée-opération participe de l'élaboration d'une "intentionalité d'horizon" qui détermine sa particularisation de fait comme "intentionalité d'objet". La matrice sujet-objet de droit se décontracte en particularités idéales objectivées. Ainsi, c'est toute la téléologie phénoménologique, dont l'importance est énorme, qui s'inscrirait dans le schéma de coordination.

49 *Ideen I*, p. 455.

50 *Ideen I*, p. 455-456.

51 Ibid., p. 457.

52 *Husserliana 13*, p. 420. *"Die Korrelation von Innerlichkeit und Äusserlichkeit besteht nur für die apperzeptive Stufe, die der Einfühlung verdankt wird. Für den Menschen, der keine Einfühlung erlebt hätte, oder vom Standpunkt der Abstraktion von jeder Einfühlung gibt est keine Innerlichkeit einer Äusserlichkeit".

53 *Husserliana 14*, p. 110: "Der Mensch ist Subjekt, das ihm gegenüber ein anderes Subjekt hat, dem es selbst gegenüber ist; es ist Subjekt, das für sich in "innerlicher" weise (solipsistisch) gegeben ist und seinem Gegenüber in äusserlicher (kommunication), und das wechselseitig".

54 Ibid. "(...) Jeder Mensch (...) hat seine um den solipsistischen Innenleib orientierte solipsistische Innenwelt".

55 Ibid.

56 Ibid., p. 111. "Für Dinge aber gilt, dass alle Auffassungsweisen dasselbe Ding ergeben".

57 *Husserliana 13*, p. 465. "Das Subjekt als Objekt ist in Kausalzusammenhängen dem Leib gegeben, dass kann ich feststellen und die Regeln dieser Kausalität suchen. Aber das ist eine äusserliche Erkenntnis. Eine innere gibt schon für die Seele die Umwendung dieser äusseren Kausalität in Motivation und dann erst die ganze übrige Motivation".

58 *Logique formelle et logique transcendantale*, p. 322.

59 *Husserliana 13*, p. 234. "Vielleicht kann es nur ein Ich geben, und ist eine Vielheit undenkbar: Wenn ich die Welt ausgeschaltet habe, weiss ich jedenfalls davon nichts mehr, dass es mehrere Menschen gibt und damit mehrere reine Ich".

60 *Husserliana 15*, p. 366. "So liegt auch das andere transzendentale Ich in mir, es liegt in mir so als Geltungseinheit, dass es antizipierte und bewährte Seinsgewissheit ist, und zwar als das Nicht-Ich, das selbst Ich ist und das als anderes Ich mich selbst wiederum in sich trägt".

61 Ibid., p. 366. "Diese Innerlichkeit des Füreinanderseins als eines intentionnalen *Ineinanderseins* ist *die "metaphysische" Urtatsache*, es ist ein Ineinander des Absoluten".

62 *Husserliana 15*, p. 116. "Indem ich den Menschen vor mir sehe, kann ich seine empirische (umweltliche) Körperlichkeit für sich betrachten und sie als "Ausdruck", als apperzeptive Anzeige, als "Appräsentation" der menschlichen Person mit ihrem personalen Leben erfassen".

63 Ibid.

64 Ibid. (C'est nous qui soulignons). "Die *transzendentale* "Einfühlung" (...) ist eine Struktur der Konstitution, durch die Vorgegebenheit der Welt und personales Dasein in der Welt, personale Akte der psychologischen Einfühlung überhaupt erst möglich werden".

65 Ces approches lucides, explicitées par l'auteur, participent de la polémique.

66 *Husserliana 15*, p. 403. "Das gilt ebenso selbstverständlich für das "Absolute", die transzendentale Intersubjektivität überhaupt. *Das Absolute, das wir enthüllen, ist absolute*

"Tatsache"."
67 Ibid., p. 386. Le texte entre parenthèses est rajouté par nous. "Mein faktisches Sein kann ich nicht überschreiten und darin nicht das intentional beschlossene Mitsein Anderer etc.".
68 Ibid. "Alle Wesensnotwendigkeiten sind Momente seines Faktums, sind Weisen seines in bezug auf sich selbst Funktionierens − seine Weisen, sich selbst zu verstehen oder verstehen zu können".
69 Ibid., p. 371.
70 *Husserliana 14*, p. 299. "In der wachen und normal erfahrende Monade ist ein beständiges Spiegelbild der Welt (...)".
71 Ibid., p. 299. "Nun spiegelt sich (...) in jeder Monade nicht nur das Universum der Natur, sondern das *absolute Universum der Monaden*".
72 Ibid. *("Jeder Körper spiegelt das ganze körperliche Universum (...)"*.
73 Cf. notre analyse de l'Einfühlung authentique et inauthentique.
74 *Husserliana 15*, p. 36. "Als Phänomenologue stelle ich als notwendigen Ausgang einer philosophischen Besinnung, als einer Besinnung, die mir das Universum des Seienden konstitutiv zugänglich und verständlich macht, das ego heraus. Es ist im Anfang nur konkret unenthüllt in den Blick tretend, ein Faktum, das ich erst als Faktum in Schritten enthülle. Aber bald sehe ich dass ich zu keiner wirklich universalen Enthüllung des Faktums durchdringen kann (...)".
75 *Husserliana 6*, note 1, p. 169.
76 *Husserliana 6*, note 1, p. 169: "Seiendes jeden konkreten oder abstrakten realen oder idealen Sinnes hat seine Weisen der Selbstgegebenheit, auf Seiten des Ich seine Weisen der Intention in Modis der Geltung, und dazu gehörig seine Weisen subjektiver Wandlungen derselben in ihren Synthesen der Einstimmigkeit und Unstimmigkeit, einzelsubjektiver und intersubjektiver".
77 Plutôt que de traduire par intentionalité opérante ou fonctionnante, nous préférons laisser le texte allemand.
78 *Husserliana 9*, p. 525: "Und somit in radikal echter Gestalt hervorgehen zu lassen als Zweige der einen absoluten und absolut universalen Ontologie, nämlich der vollentwickelten transzendentalen Phänomenologie. Sie selbst ist die letzte, in ihrer Rechtfertigung auf sich selbst zurückbezogene Wissenschaft".
79 Fink: *Le problème de la phénoménologie* in *De la phénoménologie*, p. 241.
80 G. Brand: *Welt, Ich und Zeit*, p. 39.
81 L. Eley: *Metakritik der Formalen Logik*, p. 202.
82 *Philosophie Première II*, p. 248.
83 *Husserliana 4*, p. 109. "Ich als der Mensch bin Bestandstück der realen Umwelt des reinen Ich".
84 *Husserliana 4*, p. 109. "Ich als der Mensch bin Bestandstück der realen Umwelt des reinen Ich, das als Zentrum aller Intentionalität auch diejenige vollzieht, mit der sich eben Ich, der Mensch und die Persönlichkeit, konstituiert".
85 Dans ces conditions, Husserl prend des risques énormes en établissant toute la phénoménologie sur un Faktum particulier, qui assure la jonction pernicieuse du sujet et de l'objet. Le concept dont nous parlons est celui d'être ... Ainsi, si l'indétermination est *qualifiée* nominalement par l'être, elle n'est pas *déterminée*. L'être est le titre d'un problème.
86 Rappelons-le, la thématique du sujet s'appuie sur la temporalité, celle de l'objet sur la spatialité.
87 *Méditations cartésiennes*, p. 73 (C'est nous qui soulignons).
88 *Manuscrit E III 2*, p. 44 (1921-1935). "Innerhalb der Innerlichkeit das erste Ichfremde dem puren Ich vorgegeben, das Ich Affizierende (Reize Ausübende): das Hyletische. Sofern es zum Wesen des Ich gehört, auf ein ihm Fremdes (...) reizbar zu sein (...) sofern heisst das Subjekt rezeptive".
89 *Manuscrit C 7 1*, p. 12 (1932) (C'est nous qui soulignons).

"In der letzten hyletischen Ursphäre gibt es Identifizierung nur bei kontinuierlich sich differenzierender intentionaler Modifikation, es ist die retentionale Modifikation "Retention", die als Ähnlichkeitsabwandlung strömend Succession der Zeitigung ausmacht und in dieser Succession prozesshaft stetig Identitätseinigung herstellt.
90 *Manuscrit C 16 VII*, p. 6 (1933) (C'est nous qui soulignons).

"Das Ich ist in sich und mit sich in innerer Kontinuität, die grundunterschieden ist von der äusseren, der Kontinuität einer Extension: aber als stehendes und bleibendes Ich der inneren Kontinuität ist es in der extensivierten Kontinuität seines Lebens "dasselbe" (...)".
91 *Manuscrit C 6*, p. 5 (1930). "Das Urhyle in ihrer eigenen Zeitigung ist der sozusagen *ichfremde Kern* in der konkrete Gegenwart."
92 *Manuscrit C 16 VI*, p. 20 (Mai 1932). Nous préférons laisser l'expression Ichpol en allemand. "Der Bewusstseinstrom in seiner Uroriginalität ist undenkbar ohne uroriginalen Ichpol".
93 *Husserliana 14*, p. 31. "Zu bedenken ist, dass nicht alles Affektive schon darum gemeinsam sein kann, weil alles Aktive selbst sich in Affektives verwandelt". Nous avons ajouté: (pour toutes les monades).
94 *Husserliana 15*, p. 574 (1933). "Gemeinschaft mit Anderen als meinen Anderen. Konstituiert die gemeinschaftliche Natur. Aber keine Kontinuierung führt von meinem Ichpol zum anderen, von meinem Untergrund, von meinen Akten etc. zu denen des Anderen. Aber es ist doch Gemeinschaft, ein Modus von "Deckung" der Ichpole in Diskontinuität des gedeckten Aktlebens etc.".
95 *Manuscrit E III 3*, p. 1 (1933-34) (c'est nous qui soulignons, sauf: "einen (...) Unterscheidbaren"). "Identifikation in der Erinnerung – Unterscheidung in der Erinnerung – Kontinuität des Unterschiedenen und Konstitution des *einen* in der Kontinuerlichen Andersheit *Unterscheidbaren*. Zunächst in der Primordialität – primordiales Feld. Dann Einfühlung, anstatt "Feld", intersubjektive Welt etc.".
96 *Husserliana 15*, p. 577. "Es führt keine mögliche Kontinuierung von meinem Ichpol (...) zum "anderen" Ichpol".
97 *Leçons pour une phénoménologie de la conscience intime du temps*, p. 106.
98 Ibid., p. 107: cf. *Husserliana 10*, p. 379-381 où on trouve le concept de *Deckung*.
99 *Leçons pour une phénoménologie de la conscience intime du temps*, p. 73. (C'est nous qui soulignons "associées").
100 *Leçons pour une phénoménologie de la conscience intime du temps*, p. 109.
101 *Husserliana 13*, p. 287. "Es ist hier also nur die kinästhetische Wandlung zu vollziehen, um eigenen und fremden Leibkörper zur *geometrischen Deckung* zu bringen, und kinästhetisch herrscht ja kontinuität, alles ist kontinuierlich in alles überzuführen".
102 *Husserliana 14*, p. 149. "Im Nachverstehen mich in ihn hineinversetzend, *decke ich mich* mit ihm, und so scheint es, dass anschauliche Einfühlung gleichwertig sei mit dem "ich selbst hätte auch so können".
103 Ibid., p. 241. "Bin ich aber hier und sehe im Dort ein Leibanalogon, so indiziert mir das das Erscheinungssystem, das ich "von dortaus" haben würde.
104 Ibid. 13, p. 330.
105 *Husserliana 14*, p. 152, ligne 45.
106 Ibid., p. 186, ligne 35.
107 Ibid., p. 499, ligne 23.
108 *Husserliana 14*, p. 500. "(...) was körperlich jetzt eintritt, fordert jetzt die Als-ob-Interpretation".
109 Ibid. 15, p. 250. "Phantasiere ich mich in den andern Leib hinein? (...). Vollziehe ich ein phantasierendes Als-ob-ich-den-zweiten-körper-dor-als-meinen-Leib hätte (...)? Was kann nun der gute Sinn dieser Rede sein, die also nicht Umwandlung sagen kann, sondern ein "Phantasieren" (...)?".
110 Tome 2, p. 155.
111 Cette démarche, qui demeure une méthode, ne reprendra donc aucunement à son

compte les contenus significatifs du projet husserlien (idéalisme transcendantal etc.). Notre épochè se doit de livrer des concepts adaptés à notre projet, qui est d'assumer l'éventuelle *identité* phénoménologique. De sorte que l'épochè demeure *méthodologique* et ne devient pas constituante, comme chez Husserl. Elle reprend – et teste – une articulation husserlienne: ses résultats seront donc à réinsérer dans la polémique.

CHAPITRE III: L'EPOCHE METHODOLOGIQUE ET LES EMERGENCES RATIONNELLES

1. LE FIL DIRECTEUR DU TEMPS

Quand temps et espace étaient considérés comme des *facteurs* de coordination, le temps a illustré la possibilité d'une continuité rationnelle. La nécessité d'articuler temps et espace a défait cette espérance. L'épochè de la problématique de la continuité donne-t-elle à penser sur un registre positif plus fondamental?

a. *Temporalité et totalité*: La thématique du temps offre prise à deux approches, une néotique et un noématique. Le temps noétique s'articule autour du Présent originaire, et d'une manière qui donne effectivement à penser:

Tout est un — l'absolu dans son unité: unité d'une temporalisation absolue, d'une autotemporalisation; l'absolu se temporalisant dans ses modes temporels (= passé, présent, futur) se trouve dans le courant absolu du Présent originaire, du Présent "vivant et se mouvant", du Présent de l'absolu dans son unité, unité totale!, qui temporalise en soi-même et a temporalisé tout ce qui est.[1]

Ainsi, tout ce qui est se centre sur la totalité vivante du Présent absolu. Plus profondément, dans cette totalité s'opère intégrativement une "synthèse" — *Deckung* fondamentale[2]. Cette synthèse recouvre les protentions et les rétentions dans le Présent vivant. Dès lors la Deckung totalisante constitue une forme de totalité où les moments temporels sont dépendants du tout temporel, et la structure-temps noétique constitue une totalité de fusion dont les moments sont abstraits par rapport au tout. La problématique de la continuité semblerait dépassée, ainsi que la thématique husserlienne en général.

Qu'en est-il la dimension noématique du temps? Les noèmes forment, dit Granel, des tempo-objets. Dans ses *Vorlesungen* sur la synthèse passive, Husserl propose l'analyse suivante:

Ce qui dans le ressouvenir est conscient intentionnellement et dans une intuition explicite, se donne en vertu du recouvrement de sens (*Sinnesdeckung*) identifiant, avec les composantes correspondantes relevées de la rétention (...). Mais de telles transformations et de tels passages sont reliés par la synthèse du recouvrement (*Deckung*) selon le sens.[3]

Sans relever d'autres chemins du texte laissons ressortir avec évidence que la *Wiedererinnerung* se règle d'après la correspondance entre le sens projeté et le sens du souvenir. Ainsi est rendu possible le souvenir secondaire. De même *a fortiori*, les lois de formation temporelles du souvenir primaire ne peuvent qu'accompagner l'incarnation temporelle d'un sens objectif que le ressouvenir a pour tâche de rappeler. Dans ces conditions, la Deckung absolue du Présent vivant charrie des unités de signification qui ont toute autonomie. Un exemple tiré d'une situation intersubjective, analysée par *Expérience et jugement*, nous en convaincra; d'une part Husserl affirme que "tout perçu "rappelle" un passé, analogue ou semblable, même si celui-ci en est temporellement séparé"[4]. La discontinuité qui "concrétise" des parties indépendantes du temps se fonde dès lors sur des lois sémantiques (l'analogue, le semblable) pour une réinsertion dans la continuité temporelle. Corrélativement, le tempo-objet est sens en acte. D'autre part, "lorsqu'un autre me raconte son passé", "l'univers dont l'autre se souvient, qu'il évoque dans ses récits, peut certes être autre que celui dans lequel nous nous trouvons présentement"[5]. Ici, l'unité de constitution temporelle, qui fusionne les moments dans un tout d'interpénétration, est absente. Mais le rôle unificateur est alors tenu par un autre acteur:

(...) mais en dépit de tout cela, tous ces différents univers souvenus sont les *fragments d'un seul et même monde objectif*. Celui-ci est au sens le plus large, comme *monde de vie* pour une communauté humaine capable d'intercompréhension, notre terre, qui contient en soi tous ces différents univers personnels (...). C'est dans ce monde unique que trouve place tout ce que je perçois (...), tout ce que j'ai déjà perçu (...), tout ce que d'autres peuvent me rapporter (...).[6]

Il existe au fondement de la communication intersubjective une unité de sens, la terre, ou la totalité des totalités: en elle trouvent leur place, comme *fragments*, des perceptions, des souvenirs, des communications d'expérience. Cette totalité est certes intégrable dans "l'unique temps objectif"[7] où tout a sa place fixe, mais elle n'entre pas dans les lois de composition du présent vivant originaire, qui ne se mondanise jamais en tant que tel. Il faut donc considérer que la *fragmentation* au sein de la terre des unités sémantiques a une consistance intrinsèque. Dès lors, apparaît dans le temps un principe de construction des unités sémantiques qui, tout en se prenant au jeu des lois de l'interpénétration imposée par la forme noétique du temps, connaît également un destin propre dans la répétition sèche — et non plus liée — des unités sémantiques. Ainsi s'offre la possibilité d'un type de totalité fondé sur l'accumulation d'éléments indépendants. Au coeur de cette constellation fondamentale, nous trouvons les tempo-objets, à la fois moments du procès de l'intégration dans le continuum temporel formel et objets remarquables pour eux-mêmes car ce sont eux qui fondent la répétition sémantique du souvenir.

Il en va du temps de rendre compossibles deux types de touts: le tout d'interpénétration et le tout d'accumulation. En ce sens le fil directeur du temps conduirait à la notion nouvelle d'une articulation de deux types de totalités. Il est vrai que le résultat n'a qu'une valeur prospective, puisque notre *épochè* n'est pas constituante, mais se contente de proposer des résultats à éprouver par la suite dans une confrontation avec les exigences (les faits) des textes.

Il est nécessaire toutefois d'apprécier le fécondité de l'émergence conceptuelle constatée. Puisque Husserl se réfère sans cesse à la problématique temporelle pour résoudre l'énigme de l'intersubjectivité, nous sommes inclinés à appliquer à l'intersubjectivité les résultats obtenus à propos de la temporalité: la Deckung intersubjective opèrerait-elle de telle manière qu'elle fond les deux subjectivités dans une *Erfahrungseinheit* tout en laissant ouverte la possibilité de placer moi et autrui dans un état de collection (*Kollektion*)? La structure du modèle temporel d'explication dénouerait les ambiguïtés que nous avons rencontrées lors de la thématisation de l'Einfühlung au chapitre II: elle faciliterait l'approfondissement de l'analyse de la continuité intersubjective temporelle qui reposait alors sur la distinction entre intentionalité d'objet et intentionalité transversale: l'intentionalité d'objet fonderait un processus répétitif d'addition alors que l'intentionalité transversale déterminerait une dynamique de l'insertion dans une totalité d'interpénétration. Il y aurait unification de l'Einfühlung au travers de la bipartition fonctionnelle de la totalité.

Enfin, l'explication que nous proposons de l'intersubjectivité ouvre la voie à une dimension plus sociologique qui confirmerait la nécessité d'insérer le phènomène de la communication dans celui de la totalisation; explicitement, Husserl rattache la socialisation à l'intégration dans une totalité d'interpénétration active, qu'il oppose à la collection extérieure:

Ma vie est une vie en mon nous et notre vie est, de part en part, une vie des uns avec, pour, contre les autres, et par conséquent, en tous les cas, une vie consistant, non pas en une collection extérieure d'êtres qui sont ensemble dans l'espace et dans le temps, mais dans une participation *interne* à la vie des autres par l'expérience sensible, par la pensée, les soucis, l'amour ou l'aversion.[8]

L'auteur cherche, en s'éloignant d'une société-collection, à retrouver le langage de la fusion: l'expression "participation *interne*" en fait foi. Par ailleurs, le refus husserlien de la collection n'entame pas la thèse que nous défendons. En effet, le type de collection rejetée par lui est le collectivum spatio-temporel. En regard de cela, il nous faut noter que le modèle qui nous a dirigés est à rapprocher de l'expérience de la totalisation dans la *Philosophie de l'arithmétique*: la quantification n'est pas une sommation spatiale; il y a "participation interne" de la quantité à la quantification, les éléments quantifiés perdent toutes leurs qualités pour ne devenir que "participants" d'un procès. Dans ces conditions, la collection arithmétique — et non physique — est homologue à la sociologie des ensembles humains. Elle rend compte des phénomènes de *sérialité*, lorsque "l'aversion" à son ultime degré décompose le tissu *intégré*. En somme, la réciprocité en acte des deux types de totalité n'est pas réductrice du phénomène social. Cette réciprocité caractérise un état de société pris dans une évolution temporalisée; la situation ainsi décrite réintroduit nettement l'efficace du modèle temporel: si le "télos" de l'évolution est l'humanité idéale, "sur-humanité" qui obéirait en tout, dans ses activités théoriques et pratiques, "aux lois d'une raison absolue"[9], le stade actuel d'évolution n'exprime pas encore l'interpénétration totale de l'amour et des valeurs les plus nobles. Ainsi, l'élucidation de l'Einfühlung offre un fondement de réflexion très sérieux pour une théorie de la *communication* sociale réelle. L'inscription d'une sériation accumulative dans un devenir-vers-la-fusion renvoie en effet au statut de la Deckung associative temporelle.

Tels sont les résultats de l'*épochè* méthodologique (épochè de la problématique de la discontinuité temporelle). L'épochè fut à la fois possible et fructueuse. En *continuité* avec la matrice subjective-objective contestée, elle semble la fonder, c'est du moins ce qui est évident à propos de la face-objet et de la face-sujet de l'Einfühlung, prêtant le flanc à une nouvelle forme d'unification. Notre interrogation, qui va maintenant porter sur le fil directeur de l'espace reprendra les deux mêmes préoccupations: L'*épochè* est-elle possible et fructueuse? Mais de plus, et puisque espace et temps s'articulent, il s'agira de tester la possibilité de réinvestir à propos de l'espace les résultats issus d'une *épochè* de la continuité temporelle, c'est-à-dire les implications du modèle de la totalité.

2. LE FIL DIRECTEUR DE L'ESPACE

a. *Structure de l'espace et structure des phrases*: L'*épochè* méthodologique de l'espace sera un essai pour biffer la composante physique de l'espace et plus généralement ce qui fait de l'espace un milieu neutre, indifférent à une qualification sémantique.

Etudions ce que renferme la notion d'un "objet-dans-l'espace". L'objet n'est aucunement une réalité détachée du monde: le monde est le tout dont l'objet est une des parties. L'objet est également élément d'un ensemble d'objets qui peuvent composer une unité[10]. Inversement tout objet enferme des moments dépendants (abstraits) ou des parties indépendants. Ainsi, l'objet coordonne en lui des formes de relation mais s'ordonne à d'autres touts par ces mêmes formes de relation.

Il existe une unité qui intègre des unités inférieures et s'ordonne à des domaines intégrants: c'est la proposition. La proposition renferme des syntagmes qui sont chacun l'unité d'un membre de la proposition. Par ailleurs "toute proposition entière est (...) un "membre" de proposition en tant qu'elle a précisément les structures essentielles et qu'elle admet les modifications syntaxiques qui appartiennent à un membre en tant que tel"[11]. Le tout incluant est donc lui-même inclus dans un tout plus vaste; la chose est claire pour Husserl: "En un mot, la proposition, elle *aussi*, en tant que prédication entière et indépendante, est un syntagme"[12].

Dès lors, la mise en correspondance des structures de l'espace objectivé et des phrases de la langue, s'annonce favorablement[13]. L'épochè semble pensable. Remarquons déjà que la forme-totalité semble s'imposer et unifier la thématisation du temps et de l'espace. Voyons comment ce thème de la totalité se complexifie dans le cas de l'espace.

Dans *Expérience et jugement*, Husserl met en présence les explicats de l'objet et ce dernier dans son unité:

Prenons un objet nommé S, et ses déterminations internes a, b...; le processus qui est suscité par l'intérêt pour S ne donne pas simplement la suite: saisie de S, saisie de a, de b et c., comme si ces saisies n'avaient rien à faire l'une avec l'autre, et qu'il en résultât un changement des thèmes. (...) dans le processus total d'actes singuliers qui conduisent de la saisie de S aux saisies de a, de b, *nous avançons dans la connaissance de S.*[14]

L'unité du thème S est préservée dans son autoapprofondissement. L'analyse statique des *Recherches logiques* rejoint les acquis de la constitution génétique dans *Expérience et jugement*:

Par *tout* nous *entendons* un ensemble de contenus qui admettent une *fondation unitaire*, et cela sans le secours d'autres contenus.[15]

La fondation unitaire explicite, au plan statique, la dynamique associative de l'explication. Dans les deux cas, il existe une forme d'unité: génétiquement, le temps est la forme-copule associative qui regroupe les déterminations autour de S. Dans une analyse statique, il existe des moments d'unité. Ces moments revêtent une "forme propre" "quand le tout est extensif, et en général décomposable en fragments"[16] et une forme seulement implicite lorsque "l'unité résulte d'un enchaînement de telle nature que chaque couple de membres voisins fonde un nouveau contenu"[17]. Plus généralement, "ce qui unit véritablement toute chose, ce sont les rapports de fondation"[18].

Une analyse de la proposition indique nettement qu'il existe un équivalent strict de l'unité appuyée sur la fondation. Nous avons d'abord à remarquer que la proposition est étudiée dans ses rapports avec le concept d'unité:

Dans la totalité de la signification de la proposition, ces formes (de liaison) font partie de l'unité autonome d'une fonction une.[19]

Comme dans l'objet, il existe un rapport de *partie* à tout qui détermine une unité d'interpénétration qui dépend de ce qui, dans la forme, *"lie* les membres *en une* totalité"[20]. Mais la parenté avec les touts sensibles ne s'arrête pas là. En effet, la forme de liaison exprimée dans le verbe être est réellement fondatrice:

Elle est la forme fonctionnelle qui érige les membres en membres de la totalité propositionnelle, en leur imposant à eux-mêmes la forme de membres, de sorte que la forme de totalité doit être détachée abstractivement comme leur forme de liaison.[21].

La forme copulative connaît la même caractéristique que la fondation unitaire: cette dernière rassemble les parties en composantes du tout. L'attribution impose aux éléments syntaxiques la "forme de membres", désormais liés dans une "forme de totalité". De surcroît, le moment unitaire fonctionne de manière analogue dans les deux domaines: dans le tout sensible, le moment d'unité fondateur est soit intérieur (dans une connexion, un enchaînement) soit extérieur (dans l'audition d'une mélodie par exemple, où les notes discrètes sont reliées par le moment de la pensée du tout mélodique). Au sein de la proposition, l'unité d'une "relation interne" est présente dans la forme copulative simple; par contre, l'unité correspondant à l'aspect discret de "relations externes" se rencontre dans l'association de la forme de liaison conjonctive et de la forme copulative: dans ce cas, la forme copulative décide de l'unité en dernière instance en imposant la pensée d'un tout unificateur de la proposition, tout qui intègre les formes conjonctives du et, du ou. La correspondance structurale des lois d'organisation des totalités sensibles et des formations syntaxiques est donc réelle.

Pour approfondir la thèse, il suffit de passer de l'étude des structures à celles des fonctions qui s'exercent sur le sol des touts sensibles et syntaxiques. Il est vrai que les propositions autant que les touts perceptifs sont des milieux, des espaces organisés, et non des actes producteurs. Dans une totalité-objet, par exemple, les moments sont liés à leur support matériel et l'intuition unitaire fonde un tout d'interpénétration. Pourtant, le tout enferme en son sein la possibilité d'un acte qui détermine une formalisation, une intuition catégoriale. Et la perception catégoriale, qui présente le même objet "sous un mode nouveau"[22] est fondée dans la perception sensible. Un phénomène analogue se produit à l'intérieur de la proposition, et notamment de la proposition complexe. Ce type de proposition est le terrain où s'exprime une activité élaborante supérieure.

Là, la liaison (conjonctive) en tant que fonction d'unité qui unit catégorialement les prédications a une influence — influence nécessaire, qui contribue à déterminer le sens — sur ces prédications (...).[23]

Husserl affirme nettement que les prédications sont soumises à une activité de catégorialisation. En terme clairs, dans l'élaboration d'une proposition complexe faisant intervenir les formes de la conjonction, une intention dépasse les syntaxes prédicatives pour constituer un "état de chose" catégorial nouveau. Dans ce registre syntaxique, la prédication simple joue fonctionnellement le même rôle que l'intuition individuelle sous-jacente à la perception catégoriale, dans la sphère des touts perceptifs. L'union catégoriale des prédications a, précise Husserl, une "influence nécessaire" car elle "contribue à déterminer le sens" de la complexité syntaxique nouvelle. De même, la perception catégoriale appuyée sur l'intuition individuelle perceptive, avait pour télos de présenter l'objet "sous un mode nouveau". De surcroît, les actes qui constituent de nouvelles catégorialités à partir des édifices syntaxiques simples sont en quelque sorte "fondés" dans la liaison copulative. Husserl poursuit en ces termes le texte que nous venons de commenter:

(...) inversement, dans une telle fonction le et par exemple que nous avons considéré a reçu de son côté dans son sens quelque chose des liaisons copulatives que précisément il lie.[24]

La fondation ne peut être entendue au même sens que la fondation des catégories à partir des perceptions sensibles, dans la mesure où le milieu du langage, dont nous étudions les lois, n'est pas donné dans la sensibilité; l'articulation linguistique est au contraire une "forme conceptuelle". C'est pourquoi le point d'appui de la forme copulative a une commune mesure avec la forme conjonctive, qu'il enrichit même. Qui plus est, la forme copulative demeure, en dernière instance, l'unificatrice de la proposition complexe. En effet, l'ensemble de la proposition renouvelée dans son sens se rééquilibre autour d'une nouvelle unité copulative centrale qui intègre les ajouts conjonctifs; c'est ainsi que le "et" peut recevoir "quelque chose des liaisons copulatives qu'il lie". Sans cette forme ultime d'unification copulative, on ne peut comprendre que les membres adjoints sont membres de la totalité propositionnelle. Toutefois, cette dialectique interne des deux types d'unité – unité copulative d'interpénétration et unité conjonctive d'addition – qui enrichit progressivement l'unité d'intégration montre bien que la copulation *simple "fonde"* un processus *complexe* avec lequel elle n'a *pas de commune mesure au départ.* Nous retrouvons l'opposition, qui caractérisait les touts sensibles, entre ce qui fonde et ce qui est fondé catégorialement.

Une première conclusion s'impose: la structure de l'espace est isomorphe à celle de la proposition. De sorte que l'*épochè* méthodologique, qui a pris l'espace pour fil directeur seulement, semble aussi justifiée que dans le cas du temps. De plus, l'*épochè* a débouché sur le caractère bénéfique et heuristique du concept de totalité; ainsi, une continuité s'installe, qui semble articuler temps et espace, et plus profondément la face-sujet et la face-objet, ordonnées à une thématique de la totalité. Cependant, l'espace accepte-t-il de voir éliminée sa structure concrète au profit d'une homologie idéale avec la proposition? Si oui, le processus peut continuer, se stabiliser pour ensuite être réinséré dans la polémique au terme de l'*épochè*. Si non, c'est qu'un principe dans le texte résiste à l'épochè méthodologique de l'espace. Dans ces conditions, *d'ultimes faits de texte l'emporteraient sur notre méthodologie*, imposeraient la polémique et en décideraient comme dernière instance[25]. Et, dans ce dernier cas, *il faudrait considérer que l'émergence de la totalité, alors fondée structuralement à un niveau ir-réductible de l'analyse,* encore que ce dernier ne soit pas encore connu[26], *engage la coordination elle-même,* c'est-à-dire la recherche d'une identité post-husserlienne de la phénoménologie. A nouveau, il faut compléter notre documentation par un retour aux textes.

En étudiant le type d'unité qui gouverne les phrases, on peut constater qu' au niveau le plus large de la proposition, Husserl distingue les formes pures (sans référence à l'objet) et les matériaux purs (avec un contenu objectif)[27]. Cependant, un point s'impose: les matériaux purs sont médiatisés par la forme:

Les matériaux purs rendent possible finalement la référence aux choses par l'intermédiaire de leur mise en forme qui s'opère de degré en degré (...).[28]

Au plan le plus particularisé de la phrase, celui où s'expriment les "formations noyaux", la même interpénétration unitaire des formes et contenus est patente dans la mesure où "à la place du syntagme apparaît une unité du matériau et de la forme"[29]

Il est bon de comparer ce contexte à celui qui gouverne la perception d'un objet. L'approche des textes la plus banale prouve que l'objet est vu en perspective, à travers des esquisses (*Abschattungen*) sans que l'analyse mérite d'être prolongée plus longuement. Plus décisivement, c'est l'édifice noético-noématique qui supporte la construction de la totalité objective culminant en idéalité. Dans cette ligne constituante, la *morphè* anime la matière, et le noème accomplit la fusion de la forme et du contenu. La terminologie husserlienne devient totalement explicite puisque l'auteur propose de nommer *"proposition" "l'unité du sens et du caractère thétique"*[30]. Si nous considérons également que "les concepts de sens et de proposition ne contiennent aucune allusion à l'expression et à la signification conceptuelle"[31], alors l'expression "proposition" soutient notre propos sur les formes syntaxiques dans la mesure où ce ne sont pas les idéalités conceptuelles qui sont visées mais simplement les significations propositionnelles contenues dans l'organisation du sens linguistique. Telle est l'analyse qui justifierait le parallélisme objectivo-grammatical.

Toutefois, l'étude antérieure de la constitution de l'objet a montré que ce dernier n'est pas *uniquement* constitué car dans ce cas, commence une "course à l'objet" que la dernière partie d'*Ideen I* illustre notoirement; l'objet est également perçu. Dans cette dimension pré-noétique, les data hylétiques s'organisent selon d'autres lois, celles qui déterminent justement la constitution entendue au sens d'*Ideen I*. *Expérience et jugement* apporte un élément de nouveauté dès que l'on remarque que "le monde (...) est la pré-donnée universelle passive préalable à toute activité de jugement"[32]. Ainsi, la "proposition" (objective) prend son unité dans le monde. Comme le "monde" un "est constamment là"[33], que dire, sinon que l'espace du monde concret fonde sa détermination — en organisation comparable à une structure de phrase? *L'espace échappe à sa réduction méthodologique.*

Complémentairement, la totalité est légitimée, (car elle structure cet espace ir-réductible) et, qui plus est, on trouve une composition totalisante articulant les lois temporelles aux lois spatiales maîtresses; rappelons d'abord l'organisation temporelle dans l'horizon interne:

Toute réalité nouvelle (...) est dans l'horizon d·· monde, et a comme telle son propre *horizon interne*. Elle se fait conaître peu à peu dans la perception qui la prend pour thème, tandis qu'elle se figure continûment (...) au fur et à mesure que s'étend l'expérience (...) se déployant dans ses notes, ses *moments* quidditifs singuliers; ceux-ci, de leur côté, sont également présents à la conscience comme se figurant en eux-mêmes, mais comme ayant précisément le sens de *moments* dans lesquels la réalité en question s'indique en ce qu'elle est.[34]

La structure en horizon de la perception se développe certes "continûment" dans ses phases temporelles et obéit dès lors à notre caractérisation des tempo-objets. Ces derniers s'inscrivent (on l'a vu) dans deux procès imbriqués, celui de l'intégration et celui de la conjonction: la dimension de l'intégration dans le tout de la réalité s'indique au travers de l'emploi du concept de "moment" qui apparaît deux fois dans le texte cité. *Mais* les tempo-objets participent *également* de l'extension de l'horizon externe ou de "*la nature dans sa totalité*, l'univers des corps en lesquels elle se déploie"[35]. Si, du point de vue de la nature, les corps sont "dépendants" et forment ses "déterminations", du point de vue de l'opération de totalisation, les "objectivités fondées dans des objets susceptibles d'être donnés dans une saisie simple"[36] peuvent être également regardés comme "substrats absolus"[37]. Dans la perspective de totalisation qui nous importe, la construction de l'horizon est la sommation des objets-éléments. Ainsi l'unité exhaustive de l'objet, qui se ramifie dans un horizon interne et externe, juxtapose des moments et des éléments. Voici qui conjugue une causalité explicative temporelle et une autre spatiale.

En somme, si le temps est soumis à une réduction qui s'impose décisivement et qui donne définitivement au temps le statut *de figure métaphorique*, l'espace s'impose contre la réduction méthodologique. Par ailleurs, la totalité est confirmée et il semble bien que ce soit dans l'espace qu'il faille rechercher le germe de toute coordination possible. *En tout cas, nous somme parvenus à une radicalité par rapport à laquelle se décidera le sort des relations entre la fonction sujet et la fonction objet.* Enfin, il est à remarquer que le travail a été mené à propos de l'espace des objets. C'est pourquoi il est nécessaire de généraliser nos résultats, en analysant la notion d'espace du "corps propre", puis d'espace en général. Ensuite, seulement, sera rétablie à juste titre la polémique, quand l'ampleur de l'émergence rationnelle aura été déterminée[38].

b. *L'espace et le blanc originaire*: La théorie husserlienne du *lieu* prête des éléments pour penser notre problématique: "le lieu se constitue visiblement relativement à mon corps propre, à sa situation et à son mouvement kinesthésique"[39] dit Husserl. Les lieux spatiaux se déterminent donc par rapport à un centre d'espace qui découpe dans l'isotopie spatiale une circonscription sensible, nervurée par la direction des kinesthèses. Ainsi, "constituer dans l'espace" signifie rapprocher par rapport à mon corps propre. Par ailleurs Husserl emploie l'expression "signification"[40] qui revêt une grande importance: le sens-d'être spatial d'un objet repose dans sa possibilité élective d'être rapproché par une kinesthèse orientatrice appropriée. Puisque "signifier" renvoie à "être rapproché", le sens du contexte spatial autour de mon corps est dépendant de mon existence dans la présence; ce domaine de présence est le point fixe unitaire, le centre de renvoi autour duquel fluctuent les kinesthèses qui construisent l'espace:

L'intentionalité vide anticipatrice de cet horizon (l'horizon du champ de perception visuel qui a la forme de la présence spatiale se remplit par le passage d'un champ perceptif à un autre, alors que cette *forme de la présence originaire*, de la *donnée de l'orientation* comme nous pouvons encore dire, demeure conservée sur le mode *de la fixité*, tandis que les kinesthèses se transforment et que l'expérience du monde progresse dans des *directions diverses*.[41]

En résumé, "l'espace orienté" est la cellule originaire "à partir de laquelle l'espace homogène se constitue"[42]. Dans un autre langage, nous pouvons affirmer que la sommation des fluctuations kinesthésiques procède d'une totalité-unité (*Urzelle*) ou espace intégrateur de présence. L'espace indifférencié de présence, qui demeure lui-même inorienté représente la totalité d'interpénétration dont nous avons longuement fixé les caractéristiques. La "signification" de l'objet procède de cette donnée d'orientation. Cependant, l'unité intégrante est elle-même partie prenante du processus d'accumulation kinesthésique:

Mon corps propre est en quelque sorte l'objet que je peux mouvoir en premier — kinesthésiquement, il parvient en chaque point de l'espace, dans la mesure où je le concrétise comme tel (verwirkliche) et justement au moyen d'un mouvement propre continuel comme kinesthèse.[43]

Centre d'orientation présentifiant, le corps se dépasse dans le statut d'objet présentifié. Le concept d'*Urzelle* perd son homogénéité: la totalité intégrante devient élément d'un processus de construction de la totalité-d'addition qu'est l'espace. Dans une première approche, c'est l'objet qui est signifiant spatial, déterminé sémantiquement par son orientation, elle-même fixée par les kinesthèses corporelles. Le corps était donc le signifié. Dorénavant, *le corps est signifiant de lui-même comme signifié*. La signification de l'espace habité par un corps rencontre la bidimensionalité de l'Urzelle.

La signification de l'espace s'inscrit dans l'écartèlement de mon corps qui est à la fois totalité-sujet et totalité-objet. Deux remarques s'imposent: d'une part, la fonction sujet et la fonction objet sont réorchestrées par la totalité. Dès lors que l'espace échappe à l'épochè, c'est la continuité de la coordination rationalisante qui est assumée positivement. Par ailleurs, du creux de l'écartèlement qui différencie les deux totalités, il n'y a proprement *rien* à dire. Le *blanc* de différence distanciatrice est pour nous un point-origine. Il existe un écart de non-inscription, un rien extensif sur lequel peut gagner une rationalisation; ainsi, l'indétermination ontologique, qui signalait l'usure factuelle du sujet dans l'objet, est déterminée par un blanc différenciateur[44].

En somme, deux données de coordination seront à réinvestir dans la polémique: le blanc-origine et la totalité, en précisant certes que l'ordre de découverte de ces concepts est empirique, et n'indique pas du tout leur place dans un espace d'identité phénoménologique qui reste à forger.

Ces données sont acquises au regard du texte. Cependant, il faut noter que le travail s'est rétréci dans l'examen du rôle de l'espace au sein des structures perceptives. Elargissons donc la recherche aux sphères supérieures, en donnant à l'espace la fonction de blanc neutre, de *lieu lacunaire*. Dans la phénoménologie husserlienne "accomplie", articulée à une problématique de la genèse constitutive, et qui englobe les essais antérieurs de la description statique des *Recherches logiques*, l'auteur place sur le devant de la scène un personnage particulier qui participe nativement du spectacle mais s'en détache aussi pour devenir spectateur du monde posé par le je transcendantal:

Et c'est en cela que je diffère, moi, le spectateur de moi-même et connaisseur de moi-même non intéressé, du moi se tenant sous le regard de ma réflexion. En tant que tel, au lieu d'être intéressé par l'être et le mode d'être de la maison, je suis tout à fait exclusivement intéressé par le moi du vécu perceptif (...).[45]

Le je transcendantal et son autoobjectivation empirique, le moi, sont intéressés au monde, malgré l'opposition de perspective. Au contraire, le *Zuschauer* transcendantal retourne la situation phénoménologique. Tout en procédant nativement de la source subjective commune à ces trois ramifications individualisées — le spectateur, l'ego transcendantal, le moi objectivé — le Zuschauer opère dans le sens inverse du mouvement de la constitution. Cette dernière exprime la thèse de l'être qui fait du monde le plein, le *concretum* produit par les effectuations subjectives.

C'est pourquoi le Zuschauer a une fonction parasite: en proclamant le désintérêt à l'égard du monde, le Zuschauer au second degré (c'est-à-dire Husserl) produit le concept de Zuschauer dans un but bien défini. Le fait d'être "intéressé par le moi du vécu perceptif" et non par les autres ni par le monde introduit à l'idée que la phénoménologie véritable s'ouvre dans la "réflexion"[46]. Il faut bien distinguer entre deux types de réflexion: celle qui est "à la portée de quiconque"[47] et la "réflexion phénoménologique"[48]. La réflexion phénoménologique, qui nécessite des "considérations radicales"[49], est contemporaine de l'ouverture de la phénoménologie. Mais, il ne s'agit plus de mettre à jour la structure rétentionnelle du vécu. Fondamentalement, le spectateur transcendantal *dé-couvre* le spectacle de la constitution dans son fonctionnement et le "champ fondamental de la phénoménologie"[50]. Le retournement phénoménologique prend sa signification à partir de cette remontée du plein des effectuations egoïques et des produits de ce travail vers l'absence des contenus travaillés. Alors, l'espace de la conscience est visualisé depuis un point origine qui rompt toute relation de participation avec elle. A proprement parler, le spectateur est anti-thétique des positions (thèses) de la conscience. Il opère la dé-position de *l'absolument tout* dans le rien. La mise à distance du procès souligne la réalité a-topique d'un blanc à partir duquel seulement s'esquisse le remembrement philosophique, c'est-à-dire la recomposition (intégrante) du tout arbitraire (de collection) comme monde. Dans cet instant solennel d'ouverture, la phénoménologie inaugure sa réflexion radicalement nouvelle en prenant comme point d'appui l'a-constitué du rien. Le caractère prenant de cette entreprise est souligné par l'emploi du concept d'attitude[51]. L'"attitude" est la plénitude linguistique qui comble le vide épistémologique. L'attitude, ou la "prise de position"[52] traduisent au niveau de rigueur phénoménologique impliqué, la nécessité d'une part "d'arbitraire psychologique" quand bien même s'active la force des raisons. La décision psychologique qui constitue, malgré toutes les épurations sémantiques, le noyau de l'attitude et de la prise de position renvoie au niveau près, à l'impossibilité de combler le rien dont toute articulation ultérieure dépend. On s'explique alors la nécessité husserlienne de recourir à un langage psychologisant, ceci pour masquer la "lacune", impensée dans le projet husserlien.

Il n'est donc pas inutile d'affirmer que l'extension du travail aux "sphères supérieures" a montré qu'un point X, déterminant, a été rencontré. L'approche qui caractérise notre coordination peut-être nommée *verticalisante*, puisqu'elle procède de la constatation d'une uniformité factuelle et qu'elle s'approfondit en éliminant progressivement ce désordre. La coordination est verticalisée par ce blanc, et se développe en s'appuyant sur la fonction sujet et la fonction objet, placées dorénavant au plan de la totalité. Ainsi, la continuité de la progression qui a été menée grâce au schéma comme pierre angulaire, pierre de touche et télos à éclaircir, nous justifie dans la mise en pratique d'une hypothèse de cohérence qui légifère sur un état non husserlien de la phénoménologie.

Mais c'est au schéma que nous devons retourner. Parce que l'*épochè* méthodologique a été repoussée par le *fait* de l'espace, qui a été au principe d'une organisation centrée sur l'interaction de la totalité-sujet et de la totalité-objet, il est vrai que, d'une part, une continuité de coordination est relevée et que, d'autre part, des émergences conceptuelles échappent à l'épochè. Il existe au moins un possible de rationalité. Cependant, pour que celui-ci soit confirmé, il s'agit de l'*affronter* aux autres faits conceptuels que les textes ne cessent de révéler explicitement ou implicitement[53]. C'est au terme de ce chemin d'*intégration* qu'une *identité* sera pensable. Dans cette perspective méthodologique − à présent débarassée de l'épochè − des fakta demeurent: il est un fait, par exemple, que le Zuschauer appuyé normativement au rien, est cependant constitué comme homme par autrui. Ceci est une thèse husserlienne bien connue. Alors, constituant de droit (intégrant) et appuyé à "rien", le Zuschauer serait aussi de fait constitué (associé). Comment s'ordonnent la totalité forte (intégrante), la totalité faible (associée) et le "rien"? Comment dépasser la polémique du droit prétendu et des fakta? Telles sont les interrogations préliminaires qui attendent une réponse.

1   *Manuscrit C 1*, p. 4 (1934). Traduction Tran-Duc-Thao, p. 141.
2   Cité in Tran-Duc-Thao, p. 143.
3   *Husserliana 11*, p. 236. "Was in der Wiedererinnerung intentional und in expliziter Anschaulichkeit bewusst wird, gibt sich vermöge der identifizierenden Sinnesdeckung mit der entsprechenden gehobenen Komponente der Retention (...). Alle solche Wandlungen und Übergänge aber sind verbunden durch Synthese der Deckung nach dem Sinn".
4   *Expérience et jugement*, p. 193.
5   *Expérience et jugement*, p. 194.
6   Ibid.
7   Ibid., p. 195.
8   *Manuscrit E III 8*, 1934, p. 4; cité par Toulemont in l'*Essence de la société selon Husserl*, p. 314. (C'est nous qui soulignons).
9   Toulemont: *L'Essence de la société selon Husserl*, p. 295.
10   *Recherche logique 3*, p. 7.
11   *Logique formelle et logique transcendantale*, p. 399.
12   Ibid.
13   Pour plus de précision, il convient de noter que cette comparaison n'intéresse qu'une mise en commun des *structures* des deux domaines considérés (le rapport des parties aux

touts). L'étude des *contenus* structurés est un tout autre problème. Quand sera établie la loi d'identité de la phénoménologie et que sera cherché le sens, le contenu de cette identité, nous poserons le problème des *modifications* à apporter aux lois des touts sensibles pour les appliquer aux touts sémantiques.

14   *Expérience et jugement*, p. 132-133.
15   *Recherche logique 3*, p. 61.
16   Ibid., p. 63.
17   Ibid., p. 63.
18   Ibid., p. 65.
19   *Logique formelle et logique transcendantale*, p. 394. (C'est nous qui soulignons).
20   Ibid.
21   Ibid., p. 395.
22   *Recherche logique 6*, p. 191.
23   *Logique formelle et logique transcendantale*, p. 395.
24   Ibid.
25   Cette dernière intervention fermerait notre investigation à propos de *toutes* les connotations du temps et de l'espace (comme référents, puis comme fils directeurs). Ces faits l'emporteraient alors contre tous les autres faits textuels portant sur la question, ceux que nous nous somme déjà longuement chargés d'examiner. Telle serait la vérité de la polémique.
26   La notion d'un domaine intrinsèque phénoménologique (l'identité) n'est pas encore acquise. De sorte que la notion de totalité peut être simplement rencontrée empiriquement sans être *située* par rapport à un centre d'identité. Il faudra analyser la *disposition* des concepts de l'Etat II de la phénoménologie pour *placer* la totalité au bon endroit (Section II).
27   *Logique formelle et logique transcendantale*, p. 392.
28   Ibid., p. 392-393.
29   Ibid., p. 403.
30   *Ideen I*, p. 446.
31   *Ideen I*, p. 446.
32   *Expérience et jugement*, p. 35.
33   *Husserliana 11*, p. 107: "(...)"die"eine Welt ist beständig da".
34   *Expérience et jugement*, p. 40 (C'est nous qui soulignons).
35   *Expérience et jugement*, p. 165.
36   Ibid.
37   Ibid., p. 165, 167.
38   C'est-à-dire que l'émergence de l'espace, qui le soustrait à la réduction méthodologique et le constitue comme droit provisoire entipolémique, affrontera d'autres faits du corpus réagissant au droit et ressuscitant la polémique.
39   *Husserliana 14*, p. 543. "Ort konstituiert sich dabei offenbar relativ zu meinem Leib und seiner kanästhetischen Stelle und Bewegung".
40   Ibid.
41   *Husserliana 14*, p. 539-540. (L'expression entre parenthèse est ajoutée par nous). "Die antizipierend-leere Intentionalität dieses Horizonts erfüllt sich durch Übergang von Wahrnehmungsfeld zu Wahrnehmungsfeld, wobei diese Form der Urpräsenz, der Orientierungsgegebenheit, wie wir auch sagen können, mit in starrer Weise erhalten bleibt, während die Kinästhesen sich wandeln und damit die Welterfahrung in verschiedenen Richtungen fortschreitet". (C'est nous qui soulignons dans le texte français).
42   *Husserliana 14*, p. 539. "Der orientierte Raum (...) ist die Urzelle, aus der sich der homogene Raum konstituiert (...)".
43   Ibid., p. 541: "*Mein Leib ist gewissermassen das urbewegliche Objekt* – kinästhetisch gelangt er in jeden Raum hinein, sofern ich ihn verwirkliche, und dann eben durch kontinuierliche Eigenbewegung als Kanästhese".

44   L'appel à la terminologie du "signifiant-signifié" exige une remarque. La dualité signifiant-signifié, médiatisée par la blanc, n'obéit pas à une problématique saussurienne. Pour Saussure, la dualité interne du signe participe de la notion d'arbitraire du signe. Dans notre cas, le corps-objet (signifiant) est *intrinsèquement* relié au corps-sujet (signifié). Entre les deux se forme une "relation interne", au sens husserlien de "dépendance". La seconde section sera consacrée à approfondir cette relation, quand aura été fixée la possibilité d'une identité de la phénoménologie.

45   *Philosophie première*, 2, p. 137.

46   *Ideen I*, p. 166.

47   Ibid., p. 167.

48   Ibid.

49   Ibid.

50   Ibid.

51   Cf. notamment *Ideen I*, p. 164-165; *Philosophie première, 2*, Chapitre 2.

52   *Philosophie première*, 2, p. 131.

53   Sinon, le schéma se construit hors des textes, et ne fera pas partie d'une phénoménologie. Il devient simplement une pratique conceptuelle *inspirée* de la phénoménologie husserlienne.

SECTION I: PROLEGOMENES EMPIRIQUES

PARTIE II: LA NOTION D'UN DOMAINE PHENOMENOLOGIQUE

PARTIE II

CHAPITRE I: L'ARCHITECTURE DE LA NOUVELLE POLEMIQUE

Le spectateur (Zuschauer) est hors du monde, articulé à *rien*, tout en s'enracinant dans le monde; en fait, il intègre le monde en le "constituant", mais demeure associé à lui: totalité-sujet, il est aussi totalité-objet. Il est donc nécessaire de penser la coordination entre ces éléments. Notamment, comment placer le rien-blanc par rapport aux deux totalités? De cette épreuve dépend la validation de la rationalisation des fakta.

a. *La coordination restructurée*: Il est un point qui demeure clair: la fonction de Zuschauer est réceptive; le spectateur désintéressé est un regard-récepteur de l'univers noématique. Ceci renvoie aux élaborations les plus primitives de Husserl, quand il établissait la spécificité des "objets généraux". Dans les *Recherches logiques*, Husserl démontre que l'espèce "apparaît", tout comme l'objet individuel[1].

Cette proposition est le chemin qui ouvre la problématique ultérieure du projet husserlien: l'abstraction idéatrice est la préfiguration de l'intuition des essences au terme de la variation eidétique. Or, la variation eidétique dans toute son extension désindividualisante n'est que la condition de possibilité de l'intuition d'un individu-invariant qui s'offre au regard du spectateur; D. Souche-Dagues montre que l'invariant de l'essence fonde plus la variation qu'il n'est fondé en elle:

L'invariant est donc à la fois *ce qui résulte* du processus de la variation, le quid invariable en lequel se recouvrent toutes les variantes, et le possible qui donne son fondement à l'entreprise de variation elle-même.[2]

Le procès de variation est bien une prémisse extrinsèque de l'intuition par le Zuschauer. L'essence n'est donc pas une entité qui dépend d'une constitution.

"C'est *d'en haut*" que le fait du monde-en-moi doit "procéder"[3]. Le regard du Zuschauer connaît pour l'instant deux fonctions: d'une part, il participe de L'*épochè* du monde; d'autre part, il rend possible l'intuition de l'essence. Toutefois, cette dualité fonctionnelle ne constitue pas une élucidation suffisante de la prépotence de l'essence. Le point d'application de notre réflexion a d'abord trait à la deuxième dimension du sujet transcendantal, non plus le moi mondain, mais l'ego qui constitue le monde. Or, cet ego participe de la fonction de spectateur; il est vrai que le regard de l'ego n'est pas récepteur, mais opérateur. Et certes le concept de Blick transcendental éclaire notre développement; selon Marbach, en effet, le concept de Blick est fortement articulé à la genèse de la problématique d'*Ideen I*, qui a mis en place le sujet transcendantal:

Husserl, dans cette note du semestre d'été de 1911, pose comme une acquisition qui se présente comme phénoménologique le phénomène du "regard-vers" dans les cogitationes − que ce soient celles de la présentation (perception d'objet) ou celles de la présentification (souvenir, attente, phénomènes de pensée), en tant que ce phénomène fait partie de leur *accomplissement actuel*; et sur ce phénomène du se-diriger-vers attentif (...), sur le "regard de l'intuition", il "transporte" "l'idée du je pur".[4]

Le sujet transcendantal a ainsi un regard (Blick) opérateur: de nombreux textes de *Ideen I* soulignent cette fonction[5]; ainsi, l'activité et la passivité de l'ego renverraient, en dernière instance, à deux modes d'être du regard: la réception et l'opération. C'est dans ce creuset focalisant qu'il serait nécessaire de retourner également pour ressaisir la possibilité d'une dialectique des deux types de totalité oeuvrant dans chaque ego de la sphère intersubjective. La totalité-addition rassemblerait l'ensemble des *data* subsumables intrinsèquement sous des essences spécifiques, elles-mêmes intégrables dans l'Idée-eidos[6] de monde. La totalité-intégration se développerait dans l'*opérer* de la donation fusionnante du sens-un. L'interaction des deux procès dépendrait donc profondément des rapports entre l'essence et l'opérer constitutif. Cependant, ces rapports sont-ils suffisamment précisés pour que la conceptualisation de la totalité soit considérée comme réglée?

En ce lieu, on trouve une question embarrassante qui rend difficile l'idée d'une relation dialectique. L'itinéraire, facilement repérable dans *Ideen I*, et qui subordonne la perspective eidétique à la nécessité de la réduction phénoménologique étendue aux essences[7], est fortement contesté par les *Méditations cartésiennes*:

L'analyse essentielle s'en tiendra tout d'abord à l'*ego*, mais ne trouve qu'un *ego* pour lequel un monde constitué existe d'ores et déjà. C'est là une étape nécessaire à partir de laquelle seulement − en dégageant les formes des lois génétiques qui lui sont inhérentes − on peut apercevoir les possibilités d'une *phénoménologie eidétique* absolument universelle.[8]

L'eidétique généralisée est le télos explicite de l'idée de phénoménologie génétique. Pourtant, cette proposition, qui structure et relie tous les contenus théoriques des *Méditations*, n'est pas en opposition si totale avec *Ideen I*. Dans le paragraphe soixante de *Ideen I*, en effet, Husserl ne prononce d'exclusive que sur les éidétiques matérielles et non sur les essences des vécus immanents; il est facile de comprendre que l'eidétique matérielle est légiférante dans l'immanence. De la sorte, le propos d'*Ideen I* s'aligne assez facilement sur celui des *Méditations*. Pour D. Souche-Dagues la constitution transcendantale elle-même − qui s'exprime dans le Blick − est en dépendance conceptuelle par rapport à la science eidétique. C'est pourquoi, "il faut reconnaître une subordination du transcendantal à l'eidétique: en lui-même l'eidétique contient la nécessité du passage au transcendantal[9].

Cette analyse retentit sur l'autonomie du concept de subjectivité transcendantale. La remarque précitée de D. Souche-Dagues se termine par la conclusion suivante:

L'essence est donc absolue *comme l'est* le vécu réduit, en tant que donation pure. De même que, lorsqu'on "voit" le rouge, il n'y a plus de sens à demander ce qu'il est et en quoi il consiste, de même, lorsqu'on voit l'essence *connaissance*, il n'y a plus lieu de s'interroger sur sa possibilité et sur ce qu'elle est. C'est bien le mode d'être de l'essence qui fonde et gouverne l'absoluité de la subjectivité.[10]

Il n'y a pas de différence, en dernier ressort, entre la phénoménologie eidétique et la phénoménologie transcendantale: cette dernière produit le dévoilement de l'eidos. L'herméneutique phénoménologique ne rencontre donc point des échos de sens à l'infini.

Cet acquis facilite la mise en place su concept-clef qui procède de l'omnipotence de l'essence. Disons en effet que la phénoménologie est un déploiement contrôlé (par la constitution) de l'essence. Mais toute proposition authentiquement phénoménologique se contracte originairement dans la forme attributive, comme le montre abondamment l'analyse de la forme-copule dans *Expérience et jugement*. L'attribution s'effectue bien originalement en vertu de l'essence de S qui raccorde p à S. C'est pourquoi tout le corpus renverrait à son lieu: la *prédication* . Puisque cette philosophie est l'auto-déploiement de la valeur évidence, il devient intéressant d'affirmer que la phénoménologie devrait se confondre avec un système essentialisé de prédications intégrantes. Telle est la restructuration du schéma coordonnant sur laquelle il est bon de s'appuyer à la fois pour continuer l'investigation et pour proposer un affermissement des thématiques de la totalité et du blanc de verticalisation. *Le système* de prédications suppose une hiérarchie des essences autorisant des prédications elles-mêmes hiérarchiques; l'essence archontique est celle de l'ego, comme le montre Husserl dans les *Méditations cartésiennes*, où le titre du paragraphe trente-six retentit ainsi: "l'"ego" transcendantal, univers des formes possibles d'expérience". Par suite, la prédication première est réflexion première, ou prise de conscience, ou "variation de soi-même"[11] dans l'attribution de soi à l'essence de soi. L'essence est le moteur de la prédication universelle, le Zuschauer en est le médiateur, le regard comme Blick est l'effectuateur de prédication qui certes, rapporte tout au sujet opérant, mais seulement dans la mesure où le regard opérant est médiatisé par le regard récepteur du Zuschauer. Le vrai centre de prédication s'origine alors dans le Zuschauer qui bloque en lui potentiellement la *vérité* des deux regards. La coordination passe donc par l'essence (entendue au sens immédiatement husserlien).

La prédication généralisée, réinvestie dans la problématique de l'intersubjectivité, va éclairer la coordination dans le détail. L'imprécision de la distinction Zuschauer-Blick, qui tourne au profit d'un logos ancré dans l'essence se *lit* dans le miroir intersubjectif: c'est sur autrui que je *lis* ce qui me structure également; la dualité moi-autrui exprime ce qui est imprimé en moi: il est très difficile de mettre autrui entre parenthèses car autrui est moi là-bas; cet homme est constitué au terme de l'épochè de la thèse de son existence. En même temps, cependant, il agit et me constitue comme *Mensch* dans la nature. De même, je suis à la fois constituant et constitué, totalisant-intégrant et totalisé-sommé. C'est donc de la superposition des deux fonctions du regard que procèderait la difficulté d'unifier l'Einfühlung. Mais la situation est dorénavant plus claire: la présentification d'autrui est la forme modificatrice qui fait d'autrui le prédicat de moi. En retour, je suis présentifié, c'est-à-dire prédicat d'autrui. Toutefois, "moi" et "autrui" sont rapportés à l'essence. Dès lors, *l'apprésentation d'autrui est la figuration anthropologique qui correspond à la forme logique de la prédication.* Ainsi, l'essence comme moteur de prédication dénoue l'ambiguïté de l'intersubjectivité: autrui et moi sommes tour à tour prédicats existentiels, mais en même temps (logiquement) prédicats de l'essence-homme. En conséquence les deux formes de totalité et leur interaction sont annexées à la fonction de l'essence. Ceci est un progrès. Toutefois, rien n'est dit sur le blanc-origine, dont l'importance a été donnée comme dferminante. Serait-ce que l'essence s'oppose polémiquement au blanc? Dans ce cas, il faut laisser se déployer la nouvelle forme du schéma, afin d'apprécier sa consistance, pour statuer ensuite sur les rapports de l'essence et du blanc.

La question qui s'impose se formule simplement: la conceptualisation qui théorise les rapports constituants du moi et du monde institue-t-elle *l'universalité* de la prédication intégrante? Il est judicieux de questionner à partir de la région transcendantale suprême – l'ego – qui recouvre ensuite les régions subordonnées dans un système de prédications secondaires. La problème s'exprime à propos de cette proposition de Husserl:

Ce qui est justement remarquable et pourtant évident, c'est que le je en tant que je pur se présente de mille manières et s'annonce mille fois dans des actes particuliers – et pourtant qu'il soit reconnaissable comme étant numériquement identiquement le même.[12]

L'auteur donne le ton en considérant le je pur, qui est ici le nom génétique global qui s'oppose au je empirique ou anthropologique, comme multiple qualitativement et un à la fois. On ne peut ainsi inscrire le je dans un procès de numération qui le prenne pour unité réitérée. Cependant, s'il est vrai qu'on ne peut compter les formes du je comme des unités prenant chacune le nom de je, il n'est pas impossible pour autant que la forme totalisante du je, celle qui rassemble les formes en un tout unique, ne soit pas un tout aux deux sens du terme. En effet, ne pas avoir le droit de compter *des je* ne signifie pas pour autant ne pas avoir le droit de compter *à l'intérieur du je*, dans une forme qui, numériquement, reste toujours la même. Reprenons alors le contenu présent du concept pour le soumettre à cette possibilité. Une première disparité est introduite dans le tout du je à partir du moment où Husserl n'effectue pas la théorie de l'insertion du je dans la sphère de la conscience. Dans son ouvrage consacré au problème du je dans la phénoménologie, Marbach étudie les moments historiquesempiriques qui ont déterminé la prévalence de ce qui demeure dans *Ideen I* une "transcendance dans l'immanence". Sans nous attarder[13], il suffit de constater l'existence de moments. Car c'est cela qui revêt une importance capitale: si *l'introduction* du concept originaire n'est pas théorisée, mais survient, si, en somme, le je n'est pas fondé dans son rôle de matrice conceptuelle, il n'est pas permis de considérer que les différentes espèces du je sont produites par la même matrice: l'unité *intégrante* de la totalité-je n'est qu'un télos. Dans les faits, la forme totalisante du je *associe* des formes que l'on peut compter à l'intérieur de la forme unique espérée: le je est pôle identique des "états vécus"[14], "substrat des habitus", "monade habitée"[15]; il a été "je" vide à l'époque de *Ideen I*, puis "je" concret dans les années vingt, enfin "je" à contenu instinctuel ensuite[16]. En conséquence, l'intégration n'est que terminologique et le thème du je vit de l'accumulation des contenus. Dès lors, il est difficile de retrouver dans la région ontologique suprême une systématique de la prédication des attributs du je au sujet fondamental. Le Faktum se rencontre donc pleinement dans la désintégration du concept de je.

Puisque le je (Zuschauer-Blick) est centre de prédication, la situation doit connaître des retentissements. Etant donné que la région-sujet est dés-intégrée, la possibilité de l'attribution des régions-objets semble compromise. Et cette difficulté retentit dans le texte intégral puisque le je est centre *universel* de prédication. Prenons un exemple, afin de suivre au mieux la difficulté *d'intégrer* les contenus conceptuels dans une totalité. Husserl délimite trois concepts qui rendent possible le passage de la nature à l'esprit: ce sont les concepts de *Seele, Person, Geist*, longuement élucidés dans *Ideen II*. La notion réellement médiatrice est la Person, qui, selon l'attitude prise à son égard, ouvre vers deux dimensions différentes, soit la nature, soit l'esprit[17]. Or le concept de Person se dilue quelquefois dans celui de Seele:

Il est vrai que je dois séparer l'âme (Seele) et la personne (Person), mais la personne n'est-elle pas une détermination de l'âme, une unité constituée en elle?[18]

Par ailleurs, le contenu du concept de Person s'épanche dans celui de Geist:

Prenons donc le je personnel (*persönliche*) dans son contexte de développement, alors nous trouvons *deux étapes* (...): *la plus élevée est l'étape spécifiquement spirituelle (geistige) (...).*[19]

De surcroît, la dés-intégration est plus notoire encore et *étend le champ de validité* du concept de totalité d'association: en effet, dans la mesure où Person est en concordance avec Seele, il partage les connotations corporelles du concept[20]. Inversement, Husserl affirme que l'étape "la plus élevée" de la personne est "la couche de l'intellectus agens, du je libre en tant que je des actes libres", ceux de la "raison"[21]. Tout le champ du sujet est donc bouleversé: le corps connote l'esprit et réciproquement. La non-délimitation conceptuelle produit une dernière conséquence qui nous importe au plus haut point; selon Husserl, l'âme connaît des dispositions[22] issues des associations régies par l'habitude[23]. La "Person" est sujet d'un pouvoir[24]. Mais le pouvoir d'un homme n'est pas purement une "formation associative"[25]. Il semblerait que l'auteur introduise ici l'élément nouveau d'une liberté de décision de la "Person", liberté cependant fortement engagée encore dans les processus associatifs. Pourtant, la liberté n'est-elle pas un pseudo-contenu, dès que l'on remarque que la théorisation instaure le clivage du spirituel et du transcendantal? C'est dans cette dernière sphère que le je a des habitus qui concrétisent sa liberté[26]. Les habitus métamorphosent le caprice éventuel de la décision en permanence. Dès lors, soit nous avons deux libertés, une inférieure et une supérieure, soit la liberté inférieure n'est qu'une notation interstitielle qui facilite le passage de la nature à l'esprit. Sur tous ces points Husserl ne s'attarde pas, ne théorise pas, laisse s'infiltrer le Faktum.

L'exemple, qui a une portée universelle, montre bien *comment* l'ego ne peut être centre de prédication. De sorte que la dés-intégration de l'ego engendre un centre de prédication morcelé. Ceci est une première dénégation apportée à la prétention de la prédication généralisée à coordonner la rationalisation. Placés au centre du désordre, au foyer des prédications, il semble que nous puissions déjà juger de la situation. Il est malgré tout *nécessaire* de réinsérer dans la polémique le schéma lui-même, afin de prononcer un jugement définitif sur la question de la normativité de l'essence husserlienne et du statut du point-origine de la coordination, selon qu'il se nomme blanc, ou essence husserlienne.

b. *La dévaluation de la rationalisation*: La prépotence du centre de prédication essentiel ne connaît-elle pas des limites? Selon G. Brand, toute thématisation essentialisante qui procède d'une intentionalité explicite est doublée par une intentionalité opérante[27]. Pour Brand, l'expérience du sens (essence) qui conditionne la perception de l'objet est relative à une opération plus fondamentale. Cette opération, toutefois, s'effectue dans l'anonymat, c'est pourquoi la logique du laisser-être de l'essence semble dominer seule la scène:

L'intentionalité est pour Husserl non seulement opérante, elle est en même temps anonyme (...).[28]

Cet anonymat cache en fait la caractéristique essentielle de la fugierende Intentionalität. Nous touchons au point fondamental: à l'opposé du laisser-être de l'essence, l'intentionalité *opère* avec l'être. La conscience n'est pas un morceau d'essence qui entre en relation spéculaire avec les autres aspects de l'essence. Le sujet-conscience est créateur de sens; nous sommes loin du sujet pris dans l'enchaînement nivelé de la distribution du même essentiel, qui déterminait un étiage sémantique. La mise au premier plan du concept de fungierende Intentionalität permettrait donc une investigation différente: dans l'approche essentialiste, les mêmes essentiels se recouvrent dans le même de l'essence-totalité d'ego. l'élucidation est donc immédiate et il suffit d'effectuer la bonne variation qui, du fait queconque, conduit à l'essence absolument englobante. Par contre, un travail plus complet recherche derrière la position d'être les conditions d'être. Elle déthématise les concepts immédiats et les réfère à une médiation qui mêle ce qui est apparemment distinct.

Il reste à suivre le combat des deux rationalisations. Le sort du schéma restructuré autour de l'essence en dépend. Un exemple précis montrera comment Husserl trace thématiquement une certaine voie — celle de la prévalence de l'essence —, voie qui cache pourtant l'anonymat d'une *Fungierung* opérant en sens inverse. Nous avons déjà vu que l'auteur déplace en dernier recours le domaine phénoménologique dans le milieu temporel et que les lois husserliennes sont des règles temporelles. Quel que soit en dernier ressort le statut originaire du temps — ce dernier demeurant pour l'instant une figure à réduire — c'est donc tout de même dans le temps que nous devons repérer les deux mouvements contradictoires. Le premier mouvement peut être illustré ainsi: Husserl tente de montrer l'évolution et la formation des entités transcendantales et empiriques à partir d'un *Vor-Zeit* archétypal. Ce Vor-Zeit est celui du présent originaire et l'auteur tente de le définir:

Ne suis-je donc pas obligé de séparer le présent originaire d'aujourd'hui et celui d'hier, les actes d'hier et d'aujourd'hui des réductions qu'il faut également séparer (...)? Mais où est le lieu occupé par hier et aujourd'hui? Il est pourtant dans le lieu de vie originaire du je originaire.[29]

Le Vor-Zeit primitif opère dans l'indifférence des phases du temps, et dans leur neutralisation. Au coeur de ce *Strömen* a-circonstanciel, les modes du temps sont fondus dans une structure perdurante. A cette phase originaire, située au-delà de l'essence et de l'existence (et donc dans un domaine inqualifiable, lacunaire), succède une *Selbstverzeitigung*, un mouvement d'auto-retombée dans le temps: le Ich opère par des présentifications qui assurent la Deckung du passé et du présent[30]. La dernière étape de l'altération temporelle se sépare en deux phases importantes: la constitution de la nature objective par les monades temporalisées, puis la constitution du monde de l'esprit[31].

Il apparaît nécessaire d'analyser plus précisément ces dernière Selbstverzeitigung. Husserl utilise un concept qui spécifie l'altération temporelle et que nous allons tenter de définir, au mons provisoirement. Le concept d'*Erledigung* indique le passage d'une forme supérieure — une forme en amont du flux originaire — à une forme inférieure — en aval du flux. L'Erledigung (c'est-à-dire la liquidation, le fait d'en finir avec un vécu) traduit la métamorphose passive; l'Erledigung exprime donc l'altération-négation, l'anti-opération, et détermine la formation des habitus (ou monadisation), la transition du *Ich* pur à la *Person*, de l'esprit à la nature, et plus généralement encore, de tout ce qui est l'actif à l'affectif[32]. Nous suivons ainsi la décomposition désintégrante du faire en fait, de l'opérer en essence-de-fait, de la totalité d'intégration en totalité d'association.

Une récapitulation s'impose, en quelques mots. La *figure* du temps métaphorise une triade fondamentale: le Zeitigen inqualifiable *représente* le blanc, et l'architecturation temporelle des deux totalités est directement exprimable dans le langage de la *Philosophie de l'arithmétique*, ce qui laisse présager d'une destinée noble du concept de temps, par-delà la métaphore. En somme, contre la coordination de la prédication essentielle s'imposerait victorieusement une autre rationalisation qui est en relief au travers de la métaphore temporelle, et qui reprend l'architecture rationnelle mise à jour en étudiant l'espace. La notion d'un blanc sort renforcée. Plus généralement, la continuité d'une schématisation serait préservée.

Mais il ne faut point cacher que le temps n'a *qu'une fonction de point d'appui*. Certes l'essence husserlienne (l'essence comme référence ponctuelle) est exclue du procès qui nous intéresse. Restent le blanc et les deux totalités; le vecteur de verticalisation origine notre approche dans le blanc. Il a toutefois été nécessaire de retirer à l'essence son droit parce que l'essence *oblitère* le blanc. Il est donc assuré que c'est du côté d'une dés-oblitération que le travail doit se diriger, et mettre en présence le blanc et les concepts qui le recouvrent, afin de juger du résultat de la polémique. Plus précisément, la percée rationalisante a pour devoir de *focaliser* le travail en se penchant à nouveau sur les notions emportées dans le sillage de l'essence, c'est-à-dire le Blick et le Zuschauer, afin d'analyser comment l'essence, le Blick et le Zuschauer suscitent une pseudo-coordination. En ce sens, la recherche empirique va entrer dans une phase dernière: opposer polémiquement le blanc à la suite ordonnée de ses contrefaçons[33]. Avec la concentration du travail sur la triade prédicative, nous entamons la marche vers l'établissement d'une forme d'identité de la phénoménologie, articulée à la continuité d'un procès qui s'extrait des contestations.

c. *La focalisation des difficultés*: La propos est de reconnaître la possibilité d'une occultation du blanc, afin de rationaliser son fait et de la supprimer en l'intégrant au mouvement de coordination empirique. Prudemment, et avant que de se fixer sur la triade prédicative (Blick – Zuschauer – Essence) il est bon de circonscrire une base de travail: en effet, tous ces éléments ont un rapport intrinsèque à la conscience. La conscience servira une dernière fois de centre d'action puisqu'elle conjoint et focalise au plus net la difficulté. Précisons cependant que le choix de la conscience ne signifie que le repérage d'un terrain d'exercices, la notion d'une conscience husserlienne omnipuissante étant depuis longtemps abandonnée. En sorte que le concept de conscience doit illustrer préliminairement comment on peut comprendre une dés-occultation de la coordination.

Une grande partie des écrits husserliens assigne à la conscience une place cardinale. Le texte que nous reprenons note la signification matricielle de la conscience:

On peut dire encore d'une certaine manière et non sans précaution dans l'emploi des mots: toutes *les unités réelles* sont des "unités de sens". Des unités de sens présupposent une *conscience donatrice de sens*, non point, je le souligne à nouveau, parce que nous le déduisons de quelque postulat métaphysique, mais parce que nous pouvons l'établir par des procédés intuitifs exempts de tout doute; cette conscience de son côté est *absolue et ne dépend pas à son tour* d'une donation de sens.[34]

Avec cette proposition, on touche au roc de l'investigation husserlienne. La conscience ne "dépend pas d'une donation de sens"; en d'autres termes, le point focal est prédiqué, mais jamais prédicat. La conscience est *l'avant-du-monde*, tant du point de vue logique qu'historico-transcendantal. Centre de prédication, car elle constitue le noyau du Zuschauer, la conscience est également condition de possibilité de tout rapport prédicatif à elle: Husserl n'affirme-t-il pas que "des unités de sens présupposent une conscience donatrice de sens"? L'irrélativité de la conscience conduit toutefois à prolonger le raisonnement: dans la mesure de son absoluité, la conscience productrice provoque la dépendance prédicative des contenus du monde à son égard. L'unité copulative conscience-monde est donc intégrante. Inversement, l'irrélativité de la conscience suscite une dépendance à sens unique. En toute évidence, Husserl pose que "*nul être réel*, nul être qui pour la conscience se figure et se légitime au moyen d'apparences n'est nécessaire pour l'être de la conscience même"[35]. Pour plus de clarté, rappelons que nous suivons fidèlement Husserl: le rapport prédicatif n'atteint donc pas "l'actualité" de la conscience mais la relation de cette dernière à ses prédicats. Le type particulier de cette relation implique que la conscience n'est pas liée par les "enchaînements" du monde[36]. Le travail de la conscience signifie alors l'itération des donations de sens: l'opérer de la conscience n'est pas en effet une tâche susceptible d'être approfondie ou reconnue plus complètement; cet être absolu "ne se donne pas par esquisse et apparence" dit Husserl[37]. Le Tout de la conscience équilibre à chaque effectuation le "Rien" potentiel des objets[38]. Un procès d'objectivation est ainsi compris comme la *répétition* du Tout unitaire intégré de la conscience. Ici est le paradoxe: l'objectivation s'exprime à la fois à partir d'une totalité copulative conscience-monde et d'une totalisation arithmétique des Touts de conscience-monde. Dès lors, *le droit*, qui est enfermé dans la conscience comme l'avant-du-monde, compose avec le *fait* de la nécessité d'accumuler les expériences du monde.

Ainsi est exposée la situation de la conscience en tant qu'avant-du-monde, ce qui conduit déjà à un paradoxe. Mais le paradoxe est de fait plus complexe. Dès *Ideen I*, qui a servi jusqu'ici de fil directeur, l'absoluité de la conscience est relativisée:

Les vécus peuvent être aussi étrangers qu'on veut l'un à l'autre dans leur essence, ils se constituent dans leur ensemble en *un unique* flux temporel, en tant que membre d'un *unique* temps phénoménologique.
   Cependant cette proto-synthèse de la conscience originelle du temps (où l'on ne peut voir une synthèse active et discrète) a été expressément éliminée ainsi que la problématique qui s'y rattache.[39]

Le passage évoqué est intéressant. Il souligne l'importance d'une considération sur l'état paradoxal de la conscience qui est prise dans les procès contradictoires de l'intégration et l'accumulation. Ici, il est montré, par exemple, que la proto-synthèse est un fait d'ensemble. Cette terminologie collabore avec notre caractérisation des effectuations de la conscience dont l'aspect totalitaire engendre la nécessité de l'itération. Par ailleurs, Husserl se livre encore à un déplacement de la problématique dans le temps, procédé bien connu de nous. Il reste à se demander si la thématisation est pour autant vidée de ses connotations paradoxales. A cette fin revenons à un texte qui met "à plat" la structure temporelle et dégage celle du noyau hylétique où apparaissent l'hylé et l'intentionalité. Une hiérarchie manifeste est indiquée:

Je réduis le présent fluant concret systématiquement, au moyen d'une "déconstruction". Je réduis aussi le présent-chose immanent ur-impressionnel, jusqu'à ce qui est "étranger au je", notamment *l'hyle immanente* (sphère de sensation).[40]

Tout s'éclaire si l'on remarque que la réduction remonte par re-prise le courant originaire et trouve en ce dernier la couche primitive. Ceci montre que la couche de l'intentionalité de la conscience-je est seconde par rapport au datum premier de l'hylétique. Cette analyse renverse la position antérieure de la conscience. La conscience, qui était *avant*, prend la place de l'*après*. Comme "après" elle perd son absoluité qui lui garantissait l'irrelativité par rapport à ce qui est "étranger" ou transcendant. Dorénavant la conscience *se dit* du flux originaire; elle est rapportée à lui comme prédicat. Parallèlement, la dialectique de l'intégration et de l'accumulation change de sens. Les flux intentionnels de la conscience sont intégrés dans le devenir de la forme-temps; par conséquent, irriguée depuis l'ailleurs par le temps qui s'enracine dans l'Ur-impression, la conscience ne se reproduit plus comme totalité dans des thèses discrètes qui expriment la totalité auto-nome et réitérée d'un territoire délimité. La totalisation arithmétique intervient maintenant au plan de l'*archè*; le texte suivant nous en convainc:

Avec la forme fixe du maintenant originaire est constituée une double continuité de formes également fixes; ainsi est constitué au total un continu fixe de la forme (du temps), continu dans lequel le maintenant originaire est le *point central* dont dérivent deux continus comme branches des modes d'écoulement: le continu des moments qui viennent de passer et celui de ceux qui vont venir (...). C'est dans cet écoulement (...) que se constitue tout être individuel, surgissant originairement dans le maintenant, et restant toujours identique à soi-même (...).[41]

L'univers conceptuel du texte articule des continuités prises dans des formes fixes, ce qui les fait extraordinairement ressembler, si on les considère de l'extérieur et non à partir de leur intériorité fluente, à des unités fixes qui se recouvrent et s'ajoutent. Par exemple, il est question d'un même contenu qui conserve son statut de même grâce à son recouvrement par le même contenant du maintenant originaire. La temporalisation ne fait que déplacer, sur la ligne du passé-futur, cette conjonction ponctuelle. Qui plus est, la conjonction n'opère pas seulement le recouvrement d'une forme et d'un contenu, mais encore la connexion de la forme qui vient de passer et de celle qui va venir. Le maintenant originaire est donc un opérateur qui travaille dans deux directions: verticalement il subsume – telle la catégorie – le contenu sous l'idée de permanence; horizontalement, il opère la reproduction répétitive des deux continuités discrètes du présent et du passé. D'un côté nous reconnaissons l'identité du contenu, d'un autre l'opération qui assure la reproduction de l'identité. Ainsi se détermine une logique totalisante qui ne se fonde point sur l'intégration sémantique mais sur la composition associative de contenus maintenus dans l'identité, association assumée par un "point central" opérateur. *Le paradoxe est donc total et à deux niveaux*: d'abord *antérieure à l'expérience, la conscience devient postérieure*. D'autre part, *la logique de l'effectuation cognitive* des actes de conscience, *qui compose* successivement – mais dans un même but – *l'intégration et l'accumulation, est également renversée*. De prédiquée, la conscience passe au statut de prédicat. La métaphorisation temporelle inverse donc les termes du paradoxe originaire et dédouble ce dernier sans pour autant le liquider. Dès lors le point focal de la conscience concentre les contradictions inhérentes au corpus oblitérant. C'est le premier point auquel la recherche désirait parvenir: structurer la difficulté à propos d'un concept qui serve de terrain d'épreuve.

Mais l'exercice doit être continué: car si la conscience devient territoire paradoxal, qu'en est-il du second concept maître husserlien, celui de constitution? La conscience est constituante, "Blick"[42]. Dès lors, il est nécessaire de reprendre la question de la constitution, qui nous conduira à la problématique de l'occultation de la coordination. Dans une conférence traitant du *Problème de la constitution*, Ingarden expose la complexité du concept de constitution, et montre que ce dernier donne lieu à une approche progressive. La perspective la plus exotérique isole dans le concept "la construction structurelle" ou "anatomique" d'une réalité objective dans son statut propre"[43]. La constitution est la structuration d'un donné. Ici, la logique de la réception de l'essence a toute latitude pour se déployer: la conscience est dans l'après théorique de l'essence qui s'impose en premier lieu, et les occurrences essentielles s'articulent additivement en régions. La deuxième perspective travaille sur le plan des "sens d'objets", qui dépasse celui de la "réalité objective". Dès lors, la constitution d'un objet "signifie", selon Ingarden, "la détermination intentionnelle du sens d'objet par une diversité statiquement conçue et ordonnée au sens d'objet, d'apparences et de visées intentionnelles d'actes"[44]. La constitution est unifiante d'une diversité qui correspond à un donné, situé ailleurs. L'essentialisme husserlien, qui place le sens d'objet dans un ailleurs aux conditions intrinsèques duquel la conscience *doit se plier*, compose dorénavant avec le fonctionnalisme de l'effectuation des visées intentionnelles. Dans ces conditions, ce n'est plus l'essence qui ne trouve plus de point d'application dans la théorisation (ce qui forme l'abîme dans lequel se perd une logique de l'essence) mais c'est la conscience qui est partout et nulle part. Sa fonction prescrit à la conscience d'effectuer ses *Leistungen* à partir de *l'avant* transcendantal. Mais la structure même de la connaissance porte la conceptualisation à déplacer "l'intellection" de l'objet *après* l'auto-présentation de ce dernier. Parallèlement, on voit que l'unification de l'objet, qui signifie pour nous l'intégration de ce dernier dans une structure de prédication, se transforme aussi bien en une désintégration des conditions de prédication, par l'annexion de la conscience à l'objet.

Cependant, cette deuxième conception de la constitution, qui ne concilie qu'imparfaitement les termes du paradoxe prédicatif, en le déportant dans la discontinuité d'une fonction intégrante et d'une structure cognitive désintégrée, laisse place à une ouverture. En effet, la constitution est statique[45]. Or, la troisième définition suscitée par Ingarden suggère la façon de dépasser cette problématique et ses clivages; Ingarden propose de donner à la constitution une signification dynamique:

Dans un troisième sens, la "constitution" d'une réalité objective consiste dans un *processus* par lequel un sens d'objet se *forme* et se *transforme* au cours d'une expérience, jusqu'à ce qu'il atteigne à une structure déterminée qu'on considère provisoirement comme définitive.[46]

Le passage de l'étude de la forme unifiée du sens d'objet à la formation et à la transformation du "processus" d'objectivation étudiées exhaustivement, libère la conceptualisation de sa subordination à l'essence dont la connaissance est préliminaire. Ingarden confirme cette proposition dans les termes les plus nets:

La "formation" du sens d'objet est ainsi conçue comme quelque chose qui se *passe* proprement dans la couche noématique, mais dont l'essence n'est pas éclairée (...). Ce n'est qu'une fois appréhendée cette oeuvre de l'intentionalité qu'on peut déterminer de façon plus précise ce que signifie la "formation" du sens d'objet.[47]

La connaissance de l'essence est *terminale*, quand bien même une préinfluence de l'essence (sous l'espèce des régions nature ou corps ou esprit) gouverne le processus de formation du sens d'objet. La re-prise philosophique est donc *libre* de son mouvement. Ceci conduit à une situation qui élimine le paradoxe prédicatif. En effet, Ingarden insiste fortement sur le fait que "cette considération dynamique de la constitution peut se produire à divers niveaux, à mesure qu'on découvre des "degrés" de constitution toujours plus profonds"[48]. Toute unité phénoménale n'est qu'apparente et recouvre une diversité à laquelle il faut trouver un correspondant dans une unité noétique corrélative. La dialectique interne de l'union-désunion, de l'unité désunifiée au profit d'une autre unité, introduit la possibilité de la médiation conceptuelle qui se définit dans "une *réversion* vers des niveaux de constitution toujours plus profonds à l'intérieur d'apparences de diverses sortes (...)"[49]. Ainsi considérée, la "réversion" phénoménologique coupe dans le vif de la conscience des zones de constitution. Par rapport à ces dernières, il n'est point étonnant que, selon le niveau de profondeur auquel parvient la réflexion, certaines effectuations de la conscience soient *avant* ou *après* la formation fondamentale du sens. Complémentairement, la conscience intègre activement les data divers unifiés qu'elle rencontre, mais elle est désintégrée dans la mesure où chaque effectuation l'engage dans sa totalité et qu'elle est alors prise (pétrifiée) dans des zones de constitution dépassées.

Dans la mesure où le mouvement vers l'essence est abandonné au profit d'une "réversion", alors la phénoménologie serait également création de sens. Le Blick prendrait un contenu. La fonction opération, que nous avions vue reléguée dans l'apparence par les conséquences de la force conceptuelle de l'essence, serait revalorisée. Le Blick articulerait ainsi la médiation créatrice. Ce point formulé, il est tout de même nécessaire d'explorer encore afin de trouver la véritable fonction du Blick car il demeure toujours vrai que, en dernière instance, l'essence est déterminante: la thématisation doit tôt ou tard retrouver conceptuellement les lois essentielles qui règlent la formation de l'objet. La positivité du Blick constitue alors pour nous un fil directeur de choix pour démêler les implications de ce qui a été nommé la fantasmagorie prédicative. A ce sujet, un commentaire attentif de la conférence de Ingarden s'impose. En articulant les deux activités du Zuschauer et du Blick, la réversion constituante a semblé élucider la complémentarité de deux situations: la création du sens entre en alternance avec l'annexion de la conscience au processus de l'éclairement du sens dans le regard illuminé. Il reste à trouver un terme à la réversion philosophique: C'est en ce lieu que se marqueront au mieux les rapports de l'acteur constituant et du spectateur qui reçoit la législation de l'essence. La dernière approche effectuée par Ingarden donne une quatrième dimension au concept de constitution:

La (provisoirement) dernière application du concept de "constitution" est celle qui concerne ces ultimes data et ces ultimes unités d'expérience vécue, lesquels se "constituent" dans la conscience originaire du temps.[50]

Les termes de l'analyse de Ingarden ne sont pas étrangers à nos considérations: une "dernière application" de la constitution a trait en effet aux "ultimes data"; de plus, cette approche des confins donne lieu à une réversion ultime: le temps athématique de la médiatisation est thématisé; les conséquences temporelles de la réversion philosophique deviennent des conditions. Nous retrouvons donc une "fantasmatique" de la projection de la phénoménologie dans le temps. Notre intérêt est maintenant de questionner la cohérence interne de la constitution projetée dans l'univers-temps. En effet, si au moins une solution existe au plan de la figure (ce que nous avons déjà pu approcher[51]), alors cette dernière ne livrera-t-elle pas des articulations intéressantes par-delà les métaphores? Ingarden conduit également sa pensée jusqu'à la focalisation de celle-ci sur le temps:

Ici "constitution" signifie *devenir originaire d'une unité d'expérience vécue* (...) dans le déroulement d'une diversité de phases ultimes se développant de façon continue (...).[52]

Nous sommes en présence de l'analyse de la constitution à travers le temps noématique de l'expérience vécue. Cependant, Ingarden complète presqu'aussitôt l'extension de sa recherche en mettant en jeu l'ensemble de la structure-temps:

Entendue en ce dernier sens, la considération "constitutive" suppose, pour être menée à bien, le dévoilement de cet ultime original devenir dans sa structure essentielle et dans sa dépendance par rapport au flux de conscience originaire, lequel contient en soi la conscience de soi actuelle, la conscience rétentionnelle et la conscience protensive.[53]

Certes en conférant au temps une dimension ontologique et phénoménologique dernière, et en souscrivant ainsi aux indications expresses et à l'immédiateté du texte de Husserl, Ingarden généralise tout de même l'explication par le temps de la constitution, au temps dans son devenir totalisant: ce dernier *est* l'ultime, aux confins duquel le Zuschauer et le Blick résorbent réciproquement leur spécificité. Selon nous, et pour l'instant, la temporalité *représente* l'ultime et figure le théâtre où la phénoménologie délègue et transforme ses potentialités sémantiques en actes, acteurs et pouvoirs.

Comment la phénoménologie rend-elle compte du point de départ dans le temps? La fin du texte précédemment cité, de Ingarden, est d'un dernier secours. La structure du temps compose intimement actualité, rétentionalité et protentionalité de la conscience; c'est donc dans la spécification ainsi établie de cette structure qu'une solution serait à rechercher. Cette dernière procède, c'est clair, du dépassement de l'opposition: avant/après, intégration/dés-intégration. Or il semble bien que le modèle temps satisfasse lui-même à cette condition et que l'auto-activité et l'autopassivité originaires recouvrent la constitution. Dans ses *Leçons sur la synthèse passive* Husserl reprend la problématique de la concordance de l'avant et de l'après, et qui plus est, centrée sur la question de l'évidence: dans la synthèse passive originaire, il existe un opérer qui engendre l'évidence du monde; le garant de la vérité est *"dieselbe eine fortdauernde Welt"*[54]. Husserl montre que la condition de possibilité de cette validité théorique de l'évidence repose à son tour sur la validation de l'après-du-présent vivant. En d'autres termes, le point de départ – la vérité – doit se fonder sur la possibilité d'une réciprocation de l'avant et de l'après. Le projet husserlien est connexe avec notre travail: nous partons également en quête du point de départ théorique qui égaliserait les fonctions du Zuschauer (dans l'après de l'essence) et du Blick (dans l'avant, producteur du monde). L'adéquation est totale dans la mesure où le présent vivant joue (dans le temps) le même rôle que l'essence: par rapport au présent vivant la conscience temporalisée vient après, temporellement et épistémologiquement, puisque le présent vivant est le lieu actif de la vérité. Malgré tout, le présent vivant est le moment d'une conscience qui, dans *son* présent individualisé, produit le devenir-monde pour *elle* comme individu. On le voit, le temps permet d'épouser régulièrement les paradoxes de la pseudo-prédication universelle. La figure du temps aurait-elle alors un rôle opératoire de grande efficacité?

C'est ce qui semble. Le concept d'*Ausmalung* (figuration imagée) et celui de *Wiedererinnerung* (ressouvenir) forment les deux points d'appui de la dialectique recherchée de l'avant et de l'après, qui se représente dans les instances du Blick et du Zuschauer. Husserl distingue très nettement l'Ausmalung du véritable remplissement intuitif. Ce dernier est présenté dans les termes suivants:

C'est visiblement totalement différent de la simple figuration imagée (Ausmalung), c'est une véritable effectuation de vérité. Ainsi un simple remplissement de vide n'est encore pas le remplissement d'une intention.[55]

Or, le remplissement d'une intention s'effectue justement en vertu de l'essence de l'objet qui dirige la possibilité de la *Selbstgebung* de l'objet. Parallèlement, le regard productif du Blick est préordonné à la nécessité d'un laisser-être primordial de l'essence. On peut donc concevoir une mise en correspondance étroite du concept de Blick et de celui d'*Ausmaler*, à condition bien sûr de relativiser le concept de production, ce que nous avons fait depuis longtemps. De surcroît, la subordination du Blick au Zuschauer se retrouve aussi dans le contexte temporel, sous d'autre formes conceptuelles: ici, il s'agit de fonder la certitude-présente-de-l'être-du-monde dans une justification de la validité du ressouvenir[56]. Husserl plonge alors longuement dans l'étude des lois de la passivité et dégage le concept d'*Ur-assoziation*[57], qui est le moteur de la continuité temporelle. L'ur-assoziation est la condition de possibilité de toute production intentionnelle (cf. Blick):

C'est par son moyen que se développent toutes les intentions spécifiques, comme nous le savons déjà.[58]

Dès lors, l'association originaire *figure* le point de départ théorique qui est re´ cherché, et ne subsume pas seulement l'intention productive sous une loi de composition associative, c'est-à-dire le Blick sous le Zuschauer. L'avant et l'après dépendent en effet étroitement de l'Urassociation qui fonde toutes les intentions; c'est ce qu'un autre passage exprime plus fermement encore:

La doctrine de la genèse des reproductions et de leurs formations est la doctrine de l'association dans son sens premier et plus authentique. A cela se rapporte cependant indissolublement, c'est-à-dire se rattache fondamentalement, une plus haute étape de l'association et de la doctrine de l'association, notamment une doctrine de la genèse des attentes (Erwartungen) (...).[59]

En résumant, remarquons que l'Ausmalung correspond au Blick, que l'Urassoziation subordonne la production intentionnelle (Blick) à l'association, ce qui reproduit la dépendance du Blick au Zuschauer, et que, enfin, l'association originaire préfigure toutes les intentions. C'est notamment à partir d'elle que l'intentionalité rétrospective qui produit le ressouvenir et l'intentionalité prospective suscitant l'attente anticipatrice voient leur fondement assuré.

Après la mise en correspondance, riche de connotations, du Blick et de l'Ausmalung, une autre corrélation s'impose, celle de la Wiedererinnerung et de la passivité du Zuschauer. Il faut rappeler que le Zuschauer joue le rôle de centre de prédication dans la logique généralisée de la prédication. Le Zuschauer est donc le révélateur de l'essence-donnée-dans-l'objet-intuitionné. En ce qui concerne le ressouvenir, il est bon de noter que cette opération présuppose le présent vivant, c'est-à-dire l'équivalent de l'essence, ce qui a été vu:

La première étape, dont nous avons traité sous le titre d'association originaire (*Urassoziation*), était cet éveil (*Weckung*) affectant, systématique ou systématisant, lequel rend possible la structure objective du présent vivant, toutes les sortes de synthèses originaires de l'unification d'un divers.[60]

Dans la cellule associative originaire du présent vivant, remarquons donc la signification synthétique de la *Weckung*; la Weckung est le schème original qui gouverne la synthèse passive. Et sur ce schème s'appuie la Wiedererinnerung. Le ressouvenir dépend en effet de l'éveil (Weckung) de représentations vides, ce qui constitue la deuxième étape de la synthèse associative:

La deuxième étape (...) était l'éveil qui rayonne en retour (*rückstrahlenden Weckung*), lequel éclaire à nouveau des représentations vides tombées dans l'obscurité.[61]

L'éveil "rayonne en retour" grâce à la loi de l'association qui repose sur l'alternance de la similitude et du contraste[62]. Or, association et contraste sont déterminants en vertu de la structure nécessaire du présent vivant[63]: "dans cette structure", dit Husserl, "on trouve toutes les pré-conditions associatives du contenu"[64]. Etant donné que le présent vivant est la figuration de l'essence, la Weckung constitue dès lors l'équivalent — dans la synthèse passive temporelle — du conditionnement par l'essence de la perception intuitive. La troisième étape de la synthèse associative, qui culmine dans le souvenir objectivant, nous permet de confirmer l'analogie:

La troisième étape est celle du passage de telles représentations vides éveillées à des intuitions reproductives, et cela s'appelle ici ressouvenirs.[65]

Dans le ressouvenir se constitue l'unité intuitive de l'objet temporalisé. Par là le *Wiedererinnerer* — celui qui se ressouvient — est le révélateur du déjà-là de l'objet enfoncé dans l'obscurité, processus déclenché par la Weckung associative; de ce fait Wiedererinnerer et Zuschauer ont le même statut; ils reproduisent la donnée objective grâce à un moteur prédicatif, Weckung ou essence.

Cette analogie permet de juger de la valeur explicatrice de la structure-temps, car toutes les connotations du temps ont trouvé un équivalent dans la problématique qui nous occupe. Dans le temps, le procès de reconnaissance réexposé se déroule ainsi: le futur anticipé (*ausgemahlt*) (a) attend son remplissement dans le présent vivant et la validité (b) de ce dernier est assurée dans la mesure où elle est reconnue, c'est-à-dire objectivée apodictiquement dans le ressouvenir (c). Dans l'opération de connaissance, nous trouvons aussi fondamentalement une reconnaissance: l'effectuation productrice du Blick (a) dépend de son remplissement soumis à la loi de l'essence (b) dont l'intervention normatrice aboutit à une re-connaissance de l'objet (c) déjà connu par l'essence; le Zuschauer détermine la possibilité de la *re*-présentation subjective d'un donné d'abord essentiel. Anticipation (a), confirmation (b), re-présentation (c), telle est la séquence qui conduit à l'apodicticité.

Cependant le fait que le temps n'est qu'une figure éclate brusquement et renverse cette belle harmonie. Dans le temps, comme dans la situation cognitive en général, apparaît pour Husserl la nécessité de rendre compte théoriquement des data derniers (*Ur-hylé*). Diemer montre comment l'appui théorique dernier — la passivité — laisse place à l'intervention du *Ich* qui prend dès lors une structure temporelle et impose une activité qui supplante la passivité originaire[66]. Ceci implique que le troisième moment de la séquence, celui qui est apodictique et soumis à la légalité essentielle, dépend à son tour du premier moment: il faut repenser l'intentionalité anticipante du Ich qui ne se réfère plus, dès lors, à une confirmation par l'essence, étant donné que le *Nunc stans* originaire est *avant tout* donnée quelconque, *vor-seiend*[67]. La pré-donation devient subjective et non essentielle, la connaissance n'est plus re-connaissance: même si la domination de l'essence n'est pas niée expressément, elle est toutefois ici fortement contestée.

En ce qui concerne le temps, l'évitement du cercle vicieux semblerait possible; rappelons en effet que l'Ur-assoziation est le fondement de toutes les intentionalités. L'Ur-assoziation constitue alors la plaque tournante qui pare à toutes les difficultés. L'association originaire, Husserl l'affirme expressément, est même la condition de possibilité du sujet[68]. De cette manière, dans le temps, il existe un concept-pivot qui rend compte de l'intervention subjective. Quand bien même le sujet transcendantal domine la constitution de l'hylétique et échappe ainsi à la législation essentielle étendue sur tout donné, sa prévalence s'enracine toutefois dans le jeu originaire de l'Ur-assoziation. L'association originaire est la forme absolue qui compose en son sein activité et passivité, subjectivité et objectivité, production et réception, en somme l'avant théorique et l'après-de-l'essence. A ce niveau précis de l'analyse, l'avant de la production (Blick) et l'après du regard (Zuschauer) se recouvrent dans un troisième terme médiateur qui institue un "en tout temps"éternitaire. La cohésion théorique est donc maintenue dans la figuration par le temps.

Mais la difficulté est plus radicale dans la gnoséologie phénoménologique. En effet, les concepts de Zuschauer et de Blick sont irrémédiablement fondés dans celui de subjectivité. C'est dire ici que la re-prise *subjective* des trois éléments de la séquence — anticipation, confirmation, re-présentation — est définitive: dans la mesure où regarder et agir sont deux fonctions du sujet, il est inutile de rechercher un terme médiateur ailleurs que dans le sujet. Ainsi, le dépassement du sujet vers l'association originaire, qui caractérise la richesse de la métaphore temporelle, ne peut être opéré dans la situation phénoménologique cognitive dont le sujet est le pilier principal. Nulle part mieux qu'ici pourrait être saisie une valence certaine du *temps comme écran à réduire*: c'est le caractère labile du patron temporel, qui autorise les fluctuations et les déplacements de l'accent; du Ich producteur à l'essence représentée il y a une alternance qui dénote l'indécision d'un schéma riche s'ajustant plastiquement aux difficultés internes de la réalité phénoménologique. Dans la réalité conceptuelle de la phénoménologie existe un sujet que l'on rétrécit (et alors on accorde une

importance croissante à la passivité) ou qui est élargi (et dans ces cas le Blick reprend toute son importance); mais il n'existe point d'appui absolu qui relativise le concept-princeps de sujet, sans quoi toute la *thématique* phénoménologique husserlienne courrait à sa perte: qui, en effet, assumerait la rationalité de
l'évidence fondée dans l'intentionalité d'acte, où s'effectuerait la prise de conscience libératrice, comment pourrait-on stabiliser le concept d'objet dont la
cohésion n'est produite que par le recoupement des intentions? Ces questions
demeureraient sans réponse car l'association originaire, concept tiré de la passivité, ne peut guère être étendue jusqu'aux sphères de la communication sociale
qui crée des liens subjectifs irréductibles et fait surgir par ailleurs le monde même
de la nature.

*Toutefois, cette élucidation de la figure-temps va nous servir en retour dans
l'éclaircissement du texte réel phénoménologique.* En celui-ci, le re-prise des
trois éléments de la séquence cognitive par le sujet est décisive[69]. Alors, le statut
des concepts de Zuschauer et de Blick devient préoccupant. Notamment, le contenu du concept de Blick que nous cherchons à élaborer depuis que notre considération de la ''réversion philosophique'' introduit la possibilité d'une dialectique
de l'avant et de l'après, devient étonnament fuyant. Etant donné que le Blick
opérateur connote la restitution de la primauté subjective particulière, il ne renvoie plus seulement à ce que son intégration dans le modèle-temps nous avait
autorisée à nommer ''anticipation''. Le fait que le Blick était avant (donnée
méthodologique) devient un droit épistémologique. Inversement, la primauté
du Zuschauer (de l'essence universelle), que nous avons vue longuement actualisée, risque d'être seulement potentialisée et reportée à l'infini, à la fin du procès
d'élucidation. Or, l'on sait que l'essence gouverne de droit la phénoménologie
husserlienne dès le départ. Comment penser alors cette inadéquation entre la
phénoménologie qui vit sous la loi de l'essence et la théorisation réflexive qui se
perd dans la dialectique paradoxale de l'avant et de l'après?

La solution à cette situation dirimante ne peut que ''jouer'' sur la dialectique
paradoxale: il a été constaté que toute la logique de l'essence (Zuschauer) se
déploie à partir de l'éparpillement des fragments d'essence qui enfoncent la
phénoménologie dans un plein originaire, et que ce dernier brouille la cohérence d'un parcours philosophique ayant pour norme de s'instaurer à partir du
blanc. Alors naît le Blick qui s'impose comme concept, bouche le blanc et
occulte même le problème: le Blick constituant suscite certes une interrogation
sur sa propre fiabilité dans la mesure où la constitution obéit à la prédonation
essentielle: mais le Blick ''répond'' à l'interrogation si l'on considère que le sujet
dernier relativise l'essence. Le passage d'un bord à l'autre montre combien à un
manque théorique (celui de la mise en rapport entre constitution et essence, que
Husserl ne fait pas) succède une réponse a-théorique: Husserl inverse l'importance des termes en accordant la prévalence à la constitution. Ainsi ce qui *entre
dans le problème résout paradoxalement le problème*. La fonction du Blick se
détermine donc dans l'oblitération d'une question implicite sur l'essence par une
réponse (la constitution) qui déplace simplement la question. Or, le questionne-

ment est bien ce qui suscite le blanc dans la compacité de l'univers prédéterminé par le système des solidifications de l'essence. Le Blick forme dans ces conditions le cache pseudothéorique du blanc originaire. Et, le jeu Zuschauer-Blick (universel-particulier) introduit l'illusion d'une progression phénoménologique à partir d'un manque originaire. En effet, sans l'idée de constitution, qui réintroduit dans la forme du pseudo la notion d'un travail *ex nihilo* (la constitution ne reposant apparemment sur rien), la phénoménologie serait contrainte de piétiner dans la répétition du même essentiel. Ainsi, la phénoménologie se donne le change, ce qui ne risque pas de déterminer un immobilisme puisque le système de renvoi Zuschauer-Blick dé-place les mises en place de l'essence. Mais ce jeu ne saurait constituer une rationalité opposable à celle articulée au blanc dans lequel s'enracine la dialectique des totalités. C'est le passage de la position du Blick à celle du Zuschauer qui créé l'illusion d'une rationalisation. Voilà donc comment le problème-source est toujours occulté, soit par le Blick, soit par le Zuschauer qui forment le couple obstructeur. Le progrès est simulé. En somme, quand un des termes fait problème, c'est l'autre qui est garant, et inversement, sans que l'interrogation puisse progresser. La fonction sujet et la fonction objet, au principe de la *coordination*, sont ici inextricablement mêlées dans la confusion entretenue.

Cette stratégie du passage oblitérant, nous l'avons déjà vécue, plus que théorisée, dans la volonté de repérer les moments prégnants de la polémique husserlienne: l'ambiguïté du concept d'Einfühlung a livré deux perspectives complémentaires qui se recouvrent; l'Einfühlung psychophysique, constituée (cf. l'aspect Zuschauer) compose avec l'Einfühlung transcendantale, constituante (cf. l'aspect Blick). Plus tard, la logique simplifiée du sujet-objet a restitué très visiblement ce schéma archétypal: le donner-recevoir de l'objet produit un espace de jeu où vient se glisser la possibilité des fakta. A présent, et dans une région du corpus ultime, il apparaît que les fakta trouvent une nouvelle occasion de se manifester, dans l'écart jamais proprement comblé de l'*avant* et de l'*après*, écart recouvert athématiquement et donc indéfiniment reproduit. Ainsi, retrouver la coordination dans les textes, ce qui est notre propos revendiqué depuis le début de ce chapitre III, signifie *dépasser le jeu second qui ne vit que du recouvrement d'un blanc originaire*. La coordination originaire ne perd donc pas son droit devant la conjugaison du Blick-Zuschauer: la continuité est préservée car le blanc demeure axe d'homogénéité *sous* les jeux perturbateurs.

Résumons rapidement. La structure universelle d'intégration des fakta (prédication généralisée) est devenue certes le lieu de production des fakta. Retournement de situation. Pourtant rien n'est plus riche au regard de la coordination: *tous* les fakta sont éparpillés en fonction des rapports tortueux (avant-après; intégration-désintégration) du Blick et du Zuschauer. En somme, leur *loi* de production est connue, ce qui est incomparablement plus précis que la détection simple de leur espace de dissémination (la prédication généralisée)[70]. En conséquence, l'attention portée à la conscience, puis à la constitution, a notoirement servi à focaliser une structure factuelle qui double l'essence: l'alternance oblitérante du Blick et du Zuschauer est la loi de production des factualités; l'alternance distribue le fait et le droit successivement. Plus que jamais, la continuité coordonnante peut être espérée, puisque l'ordre de manifestation des fakta est régularisé.

Ces considérations préparent une phénoménologie post-husserlienne. La *structure focalisée d'occultation* a été exhibée. Il reste à mettre à jour les concepts qui travaillent dans cette structure pour, en dernier lieu, exhiber l'identité de la phénoménologie posthusserlienne.

1   *Recherches logiques II*, 1, p. 128.
2   Souche-Dagues: *Le développement de l'intentionnalité dans la phénoménologie husserlienne*, p. 69.
3   Souche-Dagues: *Le développement de l'intentionnalité dans la phénoménologie husserlienne*, p. 83.
4   Marbach: *Das Problem das Ich in der Phänomenologie Husserls*, p. 145-146.
5   *Ideen I*, p. 331; 351-352; 419; 438 etc.
6   En ce qui concerne l'isomorphie épistémologique des concepts d'Idée et d'eidos, nous renvoyons à l'ouvrage de Denise Souche-Dagues.
7   *Ideen I*, §60.
8   *Méditations cartésiennes*, p. 65.
9   Souche-Dagues: *Le développement de l'intentionnalité dans la phénoménologie husserlienne*, p. 85.
10 Ibid., p. 98.
11 *Méditations cartésiennes*, p. 65.
12 *Husserliana 8*, p. 412. "Das eben ist das Merkwürdige und doch Evidente, dass das Ich als reine Ich ein tausendfältiges ist und tausendmal in gesonderten Akten auftritt − und doch erkennbar numerisch identisch dasselbe".
13 Marbach résume les deux circonstances fondamentales à la page 283 de son livre.
14 *Méditations cartésiennes*, p. 55.
15 Ibid., p. 56.
16 Marbach: *Das Problem des Ich*, p. 297.
17 *Ideen II. Husserliana 4*, p. 288, note.
18 Ibid., p. 349, note 1. "Freilich, Seele und Person muss ich scheiden, aber ist Person nicht eine Bestimmtheit der Seele, eine in ihr konstituierte Einheit?"
19 *Ideen II. Husserliana 4*, p. 276. "Nehmen wir also das persönliche Ich in seinem Entwicklungszusammenhange, so finden wir *zwei Stufen* (...): die höhere ist die *spezifisch geistige* (...)". (C'est nous qui soulignons).
20 *Ideen II. Husserliana 4*, p. 90-91.
21 Ibid., p. 276. "(...) Die Schicht des intellectus agens, des freien Ich als Ich der freien Akte".
22 Ibid., p. 131-136.
23 Ibid., p. 136.
24 Ibid., p. 249, note 2. "Die Person ist das Subjekt der Vermögen".
25 Ibid. "Das Vermögen (...) konstituiert sich nicht rein als assoziatives Gebilde (...)".
26 *Méditations cartésiennes*, p. 56.
27 G. Brand: *Welt, Ich und Zeit*, p. 26.
28 Ibid., p. 24.
29 *Husserliana 15*, p. 585-586. "Muss ich also nicht scheiden die gestrige und heutige urtümliche Gegenwart, die gestrigen und heutigen Akte der ebenfalls zu scheiden-den Reduk-

tionen (etc.)? Aber wo hat das Gestern und Heute seine Stätte? Doch in der urtümlichen Lebensstätte des urtümlichen Ich".

30 Ibid., p. 589.
31 Ibid., p. 589.
32 *Husserliana 14*, p. 31, ligne 39.
33 Il est bien entendu que le droit reconnu, bien que renforcé pour l'instant, ne vaudra pleinement qu'à la fin du parcours, lorsque les faits seront intégrés. Mais la situation est déjà bien éclaircie. Dans l'état actuel de la question, la forme de prédication universelle est l'enchaînement le plus riche qui intègre et les éléments explicites et les formes implicites du texte. Elle est certes à critiquer, mais elle renferme tous les fakta énonciatifs à intégrer. En sorte que l'effort de dé-couverture du blanc est exhaustif et ne laisse pas échapper de fakta. Cette conclusion correspond par ailleurs aux exigences de notre étude. Notre souci constant a été de partir *dans* le texte (cf. l'état de désordre méthodologique autothématisé), en respectant son ampleur (les rapports réciproques de la thématique-souche de l'intersubjectivité et de la totalité du corpus), et de progresser en articulant les ressorts textuels (explicites ou *fondés* implicitement). Une coordination dépendant d'autres critères s'imposerait au texte et ne correspondrait pas à une recherche interne d'identité, mais à une objectivation dont le contenu (variable selon la méthode) dépend de la perspective adoptée (économique, linguistique, etc.); elle forcerait donc le texte par une grille de lecture, ou supposerait *a priori* que le texte n'a pas d'identité. Dans ces conditions, les faits perturbateurs authentiques, et non les produits artificiels d'une lecture, sont ceux-là mêmes qui sont recouverts par la forme prédicative *universelle*, certes contestable, mais *universelle* et *intrinsèque*.
34 *Ideen I*, p. 183. (C'est nous qui soulignons).
35 Ibid., p. 162-162.
36 Ibid.
37 Ibid., p. 163.
38 Ibid., p. 164.
39 Ibid., p. 403.
40 *Manuscrit C 6*, p. 3 (1930). "Die konkrete strömende Gegenwart reduziere ich systematisch durch einen "Abbau". Ich reduziere auch die urimpressionale immanente Sachen-Gegenwart, auf das "Ichfremde", nämlich die *immanente Hyle* (Empfindungssphäre)".
41 *Manuscrit C 2 I*, 1932-33, cité par Tran-Duc-Thao in *Phénoménologie et matérialisme dialectique*, p. 142-143.
42 Le statut théorique du Blick, rappelons-le, engage toute la thématique de l'essence-Zuschauer.
43 Ingarden: *Le problème de la constitution* in *Husserl* (Cahiers de Royaumont), p. 261.
44 Ibid.
45 Voir deuxième définition de la conscience.
46 Ingarden: *Le problème de la constitution* in *Husserl* (Cahiers de Royaumont).
47 Ibid., p. 260-261.
48 Ibid., p. 261.
49 Ibid.
50 Ingarden, Cahiers de Royaumont, p. 262.
51 Le temps a servi pour opposer une autre rationalité à celle de la prédication universelle articulée à l'essence.
52 Ingarden, Cahiers de Royaumont, p. 262.
53 Ibid., p. 262-263.
54 *Husserliana 11*, p. 101.
55 *Husserliana 11*, p. 79. "Das ist offenbar ein ganz anderes als blosse Ausmalung, es ist echte Bewahrheitung. Also blosse Füllung des Leeren ist noch nicht Erfüllung der Intention".
56 *Husserliana 11*, p. 111.

57   Ibid., p. 180.

58   Ibid., p. 118. "Durch sie erwachsen, wie wir schon wissen, die spezifischen Intentionen".

59   Ibid., p. 119. "Die Lehre von der Genesis der Reproduktionen und ihrer Gebilde ist die Lehre von der Assoziation im ersten und eigentlicheren Sinn. Daran schliesst sich aber untrennbar bzw. darauf gründet sich eine höhere Stufe von Assoziation und Assoziationslehre, nämlich eine Lehre von der Genesis der Erwartungen (...)".

60   Ibid., p. 180. "Die erste Stufe, die wir besprochen hatten unter dem Titel Urassoziation, war diejenige systematische oder systematisierende affektive Weckung, welche die gegenständliche Struktur der lebendigen Gegenwart ermöglicht, alle Arten von ursprünglichen Synthesen der Vereinheitlichung von Mannigfaltigem".

61   Ibid., p. 180-181. "Die zweite Stufe (...) war die der rückstrahlenden Weckung, welche verdunkelte Leervorstellungen wieder verdeutlicht".

62   Ibid., p. 180.

63   Ibid.

64   Ibid. "In dieser Struktur liegen alle Vorbedingungen des Inhalts".

65   Ibid., p. 181. "Die dritte Stufe ist die des Übergangs solcher geweckten Leervorstellungen in reproduktive Anschauungen, und das sagt hier Wiedererinnerungen".

66   Diemer: *E. Husserl*, p. 144-145.

67   Ibid., p. 146. *Manuscrit C 17 IV*, p. 1-2-3-4.

68   *Husserliana 11*, p. 118.

69   Les trois éléments sont, il faut le rappeler: le blanc, le Blick, le Zuschauer.

70   Voir à ce sujet la note 3 de la fin du paragraphe précédent, consacré à la *dévaluation de la coordination*.

CHAPITRE II: VERS LE SECOND ETAT DE LA PHENOMENOLOGIE

1. L'IDENTITE PHENOMENOLOGIQUE ENFOUIE

Le concept de constitution est loin de suffire à combler le hiatus introduit par les conséquences du décalage perpétuel de la phénoménologie partagée entre une exigence de constitution (l'avant, le Blick) et la réalité normative de l'essence (l'après, le Zuschauer). Abandonnons alors le cheminement conceptuel à partir d'une phénoménologie de la constitution pour tenter une percée en utilisant la problématique de l'intersubjectivité comme fil conducteur. Si la percée s'avère concluante, c'est encore une fois la signification primordiale d'une thématisation de l'intersubjectivité qui devra être soulignée. Il faut rappeler cependant la nécessité de surveiller les oppositions: avant-après et intégration-désintégration qui scandent l'alternance du pseudo-droit et du pseudo-fait, et qui renseignent donc sur la qualité de l'oblitération du blanc.

a. *La fonction oblitérante du concept de normalité*: Il existe un concept dont l'extension est étonnante, et qui pourrait peut-être servir de pierre de touche pour une approche verticalisante du texte husserlien. On sait que le monde de la vie naturelle — la Krisis le montre suffisamment — est décrit par le concept-clef de *Lebenswelt*. La Lebenswelt est le sol de la vie commune et normale. Par ailleurs, la notion de normalité affleure également dans la région transcendantale. C'est ce que pense très fortement Dieter Sinn dans ce passage:

L'ego transcendantal en tant que tel est ce qui fonde toujours, selon le cas, la norme originaire. Il est ce qui est toujours normal, car il est un libre pouvoir.[1]

Ce qui semble être une simple assertion est très vite fondé par l'esprit même de la recherche husserlienne; nous ne pouvons qu'approuver, par exemple, l'interprétation donnée par Sinn du texte de Husserl, qu'il cite tout en le commentant:

Ainsi, d'après la loi de l'idéalisme transcendantal, selon lequel "tout ce qui est pour moi, (...) ne peut tirer son sens d'être que de moi exclusivement" (*Cartesianische Meditationen*, p. 176) il est clair que moi, en tant que "créateur" de l'objectivité, je suis la norme comme norme originaire.[2]

Sans doute aucun, le concept de normalité ajuste la dimension psychophysique et l'aspect transcendantal de l'intersubjectivité et les rattache à un même catégorie qui les subsume. A la normalité normalisée de la communauté dans la Lebenswelt répond aussi la normalité normalisante de la communauté intermonadique.

Par là le concept de normalité semble supprimer la question épineuse de la corrélation du psychophysique et du transcendantal: telle est du moins l'hypothèse que nous soutenons à partir du clivage entre normalité normalisante et normalité normalisée. Pour confirmer cette hypothèse, il est toutefois nécessaire de réeffectuer la *genèse conceptuelle* dont le déploiement rend *possible la situation statique* d'adéquation du psycho-physique et du transcendantal. En somme, nous avons à tester la puissance du concept dans l'ouverture de la problématique et non dans sa clôture.

Dans ce but, le relevé des indications doit s'appuyer d'abord sur la dimension psychophysique de l'intersubjectivité, dont le caractère intriqué prépare tous les problèmes. D'après Theunissen, la constitution de l'objet physique est possible dans une attitude solipsiste[3]. Husserl confirme la thèse de Theunissen:

Toujours est-il que, d'un côté, il y a déjà au stade solipsiste *la possibilité de pénétrer jusqu'à la constitution de la chose "objective" (physique).*[4]

Dans ces conditions, la constitution solipsiste de l'objet dépend d'un fonctionnement normal des sens[5]. Le monde objectif est alors donné *avant* l'intervention de l'intersubjectivité malgré la possibilité d'anomalies issues de défaillances sensorielles individuelles. La normalité précède donc — dans l'avant —, et pour l'essentiel, sa confirmation par l'intersubjectivité régularisante. L'antériorité fondamentale intrinsèque est antérieure de droit à la reprise intersubjective[6]. Le consensus interpersonnel renvoie à une typique que reflète le "comportement"[7] de chacun. On retrouve, dans ce contexte nouveau, l'homologue de la constitution anticipante qui, intrinsèquement, précède la vision de l'essence par un Zuschauer. A la différence de la situation évoquée à propos du concept de constitution, la phénoménologie ne s'éclate point ici dans la *disparité* de la nécessité également affirmée d'une constitution avant l'essence et d'une vision après l'essence. En effet, la normalité, d'abord antérieure à l'intersubjectivité, est tout aussi bien postérieure. Un passage du troisième volume consacré à l'intersubjectivité fait le point:

Comment se constitue alors pour moi la nature (ensuite le monde) en tant que nature identique dans l'expérience pour tous, comprise sous l'idée d'une même nature se représentant dans un accord intersubjectif (...)? Cependant la normalité et l'anormalité sont des concepts qui n'ont un rapport que dans la connexion (*Konnex*). Ainsi c'est dans la connexion que "la" nature se représente dans une couche identique pour tous.[8]

La "connexion" est évidemment le concept qui renvoie à l'intersubjectivité. Alors, la définition de la normalité procède de l'intersubjectivité. Elle ne prend effet que dans "l'après" de la synthèse intersubjective. Dans cette nouvelle considération de la problématique de la normalité, la personnalité est "déterminée par la coutume et la tradition" et s'intègre dans "le monde normal de tous les jours":

Monde normal de tous les jours. Un monde environnant pratique limité dans un territoire, en tant que monde normal de tous les jours, dans lequel ne pénètrent que des "étrangers" occasionnels.[9]

Alors, c'est toute la question de la normalité qui est annexée à celle du monde familier dans lequel se distribue la vie originelle des hommes; les passages auxquels nous nous référons s'essaient à clarifier les origines de la normalité:

— Le monde familier (*die Heimwelt*) en tant que monde de l'omniaccessibilité (*All-Zugänglichkeit*) ... en tout cas pour tous une couche plus fondamentale de la normalité, du monde quotidien, de l'omni-intelligibilité (*Allverständlichen*) dans la durée (*Verharren*) et le changement.[10]
— Le On de la norme collective = la coutume de la communauté. Coutume comme forme traditionnelle de devoir dans les rapports humains.[11]

Ici, la typique originaire est celle du monde familier, qui s'étend depuis l'*Alltagswelt* jusqu'à ses prolongements dans la supra-familiarité de l'Idée d'Europe[12]. Dès lors, si l'intersubjectivité joue le même rôle déterminant que l'essence, la normalité universelle assure la connexion de l'avant-intersubjectivité et de l'après-intersubjectivité. Husserl, qui ne théorise pas sur ce point, laisse pourtant entendre la réalité d'une solution de continuité sémantique: l'expression "*Solitäre und intersubjektive Normalität*"[13] répond à la considération de la normalité corporelle (*Leib*) comme première sorte de normalité, mais qui tend à s'universaliser.

En conséquence, le concept de normalité bifferait la question de l'apodicticité dans la phénoménologie: les différences de qualité (avant-après) se transforment en un étagement des degrés inclus dans un même genre. La normalité bloque l'oblitération du blanc en un seul terme. Le jeu des alternances du Blick et du Zuschauer est terminé.

Cette même loi détermine l'intégration de la sphère de transcendantalité dans le contexte de la psychophysique jusqu'à présent étudié. Nous assistons alors à l'élaboration d'une logique qui n'est pas fondée sur la spécification sémantique des concepts pris dans leur réunion en vertu d'une *loi de connexion*, mais qui progresse par inclusion successive de concepts *indépendamment* de leur spécificité. Le texte que nous citons illustre la progressivité du débordement des concepts par la notion maîtresse de normalité:

En rapport avec l'animal l'homme est, entendu constitutivement, le cas normal, comme moi-même je suis constitutivement la norme originaire pour tous les hommes.[14]

On voit clairement que Husserl n'est pas intéréssé par la distinction spécifiée qui caractériserait une taxinomie utilisant la méthode comparée. Le discours phénoménologique est tout entier inspiré par la *subversion méta-conceptuelle engendrée par l'idée de norme*. Le syncrétisme conceptuel (qui souligne l'inclusion normative de l'animal dans l'homme et de ce dernier dans l'Ur-ego) cache la différenciation positive ordonnée de la normativité qui se scinde en "Urnormativité", "Normalfall" et normativité seconde de l'animal. Telle est la dynamique phénoménologique qui fonde l'hypothèse statique d'une adéquation entre normalité psychophysique et normalité transcendantale. Le modèle normatif intègre donc profondément les différences —dorénavant oubliées: la mise sur un même plan d'un avant et d'un après, que nous avons vu s'opérer à propos de la conceptualisation de l'intersubjectivité psychophysique est définitvement confirmée par l'extension de la norme à l'intersubjectivité transcendantale; *l'avant et l'après ne sont que des occurrences hiérarchiques de la même norme, du même cadre conceptuel.*

Mais le champ d'application du concept de normalité ne se limite pas à une dialectisation de l'avant-après. Cette dialectisation détermine une logique apte à la combinaison sémantique de l'avant *intégrant* et de l'après *associé.* Un cas particulier de l'homogénéité de l'avant-après nous servira à étayer l'argumentation: un agent d'hétérogénéité intervient en effet sous les espèces de l'anormalité. Une proposition de Diemer introduit au problème:

(...) en tant que tel homme doit d'abord posséder une nature normale, c'est-à-dire une corporéité normale et une sensibilité "orthoesthétique".[15]

La remarque est donc d'importance dans la mesure où l'universalité de l'intégration normative (qui se distingue des ramifications intégrantes de la conceptualité) est mise en question. Cette impression est renforcée par le texte phénoménologique: Husserl affirme que "chaque organe a sa normalité et ses normalités possibles"[16]. Le cosmos phénoménologique se différencie alors; nous voilà contraints d'aborder théoriquement la signification de ce clivage interne: il semble que la place de l'avant et de l'après reprenne de son importance. En effet, comment situer l'anormal par rapport au normal? Vient-il *après* le normal, pour le désintégrer? Husserl s'explique progressivement, et nous dégagerons la solution en le suivant:

Les enfants normaux et anormaux appartiennent nécessairement à l'environnement humain du monde, non pas encore comme co-porteurs (...) mais au contraire en tant seulement qu'ils sont en train de devenir des hommes (...) et comme objets d'éducation.[17]

L'opposition normal-anormal est bien extra-conceptuelle au sens où une taxinomie généralisée est conceptuelle. Dans le cas de l'analyse taxinomique, le monstre est tel par rapport à son espèce. Ici, au contraire, les enfants sont (provisoirement mais fermement) placés sur le plan des animaux; "objets", et non sujets, d'éducation, les enfants participent d'une chaîne d'anormalité qui double la chaîne de normalité, mais en dégradé. La catégorie subsumante n'est point *l'espèce* dans laquelle l'individu est compris mais la norme *extra-spécifique.* La pyramide est totale dans la mesure où tous les êtres de la création sont rapportés extra-spécifiquement à une Ur-Norm humaine: la maturité universelle de l'adulte[18].

La vection sémantique des éléments de la pyramide universelle vers le sommet archontique constitue un côté de l'édifice des civilisations. Inversement, la compréhension de la signification du point ultime archontique rejaillit sur toute la problématique de l'anormalité, anormalité qui constitue un autre côté du même édifice. Cet extrait d'un manuscrit C est clair:

(...) dans la normalité fondamentale d'une humanité mûre, pour nous est normal le monde d'expérience correspondant; mais il y a ensuite les transformations intentionnelles de l'humanité normale dans des directions diverses: l'enfance, l'existence des animaux dans les étapes diverses d'un éloignement intentionnel, les anormalités pathologiques et enfin les phénomènes-limites: l'enfance embryonnaire chez l'homme, ensuite analogiquement chez les animaux, les cas limites pathologiques.[19]

Du sommet archontique procède donc la redescente normante-dénormante qui se spécifie en fonction de l'existence de la norme et non en rapport avec la structure spécifique des individus. *La signification de l'anormalité commence à se manifester clairement: elle a un destin lié à la normalité.* Husserl ne laisse aucun doute à ce sujet:

Les cas normaux sont les "règles", l'anomalie intervient comme cassure de la règle, comme exception.[20]

Ceci permet à D. Sinn d'effectuer la constatation suivante:

Husserl croit avoir résolu le problème dans la mesure où il comprend les anormalités comme des transformations, des modifications de ma normalité originaire.[21]

Notre propos n'est pas celui qui filtre dans la critique implicite de Sinn. Nous nous intéressons peu au statut en soi de l'anormalité, statut qui nécessite une élaboration au niveau des sciences naïves, c'est-à-dire, dans la pré-phénoménologie husserlienne. A l'intérieur du corpus, nous visons la fondation apodictique de ses principes. Or, il semble que l'anormalité joue un rôle central au plan du fonctionnement conceptuel de la scripturalité phénoménologique. La norme, avons-nous observé, représente la possibilité de l'intégration des concepts dans une loi dont la conceptualité fait elle-même problème. L'a-normal, en tant qu' "exception" ne fait que confirmer la tenue normative de la règle:

Cette normalité est cependant fluente et a aussi ses cassures relatives, qui conduisent à une nouvelle normalité, une nouvelle normalité qui est toutefois reliée à l'ancienne par une tradition maintenue.[22]

La terminologie de la cassure est fort éclairante dans ce contexte: Husserl assimile en effet très souvent l'anormalité à une brisure-cassure (*Bruch*):

— La cassure de l'expérience n'est pas une cassure du monde, le monde est une unité infinie spatio-temporelle ininterrompue (...).[23]
— *La cassure du style normal d'une vie personnelle connaît plusieurs types* (...).[24]

— Le peuple, l'homme dans l'anormalité, cassure de l'existant normal par le "destin", la fatalité — individuelle et populaire.[25]

Nous tenons alors deux fils conducteurs: d'une part, l'anormalité n'existe que par et pour la norme — *ohne Leben kein Tod*, dit Husserl[26] —; d'autre part, l'anormalité casse la continuité de la tradition normante. Autant dire que l'anormalité désintègre c'est-à-dire décompose le tout d'intégration de la norme. Dès lors une certaine verticalité s'institue, qui correspond, dans le fait phénoménologique, à la verticalité normant la phénoménologie: plus précisément, nous reconnaissons comment un tout d'intégration originaire porte en lui la possibilité d'un envers de désintégration. De surcroît, ce destin négatif de l'intégration est totalement dépendant de l'articulation, elle positive, du tout d'intégration; l'anormalité ne se circonscrit que par rapport à la normalité. Ici encore apparaît l'ordination subordonnée du devenir dés-intégrant au départ intégré. Le jeu de substitution originaire qui caractérisait l'anti-logique de la prédication universelle appliquée à la phénoménologie de l'intersubjectivité recouvre donc l'univocité axiologique de la pan-normativité phénoménologique.

En d'autres termes, la fonction oblitérante de la normalité est indubitable: la norme est partout, bloque l'avant et l'après; de plus, il y a une désintégration et une intégration (anormalité-normalité) donc une articulation *fixe* et aucunement un balancement. Le jeu conceptuel de la structure de focalisation, qui s'établissait dans l'oblitération alternée du blanc, recouvre donc lui-même un concept qui occulte univoquement le blanc: c'est la normalité.

La structure oblitérante est spécifiée par un concept. Il faut rappeler, malgré tout, que c'est l'intersubjectivité qui a servi de fil directeur: la norme est la valeur commune à tous, en effet. A nouveau, il est exigé que nous *généralisions* afin de mettre en exergue, au plan de tous les textes, un correspondant de la normalité. C'est alors toute l'ampleur du corpus husserlien qui sera concernée.

b. *La Raison focalisante*: Le concept de norme, tiré du contexte psychophysique, a la même extension que celui de Raison qui recouvre toute la phénoménologie. La Raison ne formerait-il pas l'instance ultime qui oblitère le blanc? Afin de vérifier cette hypothèse, il convient d'analyser tout d'abord la transposition, dans la thématique de la Raison, de la problématique de l'avant-après. Depuis les *Recherches logiques*, dit Husserl, le grand but phénoménologique réside dans la fondation d'une critique de 'u Raison. La lettre de 1908 à Albrecht témoigne de ce projet gigantesque:

Je fait continuellement des progrès et de gros progrès (...). Evidemment, il s'agit de grosses publications dans le dessein dernier d'une critique de la Raison totalement nouvelle, pour laquelle mes *Recherches logiques* contiennent déjà des fondements.[27]

Ce projet ne sera jamais abandonné: *Ideen I, Logique formelle et logique transcendantale, les Méditations cartésiennes*, forment autant d'esquisses du Grand Oeuvre dont Husserl s'acharne à découvrir le plan général[28]. Ainsi la phénoménologie dans son intégralité se définit par l'approche toujours renouvelée d'une logique de la Raison. Comme la normalité, la Raison se caractérise d'abord par son extension universelle. De surcroît l'espace de définitude de la Raison correspond également à celui de la normalité. L'évidence est le *Grund* qui concrétise l'occurrence de la raison dans un discours:

Evidence signifie, comme les développements ci-dessus l'ont déjà montré clairement, *l'effectuation intentionnelle de la donation des choses elles-mêmes* (...). Cependant on doit ici indiquer aussitôt que l'évidence a divers modes d'originalité. *Le mode primitif de la donation des choses elles-mêmes est la perception.*[29]

Dans cette définition, l'intentionalité n'est que le vécu pur de l'avoir-conscience d'une chose quelconque; l'évidence est le rayonnement de la chose elle-même au travers du vécu intentionnel. Ceci explique que la connaissance absolue procède de l'évidence et que le sujet transcendantal opère après les occurrences potentielles ou explicites de la Raison. Telle est la dimension statique de la Raison qui impose une réceptivité par le sujet. I. Kern exprime clairement la situation:

Alors que pour Husserl la "raison" est un voir statique, pour Kant (...) elle est une conclusion dynamique, exprimée logiquement, elle est la régression (...) à des prémisses toujours plus originelles (...).[30]

Comme "voir", la Raison (c'est-à-dire le milieu épistémologique général du corpus) enveloppe le statisme de l'intuition d'un déjà donné. L'activité rationnelle vient après et développe ce qui est déjà renfermé (enveloppé) statiquement. Dans ces conditions, la potentialité rationnelle — à qui il ne manque que sa concrétisation dans un sujet récepteur — *précède* toute intentionalité. Toutefois, il peut arriver que la potentialité rationnelle se détermine *après* une médiation, ce qui inverse l'ordre d'importance remarqué jusqu'ici. Revenons d'abord préliminairement à l'évidence: celle-ci place en rapport d'adéquation un sujet et un objet et, cela semble clair, l'évidence originaire donne l'objet lui-même dans une perception. Mais toutes les expériences phénoménologiques ne se produisent pas selon ce schéma simple:

Il faut faire attention au fait que la présence originaire d'un objet ne veut pas dire présence originaire de toutes ses déterminations internes ou particulières (...). Au je appartient la possibilité, dans des perceptions originelles continues, de porter l'objet jusqu'à la présence originaire selon chacune des particularités qui lui appartiennent.[31]

Diemer, qui cite ce texte, en tire la nécessité de distinguer entre une évidence immédiate et une évidence médiate:

A l'opposé de cette évidence de la "clarté" (*Klarheit*) il y a alors aussi une évidence de la "distinction" (*Deutlichkeit*) en tant que médiate, qui donne la signification dans ces couches différentes — du confus au distinct —.[32]

Ceci signifie que la perception de l'objet sensible, tout comme celle du monde, n'est jamais donnée dans une absolutié mais qu'elle implique un travail perceptif au terme duquel l'évidence sera considérée comme meilleure. C'est dire que, déjà

Ceci signifie que la perception de l'objet sensible, tout comme celle du monde, n'est jamais donnée dans une absoluité mais qu'elle implique un travail perceptif *au terme* duquel l'évidence sera considérée comme meilleure. C'est dire que, déjà dans le domaine théorique, les occurrences de la Raison interviennent *après* une logique de la perfectibilité de l'approximation sensible, dont le télos est la "distinction" et non l'autodonation.

Mais cette particularité de l'intuition, réservée à l'intuition sensible qu'on n'atteint donc jamais pleinement, prend une grande force dans la philosophie de Husserl, au point d'imprégner la pensée du dernier Husserl, à l'époque de la *Krisis*. Iso Kern, que nous citons, exprime bien l'articulation nouvelle de la thématique de la Raison:

Dans la *Krisis*, (...) la raison absolue n'est plus maintenant simplement l'intériorité statique dans une évidence absolue, mais au contraire, aussi, le "vouloir-être-rationnel" *inconditionnel lui-même*, l'aspiration dynamique à l'évidence absolue, à propos de laquelle Husserl reconnaît désormais clairement qu'elle est dans une idée qui se situe à l'infini. Par là, l'idée husserlienne de la raison s'est fortement rapprochée de l'idée dynamique de Kant; mais elle demeure toujours — encore en opposition avec celle-ci — complètement rattachée à l'intuition.[33]

Ce passage comporte deux aspects intéressants. Tout d'abord, il montre la généralisation à toute la phénoménologie de l'idée de perfectibilité issue de l'approximation sensible. L'inconditionnalité n'est plus référée uniquement à la donation simple du résultat intuité mais à l'aspiration dynamique à l'évidence. Voilà très nettement confirmée l'idée selon laquelle la potentialité rationnelle n'est déterminée qu'après l'effort vers la rationalité complète. Le sujet transcendantal a un rôle fondamental et n'est plus la plaque sensible sur laquelle s'impressionne la vérité absolue qui se précède dans l'intentionalité. Le deuxième aspect du texte est plus riche encore; en insistant sur le rattachement définitif de Husserl à la notion d'intuition — à la différence de Kant — Iso Kern révèle par là même une grande constante phénoménologique dont les éléments se rassemblent dans la problématique ultime de la Raison: la Raison concilie en effet en elle-même le fait que la connaissance *succède* à l'intuition et *précède* l'intuition de sa vérité. L'avant et l'après ne sont plus épars dans le territoire phénoménologique mais perdent de leur importance, noyés dans le grand habit réconciliateur de la Raison. Raison et normalité se superposent une nouvelle fois dans l'exercice d'une même fonction: le critère est dans la Raison dont la normativité propre intègre celle de l'évidence, et non plus dans l'évidence. Ainsi serait dépassée la logique de l'essence qui culmine dans l'évidence et partage alors la phénoménologie en deux domaines injoignables: l'avant (de l'essence) et l'après (de l'essence). Le Blick et le Zuschauer travaillent à une même oeuvre de Raison, laquelle concrétise *l'oblitération de tout le corpus*.

La notion de Raison double plus parfaitement encore celle de normalité. Il convient d'analyser en ce sens le devenir de la logique de l'intégration-désintégration dans le cas de son application à la Raison. Il est certain que l'occurrence (actuelle ou potentielle) de la Raison renvoie à l'intuition d'un objet, qui délivre le certificat d'évidence. Les *Recherches logiques* illustrent la nécessité de l'unité rationnelle de certains objets généraux[34]. Contre la thèse psychologiste qui tire l'identité des cas semblables, Husserl s'insurge fortement: c'est l'identité qui précède de droit les ressemblances, et non inversement. Ainsi, c'est l'intuition rationnelle du bleu qui préexiste à la dissémation associative et anti-rationnelle des manifestations du bleu. L'anti-raison succède donc normativement à la Raison intégrante et ne prend de statut que par rapport à la Raison primordiale. Analogiquement, la normalité est le socle positif primordial qui se dés-intègre ensuite en a-normalité. La notion d'une verticalité coordonnante se retrouve donc partiellement (car il manque le blanc) à l'intérieur du domaine rationnel, qui dialectise positivement Raison et irraison, totalité d'intégration et de désintégration.

Un autre exemple déterminant fonde mieux encore la possibilité d'une dialectisation rationnelle de la Raison et de l'irraison. Dans la *Recherche logique V*, en appendice aux paragraphes 11 et 20, Husserl s'attache notamment à élucider la relation entre objets "immanents" et objets "véritables"[35]. A ce niveau se pose la question du hiatus entre la connotation interne et la connotation externe ou transcendante de l'objet: il se pourrait en effet que l'objet transcendant diffère de l'objet immanent-rationnel et introduise ainsi le chaos dans l'idéalisme transcendantal. La solution de Husserl au problème ainsi dégagé est sans équivoque:

C'est une grave erreur que d'établir d'une manière générale une différence réelle entre les objets "simplement immanents" ou "intentionnels", d'une part, et d'autre part les objets "véritables" et transcendants qui leur correspondent éventuellement.[36]

Le ton de l'auteur n'admet guère de réplique: "c'est une grave erreur" que de séparer une problématique de la Raison interne d'une problématique de la Raison appliquée à l'extérieur. La réponse théorique qui correspond à l'affirmation péremptoire suit immédiatement:

Il suffit de dire pour qu'on se rende à l'évidence: *l'objet intentionnel de la représentation est* LE MÊME *que son objet véritable éventuellement extérieur et il est* ABSURDE *d'établir une distinction entre les deux.* L'objet transcendant ne serait, en aucun cas, *l'objet de cette représentation* s'il n'était pas *son* objet *intentionnel.*[37]

Le fait que l'objet intentionnel soit le même (identique) que l'objet appelé réel renvoie à une théorisation très importante chez Husserl. Pour ce dernier en effet, l'être n'est point un prédicat réel, mais au contraire il fait partie intrinsèquement de la matière de l'acte. Dès lors, il existe des modalités d'être différentes qui s'apprécient selon l'*archè-modalité intentionnelle doxique.* En conséquence, la modalité: être réel ou transcendant, ne saurait représenter la norme qui permettrait de juger des autres modalités. Etant donné la prévalence de la protodoxa originaire (concept qui ne sera certes dégagé que dans *Ideen I*, mais qui fonctionne déjà à l'évidence dans ce texte) il est net que la distinction: possible-rationnel/ réel-irrationnel, constitue un clivage prédéterminé par l'intentionalité originaire. C'est pourquoi il faut inverser les termes et affirmer que cette rationalité fondamentale est la prémisse de l'irrationalité seconde du monde, laquelle devient simplement une possibilité. C'est en ce sens seulement que l'objet transcendant *est* l'objet immanent: la transcendance, affectée d'une potentialité irrationnelle est articulée à l'immanence archi-rationnelle. La Raison intégrante, se dés-intègre en vertu d'une loi qui s'origine dans la Raison. C'est toujours la Raison qui a raison et impose sa décomposition, tout comme la norme régissait l'anormé.

En conclusion, la Raison étend à tout le corpus le rôle de la normalité: elle est avant et après l'intuition et occulte le *procès* de connaissance; sa puissance d'intégration régit les désintégrations potentielles et fige une fois pour toutes la structure Blick-Zuschauer qui introduisait au moins la notion d'un balancement du droit et du fait, selon que le Blick est dominant ou inversement. Tel est le verrou qui empêche l'accès au blanc.

La démarche s'est jusqu'à présent déterminée en deux moments: d'abord a été retrouvée la *structure* Blick-Zuschauer; puis cette dernière s'est *spécifiée* en deux concepts qui ont bloqué, focalisé, le jeu inhérent à la structure (Norme/ Raison). Mais la clarification de ce phénomène ne sera totale qu'à partir du moment où sera dégagée la *fonction* générale qui détermine la spécification de la structure, sa particularisation. En d'autres termes, comment l'architecturé se transforme-t-il en général en isolé? Nous atteindrions ainsi le terme de la polémique, avec l'exhibition de la fonction générale de re-couverture du blanc.

c. *La fonction d'insularisation*: La fonction générale qui particularise la structure d'occultation pour assurer une oblitération définitive est à rechercher dans le milieu de la Raison, qui s'étend comme on l'a vu à toute la phénoménologie. Comme d'habitude, il est intéressant de procéder à la problématique de l'intersubjectivité, pour orienter le propos.

A reprendre la ligne de force de la question de l'intersubjectivité, il apparaît que le premier mouvement réflexif consiste à isoler une sphère d'appartenance au sein du monde réduit: en somme, une "nouvelle *épochè*" prend place à l'intérieur de l'*épochè* du monde[38]. Qui plus est, l'épochè n'est pas envisagée dans le sens d'une intégration — comme le fait quelquefois Husserl dans ses dernières recherches — mais avec l'acception d'une élimination des contenus suspendus:

Afin de ne pas faire fausse route nous devons, selon les exigences de notre méthode, procéder *à l'intérieur de la sphère transcendantale universelle*, une nouvelle épochè, ayant pour but de *délimiter* l'objet de nos recherches. Nous *éliminons* du champ de la recherche tout ce qui, maintenant, est en question pour nous, c'est-à-dire, nous *faisons abstraction* des fonctions constitutives de l'intentionalité qui se rapporte directement ou indirectement aux subjectivités étrangères, et nous *délimitons* d'abord les ensembles cohérents de l'intentionalité (...) dans lesquels l'ego se constitue dans son être propre (...).[39]

Le langage est très clair: "à l'intérieur" de la sphère transcendantale qui a déjà été tirée d'une réduction du monde, il s'agit "d'éliminer" les autres pour "délimiter" la recherche. Le retour à l'immanence retrouve alors la nécessité de *simplifier* au moins provisoirement la problématique pour la circonscrire. L'analyse de D. Souche-Dagues qui compare les défauts de l'empirisme et de la phénoménologie se termine ainsi:

Mais ces défauts mêmes font comprendre en quoi l'empirisme peut être repris par une phénoménologie, puisque tous deux *tendent vers une science de l'immanence*: la parenté du vocabulaire témoigne que dans les deux cas on a en vue le dévoilement d'une tradition, le *retour au simple*, c'est-à-dire au primitif.[40]

La recherche d'un simple primitif *est* le pôle phénoménologique. Cette démarche fut la préoccupation constante de Husserl; remarquons combien la référence à un "élément descriptif dernier"[41] fascine l'auteur qui, placé dans cette situation ne peut rien ajouter de plus que: "on ne peut rien dire de plus ici que "voyez" (...)"[42]. La focalisation de l'intérêt cognitif sur la Raison reflète donc une véritable fascination pour le *simple* intuitionné.

La direction ainsi clarifiée, nous sommes à présent contraints de nous interroger sur la pertinence du mouvement-vers-le simple. Il y a, dans *Expérience et jugement*, de quoi apporter au moins une contribution de réponse. Il est un fait que Husserl précise sa problématique en fonction de la question de la simplicité:

Avant de pouvoir étudier les formes des connaissances médiates et de leurs prémisses, nous devons donc d'abord étudier les formes des connaissances immédiates, qui sont *les plus simples* de toutes, et des activités de connaissance qui leur correspondent. Elles sont, dans la genèse de la connaissance, dans la constitution des formes réalisée par une activité productrice de connaissance, *les plus originaires.* [43]

L'exigence de simplicité détermine aussitôt la nécessité d'individualiser les jugements immédiats:

Que peut bien signifier la donnée évidente pour les substrats ultimes? La logique formelle ne peut rien dire d'autre sur un substrat ultime que ceci: qu'il est un quelque chose encore complètement informe du point de vue catégorial (...). Cela implique du même coup qu'un tel substrat ne peut être qu'un objet individuel (...). Les substrats originaires sont donc des individus, des objets individuels.[44]

La discussion portera sur les deux textes que nous venons de citer. Le premier opère la conjonction de la simplicité et de l'immédiateté. On comprend bien que l'immédiateté de la connaissance, et sa radicale originarité, soient retenues, car elles sont en relation étroite avec la problématique de l'évidence et que l'évidence est atteinte au terme d'un remplissement qui ne tolère point la médiation. Par contre, la référence à la simplicité comme caractère fondateur de la connaissance n'est pas claire. La distinction tardive effectuée par Husserl entre évidence adéquate et évidence apodictique illustre en toute rigueur que la simplicité de la donation de la chose elle-même est nécessairement terminale et non pas initiale. Et à la limite, le corpus entier, dont le télos se confond avec la recherche des données premières, est une immense méthodologie de la simplification: éliminer le bâtard pour approcher la pureté, renvoyer le donné à sa production, unifier les productions objectivantes dans le courant temporel, voilà quelques moments fondamentaux et simplificateurs. Il nous faut cependant interroger la prétention affirmée par Husserl à placer le simple au départ, dans l'immédiateté. En fait, il convient d'expliquer l'harmonie, ou la dysharmonie, entre le procès intraphénoménologique de *simplification* progressive — que nous avons mis à jour — et la référence à la *simplicité* originaire. La vérité *supposée* par Husserl renvoie à l'épuration-simplification comme moteur d'analyse. La vérité *proclamée* par Husserl désigne au contraire une autre exigence: partir du simple absolu et construire le complexe à partir de lui. Le premier aspect détermine la validité d'une herméneutique élucidant la parole originaire et authentique; le second détermine la validité d'une démarche cartésienne — celle des Règles de la Méthode — qui procède par enchaînement de vérités d'abord isolées. Comment à présent réunir la prise de conscience réfléchissante (simplifiante) et un ordre de construction progressif de la conscience scientifique fondée sur la simplicité?

Cette nouvelle formulation de la question facilite la confrontation avec le deuxième texte cité et prépare une solution. En développant le deuxième aspect de la méthodologie phénoménologique, Husserl proclame que "les substrats originaires sont donc des individus, des objets individuels". La consistance de la proposition peut nous servir de test. Si réellement l'objet individuel est le point de départ le plus simple de l'exercice phénoménologique, alors la phénoménologie devra montrer qu'elle peut supporter la *contradiction issue de l'affirmation simultanée de la simplicité originaire et de la simplification progressive*. Sinon, le commentateur devra juger de l'affirmation simultanée. Le texte de Husserl qui tend à démontrer la nécessité du point de départ dans la simplicité d'un substrat individuel retentit en ces termes:

(...) Cela implique du même coup qu'un tel substrat ne peut être qu'un objet individuel. Car toute généralité et pluralité, même la plus primitive, renvoie déjà à l'acte de prendre ensemble plusieurs individus et par là à une activité logique plus ou moins primitive dans laquelle les objets pris ensemble reçoivent déjà une information catégoriale, qui leur confère le statut d'une généralité. *Les substrats originaires sont donc des individus, des objets individuels* (...).[45]

Le statut des objets individuels mérite considération. Dans *Logique formelle et logique transcendantale*, tout prend une résonance plus complexe:

Les jugements sont originellement présents pour nous dans les activités jugeantes. Tout travail de connaissance est une activité psychique multiple mais unitaire dans laquelle jaillissent les formations de connaissance.[46]

Cela n'entraîne-t-il point que les objets individuels soient des formations à potentialité catégoriale? La suite du propos apporte sa réponse:

Certes les objets extérieurs, eux aussi, sont originellement présents pour nous uniquement dans l'activité subjective d'expérience.[47]

On reconnaît donc que tout objet est une objectivité (*Gegenstand* – *Gegenständlichkeit*). Husserl apporte ensuite une précision qui n'est point une rétractation:

(...) Mais ils se présentent dans cette activité d'expérience comme existant déjà à l'avance (comme "présents devant nous" (...)). Ils n'existent pas pour nous de la même façon que les formations de pensée (...).[48]

En somme l'objet est à la fois, dans son fond, catégorial et "devant nous"; mais il suppose une élaboration en tant qu'idéalité: il faut *accéder* à cette dernière même si elle se donne à nous. *Dès lors, l'individuel n'est pas le simple mais présuppose toute la hiérarchie conceptuelle de la phénoménologie.* Par là, la simplicité originaire et son immédiateté rejoignent la nécessité générale et universelle de la simplification, laquelle restitue le sens fort des formations de pensée. D'autre part, Husserl ne nous éclaire point, dans le texte pourtant définitif de *Expérience et jugement*, sur des formes de simplicité antérieures à l'objet individuel. Notre conséquence peut donc être radicalisée à l'exigence de simplicité elle-même: toute simplicité recouvre en fait une *complication* réelle et l'allée vers le simple cache l'enfoncement dans la présupposition du complexe. Toute la problématique de l'intersubjectivité, que nous reprenons, marque ce mouvement parfaitement irrépressible. En effet, la déconnexion du moi et du monde, puis du moi et des autres, qui tend à individualiser une vérité première, au sens cartésien, porte dans son envers la cristallisation de toutes les questions au coeur de l'ego: l'ambiguïté du psychophysique et du transcendantal, les composantes nombreuses et inconciliables du concept d'*Einfühlung*, l'impossibilité de clarifier le concept-princeps de *Modifikation* portent l'empreinte d'une exténuation du phénoménologue à vouloir concentrer pour simplifier.

La fonction de simplification oblitère ainsi la nécessité d'une diversification du territoire phénoménologique. La Raison articulée à l'évidence est le prête-nom de la simplicité. Elle est la simplicité qualifiée.[49]

L'analyse est allée à son terme en détaillant le *comment* de l'occultation du blanc. Complémentairement, il est *toujours* apparu que les faits relevés étaient contestables mais non contestants. La polémique peut donc être considérée comme terminée: nous savions déjà que les fakta étaient réglés dans leur production par l'alternance Blick-Zuschauer; nous avons appris que leur agent de production est la fonction insularisante de simplification à l'oeuvre sous le couvert de la Raison. Cette précision dans la détermination nous autorise donc à ne pas poursuivre à l'infini la quête des faits contestataires. L'état husserlien de la phénoménologie est franchement dépassé, puisque son statut de désordre – qui correspondait à la non-cohérence du projet de Husserl – est désormais ordonné. L'hypothèse de cohésion devient la *réalité* de la cohésion démontrée.

2. L'IDENTITE PHENOMENOLOGIQUE EXHIBEE

La normalité, la Raison et ses sous-espèces forment une couverture oblitérante. Il convient dorénavant de rassembler les résultats pour produire l'idée positive qui domine toutes ces occultations.

a. *Un domaine phénoménologique*: Au terme de ces recherches empiriques, il ne sera pas possible de donner une forme conceptuelle concrète[50] à un état second de la phénoménologie. Une autre méthodologie, ne reposant plus sur la polémique, s'imposera alors. Pourtant, qu'il suffise de légiférer sur l'existence de la phénoménologie, sur son identité, même si cette dernière demeure abstraite, sans contenus.

La reconsidération du fil directeur de notre entreprise s'impose. Trois exigences sont apparues progressivement. La coordination doit s'enraciner nécessairement *dans* les textes; ce qui fut d'abord fait terminologiquement puisque la rationalisation a pris pour point de départ des données husserliennes (les fakta). Puis, la méthode polémique a régulièrement confronté ses contenus (explicites chez Husserl ou implicites — mais fondés —) à d'autres faits textuels. De sorte que l'entreprise n'est pas sortie des nécessités du corpus husserlien. La première exigence, décisive, est respectée.

La seconde condition tenait au statut des fakta. Ces derniers sont *à intégrer dans une démarche*. Reprenons cette dernière brièvement afin de contracter en quelques lignes tout le développement. La coordination s'est déterminée en partant des fakta. Le premier chaînon explicatif (la matrice sujet-objet) éclate sous la pression des faits; la simplification de la coordination sous les espèces de la fonction-sujet et de la fonction-objet isole les fakta dans un espace d'usure où sujet et objet s'indéterminent à mordre l'un sur l'autre. La préséance donnée à l'espace a pour conséquence de qualifier les fakta comme l'anti-blanc. Puis, cet anti-blanc a été rationalisé: il s'agit du jeu alternant du Blick et du Zuschauer. Le jeu a été figé et les fakta focalisés, lorsqu'a été reconnue la simplification oblitérante de la Raison et de la normalité. De sorte que les fakta sont rationalisés comme occultant le blanc. Parallèlement, ils sont intériorisés. Telle est la progression *de fait*. Rappelons complémentairement que deux paliers *de droit* ont soutenu cette intégration: d'une part, nous avons montré comment l'espace de prédication universelle renfermait tous les fakta possibles, de sorte que les irruptions factuelles connaissaient une première régulation (cf. p. 74 note 33). D'autre part, il s'est révélé que la manifestation des fakta est ordonnée aux rapports du Blick et du Zuschauer, lesquels règlent définitvement le désordre (cf. p. 102). En somme tous les faits sont intégrés, avec leur loi de production. Voilà qui satisfait à la seconde exigence.

La dernière condition était de former une coordination *continue*, afin qu'une même rationalité circule au travers des faits. La première matrice coordonnante a tenté de conjoindre la fonction sujet et la fonction objet, en contractant et décontractant leur relation (cf. le schéma dans la *Philosophie de l'arithmétique* et *les Recherches*). La difficulté, rencontrée dans *Ideen I*, a fait de cette pierre angulaire une pierre de touche: la fonction sujet et la fonction objet ont été examinées dans leur conjonction *simple* (en dehors d'une contraction qui les fusionne). A l'issue de cet examen, on a vu la nécessité d'adjoindre aux deux fonctions (sujet-Blick et objet) celle de Zuschauer: le schéma a reçu alors son extension explicatrice la plus forte, dans la notion d'une prédication universelle. Toutefois, il faut noter que la fonction de Zuschauer n'est rien d'autre que l'effet de l'efficace de l'objet (essence) dans le sujet, ce qui complique le schéma, mais en *conservant* les bases thématiques. Puis le schéma s'est à nouveau *simplifié* dans le continu: le Zuschauer, qui reprenait la fonction objet, s'est naturellement imposé à sa place, de sorte que le jeu Zuschauer-Blick reprend, à un niveau de maturation plus grand, la fonction sujet et la fonction objet dans leur interaction. En conséquence, la complication prépare une simplification: au début, la première simplification a imposé les deux fonctions simples de sujet et d'objet. La seconde simplification a proposé leur équivalent. Le schéma, dans ces conditions, s'est deux fois enrichi et épuré en conservant ses fondements. En conséquence, la continuité de la coordination est manifeste.

Ainsi, *dans* le corpus husserlien se *règle* le désordre au profit d'une *continuité*coordonnante. Qu'est-ce à dire sinon que ce corpus prend une forme intrinsèque, une idendité? Cette identité est un lieu de cohésion, de "pensabilité" et enfin d'auto-nomie. *La* phénoménologie existe en dépit des contradictions internes du projet husserlien. Cette acquisition nous semble fondamentale: dorénavant, la phénoménologie ne pourra être considérée comme l'effet de déterminations extérieures (d'autres philosophies, des superstructures sociales, des résidus intellectuels d'une fin de civilisation). Il devient possible de répondre partiellement aux inquiétudes portant sur le mode d'existence de la phénoménologie: si le projet husserlien est lointain, datable et dépassé en quelque sorte par l'incohésion de la problématique qui reflétait un état de maturation historique, la phénoménologie est à faire[51]. Le projet husserlien est objectivable dans une histoire des idées — c'est ce qui a été tenté d'ailleurs par de nombreux commentateurs — mais la phénoménologie doit être produite à partir de son domaine autonome. La commentateur du corpus devient dorénavant phénoménologue.

b. *L'idée directrice de lois du domaine*: L'hypothèse de cohésion trouve une première justification parce que l'approche empirique, ou polémique, a conduit à cerner le mode d'existence d'un état non husserlien de la phénoménologie. Les contradictions seront donc à rechercher *à l'intérieur* de cet espace autonome certes encore bien abstrait. Le travail sur le texte, et dans le texte, a été poussé à la limite, jusqu'en ce point où il n'est pas possible de ne pas accorder une identité à la notion de phénoménologie.

Par ailleurs, les *Prolégomènes empiriques* ont livré des concepts sécrétés par la gestation tourmentée des textes: le blanc à partir duquel semblent se dessiner les grandes articulations thématiques, les deux espèces de la totalité qui illustrent un travail de composition et de décomposition de ces thèmes. Les deux notions ont pour l'instant servi au processus méthodique, mais empirique, d'exhibition de l'identité: en procédant de la superficie, le commentateur a approfondi son investigation en allant au plus près des exigences enfermées dans le corpus, et a progressivement dégagé la totalité et la blanc. Ainsi l'approche fut *verticale*: une coupe à travers l'épaisseur du corpus a révélé ces deux éléments de résistance, successivement rencontrés. En sorte que le blanc a été considéré comme servant de norme pour une identité phénoménologique éventuelle. L'identité reconnue, il est un fait que le blanc ne peut prétendre être considéré comme moteur de structuration, sans autre forme de procès. Avec ce concept, et avec la totalité, quelque chose de *décisif* a été touché. Mais la méthode employée, trop grossière, ne peut situer ces deux instances par rapport à une logique qui doit travailler tout le corpus. Le blanc et la totalité sont des points aveugles percutés par l'analyse verticalisante, mais détachés aussi de tout contexte et de toute articulation d'ensemble. Il manque donc au domaine ses lois principielles d'enchaînement même si deux segments fondamentaux ont été détectés.

Qui plus est, la situation présente un danger: en effet, il serait fort inopportun de bloquer la progression en *référant* toutes les recherches futures à ces deux concepts-clefs. Perçus comme des références sémantiques, le blanc et la totalité détermineraient la construction d'un processus équivalent à celui qui est articulé à l'essence et qui a été nommé: schéma de prédication généralisée. Comme l'essence, le blanc et la totalité seraient en ce sens des moteurs de prédication qui faciliteraient l'attribution de "qualités" au "sujet" nommé: phénoménologie. La notion "d'identité phénoménologique" prendrait la place du sujet transcendantal, ce sujet qui anime le projet husserlien. Alors s'ensuivraient les mêmes contradictions, la re-couverture du domaine phénoménologique par des thématisations dont la fonction est de dégrader son identité. Cette remarque fondamentale appelle une nécessité radicale: il faut maintenant dépasser les schémas de coordination, ou, tout au moins, les utiliser comme subordonnés de fins strictement dominées.

Cependant ces notations restrictives ne renseignent pas encore sur l'idée directrice des lois du domaine. Comment s'adapter à une démarche interne à la phénoménologie, qui refuse l'approche polémique externe? Car le commentateur empirique procédait simplement de *l'intérieur des textes* pour se diriger vers la phénoménologie à venir; mais le commentateur-phénoménologue s'inscrit *dans la* phénoménologie individualisée pour concrétiser ses lois. Une première approximation, décisive toutefois, va servir de garde-fou: nous disions qu'il faut refuser aux conepts de blanc et de totalité, pourtant cardinaux, le statut de référents. La véritable dimension de cette remarque est beaucoup plus ample; afin de ne pas désintifier la phénoménologie, le travail d'élaboration aura pour tâche de ne retenir aucun concept qui *s'annonce* comme référent. C'est donc le refus de l'archéologie qui nous dirigera.

En conséquence, nos investigations vont s'attacher à déraciner l'archè pour former un procès d'interrelation conceptuelle. On voit que l'approche empirique, dite verticale et hiérarchisante, est contestée intrinsèquement. Dans la nouvelle situation, il faudra s'attacher à *insérer* le blanc dans un logos et non à continuer de considérer que le blanc est ce dont il n'y a rien à dire, parce qu'il serait cet X (archè) à partir de quoi tout se dit. En d'autres termes, l'effort de législation va porter sur la reconnaissance d'un ordre de combinaison des concepts. Les *Prolégomènes* verticaux sont abandonnés au profit d'*Elaborations* respectant l'horizontale. Seule l'ordonnance des concepts (produits par les *Elaborations*, ou repris du corpus husserlien, selon les nécessités de l'articulation) doit compter, et non plus le sens de chacun pris séparément. Aussi les concepts seront-ils des témoins illustrant l'espace planifié de l'identité phénoménologique[52]. Cet espace, ou plan de définitude, est la *strate* phénoménologique. Le travail devrait mener à la notion d'un Etat II de la phénoménologie pleinement concrétisé, et dépassant sa simple appréhension actuelle comme forme d'identité.

Déraciner la prétention verticalisante de l'archéologie qui s'ajuste toujours à une référence sémantique, c'est bien annoncer un plan, une *strate* de composition des concepts. Mais comment se présente cette strate? Une loi a été repérée à la fin du parcours empirique, loi qui sanctionnait la recouverture de la phénoménologie: tout processus de simplification conduit à occulter le blanc par un point-origine. De sorte que la strate devra être abordée à partir de son principe général d'organisation, et non d'un concept-clef. L'analyse *disposera* donc les concepts en les plaçant sur des axes d'irradiation; car l'articulation des concepts sur un plan, c'est justement leur *disposition*[53].

---

1   Dieter Sinn: *Die transzendentale Intersubjektivität bei E. Husserl mit ihrer Seinshorizonten*, p. 110.

2   Ibid., p. 112.

3   Theunissen: *Der Andere*, p. 132.

4   *Husserliana 2*, p. 89. "Immerhin sehen wir: einerseits besteht schon für die solipsistische Stufe die Möglichkeit bis zur Konstitution des "objektiven" (physikalischen) Dinges vorzudringen".

5   D. Sinn, p. 108; *Husserliana 4*, p. 59-60, 66.

6   Manuscrit BIII 3, p. 35.

7   Ibid.

8   *Husserliana 15*, p. 53. "Wie konstituiert sich nun für mich Natur (dann Welt) als identische Erfahrungsnatur für alle unter der Idee: dieselbe Natur sich in intersubjektiver Einstimmigkeit darstellend (...)? Doch Normalität und Anomalität sind Begriffe, die erst auf den Konnex Beziehung haben. Nun im Konnex stellt sich "die" Natur in seiner Schichte für alle identisch dar".

9   *Manuscrit BI 10/1*, p. 9. "Normale Alltagswelt – Eine im Territorium begrenzte praktische Umwelt als die normale Alltagswelt, in die nur gelegentliche Fremde hineinkommen".

10   *Manuscrit BI 10/V*, p. 4. "Die Heimwelt als Welt der All-Zugänglichkeit ... Jedenfalls für alle eine weitreichende Grundschicht des Normalen, des Alltäglichen, des Allverständlichen in Verharren und Wandel".

11   *Manuscrit KIII 9*, p. 69. "Das Man gemeinsame Norm= Gemeinschaftssitte. Sitte als

traditionale Sollensform menschlicher Verhältnisse".

12   *Husserliana 15*, p. 627, 629.
13   *Manuscrit D13 IX*, p. 1.
14   *Husserliana 1*, p. 154. "In Bezug auf das Tier ist der Mensch, konstitutiv gesprochen, der Normalfall, wie ich selbst konstitutiv die Urnorm bin für alle Menschen".
15   Diemer: *Husserl* p. 247.
16   *Manuscrit D 13 XIV*, p. 55. "Jedes Organ hat seine Normalität und seine möglichen Anormalitäten".
17   *Manuscrit BI 15/II*, p. 14. "Normale und anormale Kinder gehören notwendig zur humanen Welt, aber nicht als Mitträger ... sondern als zu Menschen erst werdend ... und als Objekte der Erziehung".
18   *Manuscrit BI 14/II*, p. 24.
19   *Manuscrit C4*, p. 25. "(...) in der fundamentalen Normalität reifer Menschlichkeit, der entsprechend Erfahrungswelt für uns die normale ist; aber dann die intentionalen Abwandlungen der normalen Menschlichkeit in verschiedenen Richtungen: die Kindlichkeit, das tierische Dasein in den verschiedenen Stufen intentionaler Entfernung, die pathologischen Anormalitäten und endlich die Grenzphänomene: die embryonale Kindlichkeit beim Menschen, dann analogisch bei den Tieren, die pathologischen Limesfälle".
20   *Manuscrit D13 XIII*, p. 2. "Die Normalfälle sind die "Regel", das Anomale tritt als Durchbrechung der Regel, als Ausnahme auf".
21   D. Sinn, p. 112.
22   *Manuscrit BIV 5*, p. 8.
23   *Manuscrit D13 IX*, p. 2. "Der Bruch der Erfahrung ist kein Bruch in der Welt, die Welt ist eine ununterbrochene raumzeitliche, uneundliche Einheit".
24   Voir Diemer, nouvelle édition, p. 253 (notes 76, 77) qui cite les textes in extenso.
25   Ibid.
26   Ibid.
27   Lettre citée par W. Biemel: *Die entscheidenden Phasen* in *Husserl Philosophie*, p. 205/206.
28   Dans les années 29-30 notamment.
29   *Logique formelle et logique transcendantale*, p. 214-215.
30   I. Kern: *Kant und Husserl*, p. 111.
31   *Husserliana 4*, p. 162-163. "Zu beachten ist, dass Urpräsenz eines Gegenstandes nicht besagt Urpräsenz aller seiner inneren oder eigenschaftlichen Bestimmungen (...). Es besteht dann für das Ich die Möglichkeit, in kontinuierlichen ursprünglichen Wahrnehmungen den Gegenstand nach jeder der ihm zugehörigen Eigenschaften zur Urpräsenz zu bringen (...)".
32   Diemer, p. 152, note 5, nouvelle édition.
33   I. Kern: *Kant und Husserl*, p. 112.
34   *Recherches logiques II*, 1, p. 132.
35   *Recherches logiques V*, p. 231.
36   Ibid.
37   Ibid.
38   *Méditations cartésiennes*, p. 77.
39   Ibid.: les expressions soulignées le sont par nous. Pour plus de clarté, nous avons supprimé les expressions soulignées par Husserl.
40   D. Souche-Dagues, p. 178 (C'est nous qui soulignons).
41   *Recherches logiques II*, 1, p. 218.
42   *Leçons pour une phénoménologie de la conscience intime du temps*, p. 102.
43   *Expérience et jugement*, p. 27.
44   Ibid., p. 29-30.
45   *Expérience et jugement*, p. 29-30.
46   *Logique formelle et logique transcendantale*, p. 112.

47 Ibid.

48 Ibid.

49 Cette fonction de simplification, d'insularisation de la recherche, travaille sous le couvert de la Raison. On remarque toutefois que cette même fonction rejaillit sur un concept central: celui d'ego. L'ego d'*Ideen I* devient l'Ur-ego individuel, puis l'ego divin. De sorte que *la recherche de l'archè double en fait la fonction de simplification.* Tout est rapporté à un îlot de stabilité qui fixe les mouvements conceptuels les plus incontrôlables. La Raison contre l'irraison, c'est l'universel simple; l'ego archéologique contre les objets, c'est la particularité gonflée aux dimensions de l'universel, la marque du simple qui s'impose individuellement à tous les plans. Et la gradation des plans, c'est la suite des fakta thématisés par Husserl (cf. Chapitre I: l'intersubjectivité, l'histoire, l'absolu). Ces fakta constituent la limite de l'approche de la Raison (limite externe) mais sont rapportés à la fonction-sujet. Ils représentent l'*instance du sujet plus ou moins dilatée vers l'universel,* et caractérisent l'état de débordement et de démission de la rationalité du projet husserlien. Notre travail n'a fait que concrétiser ce débordement en donnant un contenu à la terminologie husserlienne du Faktum, et en recherchant les questions implicites qui la gouvernent, avant que de produire une coordination qui résiste à toutes les questions.

50 Les notions de blanc et de totalité sont légitimées, certes, mais on ne sait rien de leur place et de leur fonction définitives. Notons que la hiérarchie: totalité associative, intégrante, blanc, gouverne l'approche empirique de la phénoménologie, c'est-à-dire notre commentaire, et non la phénoménologie en soi.

51 Cette précision laisse à entendre combien l'identité d'un domaine conceptuel est différente d'une identification par le procédé de datation. Une identité conceptuelle est un *ordre de cohésion* qui n'est pas fondamentalement affecté par l'ordre temporel de succession. En d'autres termes, la maturation conceptuelle n'est pas la maturation historique, elle suit un rythme qui lui est propre. Autant un *projet* porte la marque d'un individu, de son caractère, de sa culture, de son époque enfin, autant la cohésion d'une théorie exige que certains projets soient éliminés, d'autres retenus en partie etc. Ce qui signifie que tout projet fondateur s'engage dans un procès de structuration du domaine qu'il n'englobe pas. Il peut au contraire être rejeté du domaine. Par ce biais nous retrouvons une critique intéressante de Ingarden (*Husserliana 1*, p. 205-208) qui constate "l'immotivation" du fondement de la phénoménologie: soit la valeur de fondation transcendantale est déjà opérée, et alors elle est naïve; soit au contraire la réduction transcendantale est déjà opérée, afin de supprimer la naïveté, mais dans ce cas, on ne comprend plus l'existence d'une naïveté. Tout s'éclaircit si on maintient deux plans: un projet est motivé, il s'articule à un point-origine qui se déploie progressivement en une chaîne de motifs secondaires. Un véritable domaine conceptuel ne "s'origine" pas, mais prend forme à partir d'une cohésion suffisante; en somme un projet est motivé dans un individu, un domaine est autonormé.

Ceci nous ramène à l'idée difficile d'une origine historique de la phénoménologie, que Husserl a eue en tête dans *Erste Philosophie.* On connaît les hésitations de Husserl, bien résumées par Kelkel dans son *Introduction* au texte. La difficulté centrale s'exprime ainsi: Husserl tente d'originer la Philosophie dans l'histoire, mais la fait toutefois commencer avec lui-même. Et effectivement, le *projet* d'une phénoménologie est indéracinablement husserlien. Toutefois, un autre concept donne une seconde dimension à l'entreprise: c'est celui d'une *Idée* de la phénoménologie qui se cherche dans l'histoire. En ce sens s'esquisse la notion d'un domaine potentiel qui est plus ou moins structuré selon les projets historiques, mais qui leur échappe en soi. Dans ce contexte, l'impossibilité de penser clairement la situation provient du fait que Husserl (non averti de l'ambiguïté féconde de la problématique) tente de *dater* (en termes de projets existentiels et historiques) une structure conceptuelle qui, visiblement, ne se manifeste point que parce qu'elle n'atteint pas un degré de cohésion satisfaisant. En somme, c'est bien la différence entre le projet husserlien et l'identité phénoménologique qui travaille l'écriture husserlienne. On s'explique ainsi que l'auteur veuille originer la phénoménologie et qu'il n'y parvienne pas. Pour ce qui a trait au rapport de l'identité de la phénoménologie et de l'histoire, une autre conception du temps (non articulée à la succession) livrera, selon nous, une réponse satisfaisante (cf. Section II).

52   Il est facile de voir que l'idée de référence, que nous reprendrons plus tard, ne concernera jamais les concepts *dans* la phénoménologie, mais *la* phénoménologie elle-même, dans son identité, par rapport à des instances historiques à préciser (cf. le concept de phénoméno-logique à la fin du travail).

53   On comprendra aisément que nous annoncions avec force la pertinence du concept de disposition, qui servira de fondement conceptuel pour la construction future du travail; "disposition" oeuvre de concert avec "strate" et "horizontalité", et s'impose contre une méthodologie de la verticalité qui déduit un procès conceptuel d'une source conceptuelle simple et sous-jacente. L'archéologie relativise la structuration d'un corpus au profit d'un référentiel, mais l'organisation *disposée* relativise toutes les références possibles au profit d'une loi globale. Au sens où nous l'entendons, dis-poser, c'est placer en séparant, et selon une loi qui enveloppe tous les éléments distincts, sans se soumettre à l'impérialisme *a priori* d'aucun d'eux en particulier.

SECTION II: ELABORATIONS

PARTIE I: PROTOLOGIQUE

L'ETAT II DE LA PHENOMENOLOGIE ET SA DISPOSITION

PARTIE I

CHAPITRE I: LA PREMIERE ELABORATION DE LA STRATE

Les possibilités méthodologiques de la perspective empirique sont épuisées. Nous entrons dans la nécessité de *théoriser* directement l'identité phénoménologique. C'est là retrouver, sur un autre plan, l'exigence d'immédiateté du projet husserlien, mais profondément transvaluée. En effet, si nous travaillons le domaine phénoménologique de l'intérieur, et pour ainsi dire immédiatement, il ne s'ensuit pas pour autant que la notion d'intuition des vérités soit restaurée. Au contraire, il va s'agir non de rétablir une référence immédiate mais d'élaborer la bonne médiation qui placera les concepts de la strate en interrelation satisfaisante. A ce titre, deux remarques cruciales s'imposent.

La première renvoie à l'importance qu'il faut accorder à l'intersubjectivité dans ce nouveau registre. Rappelons que dans les *Prolégomènes empiriques*, l'intersubjectivité était la caution de l'universalité de la coordination, puisqu'elle recouvre tout le corpus husserlien. L'intersubjectivité était donc un révélateur de coordination possible. Dorénavant, l'intersubjectivité ne fondera plus la stratégie des *Elaborations* dans la mesure où la polémique est dépassée. Le thème de l'intersubjectivité ne constitue plus une sorte de "rampe de lancement" des schémas de coordination mais c'est un thème comme un autre dans le domaine — donc thème à *disposer* — et qui bénéficie du privilège de l'universalité, de son extensibilité à tout le corpus. Une seconde notation importante se déduit de la sorte: les concepts de sujet et d'objet, primitivement extraits de la problématique de l'intersubjectivité, seront plus que jamais appréhendés comme des fonctions et perdront fondamentalement leur valeur enracinante d'originarité. Eux aussi attendent d'être disposés. En somme, c'est la forme d'organisation de la strate qui concrétisera la première élaboration de *l'identité* phénoménologique.

1. LA NOTION D'UN FONDEMENT DE DISPOSITION

La recherche d'une énonciation principielle

L'exercice s'annonce éprouvant. En effet, la recherche est engagée dans deux dimensions difficiles à accorder. D'une part, sa fonction évidente est de dépasser l'organisation du projet husserlien enfermé dans le corpus, tout en travaillant le corpus de l'intérieur, et en le *disposant*. D'autre part, il est radicalement exigé qu'elle s'installe, à partir de la phénoménologie identifiée, dans une phénoménologie progressivement élaborée. En sorte que, s'il est facile de conceptualiser

hors du projet de Husserl, il est par contre extrêmement délicat d'écrire concur-
rement la phénoménologie concrète. Car le fait de se soustraire à "l'influence" de
Husserl ne garantit pas encore de la fidélité à une certaine disposition immanente
au corpus. C'est toute la dimension de la positivité phénoménologique qui est à
assumer, cette dernière disposant le corpus.

a. *Méthode de la recherche*: Il existe toutefois une conciliation qui permet à la
fois de conserver une référence au corpus (sans se laisser absorber par le projet)
et de construire une phénoménologie autonome. Nos schématisations empiriques
ont cette propriété de partir des textes *mais* de s'écarter du projet husserlien. Il
est vrai qu'il leur manque justement la dimension de l'identité phénoménologique; ils font partie d'une approche empirique et c'est pourquoi ils méritent à
juste titre de succomber dans la polémique. Toutefois, ce sort leur est réservé
eu égard à leur prétention à rationaliser radicalement et à représenter à chaque
fois l'identité phénoménologique. Ces schémas ne valent donc pas *en soi* pour
une *Elaboration*; mais dans la mesure stricte où ils participent d'une rationalité
qui les domine, il n'en demeure pas moins qu'une utilisation *maîtrisée* demeure
possible. Plus précisément, ils s'ajusteront aux exigences présentes s'ils forment
le terrain d'un travail chargé d'exhiber leur fondement de rationalité. Trois
énormes avantages sont à retirer de cette méthode, mis à part le fait que ces
schémas sont dans le corpus et hors du projet husserlien. D'abord, ils obligent à
supprimer les références attendues chez Husserl: sujet et objet, par exemple,
sont toujours combinés; jamais l'objet n'est exorcisé pour laisser place à l'archè
subjective. Ensuite, les deux schémas[1] ont pour fonction intrinsèque d'universaliser une tentative de coordination, ce qui éloigne de la focalisation simplifiante
sur des notions à valeur d'origine. Enfin, l'existence d'une différenciation des
deux schémas, mais dans une continuité fondamentale, sert de critère: en effet,
il faudra que l'énoncé identifiant la phénoménologie soit tiré successivement des
deux schémas et se retrouve dans chacun d'eux. La sécurité offerte par cette
méthode d'élaboration est donc complète. Ainsi nous aurons toute chance de
concrétiser une identité autonome en ne quittant pas le corpus[2], mais sans pour
autant nous laisser absorber par une démarche implicite de style husserlien. Il
reste donc à construire le *fondement* de rationalité des deux coordinations.

b. *Analyse de la première coordination*: La première formulation conceptuelle
était la matrice subjectivo-objective. Elle avait pour source une théorisation de la
problématique de l'intersubjectivité (à partir du modèle de la *Philosophie de
l'arithmétique*). Reprenons les éléments issus de l'application du schéma de la
thématique. La contraction opérante moi-autrui forme la condition d'un domaine d'intériorité de droit. Toute la question de l'intersubjectivité est opératoirement contractée dans cet espace primordial et matriciel. L'exercice de thématisation à l'intérieur de la matrice dessoude les éléments en fusion (en intériorité) et produit la séparation seconde entre un objet réel et un sujet réel. La
thématisation engendre ainsi une extériorisation qui réifie le sujet et l'objet.
Cette matrice mise en place, il est bon de questionner les connotations de la

contraction intériorisante et de la décontraction extériorisante. L'intériorisation d'autrui conduit à comprendre que sa présence est une Modification de la mienne (*Modifikation*). Par contre, l'extériorisation de nos deux perspectives amène à penser que, instances autonomes, nous puissions refléter nos humanités respectives (*Spiegelung*). Il y a soit un impérialisme de la fonction sujet, soit un impérialisme de la fonction objet; le Faktum devient aussi bien subjectif qu'objectif. L'aporie était issue du balancement irrépressible entre l'hégémonie de la Modifikation et celle de l'effet de Spiegelung. Quel est le moteur fondamental qui actionne le mécanisme, tout en se jouant de lui?

Remarquons d'abord que ce n'est pas de l'intérieur de la problématique de l'intersubjectivité que se détermine la solution: Modifikation et Spiegelung se nouent trop fortement. La problématique mérite slors d'être élargie. Par ailleurs, le premier indice, encore empirique, d'une disposition globale, était le rôle déterminant joué par l'espace, à propos duquel la tentative de mise entre parenthèses a échoué. L'espace est ainsi de l'ordre de la phénoménologie, alors que le temps demeure une figure qui attend encore sa construction conceptuelle. Si dans l'intersubjectivité, on attend que soient reliés les rapports d'intériorité et d'extériorité, au coeur du corpus, et à propos de l'espace, les *Recherches logiques* aident à théoriser cette correspondance. Dans la *Recherche III*, Husserl dégage "les lois structurales"[3] des objets en général:

Dans l'unité d'un phénomène sensible, nous trouvons, par exemple, comme moment, une nuance bien déterminée de rouge, et en outre le moment générique de la couleur (...). Dans des touts de cette sorte, les membres sont en effet "*dépendants*" les uns relativement aux autres, et nous les trouvons si intimement unis que nous parlerons sans hésiter d'une "compénétration". Il en est différemment des touts *morcelés* ou encore *pouvant être morcelés* pour lesquels le terme de *membres* ou, respectivement, de démembrement, est le seul qui soit naturel. Les parties ne sont, dans ces cas, pas seulement disjointes, mais "*indépendantes*" les unes relativement aux autres, elles ont le caractère "*d'éléments*" connexes les uns avec les autres.[4]

En transposant, on parvient au résultat suivant: le rapport de Spiegelung caractérise les relations externes entre "parties" ou "éléments", tandis que la Modifikation suscite la relation interne entre "membres". C'est donc dans l'espace que commence à se disposer la thématique confuse de l'intersubjectivité.

Mais n'y a-t-il pas une difficulté? La loi de dépendance et d'indépendance s'applique, dit Husserl, aux touts sensibles. Dans ces conditions n'y aurait-il que la face empirique et corporelle de l'intersubjectivité qui serait concernée? Mais Husserl propose aussi bien de ne pas limiter les lois des touts sensibles aux touts sensibles:

Nos distinctions se sont d'abord rapportées à l'existence de singularités individuelles, pensées "dans une généralité idéale" (...). Elles se transposent cependant aussi, bien entendu, aux *idées* elles-mêmes, qui peuvent donc être qualifiées, dans un sens correspondant *bien qu'un peu modifié*, d'indépendantes.[5]

La référence à ce texte est rassurante; il suffirait de transférer les lois des touts sensibles dans les touts intelligibles. Cependant, que signifie le fait que le sens des notions de dépendance et d'indépendance est "un peu modifié"? Dans *Expérience et jugement*, Husserl prononce un véritable arrêt: le travail de "formalisation" qui dé-spécifie le sensible est interdit:

Insistons encore une fois sur le fait que toutes ces différences (...) se rapportent d'abord aux objectivités-substrats simples, aux objets spatio-temporels de la perception externe, et ne peuvent être transférées, sans plus, par formalisation aux objectivités d'une espèce plus élevée fondées sur de tels objets: par exemple aux objets culturels, bien que dans ces objectivités aussi des rapports comme ceux de tout à partie, des relations qualitatives, etc... peuvent être mis en évidence, mais de façon spécifique.[6]

Nous approchons enfin d'une position univoque: il y a quelque chose dans les objectivités culturelles qui s'adapte au type de connexion régissant les rapports des touts et des parties. Complémentairement, l'aspect transcendantal de l'intersubjectivité sera intégré et composera avec la dimension empirique. Plus généralement, c'est toute forme d'énonciation — le langage étant la formation culturelle par excellence — qui est concernée. Mais les énoncés ne supportent pas la formalisation caricaturale, la transplantation de la loi du tout et des parties sans autre forme de procès.

Cette position mérite d'être résumée et problématisée: il devient important que le concept de relation interne (doublé de la relation externe) s'impose au centre du débat comme fondement de rationalité du premier schéma. Le concept de relation interne obéit d'ailleurs à la nécessité antiarchéologique, puisqu'il est articulant et non enracinant, et à la nécessité antisimplificatrice, dans la mesure où la relation interne impose tout le contraire de la focalisation simplifiante dans un contenu sémantique particulier. De plus, on retrouve une exigence du corpus (et non d'un projet husserlien) dans l'adaptation de la relation interne entre sensibles à la relation interne entre intelligibles. Sur ce problème "d'adaptation", notre attention va porter à plein.

Le texte de Husserl offre quelque repères d'architecturation pour une disposition du logos phénoménologique. Très brièvement, l'auteur laisse percer dans la *Recherche III* la possibilité d'une hiérarchisation:

On peut, par exemple, qualifier une différence ultime d'un genre suprême pur de relativement indépendante par rapport à la hiérarchie des espèces s'élevant jusqu'à ce genre suprême, et chaque espèce inférieure, de relativement indépendante à son tour par rapport à celles qui lui sont supérieures. Des genres auxquels des singularités individuelles ne peuvent *a priori* appartenir sans qu'elles appartiennent en même temps nécessairement à l'extension individuelle (...), d'autres genres, seraient dépendants par rapport à ces derniers (...).[7]

La difficulté consiste à apprécier le sens de la "relative indépendance" d'un genre par rapport à un autre. Husserl ne précise pas le ressort conceptuel de la condition de la dépendance et de l'indépendance. Rien ne joue *médiatement* le rôle tenu dans *l'immédiateté* par la structuration de l'espace dans les touts sensibles. Dans *Ideen I*, Husserl est un peu plus disert sur la loi d'articulation et sur le principe de cette dernière:

En conséquence, les concepts d'*individu*, de concret et d'abstrait, appartenant aux catégories formelles, reçoivent d'importantes déterminations: une essence dépendante d'appelle un *abstrait*, une essence absolument indépendante un *concret*. Un "ceci-là" dont l'essence matérielle est un concret, s'appelle un individu.[8]

Le principe de distinction entre la dépendance et l'indépendance est l'essence. C'est par essence qu'un contenu formel devra se dire d'un autre (comme abstrait), et c'est encore par essence que des contenus abstraits sont rapportés au contenu total (concret). Mais cette conciliation par l'essence, typique d'un exercice de prédication généralisée hégémonique, ne peut nous satisfaire, comme cela a été longuement montré dans les *Prolégomènes empiriques*. Le corpus semble ainsi rester muet sur la bonne modification à apporter à la relation interne sensible. Et cela n'est point fondamentalement étonnant puisque cette esquisse n'est pas inscrite dans un projet husserlien radical. Ces notations participent d'une écriture latérale au sein de laquelle investiguent justement les *Elaborations*.

En conclusion, l'espace a réaffirmé son rôle; c'est dans l'espace que se décide la légitimité de la relation interne qui rationalise l'intersubjectivité[9] et donc un aspect — extensif au maximum — de l'organisation de la strate. La question qui nous importe est dorénavant de tester la crédibilité de la relation interne en analysant sa réémergence éventuelle dans le second schéma de coordination. Si la relation interne vaut à nouveau, elle aura gagné sa confirmation.

c. *Analyse de la seconde coordination*: Le deuxième schéma aporétique construit empiriquement est celui où se déploie un logos prédicatif fondé sur *l'attribution* qui est accordée aux exigences de l'essence husserlienne. L'aporie réside dans le fait que le modèle de la constitution est contraint de s'adapter à la force théorique de l'essence: la conscience, avons-nous dit, est à la fois avant et après l'intuition de l'essence, intégrante ou associée par éléments. Cette indécidabilité fondamentale suscite la formation d'un cosmos paradoxal dont le commentaire a attentivement suivi toutes les lignes de cassure. C'était l'aspect fantastique de la pseudologique universelle de l'attribution. Le problème actuel se détache ainsi: comment adapter la part réelle de vérité contenue dans le modèle de la logique de l'essence afin de pouvoir généraliser éventuellement le concept de relation interne, tout en faisant subir à ce dernier une bonne "*modification*"?

Le travail sur la logique de l'essence déterminait les rapports du sujet au monde. En continuité avec ce projet, il est bon de reprendre cette articulation dans ce qu'elle a de plus affiné, qui correspond à son traitement dans *Logique formelle et logique transcendantale*. Dans la première partie de cette oeuvre, le concept du monde, issu de la perception, est relativisé. En effet, les structures ultimes du monde sont architecturées par celles de la logique formelle de l'ontologie. Dans ce cadre, la multiplicité formelle occasionne-t-elle une unité que l'essence ne peut assurer? Sur ce terrain se manifestent des éléments nouveaux, intéressants pour ce qui touche à la relation interne. Par exemple, la théorie des multiplicités est une doctrine des formes:

Le système concret de la géométrie se change en *une forme de système* exemplifiée; à toute vérité géométrique correspond une *forme* de vérité; à toute déduction ou démonstration géométrique correspond une *forme* de déduction, une *forme* de démonstration. A partir du *domaine objectif* déterminé des données spatiales, on obtient la *forme d'un domaine*, ou, comme le dit le mathématicien, une *multiplicité*.[10]

Cette insistance à bien dégager le concept de forme réclame la plus grande considération. Elle engendre préliminairement la distinction sans appel entre a priori analytique et a priori matériel ou synthétique:

(...) la substitution de variables libres aux spécifications concrètes permet d'assister à la formalisation qui met en évidence l'inclusion des parties dans le tout analytique et l'indépendance de la vérité logique formelle ainsi constituée à l'égard de la nature concrète des objectités désignées. Au contraire, les lois synthétiques ne "souffrent" pas une telle formalisation parce que, précisément, les connexions qu'elles impliquent ne valent qu'entre des concepts déterminés. Couleur et extension ne sont pas en relation analytique (...).[11]

En fait, cette opposition au plus haut niveau entre a priori matériel et a priori formel reprend l'idée que nous avons déjà exposée à partir des *Recherches* en distinguant entre contenus dépendants et contenus indépendants. Ainsi, la *Logique* nous réintroduit dans la problématique de la relation interne et de la relation externe.

De surcroît, on apprend beaucoup en exploitant l'a priori formel. Le formel se sépare fondamentalement du général:

— Il faut rigoureusement distinguer les rapports de généralisation ou de spécification et les rapports (...) par lesquels on *s'élève du matériel à une généralité formelle de type purement logique* (...).[12]

La spécificité du formel par rapport à l'eidétique est fortement proclamée. Qui plus est, la formalisation recouvre une capacité de production, et non plus d'intuition:

Une authentique ligne de démarcation passe (...) entre deux formes d'abstraction dont l'importance pour la théorie de la connaissance a déjà été mise en évidence: l'une qui, opérant sur la base de la *perception simple* et de ses moments, procure la conscience et l'intuition des *espèces*; l'autre qui, sur la base de l'acte complexe de perception et de son expression structurée, donne les concepts *catégoriaux* et formels.[13]

Bien que Schérer, que nous venons de citer, ne thématise point le problème du statut du formel par rapport à une production, il n'en demeure pas moins que son langage est utile: à *l'intuition* des espèces est opposée la *donation* des concepts catégoriaux et formels.

Deux éléments sont en notre possession: il y a autonomie du formel qui est *produit* par des opérations, et le formel n'est pas étranger à la problématique de la relation interne, dans la mesure où la "vérité logique" est *indépendante* des objets empiriques. Il reste toutefois à transporter la problématique au plan autonome des noyaux sémantiques, à l'intérieur des entités formelles:

La caractère propre de l'analytique déterminant son concept formel est certes le suivant: l'analytique transforme les "noyaux" (les "matières de la connaissance"), qui, dans les jugements et les connaissances possibles, offrent une liaison avec une sphère déterminée d'objets, en noyaux *arbitraires*, pensés seulement comme devant être maintenus dans leur identité; elle transforme les noyaux en modes du quelque-chose-en-général.[14]

Le premier moment du texte sépare les noyaux formels des noyaux matériels et les place, comme on l'a vu, en relation externe, "arbitraire", malgré le fait que la formalisation comme acte soit fondée, et articulée aux contenus sensibles. La seconde partie illustre un point important: les noyaux deviennent des modes du quelque chose. Ceci éclaire sur la qualité des relations entre noyaux; Husserl approfondit en effet le type de dépendance en des termes qui rendent compte des "modes du quelque-chose-en-général":

C'est la typique des *modes du quelque-chose-en-général*: "propriété", relation (...). Nous les nommons *formes dérivées* du quelque-chose (...). La propriété en tant que forme prend naissance originellement dans le simple jugement catégorique de même que la collection prend naissance originellement dans l'activité de colligation, naturellement pas comme *datum* psychique réel mais comme corrélat intentionnel de la position.[15]

Cette mise sur un même plan de la *Logique* et de la *Philosophie de l'arithmétique* est vraiment cruciale. Elle revient notamment à affirmer que "la transformation des noyaux en mode du quelque-chose-en-général" (par exemple, en propriété) s'accomplit dans une opération analogue à celle de la colligation. Voilà qui exprime nettement que le mode de composition des noyaux est associatif. En d'autres termes, la coordination des noyaux des formes syntaxiques met en jeu des relations externes. Dans le formel, produit par des actes, se trouve justifiée la notion d'une relation externe. Un élément de problématique est donc décisivement intégré. Mais il manque la détermination de la positivité de la relation interne en rapport avec la logique de la prédication généralisée qui vit du concept d'attribution. Enfin, ces déterminations elles-mêmes ne seront intéressantes que si est apportée une bonne *modification* à la relation interne qui a été dégagée à partir des touts sensibles.

Husserl qui certes ne fait pas de cette problématique son projet, donne toutefois quelques indications pour penser l'articulation de la relation interne; l'idée de tout, produite, obéit aux lois suivantes:

Un tout idéal peut contenir une partie (une partie idéale) plusieurs fois, car le tout idéal est une *unité de fonction* et chaque idée, dans la connexion idéale, *peut fonctionner de plusieurs manières* et dans chaque fonction elle se particularise d'une manière propre, d'une manière qui est justement le propre de l'idée.[16]

Ce texte montre suffisamment le passage du tout matériel au tout formel. Le concept central est celui "d'unité de fonction"; c'est l'unité de "fonction" qui décide du mode de "fonctionnement" de chaque idée. En ce sens l'idée, comme partie d'une Idée, n'est point un individu ou un *concret*, mais elle participe intrinsèquement de l'unité de fonction. Par exemple, dans un triangle, l'idée de segment perd les connotations géométriques qui ne sont pas subsumées sous l'idée de triangle[17]. L'idée de segment est donc fondée dans celle de triangle et entre avec elle dans une relation interne. En généralisant ont s'aperçoit que l'idée de triangle est fondée dans l'idée de géométrie cette dernière est fondée dans une théorie générale des multiplicités qui, à son tour est fondée pour Husserl dans la subjectivité transcendantale. La relation interne d'interdépendance est donc reine dans la mesure où les *fonctions* sémantiques interarticulées déterminent totalement les idées comme êtres ou individus. Et en ce sens, la relation externe est antiphénoménologique car elle est l'expression "formalisée" de la transposition des touts sensibles dans les touts idéaux. Une précision a été apportée: il y a *intégration* nécessaire d'éléments dans une fonction, qui s'oppose à leur *association* externe. Mais en quoi ceci a-t-il rapport à une vérité contenue dans le schéma universel de prédication? Trois éléments sont donc à concilier: les formes sont produites (et non données comme l'essence), intégrées, ou associées. Retournons alors à l'unité de fonction, qui semble être directrice. Dans notre cadre de recherche, le jugement prédicatif et intégratif l'emporte sur les formes de liaison associatives; l'appendice 5 de la *Logique* exprime cette thèse au mieux:

D'un côté, nous avons les formes de liaison comme celles du *et* et du *ou* (...). Elles lient, elles créent l'unité catégoriale mais leur sens propre n'implique aucunement la relation qui est tellement privilegiée partout (et en particulier pour le savant et pour le logicien) et qui est la relation du jugement par excellence (à la "proposition" par excellence), c'est-à-dire au *jugement prédicatif* (...). Elle (la forme) est la forme fonctionnelle qui érige les membres en membres de la totalité propositionnelle, en leur imposant à eux-mêmes la forme de membres, de sorte que la forme de totalité doit être détachée abstractivement comme étant leur forme de liaison.[18]

En conséquence, les formes de composition associative sont subordonnées à la forme d'intégration prédicative. La notion d'une relation interne a droit de cité dans la phénoménologie, en accord avec le corpus husserlien. On comprend donc bien que les formes soient associées ou intégrées selon que la forme prédicative est absente ou présente.

Retrouverions-nous donc la logique de la prédication généralisée, après que nous aurions substitué inutilement la forme "multiplicité" à l'essence? Mais il manque un dernier élément à intégrer: la production des formes (opposée au datum de l'essence). En effet, les formes syntaxiques sont à la fois syntaxes d'objets et créatrices d'objets[19]. Ce point est important: les formes sont des formes-sujet (créatrices), et des formes-objet. En d'autres termes, l'objectivité catégoriale fonctionne tantôt comme objet et tantôt comme sujet. Voilà qui permet de retourner à la prédication et à l'association: créatrices d'objets, les formes *associent des objets produits*; mais syntaxes d'objet, elles *se disent copulativement de l'objet*; et elles ont, comme dit Husserl "pour fonction d'être les différentes syntaxes que peut prendre une objectité catégoriale (substrat, propriété, relation, genre, etc...) dans la succession desquelles cette objectité reste pourtant identique"[20]. Nous sommes conduits à évoquer une situation où la fonction sujet peut se dire de l'objet et où la fonction objet se dit du sujet, puisque les formes syntaxiques produisent des objets qui s'associent *mais* sont les prédicats de ces objets (objets dès lors subjectivés). Husserl ne fera que durcir la thèse lorsqu'il constatera que l'objectivité "fonctionne tantôt comme sujet et tantôt comme objet"[21].

En conséquence, la référence à la *Logique* ne fait pas qu'affiner le schéma de la prédication généralisée. Si la *Logique* reproduit le schéma, c'est en même temps pour le dépasser: les formes sont produites-productrices, et c'est là l'occasion d'une subversion de la coordination articulée à l'essence, mais aussi d'une *fondation de sa* rationalité profonde. Dans ces conditions la notion d'une relation interne comme énoncé directeur de la disposition de la strate s'impose avec force, sous réserves, certes, que lui soit apportée une bonne modification. Mais, là encore, une solution commence de se manifester: en effet, le statut des formes (objet et sujet) laisse apparaître que la rationalité profonde du schéma de prédication exige l'abandon d'une prédication univoque qui rapporte les attributs au sujet en vertu de l'essence; puisque l'objectivité "fonctionne tantôt comme sujet et tantôt comme objet", une analyse vigilante impose l'idée d'une *prédication mutuelle* qui est la vraie prédication. Le sujet se dit de l'objet, l'objet se dit du sujet. Tel est le premier indice fondamental de modification, qui extrait la loi de relation interne du contexte perceptif pour l'intégrer dans une problématique de l'énonciation.

Le retour aux deux schémas empiriques de coordination a fondé leur rationalité et laissé émerger à partir de l'instance de l'espace (dans le premier schéma) la relation interne. Celle-ci est confirmée par son insertion nécessaire dans le second schéma. Toutefois, dans les énoncés, la situation est plus complexe: il s'agit d'éviter le formalisation réfutée par Husserl. Par ailleurs la nécessité de la fonction de prédication mutuelle vient d'être dégagée. Cette dernière s'oppose à la prédication univoque qui respecte l'archè d'un substrat référent. Aussi ne convient-il pas de rechercher un *fond* sémantique (*une* signification unifiée servant de référent) sur lequel s'articulerait la prédication mutuelle. C'est dire que l'identité de la phénoménologie, son *sens* d'être global, entretient un rapport spécifique avec les sens particuliers ou *significations*. Le substrat est abandonné: les significations ne se réfèrent pas à une substance sémantique qui serait l'identité globale de la phénoménologie. C'est dans cette direction de recherche que nous nous attacherons à continuer de parfaire la modification de la relation interne afin, ensuite, de disposer la strate phénoménologique. D'abord nous allons tenter d'articuler la spécificité du rapport sens-signification.

2. LES FONDEMENTS DE DISPOSITION

Pour résoudre le problème nous n'avons pas le choix; en effet, la phénoménologie est individualisée par la disposition de contenus *issus du corpus*, et c'est l'exigence organisatrice de la disposition qui oblige à modifier les concepts du corpus pour les intégrer dans la structure de la strate. En conséquence, il faut d'abord revenir au corpus pour sonder sa complexité. Notamment, *le concept de sens lui-même, dont il s'avère qu'il qualifie intrinsèquement l'identité phénoménologique, n'a-t-il pas déjà une fonction dans le corpus?* Si c'était le cas, c'est-à-dire si le sens jouait, dans le corpus, un rôle clair par rapport à la signification, ce serait un premier pas pour résoudre la difficulté dont nous partons. Il faudrait par la suite *modifier* le sens pour laisser fonctionner le concept dans la phénoménologie, et l'articuler aux significations en une disposition.

Sens et signification

a.   *Sur une approche husserlienne*: Bien entendu, les propositions antérieures ne conduisent pas à la réassomption du projet husserlien, qui serait la néofondation d'un idéalisme transcendantal articulé à une philosophie de l'intuition. Les thèmes et connexions mineures interthématiques husserliennes intégrables militent pour une identité phénoménologique. Ceci précisé, il convient de retourner à la richesse du corpus. Sens et signification sont mis en relation dans les *Recherches logiques*:

En outre, *signification* est pour nous *synonyme de sens*. D'une part, il est très agréable, précisément en ce qui concerne ce concept de pouvoir disposer de termes parallèles qui soient interchangeables; et surtout dans des recherches telles que celles-ci, où l'on doit justement rechercher le sens du terme de *signification*. Mais il est une autre chose dont on doit bien plutôt tenir compte, c'est l'habitude solidement enracinée d'employer les deux mots comme synonymes.[22]

Sens "égale" signification, c'est clair. Qu'il ne soit pas dans le *projet* de Husserl de transformer cette proposition en principe directeur, voilà qui est évident[23] ; Husserl ne travaillera pas dans cette direction. Il cherche seulement à préserver le *corpus* phénoménologique contra le contamination des concepts fregiens de *Sinn* et de *Bedeutung*. Cette prise en charge positive de l'égalité sens-signification suffit toutefois totalement à notre propos, qui vise le corpus et non le projet husserlien[24]. Avec plus de certitude encore, nous tenons un critère positif: ce qui ne s'intègre pas au projet est utilisable pour concrétiser l'identité de l'Etat II de la phénoménologie.

Mais cela ne prouve pas strictement que *cet* élément de découverte requiert d'être utilisé. Comment l'équation du sens et de la signification s'inscrit-elle dans une pensée positive? Lorsque Husserl se réfère à *l'habitude* pour justifier l'interchangeabilité des deux termes, voilà qui laisse songeur le commentateur vigilant. Car c'est dans la même oeuvre que l'auteur part en guerre contre les empiristes. Une telle "imprudence" donne intrinsèquement à réfléchir. En effet, ne peut-on penser que l'équation sens-signification est *insituable* par rapport au projet intuitionniste? L'hypothèse est appuyée par deux éléments: d'une part, les *Recherches* montrent suffisamment que la signification est unitaire, idéale, occupe un "espace idéal" clos; c'est un *point* fixe de référence. En d'autres termes, c'est encore un *objet* sur lequel on est amené à discourir. Et dans ce contexte s'insère le texte cité; ainsi, Husserl envisage la nécessité de "rechercher le sens du terme signification". Le sens se situe donc dans un *codomaine* et forme une infrastructure, certes *identique sémantiquement* à la signification, mais qui change eu égard à son organisation. Le sens va de pair avec la construction d'un espace de "recherches" qui rendent compte de la signification. La ponctualité de l'objet "signification" appelle la généralité codomaniale du sens comme structurant la recherche. A l'évidence, la perspective échappe à la philosophie intuitionniste des *Recherches*, et ne se *place* pas dans son projet[25]. Par contre, cet élément du corpus se place par rapport à la notion d'une identité de la phénoménologie, où il s'agit également de rechercher le sens de certaines significations. Qui plus est, la formulation husserlienne dont nous partons est la *forme* générale de notre recherche: car préciser le sens du terme signification en général, comme veut le faire Husserl, est une condition préliminaire pour la fixation du sens de significations particulières, qui est notre but. Mais on comprend bien, dans les deux cas, que le codomaine du sens est une structure de discours qui vise les significations.

Dorénavant, il faut considérer que le sens du domaine phénoménologique est aussi bien enraciné dans le corpus. Un point est donc acquis. De sorte qu'il ne s'agit plus de se poser la question en terme d'extériorité (celle des significations du corpus par rapport au sens phénoménologique) mais de la susciter dans l'intériorité du domaine d'identité; elle se transforme d'ailleurs en ces termes: quelle est l'acception à donner au sens, quelle est la *modification* à lui faire subir afin que soit entendue l'égalité sens-signification[26]? Dans ces nouvelles conditions, c'est le devenir de la phénoménologie – dans ses différents états – qui est engagé, parce que justement le sens *est* l'identité de la phénoménologie, le codomaine discursif de tous les domaines de signification. En somme, la bonne modification à faire subir au sens ne se distingue pas des états de plus en plus concrets de la phénoménologie[27]. Le travail à venir visera alors à *modifier* l'état de la phénoménologie.

Le texte husserlien laisse se profiler une immense perspective sur un avenir théorique. Mais il ne demeure pas, pour autant, étranger à l'état présent du travail. Il n'est pas dans nos possibilités théoriques d'éclaircir toutes les connotations du "sens = signification", ce qui engage, avons-nous dit, l'avenir. Cependant, une première efficace de cette équation permettra de conférer un statut définitif à notre énoncé archélogique[28], dans la perspective d'une étude de plus en plus fondamentale de la disposition structurée des concepts.

b. *L'énoncé archélogique*: Nous procédons toujours du corpus. Ce dernier impose comme proposition fondamentale l'égalité du sens et de la signification. Le fait qu'il soit nécessaire de modifier le sens, et donc de parfaire les contenus de la proposition, ne change rien à la possibilité légitimée de prendre note de la *forme* générale d'égalité et de la faire valoir immédiatement partout où cela s'avère utile théoriquement.

La première modalité d'intervention de cette proposition trouve sa raison d'être à propos de l'énonciation archélogique qui porte sur la prédication mutuelle du sujet et de l'objet. Le point décisif d'investigation a trait à la possibilité de la relation interne entre les deux significations (sujet et objet), qui ont fait fonctionner les schémas de coordination. Il reste ainsi à mettre en pratique le principe d'égalité du sens et de la signification pour ce qui regarde la médiation des significations-en-relation-interne (sujet et objet). Quelle conséquence a pour l'énoncé archélogique l'application de la loi "sens = signification"?

Si le sens est immanent à la signification, cela signifie promptement que l'articulation discursive interne des deux significations (leur codomaine de connexion) *est* le *sens* de la relation interne. L'articulation interne des deux significations *est* la relation interne de deux occurrences du sens. Il n'y a pas de médiation *externe* (de point d'appui, ou de fond) qui donne sens à l'articulation des deux significations, puisque le sens est immédiatement l'instance discursive correspondant à chaque signification. Peu importe pour l'instant que cette constatation ne puisse être développée dans un état modifié de l'identité phénoménologique. L'état actuel de correspondance de l'égalité sens-signification dans le corpus et dans la phénoménologie est adéquat à notre propos limité. Qu'il suffise donc de noter que la médiation externe introduit l'équivalent sémantique de la "relation externe", et se trouve bannie de l'identité phénoménologique.

Une deuxième conséquence se déduit rapidement: la disposition des significations fait la disposition du sens. C'est d'ailleurs cette appartenance immédiate et réciproque du sens et de la signification qui exclut la notion de référence: une référence est la médiation qui donne sens à une coordination normée de significations; par exemple, l'essence externe donne sens au système des données de la conscience.

L'énoncé archélogique est défini: l'articulation interne des deux significations (sujet-objet) est la relation interne de deux occurrences du sens. Voilà en partie concrétisée l'identité phénoménologique, identité dont la forme ne s'est toutefois pas élignée des contenus du corpus, puisque la structure sens-signification forme un véritable nerf de disposition de la strate. Toutefois cette concrétisation demeure une première approche, qui a légitimement, mais seulement, joué sur l'égalité fonctionnelle du sens et de la signification. Car on doit se rappeler que la bonne modification à apporter au sens est la modification même de la phénoménologie. C'est pourquoi, l'Elaboration du sens de l'identité est à continuer, dans un effort qui touche à la construction d'une disposition de plus en plus serrée de la strate. Cette fois encore, le corpus est le premier sol de travail; ce qui veut dire que la relation interne sera affinée en fonction des *significations du corpus*[29]. La fonction sujet et la fonction objet sont deux significations cardinales, mais il ne faut point prétendre réduire la phénoménologie à la disposition de *deux* significations du corpus. Aussi l'énoncé archélogique requiert-il d'être appliqué, aussi souvent qu'il le mérite, à des termes qui entreront dans la disposition.

Relation interne et signification

Disposer les significations selon l'ordre de la relation interne pour mieux comprendre le sens de l'identité phénoménologique, tel est le dessein qui nous préoccupe. Ce n'est pas pour autant que nous simplifions une phénoménologie ramenée à la recherche d'un point-source, ce qui serait rédhibitoire. En effet, la recherche est articulée à la disposition de la strate, et non pas à la détection d'une référence simple d'où rayonnerait archéologiquement la vérité. Aussi le travail peut-il se continuer en paix en poursuivant l'organisation de plus en plus structurée du fondement de rationalité détecté dans les schémas empiriques.

a. *Signification et disposition*: Comment appréhender la texture de la disposition dépendante de la relation interne? Nous avons appris que la relation interne (ou prédication mutuelle) est sans fond sémantique. La situation ne manque pas d'intérêt. En tout cas une analogie s'impose avec ce passage des *Prolégomènes empiriques* qui avait conduit à la notion d'un rien qui sépare le corps-sujet du corps-objet[30]. Dans l'*Urzelle* (cellule originaire) de l'Urpräsenz, le corps est donneur de significations, mais il est aussi récepteur de significations. Leib et Körper, le corps est structuré autour de ces deux fonctions que *rien* de sémantique ne rattache. Elles sont simplement conjointes, nous dirions presque disposées, s'il ne s'agissait point d'une démarche empirique n'ayant pas encore localisé l'identité de la phénoménologie. Les deux significations du corps, en tout cas, sont interdépendantes: le Leib est Körper, mais le Körper est Leib. C'est pourquoi Husserl emploie très souvent l'expression Leibkörper qui conjoint les deux significations. Ainsi, la situation est bien analogue à celle que nous connaissons avec les énoncés: une prédication mutuelle est fondée sur *rien* de sémantique.

Cette comparaison retentit sur la portée de notre propos actuel. Tout d'abord, il s'avère que le rien, ou blanc, qui constituait le point ultime de la pénétration verticale empirique est maintenant disposé dans le plan du domaine phénoménologique; en termes précis, le blanc se retrouve sous l'espèce de la relation interne; en d'autres termes, la relation interne va s'effectuer en fonction de ce rien. C'est pourquoi il n'y a pas de fond sémantique de coordination dans les énoncés, tout comme il n'y a point de joint sémantique conciliateur entre le corps-objet et le corps-sujet. Afin de distinguer notre approche de la perspective empirique encore aveugle, nous nommerons: "vide", ce blanc puisqu'aussi bien, le vide ne connote plus un manque ou un rien, mais la positivé d'un moteur de disposition, sous l'espèce stricte de la relation interne[31].

Un second résultat est à tirer de l'analogie avec la bidimensionalité du corps. Le corps est donneur de significations et receveur de significations. Et pourtant c'est un seul et même corps (Leibkörper). Décomposé, le corps est unifié. Voilà qui fait penser à la structure de la signification, où le signifiant et le signifié sont distincts, mais en même temps unifiés comme le recto et le verso d'une feuille de papier, ce que disait Saussure. Traduisons au plan du corps: le corps est signifiant de la donation de sens par le sujet (il l'incarne dans le sensible); le corps est signifié par cette donation et devient objet[32]. Il s'avère possible de transférer cette structure à l'archélogique: sujet et objet sont en état de relation interne et se prédiquent mutuellement; dans cette mesure, "sujet" est signifiant d'objet, se dit de l'objet. Mais "sujet" est aussi bien signifié de l'objet car l'objet se dit de lui. Il faudra certainement articuler avec précision le facteur "signifiant" et le facteur "signifié", afin de préciser correctement la disposition de ces éléments en fonction non seulement du sujet et de l'objet, mais d'autres termes. Toutefois, une notation importante consiste, pour l'heure, à reconnaître que s'impose une scission dans la signification phénoménologique: jusqu'à présent, en suivant la langue, sujet et objet étaient conçus simplement comme des significations. Mais, en satisfaisant à l'exigence de la phénoménologie, il apparaît que la signification (dans son cadre phénoménologique) vit sous la loi de la relation interne, de sorte que les données logiques primordiales (dispositionelles) sont les éléments de signification (signifiant et signifié). *En somme, le vide est ce qui relie les deux éléments d'une signification phénoménologique.*

A partir de cette disposition, et selon sa loi complexe à compléter, seront produits les différents états du sens de la phénoménologie. Ces sens différents reflèteront les dispositions. Pour susciter une méthode claire d'investigation, il n'est pas inutile de tester rapidement un exemple husserlien de mauvaise décomposition d'une signification en ses éléments. La signification "noème" est riche car elle conjoint "sujet" et "objet" en un terme réunificateur. On pense à "Leibkörper" qui opère de la même manière avec Körper et Leib. Cependant, le noème n'illustre pas un travail de la relation interne qui horizontaliserait sujet et objet pour les laisser se prédiquer mutuellement, et engagerait la prédication mutuelle avec d'autres éléments de signification. Car le noème est la garantie de l'appartenance de l'objet au sujet (d'une prédication univoque de l'objet au sujet); dans ce sens, le noème hiérarchise les deux éléments conceptuels et illustre l'action d'un processus articulant la connaissance à un point-source. La relation interne est *recouverte* par le concept de *constitution* phénoménologique qui, dans *Ideen I*, est opérateur (Blick) d'intégration, sans que l'efficacité en arrière-plan de l'essence soit d'ailleurs négligée. Cette déviation, à partir du statut du noème, illustre une remarquable désarticulation, ou hiérarchie antiphénoménologique. Recouvrir l'efficace de la relation interne vide, c'est désormais ce qu'il faut éviter. Une réaction saine, horizontale, à la perspective simplifiante et verticalisante (appuyée au Blick-Zuschauer) devra donc prendre les précautions suivantes:

1. refuser surtout de placer en relation hiérarchique les fonctions sujet et objet, qui demeurent les deux termes de la relation interne fondée en rationalité. Sans quoi la pente du projet husserlien va tout emporter, comme pour l'exemple du noème. *Séparément*, on suivra une ligne de relations induite par "sujet" et une autre ligne détectée à partir de "objet". Ainsi, la signification phénoménologique (le "sujet-objet" de prédication mutuelle) est décomposée pour ne pas *centrer* le procès de disposition: elle est décomposée en ses deux éléments, sujet et objet. Dès lors, la signification complexe ne risquera plus de jouer le rôle de couverture idéologique légitimant l'efficace sdu sujet. En somme, sujet sera signifiant ou signifié selon le cas, et articulé à d'autres éléments d'autres significations. Il en va de même pour l'objet. Ainsi encore, "sujet" n'occultera pas la disposition à partir "d'objet", et inversement. Remarquons par ailleurs, que la monarchie conceptuelle a priori du sujet est exorcisée[33].

2. ces exigences posées, on développera, sur chacune des lignes, un maximum de relations et surtout la loi des relations. Tous les éléments de significations marquantes du corpus seront dédoublés et placés à leur juste endroit. Aussi observerons-nous si le moteur logique, ou vide, a une efficace dès ce stade, c'est-à-dire au plus bas de la morphologie des énoncés.

3. Le rapprochement des deux lignes d'éléments de significations livrera la loi de composition des significations phénoménologiques stables. Mais on s'efforcera de rendre compte, également, de la place du projet husserlien par rapport à cette première concrétisation d'ensemble de la disposition. Dans les deux cas, l'efficace du vide ne sera plus testée sur chaque axe, mais dans le rapport des deux axes.

En ces termes programmatiques et encore abstraits se manifeste l'annonce d'une tentative de disposition articulée, ou *protologique*. Les éléments de disposition seront analysés selon le *lieu* qu'ils occupent sur chacune des deux lignes. Et la notion d'une disposition articulée des lieux, c'est justement une topologique, un modèle explicatif[34]. Ainsi la topologique est le modèle de la protologique.

b. *La topologique des significations*: L'effort portera sur la construction d'une première ligne de disposition, celle qui est ordonnée à "objet". Tout le corpus phénoménologique est en question. Mais il semble, dans les *Recherches*, qu'un noeud fondamental de disposition soit en relation avec le concept de représentation, concept dont l'analyse va tenter d'éclaircir la troublante complexité.

Dans le chapitre VI de la cinquième *Recherche*, Husserl analyse les "équivoques les plus importantes des termes de représentation et de contenu". L'éclatement de la notion de représentation, qui malmène la continuité d'emploi du

128

signifiant représentation, est fort intéressante; les diverses fonctions de la représentation apparaissent ainsi; après que nous les avons classées dans l'ordre opportun:

— Représentation en tant que matière d'acte (...) c'est-à-dire en tant qu'elle est le contenu complet de l'acte, à l'exclusion de la qualité.[35]
— Représentation en tant qu'*acte objectivant*, c'est-à-dire au sens de la classe d'acte qui se retrouve nécessairement dans tout acte complet, parce que toute matière (...) doit être donnée originairement comme matière (...) d'un tel acte. Cette "classe fondamentale" qualitative embrasse aussi bien les actes du *belief* nominal et propositionnel que leurs "contreparties" (...).[36]
— Au simple penser s'oppose donc le "représenter": il s'agit là manifestement de l'intuition qui confère le remplissement à la simple *intention* de signification, c'est-à-dire un *remplissement adéquat* (...). *Se représenter quelque chose* veut dire maintenant: *se procurer une intuition correspondante de ce qui a été simplement pensé, c'est-à-dire signifié sans doute, mais qui, au mieux, n'a pu trouver qu'une illustration très insuffisante.*[37]

Le concept complet de représentation se déploie de la première à la troisième définition: la représentation est d'abord sens (matière) puis matière et acte, enfin intuition. La dernière définition indique très finement vers une corrélation intrinsèque dela représentation et de ses contenus de représentation. Force est de constater que les signifiés de "représentation" sont placés sur un même pied sémantique.

Cette analyse de la représentation porte aussitôt ses fruits; car le rattachement de "représentation" et des autres signifiants aux contenus *du concept* de représentation, qui égalise ainsi les signifiés (contenus) de la "représentation" va dominer complètement la suite de la phénoménologie noético-noématique; Husserl lui-même a proposé la double équation: matière + acte = noèse; contenu = noème; et dans la mesure où le signifié "représentation" se retrouve dans le signifié "structure intentionnelle — noético-noématique", l'évolution du discours phénoménologique prend ainsi *appui sur les signifiants*: la neutralisation de la différence entre signifiés engendre donc une autre différence: on peut dire que le signifiant "intentionalité noético-noématique" renvoie à l'ancien signifiant "représentation"; plus clairement, la "représentation" devient le *signifié* de l'intentionalité noético-noématique. Tel est le terme auquel aboutit l'indifférenciation des signifiés. L'égalisation sémantique, qui brise de fait toute articulation logique (au sens habituel de ce terme, qui se fonde sur un lien sémantique) laisse place libre à une relation des signifiants appuyée sur l'intervalle ou rien. Un *vide* de sens distingue la représentation de l'intentionalité noético-noématique; mais parallèlement, cette forme du vide laisse le terrain libre à l'organisation des signifiants, et le fait qu'un signifiant renvoie à un autre transforme ce dernier en signifié.

Ce n'est que le premier maillon d'une chaîne: en effet, les sous-productions de l'intentionalité, c'est-à-dire la noèse et la noème, qui apparaissaient originairement comme des signifiés authentiques, sont en fait absorbés et assimilés par les connotations du signifié "représentation". Ceci provoque un état de nullité sémantique, une égalisation qui renvoie la spécificité des signifiés de *Ideen I* au néant. En retour, ces faux-signifiés deviennent alors les signifiants de la représentation, qui, de signifiant, (regroupant plusieurs signifiés en son sein) est produite comme signifié. Le premier maillon de la chaîne unissait deux signifiants et de l'un faisait un signifié. Voici qu'un second maillon, plus décisif encore, généralise le résultat et métamorphose les signifiés d'*Ideen I* en signifiants du signifiant-devenu-signifié ("représentation"). L'intervalle comme vide, qui égalise les signifiés, engendre donc la différence dans les signifiants et fait resurgir un signifié. Tel est l'un des deux ressorts d'un mode de liaison inouï dans l'histoire de la philosophie et des idées. Ce mode de liaison, en somme, n'est pas progressif, mais régressif. C'est pourquoi il faut lire la phénoménologie *à rebours*, retourner au signifié.

L'approfondissement de cette lecture régrédiente mène droit à *Philosophie de l'arithmétique* où le terme qui joue le même rôle que la représentation par rapport à l'intentionalité noématico-noétique est l'*unité*. Dans cette oeuvre, Husserl procède d'ailleurs, comme pour la représentation, au rassemblement des différentes définitions de l'unité[38]. La première définition, qui considère l'unité comme une "partie collective", donne le ton général. En tant que "partie collective", l'unité constitue à la fois l'objet (le collectif) et les éléments énumérés qui conduisent à la formation de l'objet (d'où à la fois l'expression: partie, et la conjonction: partie-collective). L'unité figure ainsi la totalité et la totalisation des parties. Ce fait théorique est important car la représentation, dans *Philosophie de l'arithmétique*, est — comme Frege l'a suffisamment montré — en même temps totalité, ou nombre, et activité de totalisation. Le signifié "unité" recouvre donc le signifié "représentation". Il y a à nouveau égalisation des signifiés, et jeu possible des signifiants, qui sont signifiés si l'on regarde vers l'aval, signifiants d'un signifié dernier si l'on se dirige vers la source.

Mais dans le cas précis, il y a une seule voie qui relie tout, car, par ailleurs, la représentation de *Philosophie de l'arithmétique* a une *commune mesure* avec la représentation des *Recherches*: par deux fois, il s'agit en effet d'objectiver un tout à partir d'éléments: dans les *Recherches*, le tout "objet" est à la fois structuré *à partir* des connotations de la représentation (matière, acte, représentants signitifs et intuitifs) mais il est également structuré *dans* la représentation, puisque l'objet n'a jamais le statut de transcendance effective: la véritable représentation est objectivante, comme on sait. Dans *Philosophie de l'arithmétique*, le tout "nombre" dépend de sa *formation par* des opérations de représentation (actes de liaison qui forment la conceptualisation arithmétique sur laquelle s'exerce la "réflexion"), mais il est encore une forme *de* la représentation. L'égalisation des deux connotations de "représentation" est donc réelle. Le signifié "représentation" se retrouve égal à lui-même. A partir de là se construit la chaîne des signifiants: le signifiant intentionalité (*Ideen I*) ramène au signifié (provisoire) de la représentation (*Recherches*) qui, devenu signifiant, renvoie au signifié définitif de l'unité. La rétrologique[39], fondée sur le vide comme rien productif, mais aussi sur la mise à plat des signifiés, dispose ainsi la ligne topologique de l'élément "objet". La relation interne, en tant qu'intervalle, place l'aspect signifiant de la signification en rapport régressig avec un signifiant X qui se mue en signifié. Plusieurs résultats sont à indiquer: les significations marquantes du corpus rentrent dans le jeu signifiant-signifié. le vide est actif en ce lieu minimal, ce qui signifie que la relation interne ne vaut pas simplement *dans* la signification, mais entre éléments de significations différentes. Enfin, l'élément signifié dernier est bien l'unité-objet.

L'intérêt va se porter dorénavant sur la notion d'une seconde ligne de disposition topologique, ordonnée à "sujet", le second élément de signification. Ensuite sera esquissée la possibilité des prédications mutuelles de la ligne "sujet" et de la ligne "objet". Dans le contexte thématique husserlien, l'espace du sujet, c'est celui de la conscience, car le territoire de la conscience est primordial. Remarquons sur notre exemple que la direction logique semble ici être progressive: nous sommes en effet conduits de la conscience empirique à la conscience de l'humanité, ce qui est parallèle au mouvement de ce que Husserl a nommé: "phénoménologie". Il faudra rendre compte de la "progression". Pour l'instant, une première constatation s'impose: la dissociation de la signification "conscience" correspond à *la décomposition d'un concept originaire en incidences sémantiques* neuves[40]. Nous nous plaçons donc aux antipodes de l'exemple précédent où la conjonction de l'intentionalité et de la représentation procédait d'une *situation terminale qui renvoie sémantiquement à ses antécédences.* Cette remarque a-t-elle une portée plus profonde?

Il semble bien qu'il existe une seconde lecture de la phénoménologie. Au départ est l'univocité du signifié conscience, que Husserl utilise dès *Philosophie de l'arithmétique*: la conscience se confond avec la représentation qui lie les "un-quelque-chose". Puis, si l'on suit chronologiquement la publication des oeuvres husserliennes, il apparaît que le signifié *éclate*; la cinquième *Recherche* donne trois définitions de la conscience, la conscience transcendantale d'*Ideen I* a encore une nouvelle connotation, la conscience-monde de la *Lebenswelt* est originale, enfin la conscience de l'humanité représente une autre source de disparité. Rappelons au contraire que le signifié "intentionalité noético-noématique" se retrouve dans le signifié "représentation". Dans la mesure où le signifié "conscience" se partage intérieurement et que le mot est conservé, la seule continuité pensable est celle du *signifiant* "conscience". Mais la signification "conscience" est le produit logique d'une opération par laquelle l'intervalle (= vide) nie les différences des signifiés en les bloquant dans l'unité d'un signifiant. A partir de ce moment, l'axe est tracé: étant donné qu'il n'y a ici qu'un seul signifiant, il n'est pas possible que la lecture régresse au fil des signifiants pour transformer les signifiants antécédents en signifiés provisoires. L'éclatement du signifié contraint à la progression car il n'existe pas de commune mesure – au plan des signifiés – avec le concept antérieur. Enfermant comme sa condition de possibilité l'intervalle qui le met potentiellement à distance de lui-même, le signifiant "conscience" res-suscite l'intervalle. Dans l'articulation de la représentation et de l'intentionalité, le vide de sens laissait terrain libre à une logique autonome des signifiants mobiles. Ici, le vide travaille au niveau du signifiant fixe dès le départ; c'est pourquoi il est normal qu'il libère une logique au niveau des signifiés mobiles: les signifiés produits renvoient à des signifiants. C'est-à-dire que le signifiant "conscience" suscite des signifiés qui progressivement se transforment en signifiants provisoires. Dans le mouvement précédent, de direction inverse, les signifiants étaient progressivement métamorphosés en signifiés (provisoires) jusqu'à un signifié ultime. *Alors qu'auparavant le moteur – le vide ou l'intervalle – conjoignait les signifiés, à présent, le vide dis-joint le signifiant*, de sorte que les *signifiés produits portent cette marque du signifiant* dont ils procèdent, empreinte par laquelle un *signifié est toujours signifiant dans son fond.* Inversement, dans la lecture antérieure, tout signifiant était toujours signifié parce que la marque originaire était celle des signifiés égalisés. Tel est le mouvement général; ce dernier résiste-t-il à une analyse plus fine?

L'approfondissement de l'analyse à partir de l'exemple archétypal de la conscience illustre effectivement la relation topologique qui sécrète les signifiés à travers le signifiant et transforme les signifiés en signifiants: la première dimension d'éclatement de la conscience s'effectue nettement en 1900 dans *Recherche Logique V.* Toutefois, la confirmation de la disparité introduite dans le concept date de 1905, où Husserl donne ses *Leçons sur la conscience intime du temps;* alors que les *Recherches* proposent trois déterminations distinctes, mais conciliables dans la conscience comme "milieu de vécus", ici, on apprend que la conscience est temps et que le temps est conscience; l'ambivalence noématique du temps et de la conscience engage Husserl à poursuivre l'analyse: le signifiant "conscience" renvoie donc à des signifiés; pourtant, la noématique appelle une noétique – qui s'essaie à la scientificité dans les manuscrits C –. Alors les signifiés de la noématique (a) deviennent les signifiants d'une noétique (b): les signifiés n'ont pas de teneur intrinsèque car ils portent la marque de la dis-jonction dans le signifiant "conscience". D'ailleurs la "progression" se confirme: la noétique se rapporte elle-même à une doctrine de l'Ur-impression (c) qui répète la difficulté contenue dans la noématique de 1905 (comment concilier intention et sensations?). La noétique est donc signifiante; dès lors, l'intervalle, comme moteur, refend le signifiant et le renvoie au pseudo-signifié de la constitution (d), lequel se métamorphose aussitôt en signifiant d'une téléologie générale (e) qui absorbe la possibilité des constitutions individuelles dans une archiconstitution, présentant également le caractère d'être à-venir.

Quelque chose est remarquable: il est clair que le télos de la progression (c'est-à-dire le signifié – *signifiant* ultime qui exorcice l'intervalle) est hors d'une continuité de progression. Le télos n'est pas engendré, et alors référable à des conditions antérieures enfermant sa vérité; il est créé par une succession de ruptures conceptuelles articulée à l'insignifiance de l'intervalle. Il existe une véritable poussée *a tergo* qui propulse les signifiants vers l'avant sans que le dernier – à la différence de la thématisation que tente Husserl – soit à la fois terminal et initial. Husserl avait nettement compris la nécessité de concilier une lecture régressive et une lecture progressive: la notion de télos a pour fonction d'enraciner le terme dans le départ et inversement. Cependant, la téléologie husserlienne, comme "forme de toutes les formes"[41] est la réponse anticipée, et plaquée sur un problème qui n'a pas été posé: celui de l'articulation primordiale qui dispose la phénoménologie dans deux directions, la progression théorique et le retour à l'archè.

Dans notre situation, nous pouvons comprendre que deux directions sont réelles et il reste à déterminer comment leur conjonction se décide, comment s'instaure l'idée d'une prédication mutuelle. Actuellement, est claire pour nous la lecture qui recherche l'effet moteur conjonctif de l'intervalle au niveau des signifiés et qui produit une métamorphose des signifiants en signifiés jusqu'à un signifié premier (l'unité). Est pertinente aussi la lecture qui détecte l'effet moteur disjonctif de l'intervalle au niveau des signifiants (de la conscience) et qui suscite une mutation des signifiés en signifiants jusqu'à inénarrable intra-ou-extra-phénoménologique (le Dieu-téléologie générale). Ces deux directions de la lecture n'entament point la définition de la relation interne comme mise à distance des éléments de la signification, que le moteur soit l'identité des signifiés forgée dans le vide de conjonction, ou la disjonction d'un signifié appuyée sur le vide comme séparation. L'union-désunion par l'intervalle donne sa pertinence à la relation interne.

Il est possible de conclure provisoirement. Deux lignes de disposition se sont imposées. Chacune est articulée à l'efficace du vide, qui sécrète des signifiés ou des signifiants. De plus, l'identité ainsi complexifiée est toujours référée au corpus puisque d'une part, "sujet" et "objet" sont fondés en rationalité par l'idée de relation interne et que, d'autre part, les lectures (régressive et progressive) sont appuyées sur des notions du corpus. Il est temps, dorénavant, d'opérer la conjonction des deux lignes, et ce faisant, leur topologique[42]. Mais, auparavant, nous serions fortement confirmés dans ces *Elaborations* si elles étaient assez inclusives pour intégrer le *projet* husserlien à la *disposition*. Alors serait bien montré comment le "sens" husserlien de la phénoménologie se place par rapport à la série des modifications à-venir du sens de l'identité phénoménologique. Une continuité des états de la phénoménologie, depuis les plus inchoatifs jusqu'aux plus complexes, c'est ce que nous obtiendrions.

Le projet husserlien s'établit dans les composantes de "l'idéalisme transcendantal", ce qui a été longuement répété. L'idéalisme transcendantal est une doctrine de la constitution des objets par le sujet. Et l'idéalisme transcendantal radicalisé, bien normé, est la constitution de l'*horizon* du monde objectif par le sujet. En ce sens, la *Logique* fonde *Ideen I*. La conscience-sujet est en relation avec l'objet-horizon. Par ailleurs, il vient d'être montré qu'une disposition topologique (une première modification du sens de l'identité phénoménologique) exigeait de penser la *conjonction* des deux lignes. En retour, il semble que le projet husserlien devienne pensable dans la constatation de l'existence d'un simple *parallélisme* des deux lignes, ce qui soulignerait son vice interne. Alors le projet husserlien pourrait être intégré dans la disposition, mais à son plus bas niveau, encore non fonctionnel.

Le projet husserlien s'accommode-t-il d'un parallélisme des deux lignes de la disposition? Le parallélisme implique que la direction de "l'objet (horizon) ⟶ représentation ⟶ unité" est autonome. En retour, la ligne "conscience ⟶ temps noématique ⟶ temps néotique, etc..." ne le serait pas moins. Le projet de Husserl donne de quoi penser cette situation: en effet, la conscience est le *premier* terme de l'axe de progression; l'horizon est le *dernier* terme de l'axe à lire à rebours. Dans cette situation de disposition, la conscience ne peut guère se dire de l'horizon, et inversement. Les conditions topologiques déterminent le non-ajustement de la conscience et de l'horizon, qui ne sont pas dans une relation d'immédiation, comme le sont conscience et représentation. Le *projet* naît alors de l'idée de penser la nécessité de la relation immédiate de la conscience et de l'objet-horizon. Et de cet effort naît complémentairement le *mauvais* sens concentré dans l'idéalisme transcendantal, qui, pris dans les médiations, s'applique à rechercher l'intuition immédiate. Le sens du projet husserlien obéit à une erratique du non-raccordement des deux lignes de disposition. Alors le sens devient télos[43].

Un autre exemple de non-raccordement des deux lignes de lecture suscite une seconde unité de sens qui participe du projet de la phénoménologie husserlienne. On sait que la dernière philosophie husserlienne, qui relaie l'idéalisme transcendantal de la conscience, est une thématique du monde de la vie où la *Sinngebung* s'origine dans le *Leben-in-der-Welt*. Soit donc la Lebenswelt. De quoi est-elle formée? Par essence elle exprime la signifié du vécu de la conscience-monde; définitivement, le théoricien se doit de se référer en toute conscience au fait que ce vécu signifié est un signifier, un pouvoir gnoséologique. La Lebenswelt, analysée, détermine ainsi le *signifier du vécu*. Telle est la nouvelle pensée qui se prend dans la vie. Toutefois, on retrouve à nouveau la bipartition connue: l'axe du vécu s'origine dans la conscience et se propage vers l'avant, vers les structures du temps, et même, plus loin, vers les structures morales — car la dernière *Bewusstsein* est aussi un *Gewissen* qui assume une *Verantwortung* —. Par contre, le signifier s'insère dans l'axe de direction opposée qu'est la "représentation ⟶ unité"[44]. Vécu et signifier sont donc des composantes de deux dimensions de théorisation absolument parallèles et sans commune mesure. Le *sens* de la Lebenswelt comme *Lebensphilosophie* n'est rien de plus que la conciliation erratique de deux horizons théoriques qui glissent l'un sur l'autre sans se croiser. C'est pourquoi, d'ailleurs, après la mise en place conceptuelle de la Lebensphilosophie, toute comme celle de l'idéalisme transcendantal, il ne se passe strictement rien, productivement parlant. Dans le cas de l'idéalisme transcendantal, Husserl ne cesse de se répéter qu'il se livre à des descriptions "eidétiques d'un donné. Quant à la constitution, l'objet lui échappe, comme nous l'avons analysé. En ce qui concerne la Lebensweltphilosophie, l'alliance du vécu et du signifier n'a pas bouleversé la théorisation antérieure: la Lebenswelt doit être réduite et rejetée du côté du monde naïf, ce qui restaure alors l'opposition globale du monde (objet) et du sujet. La Lebenswelt trouve donc sa vérité dans l'idéalisme transcendantal, qui, à son tour attend son illusoire vérité de la conciliation eidé-

134

tique de deux mouvements conceptuels engagés sur des rails théoriques sans commune mesure. Entre le sujet et l'objet, le vécu et le signifier, il existe ce dénominateur commun: l'intervalle qui les sépare est totalement inactif. Dans le langage des *Recherches logiques*, il faut nommer cet état une *relation externe*. Alors que dans chaque signification, une relation interne s'établit d'abord dans le rapport signifiant-signifié (ce qui fait que le signifié entretient des relations ambivalentes avec le signifiant et inversement, notamment lorsque tel signifié devient signifiant et réciproquement), puis se propage dans la connexion d'une signification avec d'autres significations (le signifiant étant alors en relation avec un signifiant se mutant en signifié, ou avec un signifié devenant signifiant, selon les lectures envisagées) ici, le qualificatif de relation externe témoigne de la statique des deux axes de signification qui forment chacun un tout. Il n'y a pas de relation interaxiale lorsque la disposition est pétrifiée dans un simple "ne rien être" qui joue le rôle de réceptacle passif. Dans cette *disposition externe*, le sens est l'indice d'une errance. En comme, il existe bien un infra-niveau (husserlien) de disposition, qui confirme une forme d'unité phénoménologique, dont l'identité attend toutefois d'être concrétisée topologiquement. A cette mauvaise topologie sémantique, il s'agit de substituer une vraie topologique, une première modification du sens de la phénoménologie.

En d'autres termes, le travail vise à construire la notion de signification phénoménologique à partir des éléments de signification en relation interne, ou en état de prédication mutuelle. Ces significations, qui concrétisent le croisement des deux lignes de lecture, sont des *significations stables*, par opposition au jeu des éléments de signification.

La situation dispositionnelle dans le projet husserlien va nous aider à alimenter une dynamique topologique. Rappelons en effet que la conscience et l'horizon sont fortement *distants* sur les deux axes: entre eux il y a toute la rangée des concepts intermédiaires; de même, le vécu de la Lebenswelt est au terme de la ligne de la conscience car c'est un vécu de praxis quotidienne, de morale, et non le vécu des *Recherches logiques* qui renvoyait simplement à un horizon de conscience. Au contraire, le signifier s'origine tout droit dans une problématique de la représentation puisque signifier, pour Husserl, a toujours voulu dire exercer une intentionalité, et cette définition est une constante. Dans ces conditions la composition signifiant-signifié ne peut pas s'exercer: en effet pour que l'expression "vécu du signifier" ait *une* signification (ce qui est absolument exigible) il faut à tout le moins que vécu et signifier occupent une même place, en vis-à-vis, sur les deux axes parallèles. Sans cela intervient une médiation entre les deux éléments de signification, qui annihile l'idée de relation de dépendance immédiate, ou relation interne. Ainsi naît bien le mauvais sens du projet husserlien qui s'évertue à tenter d'immédiatiser la médiation, sans y réussir, comme on l'a vu dans l'Introduction.

Prenons quelques exemples significatifs pour illustrer positivement la théorie, et non plus négativement. Soient les deux directions de lecture et soient certaines significations disposées: conscience, unité, acte, représentation, sujet intentionnel, temps, matières sensibles. Il est clair que conscience et unité occupent le premier rang, parce que la conscience est le premier terme d'une progression et l'unité le dernier d'une régression. Dans ce cas, la "conscience-d'unité" forme une *signification stable*: le travail conceptuel s'effectue à partir de la chaîne indissociable conscience-d'unité alors que le travail husserlien *projette* de former la chaîne conscience-horizon. Toute la *Philosophie de l'arithmétique* joue sur la conscience-d'unité; sinon il ne serait même pas possible de former les "un-quelque-chose" unitaires qui, à chaque itération, expriment la force liante de la conscience-d'unité. Par ailleurs, l'échangeabilité des deux termes institue bien une relation interne entre un signifiant et un signifié qui *alternent* en état de prédication mutuelle: dans la numération, l'unité est le signifiant de la conscience à laquelle elle renvoie; mais dans la réflexion qui arrête la numération et produit le collectivum, c'est la conscience qui devient le signifiant du signifié "unité": les liaisons indiquent en effet vers la référence sémantique du nombre. Le statut du couple acte-de-représentation est le même: acte vient en second par rapport à conscience; représentation est l'avant-dernier terme de la régression. Toute représentation est un acte, et l'acte phénoménologique est une représentation. De plus l'acte renvoie à son contenu de représentation, mais ce dernier est également signifiant de la structure de l'acte (qualité, matière). En troisième lieu, nous avons: "sujet-intentionnel"; sujet est signifiant de conscience et intervient au troisième degré de la chaîne des signifiants (après la conscience dans *Philosophie de l'arithmétique* et l'acte dans les *Recherches*). L'intention se situe à la même place sur l'axe régressif. L'échange du sujet et de l'intention est total car le sujet est *pôle* intentionnel (*Pol*) et l'intention est individuelle et individualise l'objet dans la mesure où elle procède d'*un* sujet. "Sujet" et "intentionnel" s'allieraient d'ailleurs beaucoup mieux que "conscience" et "intentionnel" car la conscience des *Recherches* est plus une fonction universelle qu'une instance individuelle placée face à des objets individuels dans le monde. Le sujet actualise nettement la Sinngebung intégrée dans un monde différencié. Une dernière grande unité de signification se manifeste en occasionnant un croisement: celle du temps noétique (au terme de la ligne de la conscience) et de l'intention associative (au premier rang dans la ligne régressive vers l'unité): le temps noétique et cette *Ur-assoziation* forment le tout originaire absolument indissociable auquel Husserl demeurera accroché après que le modèle de la constitution active se sera avéré impraticable; la noèse primordiale donne forme au matériel associé (signifiant), mais en retour le matériel s'organise à partir de l'Urimpression dont l'auto-distanciation provoque la synthèse passive, qui, dit Husserl, intervient avant le temps (signifiant, dans ce cas). En somme, il existe une relation interne entre signifiant et signifié d'une même signification. A ce niveau de composition d'une signification stable, l'intervalle entre signifiant et signifié — qui est l'intervalle entre les deux directions générales de lecture —, est un *vide actif* et moteur. La disposition externe, husserlienne, des deux axes parallèles est devenue la disposition interne à l'intérieur d'une *signification stable qui concrétise le croisement des deux axes*. Qui plus est, ce concept de signification stable unifie les

136

deux lectures phénoménologiques: lecture régressive et lecture progressive se rejoignent dans la construction des significations. Une téléologie est assumée, qui concilie une approche par le point de départ (progressive) et une approche par le terme (régressive).

Les premiers résultats méritent d'être résumés: le projet husserlien est intégré; en lui, le vrai sens topologique n'est que trop partiellement assumé. Une *modification* du sens extrait du corpus est intervenue: le sens comme identité de la phénoménologie est l'articulation *interne* des éléments de signification en significations stables. Une néo-forme d'identité se dessine donc *à partir* du corpus, mais à l'écart d'une assimilation par le projet de l'idéalisme transcendantal. Par ailleurs, le vide a vu se préciser son rôle moteur, sur chaque axe, et dans la combinaison des deux axes. C'est toute la complexité de la phénoménologie articulée au sens et aux significations qui semble valider le travail qui s'est écarté des insularités simplificatrices, c'est-à-dire de sa cristallisation dans un concept majeur, un chef de hiérarchie. La topologie des significations obéirait donc aux consignes méthodologiques les plus strictes. Toutefois, si le sens a été une première fois modifié afin que soit légitimé son transfert du corpus au domaine phénoménologique, si la signification est construite, rien encore ne permet de penser l'égalité cruciale du "sens = signification", égalité que nous impose le corpus. Ne serait-ce point alors que ce premier sens de la disposition mérite d'être mis en question? Rappelons à cet égard que la disposition (le sens modifié) procède *d'une* signification (conscience d'unité) qui se *délègue* dans *toutes* les significations de la topologique. La conscience est le point de départ, l'unité le point de retour obligé. Dès lors, il n'y a pas égalité du sens et de la signification, mais subordination d'une disposition (sens) à une signification. Ce déséquilibre n'illustre-t-il pas notre problème?

Un nouveau trajet s'impose alors: d'abord éprouver la disposition et, si la difficulté relevée est réelle, le phénoménologue se doit de repenser la disposition, afin d'égaliser progressivement son sens à chaque signification, ce qui pour l'instant demeure totalement abscur, mais reste exigible pour édicter les lois complètes de l'Etat II de la phénoménologie.

---

1 Le schéma matriciel tiré de la *Philosophie de l'arithmétique* et le schéma de prédication généralisée.

2 C'est le moment de préciser les rapports de nos *Elaborations* phénoménologiques avec le corpus husserlien. Notamment, comment faire *référence* à lui, et dans quelles conditions? Deux remarques permettent de baliser l'approche du problème: tout d'abord, il convient de noter que le projet husserlien a été refoulé de droit; ceci entraîne comme conséquence *le refus* des propositions du corpus articulées à la problématique de l'idéalisme transcendantal et de "l'intuition donatrice originaire". Voilà détectée une barrière efficace. Mais par ailleurs, des limites positives interviennent en retour: la notion légitimée d'un domaine phénoménologique est une caractéristique positive; elle suppose que le domaine li-

mite un territoire d'enchaînement des concepts (la strate, notamment), enchaînements qui caractérise leur soumission à un ordre. En ce sens les éléments du corpus sont, pour certains, intégrables dans l'identité phénoménologique. L'existence d'une polémique *généralisée* n'a donc plus lieu d'intervenir. La guerre des positions et des contre-positions est terminée.

Mais le problème des relations au corpus rebondit; en effet, tous les éléments du corpus, même ceux échappant à leur intégration dans le projet de l'idéalisme transcendantal, ne sont pas légitimables par nos *Elaborations*. Aucune raison sérieuse n'empêcherait que certains éléments fussent inutilisables car résiduels ou simplement inopérants. L'accent est donc à porter sur la nécessité de délimiter la *positivité* du corpus. A ce niveau, notre texte vient de fournir une réponse: procéder des *fondements de rationalité* du corpus, comme il est proposé, c'est, dans le corpus, reprendre des facteurs d'ordre. Et, le développement de ces fondements appellera conséquemment l'intégration sélective des bonnes émergences conceptuelles du corpus (cf. la notion de *relation interne*, qui sera déterminante). En somme, la question des références de nos *Elaborations* au corpus, ces dernières étant chargées de donner forme au corpus, se résout facilement en trois points: préliminairement, il est requis d'éliminer les propositions husserliennes dépendantes du projet; puis, en nous appuyant sur les limites positives d'un territoire phénoménologique – qui exclut la polémique généralisée de la Section I – nous aurons à travailler sur les propositions husserliennes connectées aux fondements de rationalité. Ces trois points, on le voit, sont étroitement dépendants de la construction préalable de ces fondements de rationalité, qui constituent l'assiette phénoménologique première.

3 Schérer, *Phénoménologie des Recherches logiques*. Titre du chap. V, p. 206.

4 *Recherche logique III*, p. 8.

5 *Recherche logique III*, p. 24-25. Cf. *Ideen I*, p. 54.

6 *Expérience et jugement*, p. 172. Nous retrouvons un problème élucidé dans la Section I (partie I, chap. 3). Dans le cadre d'alors, il fallait simplement tenter d'opérer la coïncidence des touts de phrases et des touts sensibles au niveau de leur structure. On a d'ailleurs vu que, dès qu'il s'est agi de contenus, l'espace sensible a repris son individualité en résistant victorieusement à sa réduction méthodologique. Dans le cadre présent, l'analyse est affrontée à la nécessité de confronter les espaces sensibles et les espaces intelligibles au plan des contenus sémantique. Un rapport devient pensable, mais à condition de respecter la *spécifité* des registres.

7 *Recherche logique III*, p. 25.

8 *Ideen I*, p. 54.

9 Par "rationalisation de l'intersubjectivité", il ne faut pas entendre l'élucidation du projet husserlien d'Einfühlung, qui s'insère dans le projet plus global de l'idéalisme transcendantal. De ce point de vue, nous objectiverions (dans l'espace), l'Einfühlung. Par contre, la rationalisation exhibe le fondement de rationalité, qui vaut pour la concrétisation de l'identité de la phénoménologie.

10 *Logique formelle et logique transcendantale*, p. 127.

11 R. Schérer: *Phénoménologie des Recherches logiques*, p. 217.

12 *Ideen I*, p. 47.

13 R. Schérer: *Phénoménologie des Recherches logiques*, p. 325.

14 *Logique formelle et logique transcendantale*, p. 204.

15 Ibid., p. 154-155.

16 *Manuscrit D7*, p. 58-59 (1917). "Ein ideales Ganzes kann einen Teil (einem idealen Teil) mehrmals enthalten, weil das ideale Ganze eine *Einheit der Funktion* ist und jede in dem idealen Zusammenhang Idee mehrfach funktionieren kann und in jeder Funktion sich in eigener Weise Vereinzelt, in einer Weise, die eben der Idee eigentümlich ist".

17 Ibid., p. 59.

18 *Logique formelle et logique transcendantale*, p. 394.

19 Ibid., p. 155.

20 Ibid.

21 Ibid.

22 *Recherche logique II*, p. 59-60.

23 La différence linguistico-logique du sens (= connotation, intension) et de la signification (= dénotation, extension) est bouleversée en *phénoménologie*. Le corpus husserlien
suscite, sous cet aspect, l'élimination de la problématique de la référence et engendre l'inva-
lidation de la sphère de *désignation*. En cette circonstance, une continuité règne depuis les
recherches conduisant à un rejet de la thématique de l'essence-référence qui semblait s'imposer dans le corpus, mais dont une analyse approfondie a montré la non-pertinence eu
égard aux exigences profondes de ce même corpus. Notre travail de disposition reprend
donc, en toute cohérence, les résultats des *Prolégomènes empiriques*. Et la proposition
husserlienne plaçant en équation sens et signification s'inscrit conséquemment dans l'unité
de notre effort de fondation d'*une* phénoménologie.

24 *Ideen I* (page 420 de la traduction) renvoie à la même équation sens = signification.
En effet, la couche de l'expression, qui emporte dans son discours les significations, ne crée
point de significations nouvelles. C'est le "médium intentionnel" (p. 420) qui "reflète"
(p. 420) les effectuations de sens, mais qui demeure *improductif. Du sens à la signification,
le passage égalisant est donc net.* Ce qui montre que l'équation du sens et de la signification a une valeur centrale qui dépasse l'argument *ad hominem*.

25 En effet, la notion d'un "sens = signification", qui est une équation à approfondir,
est vite laissée pour compte. Pourtant, elle travaille sourdement dans le corpus; les différentes *significations* que Husserl donne à *sens* illustrent l'état d'indécision de sa pensée;
Husserl dit: sens objectif, sens intentionnel, sens noématique, noétique, sens de la Lebenswelt, sens associatif, sens de la philosophie, sens comme télos etc. C'est une véritable mosaïque qui s'impose. *Il est vrai que chaque occurrence du sens illustre son égalité avec une
signification, ce qui vérifie en passant la proposition sens = signification.* Mais comment articuler, par exemple, le sens intentionnel (local) et le sens de la phénoménologie (global)
comme télos? Soit le sens est un milieu indifférencié — et la phénoménologie se contente
d'associer additivement ses acceptions, ce qui ne fera jamais d'elle une organisation —;
soit le sens est à différencier — ce qui nous contraint à privilégier la notion d'une identité
de la phénoménologie, et à penser progressivement l'équation sens-signification, pour la
subsumer sous l'espèce noble d'un espace discursif identifié de la phénoménologie —. Tout
notre travail pèse pour la seconde possibilité.

26 Après sa transformation en prédication mutuelle, tel est le nouvel avatar à faire subir
à la relation interne pour la modifier convenablement. Nous atteignons ainsi un plan sémantique universel qui touche à l'identité de *la* phénoménologie.

27 Le couple "codomaine discursif (sens) — domaine ponctuel (signification)" ne doit
pas tromper. Le sens n'est pas langage sur langage, opérant de l'extérieur. La question n'est
pas de construire un langage signifiant *dénotant* un langage signifié fonctionnant comme
référence. Extirpons pour de bon la référence: le cas est distinct de celui des sémantiques
logiques (cf. Tarski), car le codomaine est certes une *autre* architecturation discursive, *mais*
qui *connote* les ponctualités de signification. Les deux perspectives ne se superposent pas
dans un dédoublement; elles sont co-opérantes (con-notantes) sans *référer* à rien. C'est
qu'on ne construit pas ici la sémantique d'un langage-objet, sémantique articulée dans un
métalangage. Cependant, toute la difficulté est de comprendre comment ce phénomène de
connotation sans dénotation cohabite avec le fait que les significations réintroduisent une
référence ponctuelle, une dénotation. Ce sont les lois de *modification* du sens = signification
qui devront nous renseigner sur les rapports de la non-référentialisation (à penser), et de la
référence (imposée par chaque signification).

28 Nous disons archélogique — et non archéologique — pour éliminer la notion d'un
substrat. L'énoncé archélogique est la *relation* (non le terme) matricielle.

29 Ceci est bien clair, puisque le *sens* exprimé explicitement dans le corpus est justement
le projet husserlien, dont nous nous séparons radicalement. Restent alors les significations,

dont la disposition est à maîtriser, afin de produire le *sens* de l'identité phénoménologique.

30   Cf. Section I, Partie I, chap. III, 2: *l'espace et le blanc originaire.*

31   Le concept de blanc est disposé, modifié en vide. La disposition des deux espèces de la totalité viendra à son heure. Les acquis empiriques prennent donc *place* dans une structure, en fonction du degré d'élaboration de celle-ci.

32   En retour, le sujet est pris dans cette texture ambiguë: il est signifié – indiqué – par le corps, mais il est tout aussi bien l'enveloppe conceptuelle sans laquelle le Leibkörper demeure dans l'animalité du Körper. Dans cette perspective, "sujet" est signifiant, il *indique* la condition de possibilité de la totalité Leibkörper.

33   La procédure est bien claire: la séparation méthodologique de deux axes n'est point un a priori. Elle se fonde dans le refus légitimé des concepts enracinants et complémentairement dans la nécessité de *disjoindre* les éléments de signification complexe (Körper – Leib; sujet – objet) pour que l'énoncé archéologique, ou prédication mutuelle, ait une fonction *effective*, et ne se laisse pas absorber par une prédication à sens unique (l'objet se disant du sujet). En second lieu seront examinées les lois de conjonction (de prédication mutuelle) des éléments placés méthodologiquement sur deux lignes différentes. La méthodologie rigoureuse prépare donc la concrétisation d'une disposition antihiérarchique.

34   La section I procédait par schémas de coordination; les rationalisations suscitaient des esquisses empiriques réinvesties dans la polémique généralisée. Elles constituaient donc des "essais en vue de mieux". Mais la démonstration de l'efficacité d'un territoire d'identité phénoménologique autorise par la suite une approche différente: chaque système de lois du territoire sera baptisé modèle, ou théorie explicatrice. Qui plus est, dans la mesure où la disposition des lois forme un *ordre*, il est évident que les modèles successifs seront tous *ordonnés* à un principe (cf. la notion de vide) malgré les charges sémantiques différentes qu'ils supportent, selon les degrés de l'Elaboration. Ces considérations amènent à comprendre que le modèle topologique s'emploie à rendre effective la première notion d'une disposition articulée, encore nommée protologique. "protologique" n'est qu'un concept générique qui recouvre l'état d'Elaboration actuel de la phénoménologique (cf. "autologique", pour un état supérieur, en partie II).

35   p. 315.

36   p. 316.

37   p. 317-318.

38   A partir de la p. 187.

39   Nous disons "rétrologique", pour caractériser la lecture régressive vers l'unité.

40   Par exemple, la conscience des *Recherches logiques* ne se superpose pas à la conscience morale dans la *Krisis* etc... Au contraire, sur l'autre axe, on a vu que les signifiés sont sur un même pied sémantique et que les derniers venus portent l'entière efficace sémantique des premiers.

41   Expression couramment employée dans les manuscrits tardifs.

42   La topologique est la logique du croisement des lignes dans l'espace.

43   Husserl métaphorise lui-même constamment la situation: dans les *Recherches* il faut *préparer* l'événement de la donation des choses; plus tard, Husserl affirmera qu'il marche vers le vrai commencement, ce qui explique que le sens de cette démarche soit en même temps son télos. Selon nous, le vrai télos, est issu des croisements des deux lignes; il se place en ces points où la logique régrédiente se confond avec la logique progrédiente, où le terme est origine.

44   Alors "signifier" est égalisé aux éléments de cet axe et renvoie sémantiquement à l'unité, au *premier* terme. Quant à "vécu", il suit la ligne de fuite de l'axe progressif, vers le *dernier* terme. L'immédiation dispositionnelle est impossible car les deux éléments ne s'implantent pas dans le même lieu.

CHAPITRE II: LA SECONDE ELABORATION DE LA STRATE

Les remarques terminales du précédent chapitre indiquent la nécessité de tester l'organisation topologique bilinéaire. Notamment, on se demandera activement si la disposition, articulée au principe topologique, conserve immuablement son ordonnance, si des facteurs parasites ne viennent pas contaminer la clarté des lois de l'identité phénomeńologique. A l'ombre de cette problématique décisive nous risquons d'apprendre que le *sens* de disposition, subordonné à la délégation multipliée d'une signification (la conscience d'unité), mérite d'être totalement remis en question, ou remodifié.

1. LES LIMITATIONS INTERNES DE LA LINEARITE TOPOLOGIQUE

Il serait vain de nier que le modèle dispositionnel exhibé a une valeur explicatrice. Dans l'analyse du "mauvais sens" husserlien notamment, on a suffisamment progressé pour rétrospectivement comprendre la signification ultime de certaines aberrations logiques. Ainsi, par exemple, la dialectique sans fin du Zuschauer comme intuitant et du sujet comme Blick trouve son explication. L'activité constituante du Blick s'insère dans l'axe de lecture progressive et se rattache à la forme-conscience qui s'éclate en signifiants. Plus précisément, le Blick prend place sur l'axe en compagnie du temps *néotique* (car le regard est la noèse en acte) c'est-à-dire au terme de l'axe, bien que le concept de Blick soit forgé dans *Ideen I*, à une époque proche des *Recherches*, quand Husserl employait le concept d'acte de représentation[1]. Par contre, le concept de Zuschauer prend place sur le second axe: le Zuschauer, avons-nous vu, est le dépôt-réceptacle de l'objet. Il s'agit donc d'un concept-écran. Mais surtout, la place du concept renvoie presque au terme de la régression en un point très proche de ceux qui reflètent les élaborations des *Recherches*, lorsqu'a été formé le concept d'intuition (des espèces et objets généraux). En somme, "Blick" se lit presque au terme de la lecture progressante et "Zuschauer" au terme de la lecture régressante. Ces conditions topologiques — où manque le vis-à-vis — engendrent la difficulté de construire le concept unifié "d'intuition donatrice", qui voudrait opérer l'alliance du zuschauen et du blicken. Nous retrouvons une situation antérieure où, visiblement, le projet d'immédiation n'est qu'un projet, qui se heurte à la réalité de la médiation des concepts interposés entre Blick et Zuschauer. La structure dispositionnelle permet même de revenir sur l'aspect profondément dirimant de l'Einfühlung, qui est tantôt empathique et tantôt objecti-

142

vante, alternative dont nous n'avons jamais pu nous défaire dans la première section. Par là, toute la problématique de l'intersubjectivité s'éclairerait à l'aide de la grille qui a été mise à jour. La thématique de l'intersubjectivité est certainement une illustration du modèle qui anime la logique phénoménologique: en effet, Husserl pose le problème en partant de l'opposition entre ma conscience et autrui qui ne peut − à cause de l'intentionalité objectivante − qu'être considéré comme un objet. Ma conscience est *origine* et point initial de toutes les lectures de l'être à-venir, lectures qui se découperont toujours sur le signifiant conscience, malgré la diversité implicite des signifiés. Par contre, "autrui" est pris dans l'*horizon* du monde, très loin placé dans le processus de lecture de l'autre axe, et donc pas du tout en vis-à-vis de la conscience. L'inter-subjectivité véhicule ainsi les difficultés du croisement des deux axes et ouvre la possibilité d'une médiation par autrui-objet, qui contrecarre la nécessité immédiatisante de l'empathie.

On le voit, les problèmes naissent du manque de relation immédiate, de relation interne. C'est pourquoi, d'ailleurs, le projet husserlien implique le recours fallacieux à une intuition immédiatisante. Toutefois, des difficultés ne peuvent-elles naître *inversement* d'un excès de relation immédiate? La situation serait alors fort préoccupante pour la disposition interne, dont le potentiel de rationalisation ne suffirait plus à intégrer les formations de significations. Ainsi, d'abord instance élucidant les difficultés du projet, la disposition prendrait le statut d'un complexe trouble à élucider, à *modifier* encore.

La topologie discutée

Il importe qu plus haut point que l'identité de la phénoménologie ne succombe pas à la prolifération d'un procès fou qui sécrète les significations en dehors des limites dispositionnelles. La topologique remplit-elle son office?

a. *Les aberrations de la disposition*: Il est intéressant de considérer comment se comporte le modèle dispositionnel face aux ajouts de concepts sur chaque axe, ajouts qui risquent de déborder la "conscience-unité". Ainsi, les ajouts conceptuels s'intègrent-ils à la disposition ou la désintègrent-ils?

C'est cette dernière possibilité qui se vérifie assez facilement; il suffit que l'attention se diversifie quelque peu. En effet, si l'on surveille le point d'implantation du sujet sur l'axe de la conscience, il est facile de détecter un concept, tardif chez Husserl, qui travaille simultanément avec le sujet: il s'agit de l'ego divin qui, comme chez St Augustin, est plus intérieur à moi-même que moi-même, dans la mesure où *je* suis dans le temps et qu'*Il* se trouve au début d'un temps qui se continue en moi. Nous assistons ainsi au travail concomitant de deux concepts qui opèrent sur le même lieu. *Il en est de même pour le point correspondant sur l'axe de régression vers l'unité.* "Sujet" se croisait avec "*intentionnel*" pour former une significations; maintenant, l'intentionalité cohabite avec un super-concept d'intentionalité, qui exhibe les composantes essentielles de motivation de cette dernière: l'ego divin est dit "téléologique", c'est-à-dire que toutes les intentionalités des ego particuliers portent en elles cette téléologie dernière qui s'exerce à travers toutes les intentionalités objectivantes. Rapidement, il est nécessaire de s'interroger sur le statut de la signification: "ego téléologique". Nous avons déjà suffisamment remarqué que le télos est produit par le chiasme de deux éléments de signification qui suscitent une signification stable, ce qui veut dire que le télos est un produit de la topologique fondé sur l'intervalle. Au contraire, Husserl considère que le télos comme "Forme des formes" cosmique et terminale produit la logique des formes; le télos est une *cause finale* — extérieure ou interne, et il est très difficile de se prononcer ici. Ce qui est clair, toutefois, c'est que nous sommes ramenés à une axiologie toute différente de celle de la logique des signifiants après l'éclatement du signifié conscience: l'éclatement provoquait certes une logique qui ne faisait que reproduire la différence de la conscience. Au contraire, l'ego divin engendre une surlogique qui capte la protologique[2] et provoque la dérivation de la conscience à partir de Dieu. Nous trouvons donc une seconde aberration qui provient d'une di-vergence logique.

Dans le cas précis de l'ego-sujet, la situation se complexifie encore. En effet, la place su sujet sur l'axe de progression se charge d'une troisième connotation, de même que l'intentionalité. En ce qui concerne la surcharge imposée au sujet, un grand nombre de manuscrits catalogués sous le sigle E III vont dans le même sens. Qu'il suffise d'en exploiter un seul, à titre d'exemple:

La primordialité est un système instinctuel ...[3]

Le sujet primordial a ainsi charge d'instinct. Ce dernier ne constitue plus un phénomène corporel, mais il est proprement transféré *sur* le sujet. La place du sujet recouvre alors trois termes: l'ego divin, le sujet personnalisé et l'instinct fondamental. Le topos de l'intentionalité est soumis au même traitement. Dans *Die Anthropologie des späten E. Husserls*, Richard Steer va dans cette direction:

Le monde, avec ses caractères pratiques et ses caractères de valeur, porte dans son sens un renvoi à lui-même, et un aux hommes: il thématise l'opérer de l'intentionalité pratique.[4]

Par là, Steer ne fait que résumer une thèse husserlienne suffisamment explicite:

La praxis qui se tient dans l'expérience a l'être-là en situation d'expérience dans un thème pratique: ce qui est expérimenté demeure comme tel au service des intérêts pratiques.[5]

Cette zone d'ombre qui n'est pas encore connue mais qui est justement *pratiquée* est le champ d'action des intérêts praxiques de l'instinct, instinct qui fonde la connaissance et la praxis supérieures. Dans ces conditions, l'instinct et l'intentionalité pratique entrent totalement en relations chiasmatiques, ce qui produit la signification: instinct intentionnel. Sujet intentionnel, ego absolu téléologique et instinct intentionnel s'approprient un même lieu sur les deux axes alors que, visiblement, les thématiques sont fort disparates. En somme, la topologique se disperse, s'antidispose, *prolifère* anarchiquement vers des directions diffuses à partir des nodalités fondamentales (sujet et intention dans notre exemple). La prolifération des significations représente donc le grand risque couru par la topologique.

La conséquence la plus immédiate de cette potentialité de diffusion conceptuelle est la dissolution des articulations inter-axiales qui forment les significations. La confusion des signifiés est réelle car l'ego, l'ego divin et l'ego instinctif renvoient, *à la même place*, à des significations différentes, malgré l'unicité d'un signifiant. Il en est de même pour l'intentionalité. Alors, l'axe "intentionalité" et l'axe "sujet" ne peuvent se raccorder en des noeuds qui forment les significations stables et assurent le teléólogie de la phénoménologie, c'est-à-dire encore l'union d'une direction régressive vers l'origine et d'une direction progressive vers le terme.

La disposition de la topologique a des vertus opposées: elle dissout certains types d'aberrations, et notamment celle de la nécessité du recours à une référence; toutefois, son autodéveloppement enfonce la phénoménologie dans un pseudo-logos qui agglutine les concepts autour de notions-clefs et qui provoque une véritable gangrène qui subvertit la logique en stochastique. C'est le hasard qui décide du choix du signifié, c'est le hasard qui décide de sa combinaison avec un signifié second etc. Les points de croisement interaxiaux (significations) se sont donc transformés en un océan de concepts qui brouillent toutes les pistes. Nous aurons, en temps voulu, à reconnaître les conditions précises qui transforment la potentialité du "proliférer-s'agglutiner" dans sa correspondante positive. Pour l'instant, cependant, le travail ne s'appuie que sur une thématique de la linéarité qui ne connaît pas la validité d'autres dispositions. C'est pourquoi la logique de la recherche contraint maintenant de détecter la possibilité d'un facteur dispositionnel régulateur qui préserve la topologique. En termes clairs, *le travail est dirigé sur une restructuration hypothétique de la disposition biaxiale.* Nous demeurons enfermés dans la première modification du sens de l'identité phénoménologique, mais dans la perspective — qui sera à discuter — d'une harmonisation antripoliférante.

b. *Le faux-ordre:* Le problème tient en une proposition brièvement exprimée: existe-t-il un principe régulateur dans la topologique? Il est utile de revenir sur les analyses de l'ouvrage déjà cité de Almeida, qui livre des perspectives intéressantes. La rencontre avec l'auteur s'effectue à propos de sa thématisation de l'évidence, ce qui nous resitue avantageusement, et *nécessairement*, en plein centre du corpus husserlien. Car notre loi de disposition demeure identique: il s'agit de préciser les formes d'identité de la phénoménologie *à partir* des matériaux du corpus. Almeida reprend une thèse husserlienne selon laquelle l'être idéal des identités idéales (vérité en soi, identité de l'objet) dépasse de toute part l'évidence:

Cet être idéal a la signification d'une transcendance spécifique: il *transcende l'évidence vivante* dans laquelle le jugement en tant que ce jugement-ci vient à être donné "lui-même" de façon actuelle. Cette évidence ne peut donc pas encore se porter garante de la *nouvelle effectuation* requise dans laquelle ce qui est donné "lui-même" doit acquérir *le sens et le droit de la transcendance* idéale.[6]

Almeida commente en notant que l'évidence ne détermine pas une "identité définitive"[7], ce qui signifie que l'évidence est limitée à l'instant. Dans notre problématique, tout s'illumine avec la mise au clair du statut protologique de l'évidence. En effet, l'évidence est un véritable concept-programme qui articule une vection théorique procédant de la conscience (l'intention de signification) et une direction qui procède de l'horizon-objet (l'intention de remplissement). Plus précisément, comme l'intention de remplissement s'insère dans la thématique husserlienne de la *représentation* (cf. les *Recherches*), on est légitimé à affirmer que l'évidence est la signification qui concrétise l'intrication des concepts de conscience et de représentation. Toutefois, la limitation de l'évidence à l'instant introduit une potentialité de distorsion qui met en péril le croisement des deux directions. La possibilité d'un écartement des deux axes, qui correspond à une inadéquation — entre une situation actuelle et un événement à venir — laquelle peut disjoindre l'intention de signification et l'intention de remplissement, connote en fait l'ambivalence de l'objet dont on a reconnu qu'il est à la fois représenté (en chiasme avec la conscience) et horizontalisé (c'est-à-dire qu'il n'est plus vis-à-vis de la conscience). L'actualité du chiasme "représentation objective-conscience" est combattue par ce qui la "transcende": la potentialité inactuelle d'un décalage de l'objet-représenté vers l'objet-horizon. En conséquence, c'est l'indice d'écartement produit par la complexité indélibile de l'objet-horizon qui suscite le problème de la non-conjonction des axes.

A ce point d'analyse, il existe *dans* le corpus une solution que la théorisation de Almeida aide à formuler. Tout s'arrangerait si un concept régulateur décidait de la production du parallélisme et du croisement des deux axes. Alors, le chiasme et le non-chiasme ne seraient que des difficultés qui renverraient à leur élucidation par la mise en oeuvre du concept qui dominerait tout le problème. Les questions secondes s'évanouiraient dans une unanimité première. Dans ce contexte problématisé s'intègre justement l'élaboration de Almeida. Ce dernier place au plan originaire le concept d'Idée chargé de susciter et de clore la dramatisation future; en même temps, il connecte Idée et idéalisation:

On peut maintenant comprendre pourquoi Husserl nomme également idéalisations les Idées de vérité en soi et d'identité objective. Le propos sur l'Idée considérée absolument est indifférencié: elle désigne la règle d'expérience dans la mesure où celle-ci ouvre un espace de jeu pour la concrétisation factuelle de l'expérience, sans que l'on prenne en considération la façon dont cette idée est visée (...). *Au moyen de l'idéalisation*, c'est-à-dire par le biais de la thématisation des Idées qui tiennent ouvert un horizon d'expérience, l'horizon d'expérience change cependant. Un nouvel horizon de compréhension naît à partir duquel de nouveaux sens objectifs seront déterminés. Ainsi naît de l'idéalisation de la vérité en soi et de l'identité objective (...) la discipline de la logique et par là (...) une nouvelle manière de déterminer les objets donnés qui se rencontrent dans le monde.[8]

Cet extrait, à remodeler selon les exigences intrinsèques de la topologique, va servir de commentaire-phénoménologie pour la production de la régulation dispositionnelle. "L'indifférenciation" de "l'Idée considéré absolument" forme la matrice de la future bipartition axiale. Nous sommes *en-deçà* de l'opposition possible entre objet-représentation et objet-horizon. Ensuite, l'intervention de l'idéalisation range la théorisation *au-delà* de l'opposition, étant donné que "la discipline de la Logique" ouvre "une nouvelle manière de déterminer les objets donnés qui se rencontrent dans le monde" et l'horizon d'objectivation que ce dernier profile derrière chaque objet. L'opposition a été transvaluée dans une conciliation qui se charge d'annihiler l'ambiguïté de l'objet.

C'est ici qu'il faut approfondir l'énoncé d'Almeida pour l'égaler à une logique plus profonde, en expliquant comment s'effectue topologiquement le passage de l'Idée à l'idéalisation. Almeida donne comme exemple d'idéalisation le processus qui transforme l'idée d'objet en l'idéalisation de l'objet déterminable en soi[9]. A propos de l'Idée objet, disions-nous, le risque consiste en l'assimilation de l'objet comme représentation par l'objet-horizon. Or l'idéalisation supprime ce risque dans la mesure où elle métamorphose le concept d'horizon. Le Welthorizont devient une discipline de la logique. A son degré de formalisation ultime, la *Logique* s'identifie à une théorie des multiplicités; mais ceci revient à dire que la *Logique* a pour fonction de repérer le régime *d'unification* des multipicités closes. D'où l'on peut en conclure que l'idéalisation ramène intrinsèquement la thématique de l'objet à une thématique de l'unité. Par ce biais de l'idéalisation, nous voici ramenés au chiasme le plus adéquat: la *conscience* qui pratique l'idéalisation se rattache intrinsèquement à l'*unité*, ce qui provoque le croisement des deux vections logiques. L'ordre dispositionnel semble reconstitué et les concepts s'imbriquent étroitement, sans proliférer dans des connotations qui brisent la topologique.

Toutefois, la tâche est d'examiner si cette apparente bonne linéarité ne s'est pas réalisée aux dépens d'exigences plus fortes. L'idéalisation change de sens le concept d'horizon: l'horizon du monde est converti en horizon scientifique. Avons-nous toutefois affaire à la même signification de l'objet dans ce renversement de sens? Oui, sans conteste, si la perspective demeure fixée en un point origine qui précède la séparation biaxiale, car les éléments de signification qui se distribueront sur deux axes obéissent au régime d'indifférenciation de l'Idée. Mais dès qu'il s'agit d'opérer *thématiquement* la disposition — et c'est nécessaire pour la concrétiser, la mettre en place — la situation théorique pose problème; en effet, l'idéalisation signifie l'homogénéisation de l'axe de "l'unité-représentation", tandis que l'axe de la conscience est exclu: un seul axe demeure (il y a désubjectivation dans l'idéalisation de l'espace par exemple, toujours calculé) et l'idée même d'une disposition est annulée. La pratique *effective* de l'idéalisation supprime ainsi la topologique. L'ordre imposé par l'idéalisation n'est qu'un faux ordre.

Ceci est clair, le corpus peut travailler contre lui-même. D'où, plus que jamais, il faut construire *sa* vraie forme d'identité complexe, sa disposition ou son sens. Pour l'instant le travail aboutit à reconnaître l'existence d'un faux-ordre dispositionnel. Alors, il est exigé, dorénavant, d'entrer dans le procès de contestation de la topologique, puisqu'est rejetée le possibilité de son amendement. Tout nous invite à élaborer finement la notion d'un sens (= signification), d'un corpus soumis à l'identité phénoménologique.

La logique contestée

L'exploitation ultime de la problématique de l'idéalité conduit au démembrement. Nous sommes amenés à reprendre un texte central de la *Logique*, qui insiste sur les conséquences de la difficulté notée à propos de l'être idéal:

Cet être idéal a la signification d'une transcendance spécifique: il *transcende l'évidence vivante* dans laquelle le jugement en tant que ce jugement-ci vient à être donné "lui-même" de façon actuelle. Cette évidence ne peut donc pas encore se porter garante de la *nouvelle effectuation* requise dans laquelle ce qui est donné "lui-même" doit acquérir le *sens et le droit de la transcendance idéale*. Et pourtant nous venons de dire que tout être dans son activité de pensée est sûr d'emblée de pouvoir instituer les jugements comme jugements fermement identiques sur l'être desquels il peut compter ainsi que sur le fait qu'ils lui sont accessibles même quand il n'y songe pas. Or, si une évidence propre est exigée à cet égard *pour compléter* la première qui amène l'objectité idéale à être donnée "elle-même", n'y a-t-il pas alors danger que *le problème se répète*, et ainsi *in infinitum*?[10]

En bref, il apparaît qu'un jugement simple — "une activité de pensée" — suffit à accéder à l'identité idéale, qui *requiert cependant* une exigence propre. On découvre un cercle qui mène à l'infini puisque l'exigence du jugement simple est déterminante également. L'opération d'idéalisation, qui vient de former le concept d'identité objective, ne rapproche point le vécu (l'évidence *vivante*) du signifier (l'évidence de l'*identité*). De même, l'idéalisation ne conjoingnait pas l'unité vécue et l'unité *calculée* de l'objet approché à partir des *présuppositions idéalisantes* de la logique. Il est notoire que la stratégie husserlienne est, explicitement, d'exploiter le *regressus in infinitum* pour confirmer l'exigibilité d'une constitution[11]. Notre décomposition du concept de constitution interdit, toutefois, la référence à ce concept-écran. La constitution connote notamment (aux yeux de la topologique) l'idée d'intervalle de composition des éléments de signification en significations stables. C'est pourquoi la régression à l'infini est à prendre au sérieux: en effet, elle correspond à l'impossibilité d'un croisement des deux vections de lecture, c'est-à-dire qu'elle se développe sur un terrain qui échappe de droit à la topologique (ou logique des croisements). La régression à l'infini s'intègre alors dans le procès de la destruction des chiasmes de signifiants-signifiés en "mauvais sens" husserlien. C'est pourquoi il est nécessaire d'aller plus loin, d'investiguer à propos des conditions de possibilité et des conditions d'arrêt de la mauvaise infinitisation qui s'alimente à l'espace de renvoi parallélisant les deux axes, et qui place ces derniers en disposition *externe*, non topologique.

a.   *Le mauvais infini*: La généralisation de la possibilité d'un ordre de disposition *externe*, qui se développe en-deçà de la topologique de la relation interne, est préoccupante et semble indiquer les limites d'une logique de la linéarité dans la strate phénoménologique. Curieusement, l'accusation de "régression à l'infini" a déjà été portée par Husserl lui-même contre la démarche des empiristes. Examinons de plus près la critique husserlienne dans les *Recherches logiques*:

La conception empiriste (...) est donc inapplicable. Elle ne peut nous dire ce qui donne son unité à l'extension. C'est ce que l'objection suivante fait saisir encore plus clairement. La conception que nous contestons opère avec des "sphères de ressemblances", mais traite un peu trop légèrement cette difficulté que tout objet fait partie d'une pluralité de sphères de ressemblances, et que, dès lors, on doit répondre à la question de savoir ce qui distingue les unes des autres ces sphères de ressemblances elles-mêmes. On voit évidemment que si l'unité de l'espèce n'est pas déjà donnée, un *regressus in infinitum* serait inévitable.[12]

Cette critique pourrait valoir contre Hume, qui accorde à la ressemblance un rôle dans la connexion causale et dans le rattachement de prédicats semblables aux mêmes unités de choses. Or chez Hume, la production des ressemblances cache une véritable *disposition* potentielle qui rapproche nettement l'empirisme de la phénoménologie: d'une part existe l'ordre de la nature humaine, de l'imagination et des passions; d'autre part les principes de l'expérience (l'habitude notamment) seraient l'écho présumé de l'X des choses qui affectent l'inconstance de la nature humaine et la soumettent à une régularité. Ces deux ordres, dont un seul est déterminable chez Hume (la nature humaine), car les objets n'existent pas en soi, seraient extérieurs pourtant l'un à l'autre, comme la "passion" est étrangère à la "règle". Alors, on peut dire avec Husserl que l'habitude-ressemblance n'est point suffisante pour instituer dans le seul ordre cognitif de la nature humaine l'*equivalent* des deux ordres épistémologiquement séparés puisque la ressemblance habituelle ne se détecte que fondée dans l'*identité* connue de *chacun* des deux ordres. Tel est le premier aspect de la question.

Cependant, si l'instauration du phénoménisme (négation de la chose "en soi") interdit la possibilité du vis-à-vis (car ce serait reconnaître l'existence d'un ordre d'objets en soi), en même temps, la présentation régulière d'objets pousse à construire ces objets à partir d'un second axe potentiel (les choses) tout en refusant cette détermination chosifiante, ce qui met au premier plan l'habitude (comme principe *de l'expérience*, interne) et non l'intuition de l'objet. D'où l'existence aléatoire d'un ordre des choses, appelé par la théorie, et rejeté par l'expérience. Chez Hume, la régression à l'infini est l'expression du recours proclamé à la seule expérience qui *rabat* les principes régulateurs (l'ordre des choses) *sur* la nature humaine, au lieu de les en distinguer: alors, choses et ressemblances de choses s'égalisent dans le même champ, sur le même axe de la Nature humaine, et la spécificité de la chose disparaît.

Etudions comment le discours phénoménologique est atteint par les conséquences du mécanisme qui vient d'être exhibé. Une première prise de position husserlienne s'attache, dans une naïveté volontaire, à la "réflexion naturelle" de l'homme sur l'homme, que Husserl rend en ces termes:

Lorsque je me considère, dans cette attitude *naturelle*, en faisant l'expérience de la réflexion, donc lorsque je me trouve comme homme (*Mensch*), alors, il s'avère par une réflexion ultérieure sur mon moi que là, le sujet de cette expérience est un "moi-homme", qu'il est de nouveau moi, l'homme, et ainsi *à l'infini* ...[13]

A. Aguirre commente le passage avec pertinence:

Cet "in infinitum" n'exprime aucune impossibilité mais seulement le fait que la réflexion de la naturalité ne peut, à partir d'elle, avec ses moyens propres, naturels, dominer les présupposés de la naïveté. La réflexion naturelle pense à partir de la naturalité dans la naturalité, elle est complètement retenue dans ses filets (*in ihrer Verstrickung*) (...).[14]

On pense immédiatement au regressus *in infinitum* chez les empiristes: en effet, la pensée naturelle est celle qui jette un vêtement d'idées sur les données concrètes de l'expérience et ordonne donc toute l'expérience à l'axe idéalisateur mathématico-physicaliste, comme l'empiriste ordonne tout à la Nature humaine. Les dimensions de l'expérience (*Erfahrung*) sont dès lors retenues dans une seule. Ce qui explique la difficulté de la situation, condamnée à se répéter à l'infini, *faute de susciter son autoscission en régions épistémologiques différentes.* Ainsi la pensée naturelle vit de la même ignorance que les empiristes, en superposant des axes d'essence différente.

Examinons toutefois si ce mécanisme explicatif vaut pour la régression à l'infini transcendantale-phénoménologique. Les textes déterminants sont habilement rassemblés dans la présentation de H. Hohl:

Ce qui affecte, est ce qui est étranger au je, c'est la hylé. L'affection peut procéder d'une unité-objet: elle est donc, pour pouvoir affecter, déjà préconstituée dans une unité pré-objective, qui, pour pouvoir être préconstituée, doit être précédée par une affectation.[15]

Suspendons la lecture pour remarquer que la régression à l'infini est dessinée: l'affection par un objet suppose que l'objet lui-même soit déjà préconstitué dans une affection. Il est précisé dans le texte que le processus est étranger au je. Ceci signifie que l'unité-objet est en relation avec la conscience, qui précède archétypalement les opérations du je. Dans cet état de chose, on retrouve l'opposition entre les deux vections de lecture: l'objet qui se détache sur fond de monde (l'objet-horizon) est incommensurable à la conscience, comme cela a été longuement analysé. Le renvoi à l'infini de la circularité de "l'affection-conscience et de "l'objet-horizon" caractérise bien l'effet de mauvais sens. Nous nous trouverions dans une situation simple de disposition externe, ou de manque de topologique, sans que rien de positif n'apparaisse. Mais le résumé-problématisant de Hohl se poursuit en ces termes:

Ce retour itératif conduit à la question de l'Ur-affection qui procède de l'Ur-hylé. Cette Ur-hylé est constituée dans l'immanence, "dans une passivité originaire, indépendante de toute participation du je; elle se constitue dans la vie toute primitive (...) qui a déjà le caractère d'une "conscience de" (A VII 13 p. 65)". (...). Mais si ce flux de vie originaire a déjà le caractère d'une conscience de, alors l'Ur-hylétique est ce qui l'affecte (...). (...) alors l'Urhylétique étrangère au je doit déjà avoir affecté le je pour que ce dernier puisse être une conscience de. Mais par là demeure énigmatique le fait que l'Urhylétique, en tant qu'affection capable d'affecter, doit de nouveau déjà être prédonnée. (...). Le problème de l'affection renvoie à l'auto-constitution de la subjectivité transcendantale et ceci conduit, comme s'exprime Husserl: "aux belles régressions infinies dont je cherchais déjà à me débarrasser à Bernau" (C. 10 p. 9).[16]

La régression à l'infini est suscitée par le statut conceptuel du je: l'Urhylé se constitue dans l'exercice d'une activité intentionnelle ou "conscience de". Elle est donc dépendante. Toutefois elle engendre tout aussi bien une dépendance puisqu'elle est baptisée Ur-affektion et que, en ce sens, elle *détermine* l'activité d'une intentionalité ou "conscience de". Ici, l'Ur-hylé est prédonnée. Le Je intervient donc en dernier ressort et coiffe la conscience en lui imposant la détermination intentionnelle. Dès lors, la mise en place de l'axe-conscience et de l'axe objet-horizon ne s'effectue plus. Mis à l'écart, le je est intentionalisé par l'Ur-affektion: réintroduit, le je intentionalise la constitution de l'Ur-affektion[17]. En somme, le je est l'instance en qui se résume le problème: l'incertitude qui porte sur la *place* du sujet, et qui provoque tantôt l'insertion de ce dernier sur l'axe de la conscience (en la "personne" du sujet intentionalisant) tantôt son intégration sur l'axe de l'objectivité (en la "personne" du sujet intentionalisé) produit en dernier lieu le renvoi réciproque de la donnée Ur-affective (lorsque le je est écarté) et de la donation intentionnelle (quand le je est actif). Le régime d'existence moyen du je est l'intermonde qui sépare les deux axes et les positions limites du je le placent successivement sur chaque axe. La tendance problématique à la confusion des deux vecteurs phénoménologiques est réellement caractéristique et met l'identité de la phénoménologie en difficulté, dans l'infini des renvois contestant l'ordre dispositionnel.

b.   *Les indicateurs d'une limitation de la circularité*: Toutefois, au coeur de la question du renvoi à l'infini se manifeste la possibilité d'une attitude positive. Nous avons pour l'heure reconnu la lucidité de Husserl face à la régression à l'infini. Husserl a une conscience explicite de cette question, et, quel que soit le traitement qu'elle suppose, cette *thématisation* présente une connivence avec l'opérer de l'identité phénoménologique malgré les modifications à jouter au corpus. Pour une fois, on peut se contenter de simplement reprendre l'auteur, même si cette reprise s'intégrera ensuite dans une théorisation globale échappant à Husserl. Qu'il suffise, maintenant, de rechercher des exemples illustrant la nouvelle idée positive, car la théorisation sera nécessairement plus tardive. Un premier champ de possibles est ouvert par une nouvelle considération du rôle du temps:

Nous nommons rétention ce souvenir qui se rattache tout à fait immédiatement à la conscience du présent (...). Le juste à l'instant se transforme dans un juste à l'instant nouveau, un juste à l'instant du juste à l'instant, celui-ci se transforme à nouveau, jusqu'à l'infini.[18]

L'infini est pris de front. Pourtant, Husserl n'évoque pas la régression à l'infini. La tâche serait de rechercher les lois profondes de ce "Kontinuum"[19]. Nous ne disposons que de la topologique phénoménologique. En regard de celle-ci, il est manifeste que le temps se distingue selon l'ordre noématique et l'ordre noétique[20]. Or, le temps noétique joue le rôle de concept presque ultime sur l'axe-conscience avant Dieu, ce qui le situe face à l'Urassoziation (qui joue le rôle de concept presque premier sur l'autre axe) et non face au temps noématique, qui indique nettement une catégorie de l'objet (donc plus proche de l'unité). Ainsi la question devrait être circulaire et les deux instances du temps se répondre à l'infini. C'est l'*attitude* husserlienne qui force l'attention et ouvre à nouveau le dossier, sans que nous disposions encore de l'information suffisante pour le refermer. La conceptualisation husserlienne du temps renferme un X de positivité, garanti par la lucidité développée de la démarche de Husserl, qui commande de dépasser la simplicité de la linéarité topologique. L'hypothèse émise prend corps et rassemble l'aspect négatif (abyssal) de l'infini et un aspect positif, vers un dépassement réconciliateur. Ainsi, le corpus reste directeur; certes, il est à soumettre à la loi d'identité, mais il juge des identités incomplètes.

Un second champ de possibles inscrit la problématique de l'infini dans une autre direction que celle de l'abîme:

En rapport avec moi et mon Faktum, je peux examiner avec soin, sans eidétique, en attitude phénoménologique: il y a toujours dans le courant de mon vécu et (...) dans mes expériences et considérations théoriques une nature, un monde comme étant donné et confirmé; j'accepte l'idée que cet *à l'infini* se continue ainsi: quelle allure aurait l'ensemble de cette connexion, comment pourrait-on la fixer, la décrire selon son caractère fondamental? Mais tout ceci conduit de nouveau à l'attitude eidétique-phénoménologique.[21]

La difficulté est présentée dans ce texte comme impossibilité d'accepter un ordre apparent qui se déploierait à l'infini. Le refus de la régression qui se fonde sur le recours à l'infini pour expliquer les évidences est fondé dans un respect de l'eidétique. Le temps était à la fois juge et partie; par contre, la "connexion" fondamentale de l'être engendre la distinction entre son paraître-à-l'infini et le faire-être de l'eidétique qui bloque la régression. Dans notre contexte théorique, il s'imposera d'approfondir un statut nouveau de l'essence, puisque cette dernière ne légifère plus, pour nous, dans une panlogique de la prédication. En somme, voilà un second X de positivité qui s'enracine dans l'abîme dépassable de l'infini, tout en le dépassant.

Enfin, une troisième sphère de dépassement de la topologique s'exprime dans la fonction de l'Idée, qui relaie ainsi le temps et l'essence:

Beaucoup de choses viennent donc encore en considération pour que la démonstration de la possibilité, la constitution d'un monde (...) puisse être menée à l'évidence. Il est vrai que de tout ceci fait partie de – et cela a une importance centrale – la possibilité d'une expérience continue rangée sous l'idée d'un libre *in infinitum* (...).[22]

La démarche se retrouve régulièrement dans l'oeuvre husserlienne et nous détermine une dernière fois à l'attention. Ces trois exemples positifs, qui entrent en contradiction avec les articulations thématiques n'opérant pas la domination de l'infini, constituent autant de flèches transgressives, fructueusement dégagées par Husserl de la gangue de son projet, et qui incitent le commentaire à resituer l'archélogique de l'intervalle de relation interne dans une logique plus riche.

Il devient évident qu'a été épuisée la rationalité déterminant la première Elaboration de la strate: la relation interne de "sujet" et "d'objet", articulée au vide sémantique, a déterminé une topologique où la ligne du sujet et celle de l'objet se croisent (se prédiquent), en vertu de l'efficace de la relation interne, pour donner des significations stables. Toutefois, l'existence de renvois à l'infini tend à brouiller la distinction des deux axes et à engendrer ainsi les aberrations de la disposition. Les aspects positifs sont cependant irréductibles: le projet husserlien, ou "mauvais sens", est réintégré; de même, notre première *modification* générale du corpus, la topologique, nous initie à l'Etat II de la phénoménologie. Que cette loi dispositionnelle d'identité soit insuffisante pour concrétiser la notion d'un territoire autonome de la phénoménologie, ceci est indéniable, puisque les effets parasites dégradent l'ordre topologique. En retour, malgré tout, la disposition satisfait à certaines conditions du corpus, ce qui est à retenir. De sorte que la seconde Elaboration réclamée ne peut qu'englober la première. En ce sens, elle sera plus complexe encore, la biaxialité simple cacherait ainsi un dispositif d'interaction global. Ce dispositif constituerait le sens *re-modifié* de la phénoménologie. Mais il resterait toujours à penser la grande exigence du corpus, c'est-à-dire l'égalité problématique du sens et de chaque signification, du co-domaine discursif et de la ponctualité-objet[23].

2. LE RESEAU DISPOSE

Le dépassement de la linéarité topologique

Le principe d'articulation est le vide présenté comme relation interne. Une propriété étonnante du vide est vite apparue: le vide de relation interne travaille certes sur chaque axe, c'est-à-dire conjoint les signifiés de l'unité et disjoint le signifiant conscience; de plus, cependant, le vide a-sémantique travaille en composant les deux axes pour former les significations stables de la phénoménologie disposée. Sur chaque axe, le vide opère linéairement; mais en associant les lignes, la relation interne organise par son efficace une structure plus complexe: dans la signification stable, on reconnaît la direction progressive et la direction régressive, mais reliées intrinsèquement. Pourtant on peut *entrer* dans la signification par chacune des deux voies; de sorte que la signification formerait une cellule première, une totalité[24] dite d'interpénétration, qui entrerait toutefois en connexion avec une organisation dont on n'aurait reconnu que deux vections. Cette organisation à laquelle on accède par plusieurs entrées, serait un réseau. Telle est la grande pensée directrice, à fonder et à expérimenter. La totalité, puis le réseau constitueraient-ils la structure de complétude de la topologique?

a. *Le télos de la linéarisation*: Avant qu'un réseau puisse être identifié, la rigueur commande tout d'abord d'éprouver la pertinence de l'idée de totalité. Car l'hypothèse est à vérifier; il est nécessaire de constater que la totalité reprend la caractéristique essentielle de la signification stable, laquelle est le *télos* phénoménologique. Deux références husserliennes imposent un pronostic. Dans un passage qui traite de la relation de la science naïve à la science transcendantale, Husserl emploie ces termes probants:

L'insatisfaction dans la naïveté scientifique est l'insatisfaction issue du fait que l'on vit à l'intérieur de la science, que l'on cherche en son sein, avec un petit horizon rationnel relatif, au lieu d'avoir devant les yeux la *totalité* de la science; ou encore que l'on ne questionne pas le *télos*, qui, par-delà toute finalité singulière du travail scientifique particulier et respectif, appartient à la science comme tout.[25]

Husserl vise droit au coeur l'activité d'idéalisation qui fragmente les domaines. Contre l'idéalisation qui oblitère la difficulté de penser le tout (nous l'avons vu par ailleurs) Husserl recommande de concrétiser l'adéquation de la vraie science et de la recherche du "tout-télos". Alors la totalité est le télos par excellence. Ainsi l'intégration des éléments (signifiant-signifié) est préparée par la totalité-télos de la signification stable, dont l'insertion dans un tout plus vaste est exigée téléólogiquement. La conjonction signifiant-signifié obéirait nettement à une téléologique et non seulement à une topologie du vis-à-vis.

Nous venons de conjoindre télos et totalité en partant de la totalité; mais il est également possible de se référer d'abord au télos pour en déduire ensuite la totalité. Lorsqu'il définit la téléólogie, Husserl prononce le jugement suivant: "Téléologie = forme de toutes les formes". Le télos s'exprime alors dans un Tout universel qui recouvre *tous* les Touts particuliers. La disposition riche est précisément la subsomption des formes annexes (pour nous les formes archélogiques) dans la forme absolue de totalité. La totalité reprend et développe donc pleinement la caractéristique essentielle de la signification, qui est d'assumer la téléologie. Deux raisons viennent de militer dans ce sens.

Enfin, il existe une troisième raison qui pousse à pratiquer le dépassement de la topologique dans un logos totalisant. L'idée de totalité est en effet comme le positif du négatif de la prolifération. Notamment, certains textes husserliens font résonner le concept de totalité avec la possibilité d'une classification universelle, notion à peine effleurée dans la topologique. Deux extraits semblent très significatifs:

Nous voyons donc que le flux de la conscience, dans lequel se constitue (...) une nature, possède *une organisation intérieure merveilleuse (eine wunderbare innere Organisation)*. Elle consiste dans le fait que non seulement nous avons toujours des expériences externes mais qu'encore toutes les expériences possibles (...) sont prédéterminées par une *règle forte*. Cette prédétermination n'est pas aveugle et n'est pas dans son fond une prédétermination *insensée* qui procède de l'extérieur, mais une prédétermination accessible à la conscience-je sous la forme de la connaissance. [26]

Le texte de Husserl est théoriquement fort dans la mesure où la totalité organisante, soumise à une règle, est à la fois merveilleuse et accessible à la conscience, intérieure et objectivable; de plus elle renferme du sens. Ces jalons, qui sont seulement indicatifs étant donné que Husserl ne réussit pas souvent à opérer la subversion de la terminologie (et c'est là le rôle du commentaire-phénoménologie) introduisent toutefois nettement à la conception d'une totalité qui opère la jonction entre disposition interne (la *wunderbare Organisation*) et le "sens" husserlien, que nous avons jusqu'à présent renvoyé à l'idée de disposition externe. La nécessité d'une ré-intégration phénoménologique du sens, mais en tant que ce dernier est à soumettre intrinsèquement à la disposition totalisante, et non à une thématique de la référence, apparaît encore plus nettement dans ce morceau de la *Krisis*:

Chaque "fondement"atteint renvoie en fait de nouveau à des fondements, chaque horizon ouvert révèle de nouveaux horizons, et pourtant, le tout infini (*das unendliche Ganze*) est dirigé, dans son infinité de mouvement fluant, vers l'unité d'un sens, mais il est vrai, pas comme si nous pouvions le saisir et le comprendre entièrement, sans autre forme de procès; mais au contraire, les lointains et les profondeurs de ce sens total dans sa totalité infinie prennent, sitôt qu'on a dominé en quelque sorte le *forme universelle de la formation du sens*, des dimensions axiologiques: les problèmes de la totalité s'ouvrent, en tant que ceux d'une raison universelle. [27]

Il est encore impossible de sonder toute la richesse de cet extrait de corpus. Toutefois, chose assurée, Husserl met clairement en rapport le renvoi à l'infini des pseudo-fondements et la nécessité de l'assise totalisante. Comme toujours, l'identité phénoménologique s'alimente au corps des textes, et qui plus est dans ce cas particulier, à des propositions problématisées par Husserl et rejoignant la notion d'une disposition. La totalité sert donc de véhicule décisif afin de penser la disposition; c'est son *modèle*[28]. Mais le même texte ouvre sur une question plus fondamentale encore: le tout n'est-il pas la "forme universelle de la formation du sens"[29]? C'est à nouveau le corpus qui offre le matériau de la progression théorique: car la totalité collabore avec l'oeuvre de sens, on le voit bien.

Notre tâche est d'affiner ce matériau, de lui donner forme pour penser très concrètement les lois de l'identité phénoménologique. Cette tâche est celle de la seconde modification à apporter à la phénoménologie comme identité, ou à son sens.

b. *Approche du "sens" de la nouvelle Elaboration*: Le corpus donne-t-il de quoi penser la notion d'un sens, d'un discours sur et dans chaque signification? Certes, il ne s'agit pas encore d'établir la seconde Elaboration de la strate (que nous avons nommée par anticipation réseau), mais, préliminairement, de donner une *limite* à la notion de sens, afin de lui conférer une valeur opératoire. Ainsi sera évitée la confusion qui caractérisait en dernier ressort la topologique. *Dès lors, le sens ne procède plus d'une signification complexe démultipliée (la conscience-unité); il n'est plus une conséquence, mais un principe.* Ensuite seront tirées les conclusions à propos de l'égalité "sens = signification", mais seulement au terme du parcours.

On a constaté que l'idée de présentation d'un sens, accompagne la notion de totalité. Revenons à la formulation du "principe des principes":

Mais finissons-en avec les théories absurdes! Avec le principe des principes nulle théorie imaginable ne peut nous induire en erreur (...); tout ce qui s'offre à nous dans "l'intuition" de façon originaire (...) doit être simplement reçu pour ce qu'il se *donne, mais sans non plus outrepasser les limites dans lesquelles il se donne alors.* [30]

Ce qui garantit de toute obscurité est l'adéquation de l'intuitionnant à l'intuitionné. Nous sommes certes renvoyés à la biaxialité de la conscience-objet (horizon). Le point nouveau est que l'idée de croisement des deux directions est accompagnée de l'idée de limites. Le sens (ou *projet* dans le corpus) qui, dans la topologique, est un produit résiduel engendré par la parallélisation et la tendance asymptotique à la superposition des deux axes, pourrait être inséré dans une problématique du croisement puisqu'un élément nouveau: la limite totalisante, intervient. C'est l'hypothèse qui s'impose. En conséquence, la cohérence commande de considérer la relation du sens avec la limite ou clôture.

Parfois, Husserl thématise superbement la situation; c'est ce qu'on remarque dans cet extrait consacré "au procès d'expérience passive" dans les *Leçons* de 1925:

Car c'est le terrain sur lequel évolue la libre domination du je et, sans la connaissance de ce terrain, les plus hautes effectuations de cette domination doivent rester pour nous totalement incompréhensibles. Mais avant tout demeureraient *incompréhensibles le sens et le périmètre (Umfang)* de la norme logique, qui n'est rien d'autre que le norme juridique universelle d'après laquelle toute effectuation libre, qui, comme toute conscience, se développe elle-même de nouveau d'après les différences essentielles d'une conscience qui se donne soi-même et qui est simplement intentionnelle, peut être produite par la voie d'un remplissement concordant. [31]

156

Le texte est d'un intérêt réel. Au premier plan s'exprime une conceptualité "locale" occupée à reconnaître les dialectiques de l'intention du recouvrement. Au second niveau, par contre, se manifeste une association étonnante du sens et de l'Umfang, qui renvoie à d'autres territoires, délocalise la thématique abordée. Nous plaçons simplement des repères, mais le rapport du sens à une limite, et à un périmètre fermé, accentuent la prégnance de l'organisation totalisante de l'identité phénoménologique.

Le corpus a livré son dû. La tâche est de modifier le matériel brut pour l'adapter à l'identité phénoménologique en sondant immanquablement les textes, volontairement détournés de leur projet. Le but reste cependant de concrétiser le sens = signification. Le sens sert pour l'instant de principe; c'est donc de l'idée de signification qu'il va falloir se rapprocher, pour concrétiser une organisation discursive *differenciée*, un sens *déterminé*, un réseau.

c. *L'essence, la totalité, le réseau*: L'idée de limitation, d'Umfang, s'est révélée fondamentale dans l'approche du *sens* de l'identité phénoménologique. Cette même idée veut-elle pour l'approche de la *signification*[32]? Si c'était le cas, un moyen terme aiderait à modifier phénoménologiquement l'égalité sens-signification. Afin de particulariser et de concrétiser l'analyse, il est nécessaire de rappeler un des éléments de stimulation qui avait servi à indiquer le dépassement de la topologique contestée. A part le temps et l'Idée, dont la fonction transgresse l'inéluctabilité des régressions à l'infini, le concept d'essence apparaissait également comme régénéré. Dans le passage cité alors, Husserl rapportait la concordance clôturante des états de conscience à l'essence. Plus précisément, l'organisation des noèmes en une connexion totalisante "conduit à l'attitude eidétique". Ceci n'est qu'une indication; toutefois, cette nouvelle perspective pourrait suffire à déterminer l'apparition d'un champ problématique original où l'essence tient une place centrale. Par rapport à cette place, s'ordonneraient alors le temps (dont nous n'avons repéré que la fonction métaphorique depuis le début du travail) et l'Idée (que nous avons rattachée à la nécessité d'une vérificabilité à l'infini des propositions de l'espace théorique qu'elle ouvre). La thématisation de la signification "essence" représenterait donc la porte étroite qui faciliterait la fondation de la disposition totalisante sur la topologique. Seule la pratique décidera de la validité espérée de cette hypothèse.

Dans le cadre d'analyse ainsi fixé, il s'impose de reprendre la question à sa source, en ce point de la logique contestée où la régression à l'infini, incontrôlable, plonge le corpus dans l'abîme des renvois. Un passage, tiré de *Erste Philosophie II*, est stimulant:

Chaque objectivité d'expérience (comme Région) est un fil conducteur pour un système constitutif (...). La science dans son sens le plus plein et dernier de *science universelle*, est un système universel de théorie objective (*ininfinitum*), et corrélativement, un système universel de la théorie de l'expérience de toutes les étapes (théorie de la *phansis, théorie constitutive*) où les connexions thématiques, celles qui sont théoriques ont de nouveau elles-mêmes leur *phansis*;

elles ont leur expérience et leurs formes d'apparition de l'expérience — et ainsi *in infinitum.*[33]

En résumé, chaque région régie par une loi d'essence intègre dans son territoire une multiplication à l'infini de l'expérience, autoscindée dans des différences qui se distribuent sans que le processus connaisse de terme. L'essence est donc partie prenante dans le dépassement de la topologique. Le passage par l'infini est d'ailleurs si consubstantiel à l'essence que cette potentialité constitue la radicalité qui distingue l'essence de la simple généralité: dans sa *Phänomenologische Psychologie,* Husserl développe le concept de variation eidétique et oppose notamment "la généralisation empirique et l'idéation":

(...) Nous acquérons certes pour ce rouge-ci et ce rouge-là quelque chose qui est des deux côtés identique et général. Mais seulement une généralité, justement ce rouge-ci et ce rouge-là. Nous n'acquérons pas le pur rouge en général comme eidos (...). Mais, ainsi que nous l'affirmons, d'un quelconque égal (*Gleiche*) qu' on introduit doit résulter la même chose et nous disons une fois de plus: l'eidos rouge *est un en regard de l'infinité des cas possibles isolés* (...)., nous avons justement une variation infinie, en notre sens, comme arrière-plan (...).[33]

Coupons provisoirement le texte de Husserl et remarquons que le mécanisme de la variation eidétique, qui concentre l'infinité des cas particuliers en une unité, confère à l'essence la souveraineté sur l'infini, ce qui la distingue absolument de la généralité empirique, qui procède à partir des associations empiriques fondées sur les occurences *finies* d'objets semblables. L'idée de l'infini est non seulement dominée, mais encore, elle est totalement intégrée dans une démonstration qui fait corps avec un contexte thématique. La raison est donc trouvée pour laquelle l'essence dépasse la négativité des renvois à l'infini. L'essence est la concentration ponctuelle et *actuelle* de l'infinité *potentielle* des cas particuliers. La suite de l'extrait renseigne ensuite sur les rapports privilégiés entre l'essence et la totalité (dans le prolongement du fait que l'essence est *une* face à l'infini) et intègre alors l'infini en s'appuyant sur la variation eidétique:

Elle nous livre ce qui fait partie de l'essence comme corrélat inséparable, ce qui est ainsi nommé *périmètre (Umfang)* de l'eidos, de "l'essence purement conceptuelle".[35]

Le *périmètre* essentiel détermine la clôture conceptuelle de l'essence. Ainsi, l'essence unifie une totalité; elle est l'unité d'une totalité[36]. Le sens et la signification "essence", laquelle enracine chaque signification mais les domine toutes, ont donc même ressort de structuration. "L'essence-référence" du projet husserlien est réellement modifiée. Essence et totalité sont dorénavant placées en relation étroite. Mais pour approfondir la notion d'une équation entre sens et signification — déjà médiée par la totalité — il est nécessaire de former progressivement l'idée d'une organisation des totalités (significations) en un réseau (sens).

On prendra alors grand intérêt à réexaminer la topologique pour y introduire les exigences de l'essence; dans la lecture primitive de la topologique, il apparaît que la conscience et l'unité forment les éléments de départ de deux axialités d'abord, et, ensuite, se conjoignent dans la constitution d'une signification stable. Il serait utile de démontrer que la conscience et l'unité, en vertu d'une subsomption sous une essence commune, se solidifient originairement dans le même concept, avant que se profilent des axialités alors seulement secondes. En ce sens existerait une *articulation intrinsèque* entre les deux axes, et non seulement des possibilités de conjonctions ponctuelles et aléatoires. Cette démonstration est facile à mener parce que le corpus parle visiblement ce langage. Unité et conscience forment primordialement un seul terme:

Dans un sens plus large, l'association n'est rien d'autre que la synthèse entendue en un sens plus large, unité de la totalité de la conscience d'un je (en tant que première unité de la conscience totale originaire, à l'opposé de la conscience sociale.[37]

La lecture prend effet au début de l'axe de progression, et non à la fin (car nous serions contraints de parler de conscience sociale, ce que le texte n'admet pas) et l'unité se dit de la totalité de la conscience. Cette thèse s'enracine loin: dès la *cinquième Recherche*, il est parlé de la conscience comme forme d'unité; en 1905 et en 1913, c'est le temps qui unifie la conscience – à nos yeux, certes métaphoriquement. Dira-t-on maintenant que l'unité est le fait du je et non celui de la conscience? E. Marbach nous convainc du contraire; après une longue analyse de la formation du concept de sujet, cet auteur conclut à deux niveaux de certitude: d'une part, le concept de je procède de la problématique de l'Einfühlung, vers 1910, où sa fonction est de garantir l'unité de la conscience. Dans ces conditions il est nécessaire de dire que l'unité épistémologique de la conscience (même empirique) est assurée dès 1900. D'autre part, le concept de je vient de l'ego cogito connotant l'*Aufmerksamkeit* et le *Blick auf*[38]. Dans ce dernier cas, le je n'intervient pas dans les rapports de l'unité à la conscience. En résumé, le je, lorsqu'il est concerné, n'est que l'expression conceptuelle qui découvre l'unité-conscience, sans aucunement l'engendrer. Aussi est-il prouvé que la biaxialité procède d'une structuration complexe du concept d'unité-conscience. L'essence est fondement de cette protoconnexion dans la mesure où les vécus sont analysés *intrinsèquement* par essence. Ainsi parle univoquement le corpus.

Mais une conséquence formidable réagit sur la disposition topologique: l'homogénéisation de la conscience et de l'unité entraîne une révolution dans les rapports entre les deux lectures vectionnelles de la phénoménologie. On savait, par exemple, que tous les éléments de l'axe de l'unité se lisent à partir de l'unité et que les termes de l'axe de la conscience sont écrasés sous le signifiant conscience. Il est certes possible que tous les éléments de l'axe "unité" et de l'axe "conscience" ne correspondent pas, eu égard notamment au degré de complexité de chaque axe. Mais le *dernier* terme du segment vectoriel de l'unité et le *dernier* terme du segment vectoriel de la conscience ne sont point étrangers l'un à l'autre, car chacun des deux renvoie, *en même temps que son correspon-*

dantt, à l'un des deux termes directeurs originaires: tout comme la conscience-unité originaire, le couple "temporalité noématique de la conscience absolue – Urassoziation originaire"[39] forme la synthèse qui unifie ultimement l'Ur-Subjekt et l'ontologie des régions Ur-hylétiques. En ces circonstances, le commentateur est justifié à affirmer que le parallélisme biaxial se transforme en circularité dans la mesure où les deux axes se réunissent déjà au moins par leurs extrêmes. Une fonction capitale de l'essence se manifeste alors: étant donné qu'elle réunifie les deux axes, et qu'ainsi elle institue la compossibilité d'une lecture vers l'origine et d'une lecture vers le terme, l'essence est un *télos* et non point une référence. L'essence comme télos instaure l'homogénéité phénoménologique qui, dans la topologique simple, n'apparaissait que dans quelques endroits téléologiques de conjonction, les significations stables. Telle est la première dimension globale et fonctionnelle de l'essence; un point est acquis qui provoque la progression de l'analyse: comme l'intervalle, l'essence conjoint, quand bien même cela se situe au niveau des axes et non point encore à celui de toutes les significations. Mais une seconde conséquence de l'homogénéité de la conscience et de l'unité conduira à un rapprochement plus intime de l'essence avec l'intervalle de vide.

Les deux axes sont réunis à leur origine et à leur terme. Qu'en est-il des signifiés et signifiants médians? On saura que les vis-à-vis forment également des significations originaires car en chacun d'eux passe aussi l'égalité conscience-unité. Toutefois, le problème est plus particulier dans la mesure où existe une *prolifération* conceptuelle à partir des modalités de significations. De nouveau, il faut revenir sur l'interférence entre "l'essence-totalité" et les signifiants-signifiés de la topologique. Partons de l'axe de progression, initié dans la conscience, et relevons le signifiant sujet. Husserl effectue lui-même la substructuration du concept sous celui d'essence:

Après l'importance transformation que l'idée de la méthode eidétique fait subir à l'idée de la phénoménologie transcendantale, nous nous tiendrons dorénavant, en reprenant l'élaboration des problèmes de la phénoménologie, dans les cadres d'une phénoménologie purement eidétique. L'ego transcendantal ne seront plus que de *simples exemples de pures possibilités.*[40]

Ce nouvel impérialisme de l'essence renvoie en fait au statut définitif de la phénoménologie, où avant tout, il n'est plus question de chercher le référent qui garantisse l'objectivité, mais "d'élaborer un *ensemble réellement systématique de problèmes et une suite systématique de recherches*" et "c'est seulement au cours des dernières années que cet ensemble a commencé à devenir plus clair, tout d'abord, parce que nous avons trouvé de nouvelles voies d'accès *aux problèmes universels spécifiques de la constitution de l'ego transcendantal*"[41]. Dans ce contexte, ce sera d'ailleurs une structure systématique qui prendra le relais de "l'essence-référence" accordée à la primauté de l'intention d'objet et non plus à celle d'intention d'horizon temporel.

Mais il convient de signaler, en outre, que ce qui vient d'être démontré pour l'ego (sa subsomption sous l'essence d'ego) est valable pour tous les concepts phénoménologiques dans la mesure où 1) tous les vécus sont dépendants de lois essentielles et où 2) la phénoménologie est exclusivement une science descriptive des vécus. Le concept d'essence est donc coextensif à tous les éléments de la topologique et ordonne toujours l'apparente diversité proliférante des cas particuliers à l'unité d'une signification totalisante.

Cette proposition vaut d'être concrétisée en partant, par exemple, du chiasme engendré par: "sujet-intentionnel". Dans la nouvelle *disposition*, il est net que le "sujet-intentionnel" est une totalité originaire; le texte qui suit le rappelle, malgré une terminologie inappropriée:

Toutes les possibilités du genre "je peux" ou "je pourrais" — je peux déclencher telle ou telle autre série des états vécus, je peux prévoir ou regarder en arrière, je peux pénétrer en les dévoilant dans les horizons de mon être temporel — toutes ces possibilités *appartiennent manifestement d'une manière essentielle et propre à moi-même.*[42]

Relevons certes "l'appartenance à moi-même" illustrant le couche la plus immédiate et superficielle de lecture, qui a été depuis longtemps dépassée. Malgré cela, Husserl indique dans sa terminologie, *l'intégration* des intentions de toutes sortes au moi. Qui plus est, la loi d'essence garantit les limites de la totalisation en évitant les régressions à l'infini. Le "sujet intentionnel" est donc bien une totalité originaire: le signifiant sujet, placé d'abord topologiquement sur la vection "conscience", renvoie à une limite eidétique et non à la limite de sa conjonction avec un seul signifié. Ceci signifie que le signifiant sujet connote autant de signifiés sujets (sur l'axe de la conscience) que le correspondant du sujet sur la vection "représentation" (l'intentionalité) connote de signifiés de l'intentionalité. Par exemple, dans la mesure où le "sujet intentionnel" forme une totalité d'harmonie, il est clair qu'à deux connotations de l'intentionalité correspondent deux connotations du sujet. Il y aura ainsi autant de significations du sujet que le prescrit l'essence du sujet. Dès lors la prolifération des concepts sur une même place est totalement intégrée. Inversement, il y aura autant de significations de l'intentionalité que de significations du sujet, dans les limites prescrites par l'essence d'intentionalité. Dans le chiasme totalisant, il y a légitimation naturelle de la prolifération des sujets et des intentionalités. Remarquons également que les conjonctions n'opèrent plus de signifiant à signifié mais *dans la totalité qui intègre* les significations. Nous sommes donc haussés d'un plan: il existait, dans la topologique, un signifiant et un signifié pour s'accoupler dans une signification; dans la logique totalisante, une préexistence de la totalité intègre les significations (ici sujet et intentionalité sont des significations complètes). On conclut immédiatement à la thèse — princeps que c'est bien la disposition totalisante qui détermine la décomposition ou la recomposition de la signification. Telle est la loi cardinale d'interaction totalisante des signifiés: dans la disposition totalisante, l'unité de mesure n'est plus l'élément de signification, mais la totalité qui articule une signification. En somme la topologique n'était que l'expression, rétrécie par les exigences de l'approche linéarisante, de la totalité d'intégration des proliférations. Aussi approchons-nous de l'idée de réseau. Toutefois, il manque l'opérateur des intégrations, le moteur qui joue le rôle assumé par le vide-intervalle dans la topologique.

Ainsi il est vraiment important de repérer l'instance qui engendre les intégrations. Comment s'effectue le travail logique dans la totalité? Nécessaire est la décision de retourner au statut de l'essence, ce qui peut s'effectuer à propos des objets idéaux, nombres, qui ont justement la même fonction que les espèces ou essences. Après avoir précisé que "chaque nombre a (...) un périmètre général (*Umfang*)"[43] Husserl se livre à une déclaration qui mérite réflexion:

En retour, un objet dans son sens logique le plus général, ne veut rien dire d'autre qu'un objet quelconque (*Irgendetwas*) à propos duquel on peut opérer des énonciations d'une manière pleinement sensée et dans la vérité.[44]

Il est étonnant, certes, que l'objet idéal ou essence, soit ce "n'importe quoi" sur lequel les savants parlent en toute vérité. Cela signifie au moins que la contenu de ces objets essentiels pèse très peu au regard de la phénoménologie. On pense immédiatement au concept de quelque chose, dans *Philosophie de l'arithmétique* qui ne sert que de point d'appui pour la totalisation numérante. Le "quelque chose" est là pour délimiter les blocs unitaires colligés en les intégrant dans "l'espace-de-quelque-chose". Il semble également que le *Irgendetwas* de "l'objectif-essentiel" serve plus de point d'appui contre une symbolisation vide que de contenu sémantique directement exploitable. L'étude critique consacrée à Husserl par Lothar Eley, dans *die Krise des Apriori*, va conférer un fondement théorique à notre supposition. La démonstration de Eley se développe en trois moments décisifs: d'abord, l'a priori régional n'est qu'une forme:

Husserl parle d'une "forme pour tous les objets possibles d'expérience possible de cette espèce en général". Mais il souligne aussi que l'a priori régional désigne *"non un contenu, mais au contraire une forme* pour tous les objets possibles d'expérience possible de cette espèce en général; encore plus distinctement, il écrit: "le ce que de l'objet (Was) (...) peut (...) changer, mais le général (...) ne peut pas changer, c'est le *cadre* dans lequel toute transformation au lieu.[45]

On ne peut mieux exprimer que la circonscription de l'essence n'est qu'une "forme" sans contenu qui prend l'allure d'un "cadre" indifférent aux transformations et variations des contenus. Cette remarque de Eley renforce toutes les constatations antérieures qui lient le destin de l'essence à celui de la totalité. Mais le propos de Eley se continue, et ce dernier donne des indications sur la fonction de l'essence; si dans *Ideen I*, la nécessité de l'essence est encore perçue à partir des contenus (die *Sachhaltigkeiten*), dès *Ideen III*, Husserl isole formellement le "cadre" de disposition des matérialités sémantiques encadrées:

Mais dans le contexte de *Ideen III*, l'a priori régional n'est plus compris à partir d'un tel contenu: ce qui est contenu peut se transformer; "ce qui est général (...) ne peut pas changer". Une telle généralité en tant que forme est justement séparée du contenu perceptible — et il est vrai en vertu de la pureté de la forme: car "tout ce qui est contenu" est aléatoire.[46]

L'analyse progresse: le cadre n'est pas seulement le lieu intransformable des transformations, mais encore et surtout le lieu "séparé" des transformations de contenus. Comme conséquence, notons avec Eley que l'essence "se dégrade en invariant"[47]. Toutefois la situation est plus cruciale encore, et met en question la finalité même de l'essence dans la philosophie occidentale. C'est la troisième et dernière étape du raisonnement de Eley:

Le contexte de renvoi husserlien est, aussi dur que cela puisse être, la déchosification, et même la désubstantialisation de la chose elle-même: en somme il y a là une production du nominalisme. Adorno remarque ceci: "les essences demeurent sans essence (...)".[48]

Pour Eley, cette mise en garde est dépendante d'une critique plus générale qui vise l'anti-dialectisme et l'antihegelianisme husserliens lesquels stérilisent totalement la phénoménologie affrontée à "l'essence sans essence".

Par contre, notre ligne problématique de l'identité de la phénomonélogie s'accommode fort bien de ce statut "aberrant" de l'essence. Dans la mesure où l'aberration (le vide-intervalle) forme le moteur d'un logos intrinsèquement phénoménologique, il n'y a rien d'étonnant à ce que l'essence sans essence (*ou la clôture d'un espace vide*) s'intègre dans un logos qui convertit la linéarisation en totalisation. En clair, il apparaît que, positivement, le cadre-intervalle de l'essence restructure la topologique en la délinéarisant. Pour la première fois, l'analyse aboutit à inscrire fonctionnellement (comme cadre-vide) et non plus statiquement (comme totalité) l'essence dans un procès qui oublie la référentialisation et veut déboucher sur la notion d'un réseau.

A titre de parenthèse enrichissante, il est intéressant de suivre ce qu'on pourrait appeler le procès impérialiste de la logique "totalitaire". En effet, il semble que, quels que soient les domaines thématiques, l'inscription d'un contenu *de signification* en général dans une unité-totalité a pour résultat de faire surgir le vide[49] là où on attendrait le plein de la signification. Partons justement de l'exemple archétypal de la présentation de "la chose elle-même" dans la structure noético-noématique pour apprécier la justesse de l'hypothèse émise. L'on sait que la manifestation noématique est la source originaire de la saisie gnoséologique, et c'est pourquoi nous parlons d'exemple archétypal. Pour Husserl, le noème est une "unité fondée"[50] et se distribue alors bien en une totalité de caractères. Par ailleurs, l'objet apparaît au coeur du noème sous l'espèce du "sens noématique"[51]. Il est important de préciser que le noème se distingue très nettement de l'essence; Husserl est précis dans *Ideen III*: alors que le noème porte en lui des caractères d'être, l'essence ne contient aucune autre thèse que celle de la thèse de l'essence. L'essence n'a donc aucune dimension qui la ferait participer au procès de transcendalisation objectivante, comme le noème. Pourtant une convergence dispositionelle est tout de même évidente:

L'objet intentionnel identique se distingue alors avec évidence des "prédicats" variables et changeants. Il se distingue en tant que moment noématique central: il est "l'objet", *"l'unité objective". "l'identique"*, "le sujet déterminable de ses prédicats possibles" – *le pur X par abstraction de tous ses prédicats* – et il se distingue de ces prédicats; (...).[52]

Le fait que l'objet présenté dans le noyau de sens noématique soit "séparé de ses prédicats" engendre la non-déterminabilité du sens objectif inclus dans le "moment noématique central" et, en somme, produit l'égalité du sens unifié-en-une-totalité et du vide théorique; c'est ainsi que Diemer comprend également l'étrange situation:

Ce noyau en tant qu'il est le point d'unité intérieur est en soi un point de vide absolu.[53]

Etant donné que l'unité diffuse dans la totalité, c'est toute la circonscription sémantique du sens objectif qui forme un "vide absolu". La logique disposi-tionnelle abat donc les barrières thématiques-sémantiques-référentielles et réalise la grande connivence articulée sur l'impérialisme phénoménologique de la totalité. En conséquence, il existe une pente déterminante du texte husser-lien qui tend à organiser ce dernier selon des lois inouïes et qui provoque des "amalgames" que *la* philosophie occidentale depuis Aristote, comme dit Eley[54], ne peut guère tolérer. Il suffit pour l'instant d'avoir uniquement estimé la capa-cité d'extension de la disposition rayonnante, car notre propos veut seulement inclure l'essence dans une théorie du vide totalisant universel. Dans cette direc-tion d'analyse, qu'il suffise de laisser apparaître que la signification des signifi-cations, l'essence, et les significations les plus pleines du corpus forment un "cadre-limite" enfermant un moteur de vide. On retrouve alors la problémati-que de la relation interne, mais appliquée aux éléments d'une totalité (signifi-cation). En résumé, ont été mis à jour une structure de disposition, la totalité, tant au niveau du sens que de la signification, *et* un moteur logique, dans l'es-sence, essence qui est la *modification* de la signification. Pour concrétiser le ré-seau, il reste à montrer comment se disposent les significations animées par le moteur logique.

Rappelons qu'il s'agit toujours de combiner les éléments médians des deux axes, puisque les éléments ultimes (premiers et dernier) sont unifiés par essence et déterminent une circularité qui remplace la bilinéarité. L'intervalle-essence, comme l'intervalle de linéarité, conserve la capacité de conjoindre et de dis-joindre. Pour plus de simplicité, isolons l'opération de conjonction: en vertu de *l'essence* de la conscience, chacune des positions du signifiant "conscience" cor-respond désormais à un signifié global, de composition, qui évite la dislocation linéaire des signifiés derrière l'unité matérielle du signifiant. Ainsi, sujet, noèse, temps noétique etc... *font partie* de l'essence de la conscience. Plus générale-ment, tout élément de signification, pris sur un axe, s'intègre à *l'essence* qui se concentre soit dans la conscience, soit dans l'unité (les deux éléments direc-teurs, eux-mêmes conjoints par essence). Pour le moins, toute lecture s'appuyant sur la fonction conjonctive du vide, restructure donc l'axe entier autour de l'élément *choisi*, lequel ne travaille toutefois que sous la couverture de l'essence.

Mais d'une manière plus complexe, on dit bien que les deux axes sont connectés par leurs extrémités, et cela sous la loi de l'essence. Qu'en ressort-il pour la connexion des éléments médians, et pour la mise en relation systématique des deux axes? Ici intervient la vertu disjonctrice du vide, qui complète sa fonction conjonctrice. Ainsi lorsque nous affirmons que la conscience a tendance à occuper plusieurs places à la fois, et donc à jouer le rôle d'opérateur de totalisation sur un axe, cette proposition ne peut aboutir que pour une raison simple: à la reproduction conjonctive de la "conscience-sujet" sur un axe – qui égalise la signification – correspond une dimension opératoire plus profonde; en effet, lorsque je dis: "conscience" est potentiellement à toutes les places, je suis contraint de jeter un oeil vigilant sur les vis-à-vis de ces places: alors apparaissent des relations de dis-jonction; notamment *l'essence-vide de "conscience" implique que* je renvoie tour à tour "sujet" à "Ur-assoziation", à "intention", ou encore à "noème" (si "sujet" se spécifie en "noèse") sur l'autre axe. Ce qui revient à dire que l'unité de la conscience se disjoint de la pluralité des éléments susceptibles de se totaliser avec elle. Ainsi, la *conjonction* totalisante sur un axe est fondée sur la *disjonction* totalisante qui dispose les concepts placés sur des axes différents[55].

Continuons le travail: ce qui s'affirme de la conscience se dit de tout concept sur l'axe de la conscience: nous aurions très bien pu procéder à partir de l'axe de l'unité, et donner sa chance à chaque concept. Enfin, le fait d'accepter toutes les connotations de chaque concept (par essence) multiplie les places sur *chaque* axe, et donc aussi les possibilités. En somme, nous donnons son extension intégrale au résultat provisoire que nous avions atteint et qui formulait le raccord par les deux bouts de deux segments axiaux, ce qui constituait un *cercle*. On procédait alors de la totalité: "conscience-unité", et de la totalité: "Idée de Dieu-objectivation du monde". Mais la généralisation de la totalisation aux points médians des deux segments axiaux et les échanges conceptuels obliques transforment la disposition linéaire encore circulaire en un *réseau* différencié à l'infini. Ce réseau privilégie conjonction ou disjonction selon que l'on s'abandonne respectivement à une linéarité ou à une composition organique, en conservant présente à l'esprit la primauté de la composition organique, qui est plus compréhensive.

Il est utile de récapituler les moments directeurs de cette seconde Elaboration de la strate: le sens a été situé dans son appartenance intrinsèque à un procès de limitation (Umfang). La forme des significations suivait la même loi (*l'essence* comme Umfang et totalité). Il restait à structurer leurs rapports pour *différencier* la disposition (le sens) selon cette loi qui affecte la signification. Le réseau répond à cette différenciation, en conjoignant et disjoignant les significations par la force du vide moteur[56], qui reprend l'efficace du vide-intervalle de la topologique. Par ailleurs, cette dernière est à la fois dépassée et intégrée, "aufgehoben". Dans ces conditions, la *totalité* est dans le *sens* de l'identité de la phénoménologie comme dans chaque *signification*. L'Etat II de la phénoménologie confirme sa concrétisation, certes encore partielle, mais assurée.

Toutefois, la totalité aide-t-elle à former la grande pensée du sens = signification? Le réseau *modifie-t-il* d'une manière satisfaisante cette loi du corpus? Rappelons que, dans la topologique, une signification (conscience-unité) se déléguait sous toutes les significations, de sorte que la disposition était subordonnée, dans son *sens*, à cette signification stable. Le réseau procède de l'ordre inverse: c'est-à-dire que le sens est principe, discursivité codomaniale à comprendre sous son aspect *différencié* de signification. Mais la situation apparaît difficile, nonobstant l'interversion des termes; maintenant, un sens se délègue sous toutes les significations: le sens est la cause globalisante de l'articulation des unités de signification. Dans ce mouvement de balance, qui met tour à tour au premier plan la signification et le sens, le travail ne s'équilibre pas pour donner un contenu à l'égalité sens-signification puisée dans le corpus. Le réseau, comme sens modifié de l'identité phénoménologique, est donc insuffisant sous sa forme simple. Notamment, il va s'imposer d'approfondir la médiation de la totalité, le seul élément dispositionnel efficace qui soit en notre possession.

Dans cette perspective, il est instructif de reprendre les indicateurs d'une anti-circularité[57] (celle du mauvais infini); un sort remarquable a été fait à l'essence. Reste à apprécier le statut du temps et de l'Idée.

d. *La triple dimension de la disposition totalisante*: Au terme du paragraphe sur la *logique contestée*, une ouverture s'était imposée contre la mauvaise circularité des renvois conceptuels: les concepts de temps, d'Idée et d'essence semblaient endiguer la destruction phénoménologique animée par la gangrène du "mauvais infini". Les passages qui précèdent illustrent la portée déterminante de la totalité-vide de l'essence. On comprend l'intérêt de déterminer la place de l'Idée et du temps dans le réseau totalisant, afin de décrire la forme d'unité du sens phénoménologique (son *Einheitsform*).

Il semble facile de comparer l'essence à l'Idée et de disposer leurs fonctions l'une par rapport à l'autre. Entre l'Idée et l'essence s'impose une complémentarité directe. Remarquons dans un premier temps que l'introduction dans le corpus de la thématique de l'Idée est plus tardive que celle de l'essence; elle date de *Ideen I*. Toutefois, cette disparité apparente cache une communauté profonde: ce qui change, des *Recherches logiques* à *Ideen I*, c'est le type des objets étudiés. D'un côté il s'agit de l'objet en général, avec ses approfondissements d'idéalité; d'un autre, nous avons affaire à l'objet de perception qui se donne dans des esquisses. L'Idée s'adapte à cette "défaillance apodictique" de la prise de connaissance de l'objet-sensible. En fait, essence et Idée actualisant la même détermination cognitive, mais appliquée à des matériaux différents. Cependant, le comparaison mérite d'être affinée. En effet, comme prédéterminées par l'équivalence de leur jeu cognitif, essence et Idée s'opposent *parallèlement* à la fuite à l'infini des concepts. C'est clair pour l'essence; cela l'est aussi en ce qui concerne l'Idée dont D. Souche-Dagues a pu dire qu'elle constituait "le milieu d'une vérification infinie"[58]. La vérification infinie est l'opération qui, pas à pas, et à l'infini, s'oppose à la contamination de la limite par l'illimité[59]. Ainsi, en commun, l'essence et l'Idée se retrouvent dans la capacité forte de nier toute dérive des concepts. Mais à cette dimension négative s'ajoute encore l'identité d'un rôle positif. D. Souche-Dagues a suffisamment démontré la continuité entre la problématique de l'objectivation et celle de la reconnaissance de la primauté d'un "je-suis-monde". Pour notre propos, cela signifie que l'*Idée* de monde relaie l'*essence* de l'objet. La fonction de l'essence est, dans les derniers écrits, reportée sur le monde[60]. Par ailleurs, l'identité je-monde, et la phénoménologie comme prise de conscience du je, explicitent le fait de l'*Einheitsform* de l'identité phénoménologique; la séquence conceptuelle directrice s'énonce ainsi: essence de l'objet ⟶ Idée du monde ⟶ Idée du je ⟶ Idée de la phénoménologie. Parviendrions-nous si aisément à toucher au *sens* global de la phénoménologie?

L'identité fonctionnelle de l'essence et de l'Idée suscite une question: dans la mesure où l'unité de fonction demeure préservée, on se demande quelle est la raison de l'introduction de l'Idée, mis à part le fait que l'Idée se voit attribuer la détermination spécifique de la connaissance des objets sensibles. Ne serait-ce point alors que l'objet et la théorisation de ce dernier jouent un rôle fondamental dans l'*Einheitsform* phénoménologique[61]? C'est l'hypothèse qui s'impose. L'élucidation de la question est facilitée par une analyse qui dégage les fils directeurs implicites du travail de L. Eley dans *die Krise des Apriori*. En effet, la référence au texte de Eley montrera que l'Idée facilite la résorption d'un problème laissé en suspens par l'essence, et vaudra donc de droit pour la constitution de l'Einheitsform du sens totalisant. Mais partons d'abord d'un paradoxe habilement mis en place par L. Eley. Ce dernier remarque que "toute interprétation de l'individuel conduit à une typique, mais que l'individuel est la limite dernière de la typique"[62]. En d'autres termes, Eley veut dire que l'individuel constitue une limite *interne* et une limite *externe* de l'essentiel; il est *dans* l'essence; mais il est aussi le *Dies-da dans* lequel on trouve (*vor-findet*) l'essence. Ce premier paradoxe conduit à un second: d'une part, l'essence prend place dans un *a priori* qui se rangerait du côté de la transcendantalité; d'autre part, l'essence n'est qu'une *Regelstruktur* produite par l'objet[63]. Ce second paradoxe introduit ainsi la question de la transcendantalité. Le problème est donc posé: dans notre langage, il apparaît que la totalité essentielle laisse échapper la dimension cardinale de l'individualité. Alors serait compromise la "forme d'unité" du sens qui se dissocierait en un sens d'objet et un sens transcendantal.

Mais c'est sur ce point que la théorisation de Eley nous semble riche et contestable à la fois. En effet, Eley considère que le hiatus entre l'essence et le *Dies-da* est définitif chez Husserl et qu'il confirme le manque d'une dialectique de type hegelien. C'est pourquoi les remarques qui tendent à doucir le clivage entre essence et *Dies-da* ne vaudront jamais comme des solutions. Simplement, il existe pour Eley des concepts qui "font le joint" sans toutefois dialectiser l'opposition; par exemple, entre la naïveté (du *Dies-da*) qui disparaît et la transcendantalité (de l'essence) qui apparaît, prend place selon Eley le concept de *Welt*[64]. Ce premier joint conceptuel renvoie en fait à son second, qui éclaire toute la problématique:

Le rapport entre essence et particularité est déterminé par les concepts de partie, groupe (notamment totalité).[65]

L'extrait de Eley, ainsi que le texte husserlien auquel il se réfère (voir notre note), alimentent la logique de Husserl en un sens positif. La "totalité des totalités" est monde, dit Husserl. Par ailleurs, le monde est Idée. C'est donc l'Idée qui rassemble les deux connotations paradoxales du statut de l'essence. Qui plus est, cette recollection s'opère selon la modalité fondamentale de la totalisation. Dans l'Idée-monde, l'individuel est pris dans un procès de totalisation. c'est-à-dire qu'il ne peut être compris comme la limite inférieure (et extérieure) d'une série. Inversement, le fond de monde, ou totalité, n'est tel que parce qu'il circonscrit une individualité: il est de l'essence du monde de s'individualiser en découpes particulières. Dans ces conditions, le procès de totalisation et la totalité ne forment pas un joint empirique mais articulent la disposition phénoménologique: le côté du transcendantal et celui de l'objet composent harmonieusement parce que le *"sens disposant" met en place (dispose) les significations selon une logique des totalités.* La totalité-Idée absorbe les aberrations théoriques suscitées par l'individualité, double ainsi la fonction totalisante de l'essence, et assure l'Einheitsform de la phénoménologie: de l'objet-individuel à l'universalité de la phénoménologie-objet, prend place l'Idée qui, non seulement sert de relais à l'essence — comme nous l'avons vu ci-dessus — mais qui, encore, articulerait les totalités essentielles. Cependant, notons que cette synthèse très extensive de l'Idée laisse en place le problème: l'Idée est polarisée par le télos global (le sens disposé) *bienqu*'elle s'appuie sur les significations disposées (les significations). Le problème se *décrit* donc dans la fonction de l'Idée sans se résoudre. L'équation du sens et de la signification est acceptée dans une *structure de réception* qui demande toutefois sa concrétisation[66].

Cependant, les textes de Husserl commandent d'affronter une autre possibilité théorique qui s'impose, en plus de l'essence et de l'Idée. En effet, les allusions husserliennes au *continuum* temporel, et à son extension à l'infini — jusqu'à une inconscience de dégradation — veulent ignorer la réalité scabreuse d'une régression à l'infini. L'on connaît la susceptibilité de l'argumentation husserlienne face à ce problème qui l'irrite beaucoup, et qu'elle ne manque point de faire ressortir à chaque occasion, soit contre les empiristes, soit contre elle-même. De nombreux passages, toutefois, laissent considérer implicitement, par le biais du concept de continuité, que la régression à l'infini est parfaitement dominée lorsque l'auteur thématise le flux temporel. En un certain sens, cette facilité ne saurait étonner. En effet, il suffit de reprendre une proposition-clef (déjà autrement exploitée) des *Méditations cartésiennes* pour illuminer principiellement la région d'obscurité:

(...) ce dernier (le temps) se constitue lui-même dans une genèse continuelle, passive et absolument universelle, qui, *par essence*, s'étend à toute donnée nouvelle.[67]

L'éclairage est donc très fort. Le régime de l'essence, dit Husserl, domine celui de l'auto-extension du temps dans l'intégration de chaque "donnée nouvelle" Urimpressionnelle. Devons-nous pourtant conclure immédiatement que le temps est le troisième terme de la structure de fondation disposante? Il reste la question du statut métaphorique des analyses de la temporalité. Si le temps n'est que métaphore, on ne peut guère comprendre comment se bâtit l'*Einheitsform* de la phénoménologie, car ce n'est pas au plan de la métaphore que s'opère la composition du sens local d'objet (= signification) et du sens discursif. Mais d'autres éléments du corpus ne permettent-ils pas de dépasser cette présentation métaphorique de la temporalité et de collaborer à la construction de l'identité concrète du réseau?

Deux textes nous orienteront dans les couches de pensée entremêlées de l'opérer phénoménologique. Le premier sert à détailler le concept d'*Urassoziation* dans les *Leçons sur la synthèse passive*:

Chaque présent momentané, avec son maintenant ur-impressionnel (...) est "en relation" avec un présent parallèle (...). Cette connexion (*Verbindung*) est celle de l'association dans la simultanéité (...). L'urassociation, peut-on aussi dire, est la connexion d'une *espèce extérieure à l'essence, une connexion qui n'est pas fondatrice par essence.*[68]

Telle est donc la "continuité" du "temps originairement constitué par la conscience"[69]. Husserl exclut ainsi la connaturalité du temps et de l'essence. Mais un second extrait permet d'avancer l'analyse et de donner un autre aspect du rapport temps-essence; nous nous référons toujours au texte sur la synthèse passive et le commentons au moment précis où Husserl étudie la formation de l'objet: le fait que ce dernier soit en connexion avec d'autres objets (*verknüpft mit andern Gegenständen*)[70] renvoie à son "essence spécifique". Par contre, que l'objet ait une identité, cette caractéristique dépend de sa constitution dans la conscience du temps originaire. La dualité des deux approches *semble*, dit Husserl, conduire à un *regressus in infinitum*. Remarquons bien toutefois que Husserl emploie le verbe "sembler": en effet et banalement, Husserl recherche l'être derrière l'apparence et c'est la découverte de l'être vrai qui opère le "dépassement" (*Uberwindung*) du pseudo-*regressus*[71]:

(...) On comprend pourquoi l'identité d'un "côté" et (prédicativement) la similitude et la différence ont un rapport si étroit et pourtant demeurent principiellement distinctes. Justement, les synthèses de recouvrement (*Deckungssynthesen*) sont corrélativement distinctes comme synthèses du recouvrement identificateur et comme synthèse du recouvrement du non-identique.[72]

En ces termes se formule l'être-vrai derrière l'apparence, ce qui exclut bien toute régression. Mais l'être-vrai suscite à son tour un problème. En effet, il est *vrai* que le genre, fondamentalement temporel, de la *Deckung* (recouvrement) règne sur l'essence: les relations différenciatrices entre objets dépendent théoriquement de la *Deckung*. En ce sens, il est maintenant licite d'affirmer que la thématisation du temps englobe celle de l'essence, ce qui *contredit* apparemment les données théoriques de l'autre passage.

Ainsi on constate la difficulté dans le corpus. Mais notre travail est justement de donner forme d'identité au matériau des textes husserliens. Il faut alors se demander si la "prédication" de la Deckung, essentialisation originaire, n'est point différente de la prédication référentialisante. S'il agit du même renvoi fonctionnel de l'essence dans les deux textes, alors, effectivement, la contradiction sera irréductible. Par contre, la difficulté tombe aussitôt que l'on suppose deux types de temporalité et deux types de prédication: le temps-métaphore fonctionne de connivence avec l'essence-référence (comme il a été vu dans la Section I), ce qui expliquerait que la métaphorique temporelle ne "soit pas fondatrice par essence". Par ailleurs, un "temps-théorie" s'allierait avec l'essence-totalité d'une Deckung, ce qui fonderait à son tour la théorie de la continuité du temps (sans régression à l'infini) d'une part, et le fait que l'essence-totalité articule, *de pair avec une théorique temporelle*, la disposition phénoménologique. La structure de la disposition totalisante serait ainsi triplice (essence; idée; temps-théorie).

L'emploi du conditionnel, dans la dernière phrase, illustre combien l'hypothèse générale de la cohérence phénoménologique se spécifie longuement. Dans ce cas particulier, il faudra montrer et établir la consistance de la notion encore étrange de temps-théorie et relier le temps-théorie à la continuité infinie du temps vécu. Ce problème, nous n'avons pas encore les armes suffisantes pour l'aborder. Toutefois, une autre question plus immédiate s'impose déjà. Sans pouvoir encore relier le temps-théorie au temps vécu, il est à tout le moins nécessaire de démarquer le temps-théorie du temps-métaphore, sans quoi, tout sombre dans la confusion. *Par là, on voit se croiser la ligne de la temporalité-théorie et celle de la totalité* car la logique disposante (*LA* théorie phénoménologique dont nous disposons pour l'heure) articule des totalités. La structure de la disposition totalisante appelle donc l'élaboration de la logique temporelle; c'est à partir de ce point de non-retour que se dessine l'idée d'une épistémologie complète articulée aux trois dimensions (essence-Idée-temps) de la totalité. Et, dans ce creuset complexe devrait se faire une lumière sur le rapport d'équation du sens disposé et de chaque signification.

Totalité et épistémologie de la temporalité

Une situation épistémologique se propose avec force: l'essence-limite constitue l'intervalle de totalité et détermine la construction d'un enchaînement disposant en forme de réseau; l'essence et l'Idée, qui fonctionnent par les limites qu'elles imposent, opèrent ainsi la disposition d'un enchevêtrement disposé et principiel. Il convient dorénavant de se rendre clair si une problématique du temps-théorie est suffisamment consistante pour s'écarter du temps-métaphore et s'intégrer dans la situation épistémologique décrite.

a. *Temporalité et disposition*: La pensée directrice est d'insérer le temps dans le réseau et de concrétiser ce dernier. Afin d'exploiter cette question, il ne faut pas craindre d'exhiber toutes ses dimensions. Depuis les *Elaborations*, deux acquis antérieurs – c'est-à-dire deux émergences empiriques de la Section I – ont été progressivement redisposés: il s'est agi du blanc, modifié en vide, et de la totalité, libérée de ses connotations empiriques. Mais la totalité n'est pas une réalité simple: il existe une totalité de fusion (d'interpénétration, d'homogénéisation du sens intégré) et une totalité d'addition (de collectivation des significations additionnées). Le *modèle* de la totalité affine donc la structuration du réseau. De plus, il participe de l'intelligence du problème fondamental dont le réseau dépend lui-même: en effet le rapport sens-signification n'est pas indifférent à la bipartition de la totalité; la totalité des associations de significations ne pourrait-elle devenir, sous certaines conditions, une totalité de disposition où règne un sens homogène exprimant l'identité de la phénoménologie? Sur ce point nous sommes déjà enrichis, car il se pourrait qu'une rééquilibration du sens et de la signification confirme la structure d'accueil de l'Idée.

La précision le réclamant, rappelons que la notion d'un temps-théorie correspondait à une thématisation de la continuité temporelle, déjouant le jeu du mauvais infini. La continuité s'établissait à partir d'une Deckung. Ce dernier concept nous incite à revenir sur la Deckung intersubjective qui d'ailleurs, n'est qu'une figure de la Deckung-modèle de l'*Erinnerung*, ce qui nous situe toujours au centre d'un problème dominant le corpus husserlien. L'exemple qui suit sera évocateur d'une attitude devenue banale chez l'auteur à partir des années 30:

Le je concret (...) et l'intersubjectivité concrète (...) en tant que multiplicité "connectée" des je concrets, connectés en ce sens que dans ma conscience subjective (...) d'autres je sont conscients avec leur vie (...). Dans cette interpénétration intentionnelle me devient accessible ce qui est conscient pour les autres, ma conscience est reliée intentionnellement à ce qui lui est étranger (...) et *inversement*, ce par quoi aussi cette rétroaction (*Umkehrung*), cet avoir-conscience d'autrui qui fait retour sur moi et ma conscience, m'est conscient; *de sorte que ma conscience retourne à elle-même dans un cercle, par le biais de la conscience étrangère déduite à partir d'elle* (...).[73]

Ce texte supporte certes l'ambiguïté d'une phénoménologie théorico-existentielle. L'existentialité de la situation se manifeste dans la mise en rapport des consciences. Mais il est fructueux de revenir à la notion rectrice d'une disposition pour apprécier à nouveau la situation. Le passage, sans connotations existentielles, devient limpide et tourne entièrement autour du concept "d'interpénétration intentionnelle": en effet, d'une part, on comprend bien (biaxialement) que "autrui" soit ma représentation, que le signifiant "conscience" croise celui d' "autrui" représenté: les deux axes se touchent donc en ce point de contact et l'impossibilité existentielle de la cohabitation de deux personnes en moi est levée. D'autre part, et surtout, "moi" et "autrui" forment la composition conjonctive-disjonctive qui caractérise la disposition en réseau[74]. Certes "autrui" *est* "moi" (et le vide est conjonctif) si l'on analyse autrui sur l'axe de la conscience. Toutefois, "je" *suis* autrui et "je" est disjoint de lui-même (vide de disjonction) dans son rapport à autrui, et participe ainsi d'un logos qui compose les deux axes (les organise) et différencie l'identique, donne au "même" le statut de "l'autre". On comprend comment le réseau organisateur englobe la biaxialité: dans cette dernière "autrui" et "moi" forment la signification moi-autrui (un signifiant sur l'axe "conscience" compose avec un signifié sur l'axe "unité"); dans le réseau, "autrui" (signification) et "moi" (signification) se disjoignent chacun de soi, ce qui signifie que moi = autrui et que autrui = moi. Telles sont les deux approches logiques du phénomène de Deckung qui expliquent les ressorts du recouvrement. Sur ces fondements, il convient de resituer la temporalisation en relation avec cette néo-intersubjectivité.

L'analyse de l'intersubjectivité temporalisée de la Section I, sur laquelle nous revenons, livre de nouvelles clefs. Le point fondamental à relever réside dans la caractère athématique de "l'intentionalité transversale" qui ne requiert point une autre intentionalité la réfléchissant. Il est notoire, également, que l'Einfühlung est copiée sur l'Erinnerung. Ces deux précisions amènent à penser que "l'interpénétration" de moi et d'autrui, engendrant une totalité de fusion, et qui détermine la disposition en forme de réseau, est homogène à l'interpénétration de tous les vécus sous l'égide de l'intentionalité transversale. En approfondissant, on est conduit à la thèse selon laquelle la disposition en réseau correspond au caractère athématique de cette intentionalité et que, en somme, c'est l'athématisation du réseau logique qui détermine l'homogénéité d'autrui et de moi dans une totalité.

Mais le travail demande d'être poursuivi: l'approche empirique révélait que la thématisation d'autrui engendre la discontinuité entre moi et autrui, et forme une totalité d'association. Or cette proposition est transférable dans l'ordre de la théorie logique. La thématisation, c'est-à-dire, dans ce cas, la *prise de conscience* qui livre la totalité "autrui", procède de l'axe de la conscience et isole l'axe de la représentation. *C'est l'attention portée à la conscience qui dégrade la réseau en deux axes parallèles.* Certes, il est légitime de dire que la conjonction du signifiant conscience et du signifiant autrui occasionne le croisement des deux axes. Toutefois, le commentateur est ainsi condamné à procéder des signifiants et non des significations complètes. Au cas où *la* signification conscience est mise en exergue par la thématisation, c'est d'abord et principiellement le parallélisme biaxial (l'association des axes), qui est suscité. En conséquence, la *thématisation* de l'intentionalité temporelle d'objet renvoie bien aux deux axes de lecture associés. Voilà établies les conditions dans lesquelles se manifestent les deux logiques, qui fondent ainsi les deux notions de la totalité dans la thématisasation et l'athématisation intentionnelles. De plus, la structure du temps est absolument perméable à la logique de la disposition. L'idée de temps-théorie est donc consistante: elle forme le nouveau modèle qui reprend et enrichit celui de la totalité[75].

L'essence, l'Idée et le temps forment trois moments d'une fondation. Le réseau se concrétise progressivement, se modifie. En ce qui concerne le problème fondamental, on a appris que l'Idée, qui relie asymptotiquement la signification au sens du tout forme une structure d'accueil intéressante; l'analytique du temps a permis de glisser deux éléments dans cette structure abstraite: le sens est de l'ordre de l'homogène, la signification, qui compose avec d'autres, est de l'ordre de l'additionné. La loi de passage égalisante, pourtant, n'est toujours pas perçue. Il faudrait, dans ce but, trouver la loi d'articulation des deux types de totalité; le moment limite où l'homogène verse dans l'additionné et inversement. C'est vers cette direction que notre travail se dirige.

Un trait directeur s'impose: la seule terminologie possible pour la transformation de la totalité (fusion ———➤association) fut celle, husserlienne, de la thématisation et de l'athématisation. Cependant, la terminologie réexprime l'idéologie de l'activité d'un sujet, à l'oeuvre dans le projet husserlien. Le langage est donc à *modifier*. Mais n'est-ce pas dans l'efficace temporelle elle-même que se dessine une dynamique de la disposition? Cette proposition hypothétique requiert sa vérification.

b. *L'approche d'une temporalité disposante*: L'hypothèse revient à s'assurer d'un concept dispositionnel qui domine la notion husserlienne de transcendantalisation et s'implante dans le corpus pour en modifier les composantes et leur donner forme phénoménologique.

Que le temps-théorie s'articule avec l'Idée au noyau disposant de l'essentialité totalisante, c'est entendu. De plus, il est indéniable que le caractère bidimensionnel de la totalité est *théoriquement* isomorphe à la structure du temps. C'est pourquoi le concept de temps, attaché à la transcendantalité husserlienne, se trouvera enrichi si le commentateur travaille les connotations "husserliennes — transcendantales" de la totalisation. Ainsi la transcendantalité husserlienne médiatiserait positivement la relation du temps à la totalité. Afin d'ancrer l'analyse dans une potentialité du texte, et non dans l'aléatoire, une démarche assurée demande de partir de la signification la plus reconnue et usitée de la transcendantalité (celle utilisée notamment dans *Ideen I*). L'Elaboration disposante suivra.

De nombreux textes husserliens indiquent combien le concept de totalité est loin d'être étranger à celui de réduction transcendantale[76]; notons l'insistance de l'auteur à réclamer la nécessité d'une *Totalwissenschaft*[77].

La science, en tant que pure, authentique (...) n'est pas possible à partir de la naïveté (...). *Toute "philosophie" est précédée par la logique comme philosophie première* − non pas par la *logique formelle*, relativement pauvre, ni (...) la mathesis universalis − mais par *l'ontologie transcendantale*. Celle-ci est eo ipso rapportée à elle-même et réclame elle-même à nouveau un traitement gradué pour s'assurer de sa complétude systématique (*systematischen Vollständigkeit*) et, unitairement avec cela (*in eins*), pour dépasser sa propre naïveté première (...).[78]

Le texte impose un tournant théorique. En un seul mouvement (*in eins*) une pratique s'assure de sa systématicité totalisée et se dépasse vers la réduction de sa naïveté. La totalité enregistrée exige donc la "conversion" de la pratique dans une théorie supérieure. Le concept de totalité est cardinal, c'est l'axe de rotation de la théorisation. De surcroît, le concept prend une nouvelle envergure qui, cette fois, n'est pas indifférente aux deux acceptions de la totalité en rapport avec la réduction transcendantale. Dans l'extrait cité, quelque chose apparaît déjà; Husserl parle d'une "ontologie transcendantale", qui doit toutefois surmonter sa naïveté. Cela tend à prouver que, dorénavant, la transcendantalité n'est pas exclusive de la naïveté, contrairement aux propositions les plus explicites de *Ideen I*. Surtout, l'incertitude ainsi exhibée renforce le caractère déterminant de la totalité. *Puisque le transcendantal peut être naïf et que s'effectue en un "seul mouvement" le constat de totalité et la conversion vers une étape ultérieure, comment ne pas proposer que c'est le concept de totalité qui rend compte en dernière instance de la transcendantalisation?* L'hypothèse semble bien correspondre à cette indication intéressante de la *Krisis*:

La psychologie phénoménologique peut être inférée, selon son sens, au cours de diverses étapes parce que la réduction phénoménologique elle-même – et cela fait partie de son essence – (...) ne pouvait éclore que par étapes (...). Comme j'avais également coutume de l'exprimer, la réduction phénoménologique réclamait, pour accéder à son *horizon de totalité (Totalhorizont)*, une "phénoménologie de la réduction phénoménologique".[9]

Le passage illustre l'effectivité du rôle de la totalité dans la problématique de la réduction. Diverses étapes doivent se succéder "par essence" afin d'accéder à l'horizon de totalité définitif. Mais, rappelons – avec l'exemple de "l'ontologie transcendantale" – que l'articulation des étapes est déjà médiatisée par le concept de totalité. Ainsi, le développement de la phénoménologie s'appuie sur une succession de totalités dont l'intégration aboutit au *Totalhorizont*. L'hypothèse de la médiation de la transcendantalisation (husserlienne) par la totalité (phénoménologique) est donc justifiée.

En résumé, il est vrai que la totalité dispose l'universalisation phénoménologique. Ceci est démontré. Est également acceptée la notion d'un temps-théorie, mais il conviendra encore d'opérer sa coordination, pour l'instant reportée, avec le temps-vécu du corpus. Dans ces conditions, l'état actuel des Elaborations attend son enrichissement pour que soit donné le branle à une théorisation de la fonction disposante du temps-théorie. Complémentairement, l'égalité sens-signification exige toujours son élucidation, puisque la dialectique des deux formes de totalité demeure obscure; on aura donc à investiguer nécessairement du côté d'un affinement de la structure d'accueil de l'Idée afin que, en dernier ressort, le sens de la disposition se structure dans sa signification et, qu'inversement, le domaine-objet de signification *soit* le sens.

Mais où trouver la ligne de force? Certes, le vide-intervalle moteur est repris dans le cadre-vide de l'essence totalisante et dans celui de l'Idée. Mais, faute

174

d'exhiber distinctement cette efficace, l'Elaboration n'aboutit pas à disposer temporellement les structures de limitation fondamentales (les totalités) et à modifier ainsi pertinemment l'équation sens-signification; on sait que ceci requiert la concrétisation du rôle de l'Idée. Temporalité et téléologie sont donc des concepts centraux, mais "en réserve". Dans cette situation, il n'y a que le nerf logique, stimulé profondément, qui puisse préparer et préstructurer les grands travaux ultérieurs de disposition du réseau; car dans nos Elaborations, le vide est l'instance logique majeure continue, le droit toujours réaffirmé qui juge du reste. En somme, on a voulu tout disposer d'un seul coup, structurer, donner le sens. Pourtant, l'étude des *conditions* de cette disposition prend de nouveau valeur. Tant que *le* sens conservera *des* significations éparses (les deux espèces de totalité, avec la dualité des fonctions attenantes du vide), un "sens = signification" spécifiquement phénoménologique ne se détachera pas dans une lumière suffisante.

1   Cette précision conduit à réfléchir sur la distinction à faire entre ordre chronologique et ordre dans le logos phénoménologique. Ici, le concept de Blick n'occupe pas la même place sur l'axe que l'acte (de représentation) – l'acte étant dans l'ordre des concepts très proches de la conscience – car les conditions d'intelligibilité du Blick constituant sont téléologiques et non pas causales. Comme Husserl lui-même le souligne, c'est une grosse erreur que de rechercher l'interprétation d'un concept à partir d'un mécanisme causal. La distinction des deux axes de lecture et de la logique propre à chacun est très éclairante: dans une égalisation des signifiés qui laisse libre les signifiants, la logique des signifiants renvoie de *signifiant*-signifié en signifiant-*signifié* à un signifié-cause premier. C'est qu'ici, les signifiés étant les mêmes partout, la causalité opère au niveau des matérialités signifiantes. Au contraire, lorsque s'éclate le signifié conscience, le sens n'est plus le même partout et le fait de conserver le signifiant conscience maintient tout de même la différence sémantique. Alors, une logique de la motivation s'exprime et commande d'analyser les signifiés-signifiants en rapport avec leur télos. *C'est pourquoi le Blick est plus proche de l'Urtemporalité noétique que de l'acte de représentation, du terme* que de l'origine. Si l'on tient ferme les deux bouts de la chaîne, un qui nous entraîne vers une lecture causale, l'autre vers une téléologique, on s'aperçoit ainsi que la conjonction des significations est difficile et que la tendance à la forme-résidu du mauvais sens est partout présente, tout comme est présente la disparité entre vection causale et vection téléologique. En fait le *projet* husserlien est le *symptôme* de cette difficulté.

2   Nous rappelons que la protologique est le concept générique spécifiant l'état *actuel* des Elaborations, et *modélisé* par la topologique.

3   E III 5, p. 3: "Die Primordialität ist ein Triebsystem ...". Consulter également E III 9, p. 7-8 (voir aussi p. 4; 5; 6) (1931-33).

4   R. Steer, p. 15.

5   A V 19, p. 7 (1932). "In Erfahrung sich haltende Praxis hat Seiendes in Erfahrungsgeltung im praktischen Thema: das Erfahrene stehlt als das im Dienste der praktischen Interessen".

6   *Logique formelle et logique transcendantale*, p. 252.

7   Almeida, p. 144.

8   Almeida, p. 191.

9   Almeida, p. 191.

10   *Logique formelle et logique transcendantale*, p. 252.

11 Ibid., p. 253.

12 *Recherches logiques II*, 1, p. 135-136.

13 *Erste Philosophie II*, p. 418 (*Husserliana 8*). "Wenn ich mich in dieser *natürlichen* Einstellung reflektiv erfahrend betrachte, also als Mensch finde, so ergibt eine weitere Reflexion auf mein Ich, dass da Subjekt dieser Erfahrung "Ich-Mensch" ist, wieder mich, den Menschen, und so *in infinitum ...*".

14 A. Aguirre, *Genetische Phänomenologie und Reduktion*, p. 14.

15 H. Hohl, *Lebenswelt und Geschichte*, p. 53.

16 Ibid., p. 53-54.

17 Cette question de la place du je est envisagée dans le sillage de la topologique. Elle prendra toute sa dimension lorsque cette dernière sera intégrée dans une syntaxe supérieure (cf. fin du livre II partie I, le rôle de la description).

18 *Husserliana 11*, p. 315-316. De même p. 317; voir aussi les *Leçons* de 1905. "Diese ganz unmittelbar an das Jetzt-Bewusstsein sich anschliessende Erinnerung nennen wir Retention (...). Das Soeben wandelt zich in ein neues Soeben, ein Soeben von dem Soeben, dieses wieder, *in infinitum*".

19 Ibid., p. 316.

20 Le temps noétique se décrit progressivement à partir de l'origine-conscience et son télos est la noèse suprême (noèse divine). Le temps noématique se décrit régressivement et son signifié est de l'ordre de l'objectivité (plus précisément, de l'unité).

21 *Husserliana 14*, p. 261. "In bezug auf mich und mein Faktum kann ich ohne Eidetik in der phänomenologischen Einstellung erwägen: Es hat sich immerfort im Strom meines Erlebens und in meinen (...) Erfahrungen und theoretischen Betrachtungen eine Natur, eine Welt als daseiend gegeben und bestätigt; ich nehme an, dass dies *in infinitum* weiter so sei: Wie sieht dieser ganze Zusammenhang aus, wie wäre er zu fixieren, zu beschreiben seinem Grundcharakter nach? Das aber führt wieder in die eidetisch-phänomenologische Einstellung".

22 *Husserliana 8*, p. 384. "Es kommt also für die Ausweisung der Möglichkeit, die Konstitution einer Welt (...) sich einsichtigmachen zu machen, noch vielerlei in Betracht. Dazu gehört freilich mit – und hat eine zentrale Bedeutung – die Möglichkeit des kontinuierlichen Erfahrens unter der Idee des freien *in infinitum* (...).

23 Pour l'heure en effet, la biaxialité institue, rappelons-le, la *dépendance* du sens phénoménologie à l'égard de la signification "conscience-unité", qui se démultiplie sur les deux axes (la conscience est télos de toute progression de lecture, l'unité est cause sémantique première de la lecture régressive). Le "mauvais" sens, ou sens du projet husserlien, est lui-même *dépendant* d'un processus affectant les aberrations de disposition des significations biaxialisées.

24 Après le concept de blanc relogicisé en vide, le concept de totalité fait à son tour son apparition sur la scène disposée. La totalité était une *émergence* de l'approche verticalisante et trouve donc normalement sa vérité dans l'espace de disposition de la strate, qui la place au bon endroit du domaine sémantique.

25 *Husserliana 8*, p. 341. "Die Unbefriedigung in der wissenschaftlichen Naivität ist Unbefriedigung daran, dass man in der Wissenschaft dahinlebt, dahinforscht mit einem kleinen relativ rationalen Horizont, statt im Auge zu haben den gesamten der Wissenschaft; oder aber, dass man nicht nach dem telos fragt, das über alles singuläre Abzielen der jeweiligen wissenschaftlichen Sonderaufgabe der Wissenschaft als ganzer zugehört".

26 *Husserliana 11*, p. 215. "Wir sehen also, dass der Bewusstseinstrom in dem sich (...) eine Natur konstituiert, eine *wunderbare innere Organisation hat.*. Sie liegt darin, dass wir nicht nur immerfort äussere Erfahrungen haben, sondern dass allen möglichen Erfahrungen (...) eine *feste Regel* vorgezeichnet ist. Diese Vorzeichnung ist nicht eine blinde und im grunde *sinnlose* Vorzeichnung von aussen her, sondern eine dem Bewusstseins-Ich in Form der Erkenntnis zugängliche".

27 *Husserliana 6*, p. 173 (c'est nous qui soulignons). "Jeder erreichte "Grund" verweist in der Tat wieder auf Gründe, jeder eröffnete Horizont weckt neue Horizonte, und doch ist das unendliche Ganze in seiner Unendlichkeit strömender Bewegung auf Einheit eines Sinnes gerichtet, aber freilich nicht so, als ob wir ihn ohne weiteres ganz erfassen und verstehen könnten; sondern die Weiten und Tiefen dieses gesamte Sinnes in seiner unendlichen Totalität gewinnen, sobald man sich der universalen Form der Sinnbildung einigermassen bemächtigt hat, axiotische Dimensionen: es eröffnen sich die Probleme der Totalität als die eine universalen Vernunft".

28   On suivra attentivement le destin du concept de modèle: la totalité est condition de pensée de la disposition, c'est un modèle explicatif au moins complet, alors que la topologique était encore un modèle peu extensif. Toutefois la totalité sera elle-même prise dans un régime de transformation qui illustrera la nécessité de la modification du *sens* de la phénoménologie, auquel ne résiste pas l'hégémonie des significations (ici, la totalité). Sens et signification sont en relation interne; aucun rapport de domination externe n'est ainsi toléré.

29   Dans cette citation, le concept de sens est repris de Husserl. Mais l'opération ne doit pas introduire de doute: c'est dans le corpus qu'a été prise la notion de sens, et dès le départ; ceci explique que nous continuons la référence à Husserl, en toute cohérence. Toutefois, ce sens husserlien, même relié explicitement à la totalité, demande sa *modification*, afin que soit acceptée son intégration dans le domaine de disposition de l'identité phénoménologique (Etat II concrétisé).

30   *Ideen I*, p. 78. (Nous avons supprimé ce qui est souligné par Husserl, pour mettre en valeur ce que nous voulons laisser ressortir nous-mêmes).

31   *Husserliana 11*, p. 252-253. "Denn das ist der Boden, auf dem sich das freie Walten des Ich bewegt und ohne dessen Kenntnis die höheren Leistungen dieses Waltens für uns völlig unverständlich bleiben müssen. Vor allem aber *unverständlich* bliebe sonst *Sinn und Umfang* der logischen Norm, die nichts anderes ist als die universale Gesetzesnorm, nach der alle freie Leistung, die, wie alles Bewusstsein, selbst wieder nach den Wesensunterschieden von selbstgebendem und bloss meinendem Bewusstsein sich entwickelt, auf die Bahn einstimmiger Erfüllung gebracht werden kann". (C'est nous qui soulignons).

32   Il faut conserver à l'esprit la nécessité de modifier le corpus; dès lors, lorsque nous entendons "signification", il s'agit de *la forme générale* "signification" et non pas de telle signification husserlienne (rappelons par ailleurs que nos "significations stables" ne sont pas plus utilisables, car prises dans un procès d'Aufhebung de la topologique). C'est pourqoui, bien que nous nous référions sans cesse au corpus, il faudra trouver une *forme générale* qui s'applique à toutes les significations et les détermine de l'intérieur. Par exemple, l'*essence*, dans le corpus, est une forme générale qui identifie chaque signification, mais qui s'applique à toutes. On s'apercevra que l'essence a un rôle déterminant pour penser l'identité de la phénoménologie, mais qu'elle va voir son statut "d'essence-référence" *modifié*. Toujours, le corpus est directeur, mais aussi à modifier, pour être identifié en Etat II concrétisé par des lois de disposition.

33   *Husserliana 8*, p. 294. "Jede Erfahrungsgegenständlichkeit (als Region) ist Leitfaden für ein konstitutives System (...). Wissenschaft im vollsten und letzten Sinn, *universale Wissenschaft*, ist universales System *objektiver Theorie (in infinitum)* und korrelativ universales System der Theorie der Erfahrung aller Stufen (Theorie der phansis, *konstitutive Theorie*), wobei die thematischen Zusammenhänge, die theoretischen, selbst wieder ihre phansis haben; sie haben ihre Erfahrung und Erscheinungsweisen der Erfahrung – und so *in infinitum*".

34   *Husserliana 9*, p. 79. (C'est nous qui soulignons). "(...) wir gewinnen für dieses Rot hier und jenes Rot dort wohl ein beiderseits Identisches und Allgemeines. Aber nur ein Allgemeines, eben dieses und jenes Rot. Wir gewinnen nicht das reine Rot überhaupt als Eidos. Aber so wie wir sagen, jedes beliebige, neu heranzuziehende Gleiche muss dasselbe ergeben, und abermals sagen: das Eidos Rot ist eins gegenüber der Unendlichkeit möglicher Einzelheiten (...) haben wir eben eine unendliche Variation in unserem Sinn als Untergrund (...)".

35 Ibid. (C'est nous qui soulignons). "Sie liefert uns das, was zum Eidos als untrennbares Korrelat gehört, den sogenannten Umfang des Eidos, des "rein begrifflichen Wesens" (...)".

36 *Ideen I*, p. 240-241.

37 *Husserliana 11*, p. 408. "Im weitesten Sinn ist Assoziation nichts anderes als weitest verstandene Synthesis, Einheit des Gesamtbewusstseins eines Ich (als erste, gegenüber dem sozialen Bewusstsein ursprüngliche Gesamtbewusstseinseinheit)".

38 Marbach, *das Problem des Ich*, p. 284.

39 Voir *la topologique des significations*, pour un exposé plus détaillé des couples.

40 *Méditations cartésiennes*, p. 62.

41 On comprend bien, sur le terrain, que l'essence est dans le corpus, mais ne se trouve pas rattachée à certaines significations. Fonction *universelle* à force de recouvrir *toutes* les particularités, l'essence s'*auto*modifie.

42 *Méditations cartésiennes*, p. 86.

43 *Husserliana 9*, p. 23. "(...) Jede Zahl hat (...) einen allgemeinen Umfang".

44 Ibid., p. 22. "Umgekehrt sagt Gegenstand im allgemeinsten logischen Sinne nichts anderes als ein Irgendetwas, worüber sinnvoll und in Wahrheit ausgesagt werden kann".

45 *Die Krise des Apriori*, p. 48-49. (Nous soulignons).

46 *Die Krise des Apriori*, p. 48-49. (Nous soulignons).

47 Ibid., p. 51.

48 Ibid.

49 Un point demeure étonnant: l'opposition de Husserl aux concepts-vides ne s'est jamais démentie. Voyons l'extrait suivant: "Une science authentique doit avoir en tête une thématique claire et déterminée, elle doit conduire son but universel et son système de finalité, non pas en tant que concept vague et vide, mais au contraire comme généralité intuitée essentiellement" (*Husserliana 9*, p. 90). "Eine echte Wissenschaft muss doch eine klare und bestimmte Thematik im Auge haben, ihr universales Ziel und Zielsystem muss sie leiten, nicht als vager und leerer Begriff, sondern als wesenserschautes Allgemeines". "Ce texte est caractéristique d'une habitude où est maîtresse la différence entre signifié et intuité; mais, en ce cas, le vague et le vide du concept ne sont que l'antipode du perçu intuitivement. Par là, la démonstration suivie par nous n'est en rien affectée par l'opposition de Husserl aux concepts vides et vagues puisque c'est la question même d'une référence intuitive (l'anti-vide pour Husserl) qui est dépassée et absorbée dans un parcours plus fondamental (le vide comme instance dispositionnelle et non plus comme manque du plein).

50 Diemer, *Ed. Husserl*, p. 85.

51 Ibid. Nous laissons ici à "sens" l'acception que lui donne Husserl: dans le langage des *Recherches*, il s'agit de la *matière* de l'acte de remplissement.

52 *Ideen I*, p. 441-442.

53 Diemer, *Ed. Husserl*, p. 85.

54 p. 49 de son ouvrage.

55 Dans la topologique, conjonction et disjonction travaillaient sur chaque axe, linéairement, avec des effets de signification. Maintenant, dans *cette nouvelle disposition*, la conjonction est limitée à la totalité des éléments d'une signification quelconque sur chaque axe (sous la couverture de l'essence qui rattache les points de l'axe au point directeur: la conscience, ou l'unité); la disjonction intègre les axes dans un tout en réseau. L'intervalle, accordé à la nouvelle disposition, a comme elle changé de dimension.

56 Le vide moteur travaille dans la totalité-essence.

57 Voir à nouveau: *les indicateurs d'une limitation de la circularité*.

58 D. Souche-Dagues, p. 45.

59 Sur le rôle de garde-fou joué par l'Idée, voir: *Husserliana 8*, p. 384, 407, 457, 462; entre autres, étudier également: *Husserliana 14*, p. 344; etc.

60 Le monde est deux fois essence: 1) subjective (*Husserliana 8*, p. 300) 2) objective (*Husserliana 8*, p. 294).

61 La question du statut des objets réintroduit celle des significations et, plus globale-

ment, la problématisation du sens = signification.

62 Eley, p. 42.
63 Ibid., p. 67.
64 Ibid., p. 68.
65 Ibid., p. 43. Eley cite Husserl (K III 6, p. 125 a) qui affirme notamment que les "particularités sont des particularités de groupe, des parties de groupe. Tous les groupes, tous les touts sont à leur tour des particularités, sous-tendues par la totalité, le monde".
66 Voir *Les implicites de la topologie et du réseau* (chapitre III, 1).
67 *Méditations cartésiennes*, p. 68. (*par essence* est souligné par nous).
68 *Husserliana 11*, p. 389-390 (C'est nous qui soulignons). "Jede momentane Gegenwart mit ihrem urimpressionalen Jetzt (...) ist "verbunden" mit einer parallelen Gegenwart (...). Diese Verbindüng ist die der Gleichzeitigkeitsassoziation (...). Urassoziation, kann man auch sagen, ist die Verbindung von ausserwesentlicher Art, eine nicht im Wesen gründende Verbindung".
69 Ibid., p. 390.
70 Ibid., p. 145.
71 *Husserliana 11*, p. 145.
72 Ibid. "(...) versteht es sich, warum Identität auf der einen "Seite" und (prädikativ) Gleichheit und Verschiedenheit so nah zusammenhängen und doch prinzipiellvẻrschieden bleiben. Korrelativ sind eben Deckungssynthesen unterschieden als Synthesen der identifizierenden Deckung und Synthesen der Deckung von Nicht-identischem".
73 *Husserliana 15*, p. 76-77. (C'est nous qui soulignons: "inversement"). "Das konkrete Ich (...) und die konkrete (...) Intersubjektivität als "verbundene" Mannigfaltigkeit der konkreten Ich, verbunden dadurch, dass in meinem ichbewusstsein sein (...) andere Ich mit ihrem Leben bewusst sind (...). In dieser intentionalen Durchdringung wird für mich das von den Andern Bewusste zugänglich, mein Bewusstsein ist intentional bezogen auf das fremde (...) und *umgekehrt*, wobei auch diese Umkehrung, dieses auf mich und mein Bewusstes zurückbezogene Bewussthaben des Anderen mir bewusst wird, *so dass mein Bewusstsein im Kreis durch das in ihm sich erschliessende fremde zu sich selbst zurückkehrt* (...)".
74 Pour le détail de l'analyse de la conjonction-disjonction, cf. *l'essence, la totalité, le réseau*.
75 Pour l'approche par le modèle de la totalité, cf. *Le télos de la linéarisation*.
76 Notamment *Husserliana 8*, p. 196; 205, 218; etc...
77 Toute l'oeuvre abonde dans ce sens; nous ne retenons que quelques textes de *Erste Philosophie II* in *Husserliana 8*; par exemple, p. 263; 325; 464.
78 *Husserliana 8*, p. 217. "Wissenschaft ist als reine, echte (...) nicht aus Naivität möglich (...). Aller "Philosophie" geht voran die *Logik als Erste Philosophie* — nicht die relativ armselige *formele Logik*, auch nicht (...) die (...) Mathesis universalis — sondern die *transzendentale Ontologie*. Diese ist eo ipso auf sich selbst zurückbezogen und fordert dann selbst wieder eine Stufenbehandlung, darauf gerichtet, sich ihrer systematischen Vollständigkeit zu versichern, und in eins damit, ihre eigene erste Naivität zu überwinden (...)".
79 *Husserliana 6*, p. 250. (C'est nous qui soulignons). "Die phänomenologische Psychologie erschliesst sich ihrem Sinne nach in verschiedenen Stufen, weil die phänomenologische Reduktion selbst — und das liegt in ihrem Wesen — (...) nur in Stufen erschliessen konnte. (...) wie ich es auch auszudrücken pflegte, die phänomenologische Reduktion bedurfte, um ihren Totalhorizont zu gewinnen, einer "Phänomenologie der phänomenologischen Reduktion"."

CHAPITRE III: LE RESEAU GENERALISE DES TOTALISATIONS ET SA CRITIQUE

L'étude de l'Etat II en son second degré d'Elaboration, qui dépasse la topologique pour s'épanouir dans un réseau, ne peut échapper au verdict sans recours: les deux concepts de la totalité n'ont pas été enserrés dans une loi qui justifie le *passage* de l'un à l'autre, loi égaliserait alors les "associations" de significations et l'"intégration" du sens.

C'est pourqoui une étude conséquente mènera de front la concrétisation de la disposition du réseau et la détermination de plus en plus nette de l'efficace du moteur logique: le vide disposant. Ainsi seront examinées les conditions d'*égalisation* du sens dans l'identité phénoménologique (sa disposition discursive) *et* de la signification dans cette même identité.

1. PREMISSES D'UNE PANTOTALISATION

Le phénoménologue s'emploie à clarifier efficacement l'articulation des totalités, celle de sens et celle de signification, de l'intégré et de l'associé, de l'universel et du particulier. Dans cette mesure, il peut réutiliser les approches antérieures, et préciser le flou qui règne sur ces rapports complexes entre totalités. C'est une démarche qui conduira à la juste appréciation de la fonction du moteur logique.

a. *Les implicites de la topologique et du réseau*: La théorisation réutilise la topologique, puis sa ramification en réseau. En ce qui concerne la topologique il est bon de revoir ses points-limites, ses moments *indépassables*; c'est une manière de délimiter la théorisation primitive pour ensuite la dialectiser. Le ressort topologique repose sur l'harmonie de deux éléments de signification, chacun trouvant sa place sur l'un des deux axes et chacun pouvant jouer par rapport à l'autre le rôle de signifiant et de signifié. Ainsi fonctionne le concept de vis-à-vis. On décèle immédiatement un implicite indépassable: à ce niveau de disposition s'impose une *statique* des emboîtements où les vis-à-vis coïncident pour produire une signification téléologique qui concilie les lectures régressive et progressive. La fixité dispositionnelle est donc de règle et les relations entre les deux axes sont strictement orthogonales (issues des vis-à-vis). Dans ce contexte, l'intervalle joue précisément le rôle de case vide qui unifie les significations stables après rupture dans les significations instables (la conscience; l'unité)[1]. Ce qui est engendré s'effectue au détriment de ce qui est dissout; mais toujours, la circulation signifiante respecte la disposition structurante.

La disposition conçue comme une "institution", dont les termes ne se déclinent point, offre prise à une seconde remarque qui relaie l'idée de statique fixe. En un premier sens on dira que la conscience, d'un côté, et l'unité, de l'autre, engendrent une logique bien singulière: en effet, sur l'axe de progression, le vide identifiant a pour effet d'égaliser la différence des signifiés "conscience" derrière la figure unilatérale du signifiant "conscience". Sur l'axe de régression, le vide égalise les signifiés de l'unité et libère une logique des signifiants qui se signifient pourtant les uns les autres: l'ensemble est traversé par le signifié "unité". Dans le premier cas, le signifiant est omniprésent; dans le second cas, la topologique reconnaît l'ubiquité du signifié. Dans ce contexte précis, il est intéressant de détecter l'équation de l'universel *intensionnel* (la conscience; l'unité) et du particulier *extensionnel* (chaque signification sur chacun des axes), engendré par la fonction du vide qui écarte ainsi et rapproche les termes apparaissant antithétiques. Sur chaque axe, le vide serait le maître du jeu sémantique. *Pourtant*, la nécessité de composer les axes afin de produire des significations corrige la déviation; l'adéquation des éléments de signification "sujet" et "intentionnel" respecte rigoureusement les lois de l'extension et de la compréhension des concepts telles qu'elles ont été analysées par la logique aristotélicienne: il existe une *relation interne* entre "sujet" et "intentionnel", de sorte que, pour engendrer *une* signification stable, la superposition des deux aires sémantiques doit être totale. Alors les rapports dispositionnels s'effectuent à raison d'un même degré de particularité, ou d'universalité, selon les cas. En conséquence, l'idée même de logique varie selon qu'est constatée l'adéquation ou l'inadéquation de la particularité et de l'universalité. Universalité et particularité entrent dans des relations troubles. La révision de la topologique livre ainsi des possibilités tronquées, des transgressions théoriques en lutte avec la plus stricte orthodoxie.

L'étude des points-théoriques limites du réseau donnere-t-elle quelque ouverture incontestable pour articuler dans le détail la riche ambiguïté du tout de l'universel intensionnel (sens) et du tout du particulier extensionnel (signification)? Dans le réseau disposant, il ne saurait être question de retrouver la statique des amboîtements orthogonaux puisque le réseau possède justement une organisation interne qui autorise l'exercice de conjonction-disjonction sur le même axe et sur deux axes différents, sans nécessiter de vis-à-vis pour la totalisation des significations. Toutefois, une fixité dispositionnelle certaine caractérise également le fonctionnement du réseau. L'examen de la *triple dimension de la fondation disposante* (chap. II) a d'ailleurs nettement montré comment essence, Idée et temporalité-théorie, roulent sur la même obligation de fermer les totalités (de les *théoriser* dans le temps) afin d'éviter la confusion et la désorganisation. Dans ces strictes conditions, le vide limité de l'essence assure le même rôle que la case vide de l'intervalle topologique: les essences sont séparées-unies, tout comme l'intervalle sépare d'abord les éléments de significations pour les réunir ensuite en significations. De cette manière s'articulent les essences de totalités: *séparées*, elles peuvent *composer* dans un autre tout, après harmonisation des limites. Les limites (d'essence) jouent donc un rôle homologue à celui des signifiants (de signification), étant donné qu'en ce point s'opèrent les dessoudures et les soudures conditionnées par l'opérer du vide.

La notion d'une fixité dispositionnelle qui *place* les totalités est réelle. Quel est toutefois le rôle de l'Idée dans ce dispositif? Comment accorde-t-elle ou désaccorde-t-elle sens et signification, intension et extension? Le pantéléologisme du réseau résorbe les déterminations téléologique particulières; en ce sens, le télos est *un*. C'est pourquoi le télos des totalités particulières se confond avec celui du "tout des touts" disposant. Or, comme sens et télos coïncident dans la phraséologie husserlienne même la plus explicite, il apparaît clairement que l'adéquation: télos universel et télos de chaque tout particulier, se transforme aussitôt dans l'égalisation du sens universel disposant et de la signification prise dans chaque totalité. Nous en restons pour l'instant au plan de la constatation, sans connaître encore le ressort logique, qui est soupçonné toutefois être accordé à l'efficace du vide. Remarquons toutefois l'adéquation de l'universel intensionnel (connoté) et du particulier extensionnel (désigné), qui repose sur une approche téléologique et non sur une élaboration des potentialités théoriques du concept de vide. Toutefois quelque chose *fait difficulté* dans la mesure où il faut bien reconnaître une différence de fonction entre le "tout des touts", ou "tout" qui articule la disposition de la strate, et le tout particulier, ou tout de signification-essence, qui est justement disposé par le ressort protologique ultime. Cette seconde acception du réseau, qui distingue très nettement entre conditionnant et conditionné, exige parallèlement du commentateur qu'il assume l'opposition conceptuelle traditionnelle entre "intensif" et "extensif". Ici, "vide du sens disposant" et "vide des significations" disposées sont *distincts* et articulés selon une loi de cause à conséquence.

Une conclusion provisoire se propose: dans l'organisation téléologique du réseau s'impose *un* sens du tout des touts codomanial qui se *diffracte* dans chaque tout mais qui se formule également *à partir de chaque tout*. L'Idée aurait donc enfin une fonction constituante qui égalise le trajet théorique à partir du sens et celui qui procède de chaque signification. Pourtant, il existe contradictoirement une distinction des deux instances, articulées selon un rapport de conditionnant à conditionné. Vide de sens et vide de signification seraient distincts et égalisés, situation intenable on le voit.

Distincts, mais égalisés... qu'est-ce dire? Acceptons pour l'heure la notion d'une égalisation: le sens, alors téléologiquement diffusé, est homogénéisé, de sorte que l'intension n'est plus critère; il n'y a pas de forme intensionnelle qui capte et délimite le sens. Ainsi, le sens et dans toutes les significations, mais ne *s'individualise plus* (comme universel dé-limité) en s'extrayant de leurs particularités. C'est la ruine du critère traditionnel qui distingue la compréhension du concept, ou l'universel de sens, *et* son extension, ou les particularités de signification. Car, en retour, l'extension du concept (ou la désignation de significations) enferme aussi bien le sens. Telle est l'efficace dernière de l'idée de téléologie dans la phénoménologie, et qui livre enfin le contenu longtemps recherché du sens = signification.

Comment penser maintenant la distinction? Elle ne peut tenir aux contenus car: "sens = signification"; par contre elle aurait trait au registre dynamique; le paragraphe exprimant la distinction parlait d'une relation de cause à effet du sens et de la signification. De ce registre logique, nous ne connaissons encore rien puisque les deux dispositions (topologique − réseau) sont demeurées statiques. Ce furent deux *relevés* successifs, et de plus en plus complexes, de dispositions dans l'Etat II de la phénoménologie. Cette dimension dynamique devra être approfondie. Ainsi l'égalité et la distinction du sens et de la signification seraient compatibles si étaient respectés deux plans d'appui possibles, un statique et un dynamique (causatif). Sur ce terrain provisoire la partie semble gagnée.

Il est toutefois opportun de reprendre une perspective plus générale, qui englobe tous les éléments de la question traitée: rappelons que la topologique, établie sur la disposition de significations stables, en venait à subordonner le sens à la signification; ce fut l'inverse dans le réseau, où le sens dominait et articulait les significations. C'est pourquoi l'idée s'était imposée d'équilibrer la dominante du sens et celle de la signification − grâce au modèle de la totalité − en théorisant la structure complexe où le sens (tout intensif) devient signification (tout extensif) et inversement, c'est-à-dire le moment théorique *où les deux instances s'échangent.* Cette théorisation s'intégrait dans une tentative visant à esquisser un procès de pantotalisation (titre du paragraphe). Avons-nous satisfait à ce projet directeur? C'est un fait que l'utilisation de la structure réceptrice téléologique de l'Idée a mené vers une intelligence du sens = signification, ce qui fait partie du problème posé depuis longtemps. Toutefois, rien n'a été dit sur une dialectique des deux espèces de totalités. La théorisation du *passage* d'un tout de sens à un tout de signification a été court-circuitée. D'autre part, le flou portant sur l'efficace du moteur logique, lequel anime justement la dialectique, n'a pu être complémentairement levé. La difficulté est donc réelle.

Une distinction facilite au moins l'expression du problème: en effet, l'insertion de notre travail dans la topologique, puis dans le réseau, qui conduit enfin à se pencher sur le *passage* du sens à la signification, s'appuie sur une *statique* (on a dit que la topologique et le réseau sont des relevés d'identités opérés sur la carte du corpus). Par contre, l'interrogation sur le sens = signification *dans le réseau* en termes de cause à effet suppose une *dynamique* qui ne procède pas par relevés mais suppose un mouvement téléologique dans le corpus. En clair, au regard de la continuité topologique-réseau, notre recherche a dévié, a éliminé indûment le problème du passage du sens à la signification; mais au regard de la structure du réseau − qui s'appuie sur l'essence, sur le temps, mais aussi sur l'Idée −, l'éviction du problème du passage est légitime.

Les deux perspectives semblent fondées à des niveaux distincts de l'identité phénoménologique; il faut donc les confronter, étudier plus profondément les deux voies ainsi ouvertes. On n'a pas le droit de trancher *a priori.*

b. *Les deux voies de la phénoménologie:* Les deux voies ont chacune leur logique. En ce sens, il faut revenir sur le moteur de toute logique, pour effacer le flou dont il est encore entouré. L'animateur de structuration totalisante est le rien-vide, qui domine, par l'action de *limites*, les exigences sémantiques apparentes du corpus. Le vide a été dit conjonctif ou disjonctif. Il est intéressant de rapporter cette caractéristique à la problématique des touts intensifs et des touts extensifs. Deux conceptions du vide sont possibles à cet égard: soit le vide est égal à lui-même (comme vide), soit il est aussi bien différent de lui-même, car il n'est rien de stable qui persiste sémantiquement. Cependant, on voit que cette alternative est en fait une *ambiguïté*, car pour le vide, l'égalité avec soi n'est pas fixe dans la mesure stricte où il n'est rien qui puisse assumer une identité. Un flottement est donc nécessairement à reconnaître. La logique a pour ressort une ambiguïté car le vide est soi, homogène, et différent de soi, hétérogène.

Les conséquences sont grandes: homogène, le vide logique est *intégrateur*, anime des touts intensifs. Hétérogène, le vide est désintégrateur, anime des touts associés, extensifs. Nous retrouvons le problématique du sens (tout d'intension) et de la signification (tout d'extension, associé à d'autres touts). Or le vide laisse une situation d'*indécidabilité*, qui ressortit à sa structure nécessairement ambiguë. Soit s'impose téléologiquement une homogénéisation, et dans ce cas la phénoménologie s'*identifie* à un sens = signification généralisé; soit s'exprime un partage des deux efficaces du vide, et, alors, la phénoménologie s'identifie à un réseau généralisé complexifiant la topologique, dans lequel il faut examiner le passage de la fonction d'intension vers celle d'extension et inversement[2].

Ainsi, les deux voies seraient plutôt fondées séparément que départagées. Le moteur logique conserve son flou, même si le flou est dorénavant situé avec précision. En conséquence, après une brève présentation, il va falloir parcourir chaque voie. Et c'est donc la pratique qui va décider de l'architecture logique à prendre. Plus profondément, le statut du vide ne sera univoquement dégagé qu' au terme de l'Elaboration de ces deux perspectives. La voie du sens = signification généralisé échappe aux dialectiques des totalités. Elle explore la dynamique du rapport sens–signification, et bien peu d'armes sont en notre possession encore. En effet, c'est l'abolition d'une théorie de la disposition qu'il faut penser. Celle-ci deviendrait une *protologique* à dépasser. En d'autres termes, on passerait d'un Etat II à un Etat III de la phénoménologie. Le fil directeur à tenir est celui-ci: dans la mesure où le vide serait homogénéisant absolument, il deviendrait nécessaire de questionner le rapport entre force logique et force sémantique du vide. La force logique est claire: elle anime des totalités; la force sémantique est l'instance de sens, à l'intérieur des totalités et à l'extérieur (puisque intension = extension), en tant qu'elle lie les totalités. Le risque lointain à assumer serait une hégémonie antisémantique du vide, qui casserait la possibilité d'un *sens* interne à la phénoménologie, et ceci tant que le sens est sens-de-contenus d'un corpus. A cette nouvelle dimension polémique on tenterait d'accorder une juste pertinence, en problématisant positivement la cassure de l'identité de la phénoménologie. De toute évidence, cette voie s'écarte absolument du réseau qui vise à concrétiser un Etat II de la phénoménologie, c'est-à-dire une situation d'identité.

Mais quel destin assume pour son compte la voie du réseau? D'abord, réseau simple, il deviendrait nettement réseau généralisé, parce qu'il s'agirait de travailler le détail de plus en plus concret de l'articulation des totalités. En somme, l'Elaboration suivrait une *voie moyenne* de plus en plus précise entre les touts (significations) et le tout des touts énoncé (sens). Se construirait un système des moyens de passage du sens à la signification, et inversement. Et dans ce passage serait à chaque fois détecté le sens = signification. Ainsi irait la pantotalisation.

Les deux voies, c'est définitif, n'ont rien de commun, mis à part le modèle de totalité, mais employé pour des buts très différents. Complémentairement, notre travail se précise: parce que les deux voies sont contradictoires, que l'une s'emploie à développer un Etat III en *procédant* d'un sens = signification généralisé, que l'autre s'essaie par contre à consolider un Etat II en *allant vers* la généralisation du sens = signification, l'hypothèse de la nécessité d'un choix entre les deux voies est légitime. Ce choix sanctionnera la vérité de la phénoménologie. Mais par où commencer la polémique supérieure? Dans la mesure où nous sommes pris dans un trajet (Etat I — Etat II), il est commode de tenter la solution du réseau généralisé. Plus profondément, toutefois, c'est dans l'Etat II que tout se décide, notamment l'Etat III éventuel, car c'est *en regard* de la disposition dans l'Etat II — la seule positivité en notre possession — que peuvent se formuler d'autres positivités. C'est pourquoi un Etat III éventuel ne peut qu'être une conséquence de la logique de l'Etat II.

2. LE RESEAU GENERALISE EN QUESTION

Nous sommes conviés à autonomiser au maximum cette voie de recherche. Contre les abus de la simplicité husserlienne, qui bloque la phénoménologie dans des îlots conceptuels (la conscience, par ex.), il a fallu assumer le complexe. La notion de "*relation* interne" a illustré ce présupposé de complexité, en opposant la valeur de la connexion à celle de substrats fixes. A partir de là, il est facile de qualifier la démarche: éléments de signification mutuellement prédiqués, axes regroupant deux séries d'éléments, significations stables, réseau des significations et enfin réseau généralisé où se pense le sens = signification, telle est la progression. Une constante s'impose: il s'est agi d'isoler un moment, de s'arrêter sur ce donné dispositionnel pour l'organiser, puis d'englober l'isolé par ses conditions d'intelligibilité supérieures. La démarche fait penser à une procédure husserlienne: Husserl isole un objet perçu, cherche son essence, puis insère l'objet dans la région Nature. C'est ce qu'il nomme *description* eidétique. Seule la problématique de l'intuition impose le terme "eidétique". A part cette question de la référence, longtemps débattue par nous, la démarche est identique. Dès lors, il n'est pas faux d'affirmer que la voie de recherche culminant dans le réseau généralisé s'est appuyée sur des descriptions successives de l'identité phénoménologique.

En ce sens, on retrouve notre terme de statique (descriptrice)[3] qui est également utilisé dans le corpus husserlien.

Ainsi, la description est la méthode pratiquée. C'est elle qui requiert donc d'être questionnée préliminairement.

a. *L'efficace de la description*: Afin de bien maîtriser ce débat, rappelons que nous poursuivons l'Elaboration de l'identité de la phénoménologie (ou Etat II). Dans cette perspective, nous nous sommes toujours reportés au corpus pour donner forme à cette identité. Il y a certes un fait nouveau car c'est la méthode de travail qui est maintenant en question et non plus l'objet "phénoménologie". Toutefois, on l'a vu, le corpus lui-même renferme la même méthode, ce qui montre combien la phénoménologie n'est pas étrangère au corpus. C'est pourquoi seul le corpus livrera la vérité du concept de description. Car tel est le sens de la phénoménologie: identifier le corpus[4]. Mais la situation présente un intérêt plus profond encore: en effet, il est *interdit* de transposer la description eidétique husserlienne, puisque cette dernière articule justement un *projet* dont la phénoménologie doit se défendre. Alors, c'est la description non référentialisante qui sera examinée. Par là, nous surprendrons le corpus en état de possibilité d'*automodification*, c'est-à-dire d'identification phénoménologique. C'est pourquoi encore, il sera inutile, cette fois, de modifier les résultats du corpus afin de les intégrer à l'identité phénoménologique.

Comment opère la description dans le corpus? Ou dans quel ordre les notions s'isolent-elles et s'ouvrent-elles aux contextes plus larges? La question retrouve complémentairement le seul registre demeuré flou, celui de la *détermination* du moteur logique. Dans le réseau généralisé, on a dit que le vide est à la fois homogénéisant et hétérogénéisant (intégrant et associant) soit *dans* les totalités et *entre* les totalités associées. A partir de la pratique descriptrice, le travail rejoint donc la nécessité de rendre claire la logique. Ainsi, c'est maintenant que se décide l'éventualité d'un Etat III, au travers des dialectiques de l'ouverture et de la fermeture des totalités.

A ce titre, il est intéressant de repérer le concept de sujet transcendantal qui possède une indéniable vertu articulatoire: *Ideen I*, les leçons sur l'Association, la *Krisis*, les *Méditations cartésiennes*, autant de textes centraux qui s'ordonnent autour d'une des multiples fonctions du sujet. De surcroît, le sujet *ouvre* la phénoménologie dans *Ideen I*, et la *ferme* apparemment sous l'espèce du *Nunc Stans* à la fin de la vie de Husserl. Le but de l'analyse est, à l'intérieur de cet encadrant d'ouverture-fermeture, de repérer la *dialectique de l'ouvert et du fermé*, en fonction de la description. Nous touchons, dans cette circonstance, au coeur de la pantotalisation, qui opère la recollection problématique; de surcroît, c'est le sort même d'une théorisation moyenne qui est en jeu[5].

Concrètement, la tâche consiste à *placer* le sujet dans la dialectique des totalités qui, rappelons-le, met en jeu les concepts de vide, de totalité d'association, et de totalité de fusion. La place du vide intertotalisant semble occupée par le sujet transcendantal: ceci est très clair dans *Ideen I*, où le sujet émerge de la conscience, comme transcendance dans l'immanence, et, de sa présence rayonnante détermine la construction totalisée de l'univers noético-noématique intégré. Tel est le sujet thétique qui totalise de l'extérieur. Mais, même dans les derniers textes husserliens, où la fonction de la passivité est reconnue, le sujet joue le même rôle; certes dans la temporalité, la conscience forme l'identité de la totalité, sa "forme générale"[6]. Comme dans *Ideen I*, la conscience est le milieu duquel dépend l'architecturation des totalités. Mais un texte important indique que le contenu des totalités, et non leur "forme générale"dépend du je: en effet, pour Husserl, "on ne peut parler d'objet au sens propre dès le domaine de la passivité originaire"[7]. La conscience préfigure donc simplement le processus en le prélimitant dans ses formes. Par contre "l'attention" du sujet produit l'objet concret, même dans la réceptivité, et construit les limites de sa totalité; *c'est un moteur intertotalisant*:

Ainsi, le percevoir qui débute avec la première orientation-vers du Je est animé de *tendances perceptives*, comme tendances à passer continûment d'aperceptions en aperceptions nouvelles (...).[8]

Toutefois un problème s'impose décisivement: en effet, le je général qui est ainsi isolé aussi bien dans *Ideen I* que dans *Expérience et jugement*, et qui ouvre la possibilité d'un contenu totalisé, a un statut ambigu: il semble dans les deux cas procéder de la conscience: à l'époque de *Ideen I*, le je est maintenu transcendant à la conscience, qui est la forme "résiduelle" dont toute la théorie phénoménologique procède. A l'époque de *Expérience et jugement*, ce "je", qui apparaît dans le milieu conscientiel, est appelé ego concret: il est constamment accompagné des habitus qui se sont sédimentés lors de sa vie temporelle. Marbach a bien montré que ce dernier je se confond avec la monade[9]. Mais, par ailleurs, la conscience, dans les deux cas encore, ne se suffit pas à elle-même, et le concept du je connote radicalement celui de constitution intentionnelle. Aussitôt se propose une hypothèse: s'agit-il toujours de la même fonction du je, qui s'avérerait donc ambiguë, qui assume les deux potentialités? N'est-il pas plus cohérent de distinguer deux fonctions du je?

Les textes husserliens vont massivement dans ce dernier sens, et clarifient alors le rapport du je et de la conscience. Pour Husserl, "c'est dans le cogito que vit le Je"[10]. Marbach semble bien effectuer la recollection des passages centraux de *Ideen I*; notamment, il remarque cette expression de Husserl: "le cogito en général est l'intentionalité explicite"[11]. Il existe donc un rapport très étroit entre une des fonctions du je et la conscience. La contestation de cet état de chose renvoie au concept de Ichpol; Diemer note que dans la conscience travaille le "Ichpol" "comme le moment qui renvoie au je transcendant"[12].

La bifonctionnalité du concept de je est patente. Le Ichpol actualise explicitement, sous l'espèce du cogito, l'intentionalité de la conscience. Parallèlement, et parce qu'il "renvoie" également au "je transcendant", le Ichpol donne à ce dernier son statut de pôle d'actions et d'affections[13]. Ainsi, nous trouvons deux fonctions du je, le Ichpol et le Ich transcendant — nommé aussi *reines*

Ich — *mais la fonction de Ichpol joue également un rôle dans la seconde fonc-tion.* Le concept de Ichpol est donc médiateur, et assure *l'identité*[14] des actions et des affections. C'est pourquoi il n'a pas lui-même de contenus[15], ce n'est qu'un "centre des propriétés originaires du je"[16].

Retenons que le Ichpol est vide de contenus, et qu'il est centre de totalisation à venir, aussi bien en ce qui concerne la totalisation du je pur, puis du je monadique, que des objets. Dans ces conditions, le Ichpol est *l'équivalent naïf* du vide: le vide, disions-nous, est soit identifiant, soit différenciant; le Ichpol homogénéise les touts en assumant *l'identité* sémantique, mais occasionne leur *distinction possible* dans la mesure où il se manifeste dans la seconde fonction qui oeuvre sur le plan d'une transcendance, d'une référence extensionnelle para-digmatique. L'examen phénoménologique du devenir concret de ces deux fonctions sera fort éclairant et suscitera à un tour l'intervention du concept de description.

En présence, nous reconnaissons une constante, le Ichpol, et des variables, les figures du Ich. Et la phénoménologie sera le terrain d'élaboration de trois articulations fondamentales qui aideront à comprendre ce que peut signifier une "logique moyenne". La première articulation s'instaure dans le sillage d' *Ideen I*. A l'issue de la réduction, qui distancie la phénoménologie du monde, il reste la conscience et son rôle subjectif qui se retrouve à l'état pur dans son correspondant, le je transcendant; effectivement, ce dernier est vide de contenu: comme *Ausstrahlungspunkt* et *Blick auf*, il est confondu *opératoirement* avec le Ichpol. Parallèlement, *s'ouvre* le cadre noético-noématique, où la totalité est dite d'intégration — ou systématique. Logiquement, on retrouve la phase primitive de totalisation, où le vide est identifiant, homogénéisant: le Ichpol est le Ich transcendant, le vide intertotalisant *est* le vide intratotalisant.

Mais progressivement, et ici, l'ordre temporel factuel est fondé dans l'ordre logique, Husserl en vient, vers la fin des années 20, à défendre une autre position; le Ich pur vide devient Ich monadique: c'est-à-dire que le Ichpol ne fait plus participer du Ich monadique, et va localement, contenu *après* contenu, identifier la sphère noético-noématique. Vide, "l'unité Ichpol-Ich vide" inté-grait et ouvrait la totalité intensive noético-noématique. Pleine de contenus, l'unité Ichpol-Ich obéira à une loi d'association. Logiquement nous touchons à la seconde phase de totalisation, où le vide est différenciant: c'est le règne de la séparation additive, de l'extension; l'unité Ichpol-Ich se trouve rattachée aux contenus noético-noématiques et engendre la composition des données concep-tuelles. Les textes, d'abord, sont parlants: à cette époque, le corpus phénoméno-logique s'étire extensionnellement selon l'ordre des noyaux sémantiques identi-fiés par un pôle et associé dans le temps; urimpression (déjà polarisée), cons-cience, je pur, je thétique composent la mosaïque conceptuelle mise en oeuvre dans *Expérience et jugement*, et s'agglomèrent afin de restituer la continuité entre conditions passives et conditions actives de la connaissance.

Mais quelle est la condition théorique qui suscite le passage de l'intension-nel à l'extensionnel? Husserl en est resté, avant *Ideen I*, à l'unité de la conscience et dans *Ideen I*, il *décrit* les structures de la conscience pure. La description, et ainsi, la circonscription en régions, nécessitent déjà un principe unificateur extérieur isolé: le sujet, qui, toutefois, demeure vide et donc indescriptible. Cependant, après *Ideen I*, et à partir du moment où les noèmes dans la conscience sont compris comme les pensées d'un sujet qui possède des acquis (habitus) alors commence un procès irréversible: la description portant sur la conscience devient la description portant sur un sujet, qui, comme "tout", s'ajoute à un autre "tout"[17]. L'intervention de la description rend compte ainsi de la transformation de l'intégration (assurée extérieurement par le sujet vide) en désintégration – lorsque le Ichpol n'assume plus qu'une identification locale au sein des contenus. Dès lors, le vide d'identification dégénère en vide de décomposition totalisante, en vide d'association. Nous possédons donc le premier maillon de la chaîne dialectique, qui se résume ainsi: la fusion opératoire du Ich vide et du Ichpol ouvre d'abord l'espace théorique de la bonne totalité malgré la description qui s'inscrit en second plan, au niveau de la conscience et qui a fabriqué le sujet comme liaison des contenus décrits. Mais la conjonction du Ichpol et du Ich monadique place ensuite la description au premier plan et pulvérise l'unité de la sphère noético-noématique. Dans le langage logique, le vide identifiant s'est séparé de lui-même (car décrit) et suscite l'addition.

Le passage à la seconde articulation permet de préciser la signification du vide intertotalisant. La mise au premier plan du pôle subjectif dans la conscience avait ouvert le bon système de fermeture, c'est-à-dire la bonne totalité, qui s'est ensuite dégradée. Par suite, la nouvelle intervention du Ichpol comme *Nunc Stans* (dont nous avons déjà analysé l'introduction dans la phénoménologie) va *fermer* la mauvaise ouverture de l'extensionnalité. En effet, une néoréduction, vers 1933, met en scène le *Nunc stans*, le nouveau pôle d'identité qui joue le même rôle par rapport au je transcendantal que celui joué par ce dernier dans sa relation à la *Person* et à la *Seele*[18]; mais, alors que le premier je de 1913 était vide, celui-ci est le plein des pleins, le tout des touts. L'extension de la phénoménologie a donc engendré la nécessité de produire un nouveau principe d'unification interne, analogue au principe de la conscience, avant 1913. Comme nous le notions au début du paragraphe, le *Nunc stans* semble fermer la phénoménologie: effectivement l'association additive des noyaux sémantiques temporalisés s'organise dans le Ich qualifié par cette double expression: "stehend-bleibend"[19]. La synchronie systématique est ainsi rétablie.

Dans ces conditions, le rôle du vide intertotalisant s'éclaire à travers le jeu du concept de je: l'intervention du Ichpol non monadique, non descriptible, est la traduction d'un logos qui s'écarte de la description extensionnalisante. Alors le vide identifie ou différencie selon que les acquis conceptuels sont *construits* ou *décrits*. Dans le premier cas, le vide intertotalisant ne demeure plus lui-même (séparateur) mais *identifie*, avec le bon-vide intratotalisant; dans le second le vide intertotalisant est autodifférencié et différencie additivement le mauvais vide intratotalisant[20]. De sorte que *le vide intertotalisant n'est rien d'isolable par soi et qu'il est une conséquence de description (isolante), étant donné qu'il est l'ambi-*

guïté vivant de la crise qui signe la résistance à la description. Nous comprenons alors pourquoi il était impossible de décrire la dynamique de ce vide, dans le chapitre précédent.

Mais avant que de tirer des conséquences plus profondes de cet état de chose, il est bon de mener le travail jusqu'à la troisième articulation dans le corpus. On a vu que l'autoidentification du vide comme bon vide ferme la (mauvaise) extensionnalité, ou *ouvre le bon système de fermeture*; mais la tendance husserlienne à décrire le système de l'*Ur-monade* l'amène ensuite à associer différentes polarités — et les Ichpol participent alors de différentes transcendances, comme l'histoire, les sociétés, les transcendances instinctives, celle de la mort, etc... Voilà comment le vide s'autodifférencie en espèces de totalités conjointes.

Enfin *la dernière émergence de l'ouverture d'un bon système de fermeture* (troisième articulation) déploie une conceptualisation qui dépasse le *Nunc stans*[21] : Dieu est l'Ur-ego, l'ego absolu[22], le *pôle* téléologique qui *intègre* tous les concepts. Toutefois, la *description* de ce pôle transforme à son tour son immanence opératoire en transcendance séparée du monde; telle est l'explication finale de l'ambiguïté d'un Dieu transcendant-immanent. Décrire Dieu signifie le couper de ses relations internes avec les concepts phénoménologiques et l'hypostasier. Alors succède inéluctablement la décomposition des rapports de Dieu au monde: le concept d'autoobjectivation règle les étapes additionnées de la désintégration du "tout des touts". On s'explique donc également pourquoi l'autoobjectivation n'a pas de teneur théorique: l'autoobjectivation exprime tout simplement la désémantisation, la dés-intégration. Et la phénoménologie s'interrompt... aussi bien avec la mort de Husserl que, plus profondément, avec la mort de la logique: Dieu est effectivement le dernier pôle naïf de remembrement par un Ichpol. C'est la supra-*figure* indépassable de la subjectivité. Cesse parallèlement la grande bataille discursive, où l'*accumulation* de données décrites l'emporte sur la médiation par l'*intégration*, où la description casse le ressort de théorisation. Telle est la "logique moyenne" qui résulte d'un combat, et qui ne reflète donc qu'un crise.

Les résultats sont clairs: les trois articulations qui ont illustré la voie moyenne montrent comment la méthode de description isole les contenus, engendre des totalités associatives, casse le facteur intégratif. Cette efficacité de la description engage *directement* la phénoménologie puisque le corpus a été surpris, on l'a vu, en état d'automodification. Mais dans ces conditions quelle est alors la destinée théorique du réseau? Question cruciale s'il en est.

b. *Le nouveau Faktum:* La description travaille centralement dans le réseau généralisé. Et il semblerait que la *méthode* descriptive soit plus signifiante que les *contenus* engendrés par elle. Revenons donc sur les trois articulations évoquées en vue d'une logique moyenne, ce qui permettra ensuite de fixer la fonction du vide (seulement approchée), puis de conclure quant à la validité du réseau généralisé.

La première articulation obéit à deux moments: la description travaille sur

190

la conscience et par là isole la fonction de sujet (Ichpol – Ich vide), *séparée* dans *Ideen I*, et qui *intègre* de l'extérieur la sphère noético-noématique, c'est-à-dire ouvre un bon système de fermeture. Puis, en vertu de la bi-fonction du Ichpol, qui donne forme, mais participe aussi des contenus du Ich pur devenu Ich monadique, l'exercice de description porte sur le Ichpol-monadique. Le tout d'intégration noético-noématique se transforme en touts d'associations (séparés). Voilà qu'est ouvert un mauvais système de fermeture, dégradant le premier. L'idée d'un passage dialectique d'une totalité (intensive) à des secondes totalités (extensives) est dorénavant concrétisée. La seconde articulation et la troisième sont structurées par le même schéma. Dans la seconde se développe la ligne suivante: le *Nunc stans* réintègre les touts, comme néopôle d'identité qui travaille de l'intérieur, de sorte qu'est fermée la mauvaise totalité ouverte par la conjonction *décrite* du Ichpol et du Ich monadique. Mais Husserl décrit à nouveau cette "intégration-par-le-stehend-bleibend", ce qui conduit –a thématiser l'histoire, les sociétés... et à laisser éclater l'intégration. Enfin, Dieu apparaît (semblable au Ich pol de *Ideen I*) comme nouveau garant externe, mais l'exercice descriptif travaille sur la collusion entre la fonction de pôle (Dieu transcendant) et de Ur-ich à contenus (Dieu immanent) et désagrège l'unité intensive de ses rapports au monde et l'unité même du monde, d'abord identifiée de l'extérieur par la fonction de pôle. En somme la description travaille *préliminairement* sur un corpus qu'elle désintègre, et fabrique complémentairement un agent de liaison externe (même le *Nunc stans*, dans le flux temporel, est pourtant hors du flux, stehend-bleibend). Dans un second temps l'agent externe est réintroduit dans les contenus décrits (le Ichpol s'unifie avec le Ich monadique), l'ensemble subit la loi descriptive, et sont formés des touts séparés. A l'ouverture d'un bon système de fermeture, intégré, succède celle d'un mauvais système de fermeture, qui fomente l'association des touts. Est-ce là une dialectique positive des totalités animée par la logique du vide?

Un vide "efficace" assurerait l'homogénéité dans les touts et la distinction des touts: il serait intratotalitaire et intertotalitaire. Le vide intratotalitaire homogénéisant est bien connu. Mais comment ce vide casserait-il soudain la bonne totalité pour provoquer un procès de pulvérisation, où le vide est acteur externe de la différenciation additive des totalités? La solution a déjà été approchée au moment de la seconde articulation, où il a été écrit que le vide intertotalisant est un faux acteur masquant le véritable acteur, qui est la description. Cette proposition mérite d'être complétée: un premier vide intertotalisant existe, dans *Ideen I* par exemple, entre le tout de la conscience et le tout de la bi-fonction "Je"; or, ce vide est produit par la description de la sphère noético-noématique qui, cassée, a réclamé de l'extérieur une réunion de ces membres (sous peine de s'écarteler en ontologies régionales inconjoignables). Le vide intertotalitaire a donc ici une fonction de masque, il représente passivement le travail descriptif. Un second vide intertotalisant décompose la totalité Ich monadique; mais à nouveau, seul le travail descriptif, isolant, laisse être résiduellement des rapports d'association entre touts décrits. Ainsi, dans les deux temps fondamentaux qui caractérisent la dialectique des totalités, le vide intertotalisant est *éphiphénoménal*; et dans le second temps, plus particulièrement, il exprime la crise de décomposition. En conséquence, la dialectique intertotalisante des totalités, la logique moyenne, n'est pas assumée positivement par le vide.

Cependant, la situation est plus radicale encore: en effet la puissance logique d'homogénéisation du vide (sa première puissance) ne demeure pas intrinsèquement indifférente devant le procès d'isolement et de séparation de la description. Cette dernière suscite les fonctions externes (le Ich) et le vide intertotalisant de différenciation, comme on sait. Alors semble respectée en premier ressort une homogénéisation primordiale, tandis que la puissance logique intensive est dominante apparemment. Mais le procès "originaire" est renvoyé dans le superficiel: en effet, il est *descriptivement* inscrit dans son essence qu'une forme (pol) appelle des contenus (monade); dès lors, il est vrai que la description — ce mauvais télos qui concrétise sa forme de départ — recouvre potentiellement la totalité des contenus et intègre ainsi les agents externes d'homogénéisation. L'efficace du vide de conjonction se trouve désormais contestée, la notion de tout intensif tend à se dégrader en tout d'extension. Le cercle est refermé. La description, qui produit des faits non coordonnés, mais associés, est le Faktum qui travaille au sein même du corpus, mais dans des conditions nouvelles, en dehors des Fakta enregistrés au début de notre travail. Ce Faktum est celui d'une méthode, et non d'un concept. On a longuement remarqué que cette méthode automodifiait la méthode de description eidétique du projet husserlien, de sorte qu'elle est sur un même pied que la méthode stricte d'identification phénoménologique. En conséquence le résultat vaut pour nos Elaborations.

Après cette dégradation conceptuelle, une attention même minimale conduit à revenir sur les deux voies de recherche proposées: puisque la dialectique des totalités est une pseudo-dialectique logique et que le vide de désintégration, qui sépare les bonnes totalités, est une création de la description, c'en est fini de repérer l'égalité sens-signification à travers le *système* logique des moyens de passage entre totalités. Car l'exercice de description provoque une pseudo-logique de la nécessité du passage, et l'assomption de la voie pernicieuse qui s'emploie à isoler-pour-articuler porterait la gangrène au plan du *sens* de la phénoménologie, qui deviendrait inarticulable. En somme, la perspective de construction d'un Réseau généralisé est à abandonner; par là, il est requis d'exclure complémentairement l'ensemble des pratiques dispositionnelles-descriptives que nous avons nommé *protologique*. La protologique était la première tentative pour assumer la nécessité du complexe contre le simple et elle était en ce sens parfaitement légitime. Toutefois, elle a encore simplifié le complexe, *isolé* la totalité des déterminations en trois organisations, et retrouve seulement *progressivement* ce complexe. En ce sens ella a péché. Et pourtant, il fallait bien partir des significations topologiques puisque le sens était à-venir, comme modification générale de la phénoménologie issue de la disposition des significations. Cette démarche conserve donc sa cohérence: la protologique, ou recherche de l'identité de la phénoménologie, par mise en forme logique du corpus, prend rang comme Etat de la phénoménologie. On verra quelle place définitive occupera cet Etat, en fonction d'un Etat III dont la radicalité est maintenant fondée. En conclusion, il est légitime de poser que le vide est rendu univoque, que la description est enfin appréciée, que le réseau généralisé est une voie à abandonner malgré sa nécessité interne et la possibilité de le réintégrer dans l'Etat supérieur de la phénoménologie, et que, enfin, l'attention portera sur la portée d'un sens = signification généralisé, ou d'un *Tout des touts* soustrait à une problématique articulant les touts locaux.

Quelques derniers repères sont nécessaires encore: c'est la fin de l'Etat II de la phénoménologie; la loi de recherche d'identité concrète, à partir du corpus exclusivement, n'a pu être menée à bien. Dans ce contexte descriptif et statique, le "sens = signification" est demeuré improductif et peut aussi bien être rendu par "vide = vide". La recherche parvient à une abstraction, engendrée par la statique. En la situation, la rigueur convie à mieux utiliser la loi du sens = signification, dans le registre de la cause à effet, ou de la production, registre qui doit cependant ménager l'équation des deux termes. Comment une dynamique supplante-t-elle la statique? Par quel biais, décidément, le vide d'homogénéisation anime-t-il un nouvel Etat de phénoménologie? Inutile, toutefois, de cacher que résistent de sévères questions implicites: celle de la place de la description et de la manière d'éviter son efficace, celle de la possibilité d'un sens de la phénoménologie qui dominerait le moteur de vide, celle enfin de la portée ultime d'une nouvelle logique (postprotologique)[23] en rapport à l'histoire des idées, et qui relativiserait alors le moment historique du corpus husserlien.

---

1   Cf. L'idée de relation interne entre signifiant et signifié dans une signification qui est le point de départ dispositionnel de la topologique.
2   Notons que la fonction séparatrice du vide ne peut s'imposer absolument (à l'image de la fonction homogénéisante). En effet, c'est l'existence incontestable d'un domaine d'identité phénoménologique qui interdit que le corpus se limite à une série d'associations intégrable dans *une* forme.
3   Statique a été opposé à dynamique.
4   La phénoménologie donne forme aux matériaux du corpus. Elle n'a pas à prendre ses propres formes (l'exercice de description par ex.) pour objet. Sinon elle change de statut, ce n'est plus une *disposition* des matériaux du corpus. Plus tard, nous nommerons néophénoménologie une doctrine qui travaille aussi bien sur les matériaux du corpus que sur les formes (devenus matériaux) de la phénoménologie. (Cf. la seconde voie de recherche, pour un Etat III).
5   La théorisation moyenne, nous l'avons dit, repère le système des *moyens* de passage entre les touts. Entre les touts particuliers travaille le vide intertotalisant et dans ces touts oeuvre le vide intratotalisant. Selon l'efficace du vide (homogénéisant ou hétérogénéisant) la situation se complexifie: si le vide s'avère homogénéisant, alors le vide intertotalisant (séparateur) est biffé, et demeura un tout des touts intégrateur. Si le vide s'avère différenciant, les totalités seront cassées, le vide intratotalitaire disparaît dans le morcellement, et demeureront des touts ponctuels associés de l'extérieur. Cette dernière solution caractérisera la notion d'un Réseau généralisé et demandera son abandon.
6   *Expérience et jugement*, p. 85.
7   Ibid., p. 91.

8   Ibid., p. 99.

9   Marbach, *Das Problem des Ich*, p. 311.

10   *Expérience et jugement*, p. 99-100.

11   *Ideen I*, p. 386-387 (cité par Marbach, p. 147).

12   Diemer, *Husserl*, p. 148 (Nouvelle édition).

13   Marbach, p. 304; *Krisis*, in *Husserliana 6*, p. 174.

14   *Husserliana 6*, p. 175.

15   De Boer, *Die Entwicklung in Denken Husserls*, p. 599.

16   *Husserliana 4*, p. 311. "Der Ichpol ist jedenfalls apriorisches Zentrum ursprünglicher Icheigenschaften.

17   *Le* sujet se transforme en états décrits successivement, en "touts" associés. La totalité intégrée est intensionnelle; se déploie en elle une sémantique issue de *l'homogénéité* des termes. La totalité des associations est extensionnelle: les termes se réfèrent extérieurement les uns aux autres.

18   Voir *Manuscrits C 7 1*, p. 17; *C 1*, p. 4; *C 7 1*, p. 31.

19   Voir les analyses de K. Held in *Lebendige Gegenwart*.

20   Dans le premier cas, le vide de séparation (intertotalisant) est homogénéisé par l'efficace supérieure du vide d'intégration. Dans le second cas, le vide intertotalisant est tel car morcelé par la description décomposante, puis il s'inviscère dans les totalités intégrées pour les casser et associer ponctuellement.

21   C'est pourquoi il a été dit que le *Nunc stans semblait* former la dernière occurrence du Ichpol. Seul, le travail problématique permet un dépassement théorique qu'une considération immédiate ne livre pas.

22   Cf. Un texte de *Husserliana 15*, qui est maintenant bien connu (p. 589), mais qui est réactualisé par la problématique actuelle.

23   La protologique, *identifiant* le corpus, était l'exercice complémentaire de disposition du sens en significations (réseau) *et* de disposition des significations en sens (topologique). Ce travail a conduit au Réseau généralisé, à l'idée périmée d'une statique des moyens de passage entre touts et Tout, entre significations et sens. Une postprotologique réintroduira l'ordre dynamique cherchant à unifier fonctionnellement sens et signification. Progressivement, à l'idée d'un passage du sens à la signification, qui fixe les deux instances de l'extérieur pour ensuite les rassembler, se substituera l'idée d'un mouvement *interne* d'une instance vers l'autre, ou autopassage, ou autodisposition du sens en signification. Ce mouvement sera rendu par le terme: *autologique*.

SECTION II: ELABORATIONS

PARTIE II: AUTOLOGIQUE

DE L'ETAT II A L'ETAT III DE LA PHENOMENOLOGIE

PARTIE II

CHAPITRE I: PROLEGOMENES THEORIQUES

Les *Elaborations* se placent à un tournant, car il s'agit d'exploiter une seule direction d'analyse après qu'un choix contre l'idée de réseau généralisé a été décidé. Pour concrétiser la notion d'un Etat III de la phénoménologie, il conviendra cependant de répondre progressivement à la seule grande question qui s'impose: que recouvre une *dynamique* du sens = signification? Le sens est dans la signification qui est dans le sens, certes, mais comment adapter cette proposition universelle à des contenus sémantiques?

1. REFORMULATIONS PROBLEMATIQUES

La voie suivie, à l'opposé de la théorisation moyenne qui articulait les totalités par le bas, procède de la généralité du haut (le Tout des touts). Pourtant, le problème de la description est inéludable, car on peut aussi bien casser un procès universel — qui quête sa concrétisation — qu'un procès originé dans les totalités particulières — et à la recherche de son extension dialectique au tout des touts. Qui plus est, une grande inquiétude se laisse légitimement ressentir devant le "nouveau Faktum". La description lèse l'idée d'un Réseau généralisé. Il faut donc juger de l'ampleur de l'efficace descriptive avant de prétendre construire un Etat III.

a. *La portée de la problématique de la description*: Sur ce point, la possibilité d'une difficulté semble patente, et bloquerait la voie. Exprimons la brutalement: la phénoménologie représenterait l'échec d'une philosophie légitimée parce que sa structuration serait en soi inexistante tout en demeurant fallacieusement *supposée* comme un envers positif du Faktum de la description. Mais ce risque absolu est fantomatique: il ne remet pas en cause l'hypothèse de cohérence proposée au début du travail puisque, depuis, une identité phénoménologique a été repérée, et une cohérence constatée. Aussi le Faktum descriptif ne peut-il être comparé en efficacité au Faktum absolu, sorte de niveau entropique maximal où s'est originé le travail. Dès lors, quand bien même des points d'interrogations subsistent, il est faux de supposer que la phénoménologie puisse se réduire à rien de positif.

En retour, cette maîtrise d'une dimension pseudo-abyssale autorise à transvaluer ce qui a été nommé "risque" en critère positif. Certes, les résultats de la théorisation – l'idée de réseau généralisé notamment – sont à reconsidérer. Mais cette opération ne serait-elle pas une exigence positive de la théorisation, ce qui préserverait alors les conclusions du réseau, tout en les intégrant dans un registre nouveau? Si cette possibilité était acceptée l'opération reviendrait à former le concept de *niveau de théoricité*; revenons en effet à la problématique de la protologique; quand bien même la description est une détermination intrinsèque de la topologique et du réseau, il reste une issue: ne peut-on considérer que les résultats obtenus au terme de l'étude protologique ne sont ni vrais ni faux, mais des mixtes de vrai et de faux? Alors serait opérée une relativisation de la phénoménologie; la recherche du vrai et du faux *en soi* n'aurait pas de sens absolu puisque la phénoménologie elle-même serait à prendre à un *niveau* moyen de théoricité. Dès lors, la difficulté ne concernerait pas une erreur dans la conceptualisation – ce qui met en question l'attitude du commentateur – mais une limite phénoménologique, qui n'a jamais été théorisée jusqu'à présent. Ce serait ainsi le destin régulier de la phénoménologie que de pouvoir s'établir à ce niveau théorique problématique: alors les résultats de la protologique vaudraient pour ce niveau précis. En somme, une rigueur préliminaire force à admettre l'hypothèse d'une pluralité de phénoménologies qui se distribuent sur des plans différents. Voilà l'idée des "Etats de la phénoménologie" concrétisée au maximum.

Toutefois, la cohérence s'établissant à ce niveau, il est plus que jamais urgent de questionner l'instance qui, de sa hauteur, fixe la place du niveau de moindre phénoménologie. En effet, la potentialité faible de la phénoménologie ne possède pas sa propre vérité, ni de quoi l'établir, puisqu'elle est fixée dans le plan moyen qui concilie erreur et vérité, sans cependant les articuler. Il n'existe de clivage entre erreur et vérité que par une potentialité supérieure au nom de laquelle la composition du mixte de vrai et de faux est possible. Sans cette potentialité, tout sombre dans la confusion qui mêle les pertinences de la phénoménologie. C'est pourquoi l'hypothèse d'un statut moyen, qui situerait positivement les analyses de la protologique doit elle-même être assistée par une *théorisation fondatrice supérieure* qui détermine la place du processus de description dans le concert harmonieux des diverses possibilités phénoménologiques. En ce sens, la place et le rôle de la description dans la théorisation forment la ligne directrice de recherche qui conditionne le travail sur la consistance des concepts de réseau généralisé et de direction sémantique. Mais comment faire respecter la hiérarchie des niveaux de théoricité?

b. *Les limites du travail*: En effet, le risque se déploie à un autre plan encore. La description est l'oeuvre même du commentaire identifiant le corpus, commentaire qui s'est baptisé "phénoménologie". La méthode descriptive a donc produit des concepts dont la teneur logique est trouble. Afin de ne pas errer dans les Elaborations futures et ainsi confondre antihiérarchiquement les produits conceptuels de la dynamique et ceux d'une éventuelle statique pernicieuse qui se réintroduirait et déterminerait la stagnation du travail à un niveau de *phénoménologie*, c'est-à-dire à l'Etat II (amoindri par rapport à un état supérieur), deux précautions méthodologiques s'imposent:

— d'abord toujours procéder de la totalité de la complexité, pour ne pas *isoler* une quelconque de ses parties et *disposer* seulement ensuite le reste.

— ensuite, faire correspondre à toute disposition supérieure, dynamique, la position correspondante inférieure, statique. Ainsi, aucune confusion ne sera possible entre les deux voies de recherche, d'une part. De plus, les positions de l'Etat II se verront réintégrées dans l'état de recherche dynamique.

Dans ces conditions, et au moins méthodologiquement, la description se voit intégrée dans un procès positif qui balance favorablement sa réalité de Faktum descriptif négatif. Toutefois, et pour quitter le stade des précautions, la nouvelle Elaboration se doit de se forger un plan de travail, une nouvelle logique qui efface la protologique. Nous avons établi des limites; il est urgent de construire leur logique, leur principe de limitation.

2. LA NOUVELLE LOGIQUE

Le premier devoir est de reproblématiser la notion d'un vide positif, qui est le vide intensif (homogénéisant, intégrant). Comment le vide actif est-il moteur logique de la dynamique du sens = signification?

a. *La fonction du vide*: Il est utile de reprendre la situation: ne demeure qu' une seule espèce de vide, le vide identique-identifiant dans les touts de fusion; le problème de l'articulation des deux espèces de totalité disparaît, de même que celui du rapport entre vide de différenciation dans les totalités. Tout cela renvoie à une thématique de la description. Restent donc le Tout des touts codomanial (sens) et les touts (significations) qui s'égalisent parce que, en vertu d'une modification d'une proposition husserlienne par la *téléologie*, le sens "est" la signification qui "est" le sens.

Certes. One ne peut toutefois oublier que le sens et le codomaine discursif *global*[1], et que la signification est ponctuelle (la signification vaut pour tel ou tel contenu). La téléologie ne comble pas ce hiatus. Il y a des différences d'envergure incompressibles bien que les deux instances aient même intension. Serions-nous contraints de reculer? Revenons plutôt à la distinction entre statique et dynamique: le fait de placer côte à côte sens et signification renvoie à la statique et fait ressortir une différence de grandeur. Par contre, en termes dynamiques, une autre procédure s'impose: le tout des touts (dont il faut partir téléologiquement, puisque c'est la téléologie qui engendre l'adéquation sens-signification) diffuse dans les touts: le télos global détermine les touts particuliers, c'est clair. Mais comme il y a égalité sémantique-intensive entre l'universel et le particulier, il s'agit de la même instance qui diffuse univoquement, et se retrouve sous forme de touts. En d'autres termes, un "même" sémantique qui refuse l'extensivité (c'est-à-dire la désignation de termes externes) *se recouvre*. Plus simplement encore, le même vide dynamisant et homogénéisant se recouvre comme vide statique hétérogénéisé. *Ainsi le sens (dynamique, unitaire et inté-grant) se recouvre comme significations (statiques et associés).* En somme, la statique n'est plus parasitaire, mais participe de la nouvelle logique. La description, comme méthode, trouve sa place dans la nouvelle voie de recherche.

Nous sommes en possession de l'articulation logique. Remarquons que la description a un aspect négatif, dans l'Etat II, et un aspect positif dans cette *autologique* du recouvrement. De toute évidence, la question de la description, à nouveau ambiguë, sera à reprendre. Mais dans l'immédiate, la tâche la plus urgente est de rechercher un modèle moins abstrait qui puisse illustrer cette articulation encore bien générale. Nous cherchons un cadre conceptuel qui concrétise la logique. A nouveau le corpus offre sa ressource. Précisons que le recours au corpus n'est plus intrinsèquement nécessaire au sens où l'Etat II était tout entier occupé à *identifier* le corpus, à mettre en forme son matériau. Toutefois, lorsque le corpus livre une *forme* qui correspond à la nouvelle logique, cela peut être le signal de la possibilité d'un nouveau travail *à partir* du corpus et non plus dans le corpus.

b. *Le nouveau modèle dynamique*: La donnée nouvelle est l'autorecouvrement du même vide, comme moteur logique. L'importance cardinale de la forme grammaticale en "auto", qui contresigne la reprise du même par soi, fait indéfectiblement penser à la forme temporelle selon Husserl. D'un point de vue strictement descriptif et *introductif*, il est déjà notoire de formuler que la figure du présent vivant effectue constamment l'autoreprise de soi et assure, certes bien naïvement, l'égalité du diffusant et du diffusé. Pourtant, en ira-t-il de même d'un *concept* de temps? Il existe une dimension du temps qui a été structuralement intégrée à la dis-position: il s'agit du temps-théorie. Ce dernier est justifié *conceptuellement*. En effet, depuis la resituation dédramatisante du processus de description, il n'y a pas de raison de considérer que les analyses de la protologique soient privées de cohérence, comme on l'a vu. Qui plus est, le temps-théorie se trouve bien à l'articulation du problème des rapports entre dynamique et statique descriptive puisque l'intentionalité transversale athématique ressortit au tout des touts et que l'intentionalité objective suscite des dénotations particularisantes en connexion avec la topologique. Par le rapport de conjonction et le passage qu'il instaure entre les deux niveaux, descriptivement découpés, du même état, le temps théorique formerait une réponse en acte au travail amoindrissant de la pandescriptivité. La fonction de "transcendantalisation" du temps serait alors enfin transvaluée, ce qui permettrait en dernier lieu de relier la réellité du temps vécu et la théoricité du temps-vection, question qui était restée, on s'en souvient, en suspens.

Les *Vorlesungen* de 1905 formeront le texte de base de l'élucidation; mais, c'est évident depuis qu'est dépassée la problématique de l'identité de la phénoménologie, le corpus et cette dernière deviennent comptables *devant* les exigences de la nouvelle logique, qui se chargera de *modifier* les données du corpus en accord avec leur pente profonde articulée à la "nouvelle logique". En 1905, il s'agissait de clarifier l'unité noématique d'un objet temporalisé. A l'issue de sa thématisation de la structure de rétention du temps, Husserl affirme que c'est la même structure formelle qui "produit l'unité des apparitions d'une chose"[2]. Dans notre contexte, cela signifie que le *sens* objectif serait l'unité des *significations* manifestées. Analysons comment cette adéquation est possible dans les conditions actuelles. Rappelons que, par principe, le sens *est chaque* signification qui *est* sens à son tour; autant dire que le sens ne totalise pas des significations mais s'égalise à chacune d'elles. Les textes husserliens renferment un ressort conceptuel intéressant. On y voit que la temporalité n'est point univoque; en effet, elle est certes tissée de contenus impressionels qui sont différents les uns des autres; toutefois, elle a une dimension formelle; celle-ci est vérifiée par les déclarations de Husserl qui dans le texte des *Leçons*, s'interroge sur la nécessité de passer du temps des "apparitions d'un son"[3] au temps "de la conscience du temps dans laquelle se constitue le temps de la conscience du temps des apparitions d'un son"[4]. Ainsi, Husserl met en regard le temps constitué et le temps constituant, qui devient à son tour constitué pour un temps constituant d'espèce supérieure. Il est bien net qu'on passe problématiquement de la théorisation de l'objet dans le temps *au* temps comme objet. En 1905, la solution au problème est loin d'être claire. Mais, fait suprenant, Husserl opère une rationalisation qui indique vers une possibilité supérieure intrinsèque. Il s'exprime, dès 1905, en des termes qui découvrent d'énormes arrière-plans:

Or le courant (le flux absolu) doit à son tour être objectif, et avoir à son tour son temps. Ici encore serait à nouveau nécessaire une conscience constituant cette objectivité et une conscience constituant ce temps. Par principe, nous pourrions user à nouveau de la réflexion, et ainsi *in infinitum*.[5]

Nous coupons provisoirement le passage pour en apprécier la portée logique: le phénomène de réflexion thématisante-descriptive inscrit la rationalisation de la temporalité dans la topologique; effectivement, on retrouve la bipartition entre un axe qui procède de la conscience et un axe qui s'initie dans l'unité. D'un côté (la conscience) le courant est absolument subjectif; de l'autre il est considéré comme résolument objectif, d'où le phénomène de parallélisation, au terme duquel la rationalisation est basculée à *l'infini* d'un axe vers l'autre et réciproquement. La thématisation husserlienne correspond donc à ce qui a été nommé – après légitimation – "phénoménologie amoindrie". Pourtant, le ressort logique conduit le texte encore plus loin; continuons la lecture:

Peut-on montrer que la réflexion à l'infini est ici sans danger? (...) Or, même s'il n'est pas fait usage *in infinitum* de la réflexion, et même si en général aucune réflexion n'est nécessaire, il faut pourtant que soit donné ce qui rend possible cette réflexion, et ce qui, à ce qu'il semble, la rend – en principe au moins – possible in infinitum. Et c'est là qu'est le problème.[6]

En toute lucidité, Husserl détermine la nécessité d'une *problématique supérieure* qui, d'une part, dépasse l'écueil du régrès à l'infini et d'autre part, fonde la possibilité de ce dernier. La notion de *continuité* temporelle perd donc sa valence théorique; le vécu de la continuité doit supporter une *modification*. Cette indication trouve certes une complémentarité dans les esquisses contenues dans les *Manuscrits C* où la proto-temporalité est mise à jour.

En conclusion, retenons un aspect décisif et constant du texte husserlien: temps-sujet et temps-objet sont placés à *distance* l'un de l'autre. Au plan logique cela signifie que le temps-objet et le temps-sujet husserliens, séparés, sont traduits théoriquement dans le rapport *en forme de "sens = signification"* du temps diffusant et des "significations isolées par rapport au sens" dans le temps diffusé (alors que, intrinsèquement, le temps diffusant *est* le temps diffusé). Telle est la valeur logique de la nécessité de la *mise à distance*, repérée à propos du temps.

Mais, le retour à l'architecturation des *Leçons* de 1905 est enrichissant et autorise le dépassement *théorisé*, ainsi que l'intégration dans un autre registre, celui de la mise à distance. On connaît le concept de Présent vivant: celui-ci, certes, est la clef de voûte apparente qui impose sa *présence* dans toutes les théorisations fondées dans la temporalité. Toutefois, le présent vivant cache une fonction cardinale, articulée à l'absence, qui modifie la valence de présence, articulée au vécu. C'est ce qui apparaît dans le texte de 1905 qui thématise le maintenant temporel:

Un maintenant est toujours et par essence un point à la lisière d'une extension temporelle.[7]

Dès lors, le maintenant ne s'étale point dans une présence qui dure et oblitère le temps[8]. Au contraire, le maintenant est la ligne-frontière entre deux extensions; c'est plus précisément le moment où l'extension "retombe"[9]. C'est pourquoi le *Gegenwart*, lorsqu'il est envisagé dans sa fonctionnalité, est un point fugace qui apparaît-disparaît. Un autre texte est plus précis:

Les appréhensions passent ici continûment les unes dans les autres, leur dernier terme est une appréhension qui constitue le maintenant, mais qui n'est qu'une limite idéle. C'est une *continuité d'accroissement vers une limite idéale*; tout comme le *continuum* des espèces de rouge converge vers un rouge pur.[10]

Limite idéale, le maintenant constitue la vérité — non présente — du *continuum* temporel, à la manière dont l'essence concentre la vérité des espèces de rouge perçues. La fonction d'absence par rapport à la réellité est répétée encore:

Une continuité toute pareille sans cette limite idéale est simple souvenir. Au sens idéal, la perception (l'impression) serait alors la phase de la conscience qui constitue le pur maintenant et le souvenir, toute autre phase de la continuité. Mais ce n'est là précisément qu'une limite idéale, quelque chose d'abstrait qui ne peut rien être en lui-même.[11]

Il existe un "quelque chose d'abstrait", nous dirions une instance qui possibilise la théorisation interne (interne parce que "le quelque chose d'abstrait ne peut rien être en lui-même") engendrant et le maintenant et "toute autre phase de la continuité". Presque au maximum de la précision, Husserl affirme ensuite que "ce maintenant idéal n'est pas quelque chose de différent *toto caelo* du non-maintenant, mais au contraire en commerce continuel avec lui"[12]. De sorte qu'une fonction interne de théorisation assurerait le passage "continuel" du maintenant idéal à un autre maintenant idéal. En fait, la simple thématisation husserlienne corrobore ce travail logique — mais dans la terminologie naïve de la conscience et de la vie —; Husserl tient ce propos dans les *Leçons* encore:

La conscience éveillée, la vie éveillée est une vie qui va à la rencontre, une vie qui, du maintenant, va à la rencontre du nouveau maintenant. (...) une intention originaire va de maintenant en maintenant, tout en se liant aux intentions issues du passé (...). Mais le regard du maintenant sur le nouveau maintenant, ce *passage*, est quelque chose *d'originaire*, qui seul ouvra le voie aux futures intentions qui viseront l'expérience.[13]

La précision est franche et un ressort textuel est patent derrière les "nuées" de la conscience, "de la vie éveillée", de la "rencontre" et des "intentions". L'"originaire" est dans le passage d'un maintenant à un autre maintenant, dans la négation de la *mise à distance*. Or, c'est la fonction de théorisation, le "quelque chose d'abstrait", qui constitue — comme limite idéale — le rapport entre les "maintenant". De sorte que la fonction de théorisation assume l'autothéorisation dans la relation d'un *même* (maintenant) à un *même* (maintenant). Ainsi, alors que s'effectuait auparavant une distanciation, s'opère dorénavant une autodistanciation: temps-sujet et temps-objet forment les deux moments d'une autodistanciation théorisante[14]. *C'est pourquoi le même est à la fois même (théorisant) et autre même (théorisé). D'un côté il y a le "sens = signification" théorisant; d'un autre côté on trouve le sens descriptible en significations distinctes*; le vide diffusé, qu'on nomme vide de différenciation, est second par rapport au vide d'identification, tout comme la description entame l'unité autothéorisante et la découpe en unités qui décrivent le théorisé. La problématique du temps-théorie illustre donc parfaitement la position et la résolution des rapports entre théorisation et description. De plus, le rapport du même au même s'autoengendre bien dans une *auto*structuration. En somme, la temporalité-théorie relaie et approfondit la cardinale équation du sens et de la signification.

Avec ces acquis, il n'est plus impossible de résoudre les rapports du temps-théorie et du temps vécu. Dans la nouvelle logique, on ne parle pas de temps "vécu" puisque le "vécu" renvoie à la thématique à rejeter des vécus de conscience. Derrière l'expression: "les vécus", il convient plutôt de lire le réel, le discret par opposition au théorique, au vrai "continu" de la forme autothéorisante. Déjà, Husserl ne considérait-il pas en effet, et dans le même sens que nous, que le réel immanent — *reell* et non *real* — est l'hylétique et que les data hylétiques sont discrets (cf. *Ideen I*)? Qui plus est, l'insertion des data hylétiques dans une intentionalité fluide et vivante n'est-elle pas contemporaine de la mise au premier plan d'une problématique temporelle? On trouve ainsi un ressort autologique par-delà la thématique métaphorique, ce qui va replacer le temps discret par rapport à la structure "continue". En effet le temps "continu", c'est la forme d'autothéorisation. Conséquemment, le temps "reell" est le produit de la possibilité descriptive qui entame et découpe le "même" autothéorisé. Il est du côté des significations isolées secondairement, et non ordonné à l'adéquation dynamique sens-signification. En somme, le registre métaphorique de la vie recouvre (*Deckung*) le niveau phénoménologique amoindri, qui compose avec la description. Dorénavant, la problématique d'un Etat II dépassé s'appuiera sur la forme universelle de l'adéquation du sens et de la signification, qui a pour modèle dynamisant la vection de la temporalité autothéorisante.

c. *La dernière hypothèse*: Pour concrétiser le dépassement de l'Etat II, nous avons une logique et un modèle conceptuel[15]. Mais demeure une difficulté fondamentale: quels *contenus* une logique va-t-elle articuler à l'aide du modèle? Y-a-t-il une destinée sémantique développée de la démarche qui a conduit à refuser la notion d'un réseau généralisé? Plusieurs éléments demandent à intervenir.

Le travail vit de l'égalisation du sens et du vide. L'examen du corpus livre cette donnée, incontestablement (cf. Les significations, l'essence, le sens). On a pu comprendre, en s'appuyant sur cette proposition, que le sens égale la signification, qu'il n'y a point de différence sémantique qui les sépare. Que le sens soit égalisé au vide-en-tant-que *limité*, voilà qui sert la perspective logique, laquelle s'est débarrassée de la pseudo-logique du réseau généralisé. Mais qu'en est-il de l'aspect sémantique? Se réduit-il à la syntaxe logique? Si c'est le cas, le *sens* de la phénoménologie se limite à la capacité articulatoire d'un procès, extrait des contenus du corpus, mais indifférent à eux.

Pourtant, ne pourrait-on envisager un développement d'une sémantique appuyée à la syntaxe, mais tout de même autonome? Dans ce cas, il serait impératif que le modèle architecture des contenus. Or, les contenus véhiculés jusqu'à présent obéissent, pour chacun, à leur insertion dans une totalité (c'est leur limite, ce qui les valide). Et cette exigence théorique aboutit à les désémantiser, à privilégier la limite-totalité au détriment du contenu, lequel est renvoyé au vide et à l'exercice syntaxique. La seule solution est donc qu'existent des contenus qui échappent à la nécessité d'une limitation par la totalité. Plus précisément, il est imposé que le modèle (temporel) trouve au moins *une interprétation* — au sens que les logiciens donnent à ce terme — qui concrétiserait l'abstraction du modèle. Cette interprétation devra être centrée autour d'une notion directrice qui échappe à son insertion sémantique dans une totalité. Il faudrait d'ailleurs préciser dans quelles conditions l'opération est possible.

Cette perspective sémantique, encore trouble, nous permet toutefois de revenir sur la description. Cette dernière est positive en tant qu'elle structure associativement la face recouverte du recouvrement du même. Cependant, par essence, le travail de description consiste à isoler des touts. Et afin que l'erreur ne se réintroduise pas, c'est-à-dire que la notion d'un réseau généralisé ne déborde pas la dynamique, il est exigé que, réellement, une dynamique sémantique soit autonomisée. Sans quoi, nécessairement, une statique des contenus en réseau concrétiserait la logique. Le *recouvert* se dégagerait ainsi progressivement du procès *d'autorecouvrement*. Dès lors, dans l'hypothèse où une dynamique sémantique ne se manifeste pas, il faut délibérément refuser de travailler positivement sur les contenus et isoler la logique du recouvrement des contenus recouverts; car dans ce cas la forme en *auto* serait une illusion; il n'y aurait plus d'autoposition du sens sous deux formes différentes: 1) sens 2) signification, mais diversification des significations dans une statique qui cherche en vain un facteur d'unité dynamique.

En résumé, deux directions s'offrent à nous. Soit il existe une destinée sémantique du corpus, et dans cette perspective se construirait une *néophénoménologie*. La néophénoménologie, ou Etat III, est le nouveau corpus articulé selon un modèle par une logique et d'après une notion directrice fondamentale qui interprète le modèle. En somme, c'est le correspondant sémantique de la nouvelle logique. Syntaxe et sémantique collaboreraient, mais un nouveau sens s'autonomiserait par rapport au vide, et refuserait leur équation. Soit, au contraire, le sens se réduit au vide; dans ce cas, l'Etat III ne correspond pas à une sémantique néophénoménologique; comme on l'a vu, la logique doit se séparer des contenus, qui seront falsifiés par une description. La logique, alors, se distingue de tout corpus. Il faudra examiner, en ce sens, son mode d'action *externe* sur le *corpus*. Ainsi, la nouvelle logique réclamera une interprétation différente.

Parce que, tout comme dans le cas du réseau universel, c'est à partir de l'impossibilité d'articuler des contenus (dans le cas du réseau on en restait aux contenus d'une logique dite moyenne) que se décidera l'éventuelle *autonomie* d'une syntaxe, il faut d'abord reconnaître la possibilité d'une sémantique néophénoménologique. La logique autonomisé est en effet une conséquence de l'inexistence de la dynamique néophénoménologique. Voilà pourquoi la recherche procède de *l'hypothèse* de validité d'une néophénoménologie. Cette hypothèse permettra à la tentative d'une néophénoménologie (ou éventuel Etat III) de s'exprimer pleinement.

Quelques derniers repères méthodologiques facilitent la tâche de sémantisation de la syntaxe logique. Le problème du matériau de l'investigation est facilement élucidable: nous accepterons certaines données dur corpus et de la phénoménologie (Etat II)[16]. L'expression "certaines" connote le fait que le corpus ou la phénoménologie ne servent plus que de *point de départ*. Le corpus, par exemple, n'est plus une référence nécessaire, à modifier pour l'intégrer dans un état supérieur. Les données du corpus et de la phénoménologie seront simplement des élément d'un procès qui n'a plus pour tâche intrinsèque de donner forme au matériau husserlien et qui, en ce sens, est libéré de la nécessité d'inscrire sa forme dans la matière du corpus. La notion d'une *interprétation* du modèle est le second repère auquel il faut s'attacher. Spontanément, il a été question d'*un* concept directeur concrétisant l'interprétation. Toutefois, dans la mesure où l'interprétation est ici conçue au sens logico-mathématique, pourquoi serait-ce un concept qui assurerait l'interprétation et non point une théorie, c'est-à-dire un corps de concepts? En logique un système d'axiomes articulés (autosuffisant) est interprétable dans une théorie déductive. Mais notre situation est bien différente. Avant tout il faut éviter que des touts particuliers (formant réseau) s'emparent du procès. Il s'agit de produire une interprétation qui engage le tout des touts de l'Etat III. Sinon, la gangrène du vide sera reine, s'emparera progressivement de chaque totalité locale pour imposer conséquemment une lecture descriptive recherchant un réseau et une loi dialectique des totalités locales. Dès lors, c'est *une* notion, homologue du tout des touts, qui doit se diffuser et s'autorecouvrir comme le sens. Enfin un dernier point d'interrogation doit être réduit, avant de commencer; quelle est la place de cette notion *interprétante*[17], au début ou au terme de la concrétisation de la logique en néophénoménologie? La réponse sera sans appel: si la notion est au départ, elle jouera le rôle de pilier hiérarchique simplificateur, à la manière du sujet transcendantal husserlien. Ce qui est rédhibitoire aux yeux d'un travail qui veut, une bonne fois pour toutes, partir de la complexité totale, celle du tout des touts. C'est pourquoi la démarche doit 1) installer la logique dans le tout des touts des contenus, 2) produire l'interprétation qui se rapporte à lui. Ainsi nous procèderons.

En conséquence, l'effort va d'abord consister à déployer les caractéristiques du modèle dynamique temporel (mise à distance et autodistanciation) dans le tout des touts des contenus. C'est un prélude nécessaire qui évite la hiérarchisation sous un concept pseudo-interprétateur.

1   Le sens co-habite avec toute signification; il les connote, rappelons-le, et régit ainsi globalement *la* phénoménologie.

2   *Leçons pour une phénoménologie de la conscience intime du temps*, p. 119.

3   Ibid., p. 152.

4   Ibid.

5   Ibid., p. 153.

6   Ibid.

7   Ibid., p. 91 (c'est nous qui soulignons).

8   Le statut de l'idéalisation mérite une précision. Il est assuré que nous ne pouvons revenir sur les errements de la topologique, qui condamnent définitivement cette dernière dans sa prétention à une vérité exhaustive. Toutefois la situation théorique s'est, depuis, profondément modifiée: l'idéalisation prête le flanc à une critique dans la mesure où elle anticipe une limite simplement proposée (l'existence d'un espace en soi, d'un je, d'un maintenant clos dans un domaine de définitude absolue) et travaille analytiquement à la construction d'un "vêtement d'idées" abstraites pour s'approcher de cette limite. En ce sens, la topologique de la limitation de la *profilération* conceptuelle (in *Le faux-ordre*), et même les passages à la limte (intertotalitaires) dans le réseau généralisé, sont profondément concernés par une critique de l'idéalisation. Par contre dans la mesure où le "maintenant" s'intègre dans un modèle de fondation de la phénoménologie, tout change de registre. On commence de s'apercevoir que le "maintenant" subit une *modification* qui l'insérera dans la nouvelle logique mise à jour. En somme, l'idéalisation husserlienne est transvaluée.

9   *Leçons pour une phénoménologie de la conscience intime du temps*, p. 91.

10   Ibid., p. 56.

11   Ibid., p. 57.

12   Ibid.

13   Ibid., p. 140.

14   Ainsi se présente la notion de "maintenant", adéquatement *modifiée* par rapport à sa

fonction dans le corpus husserlien, fonction qui était d'entretenir la *présence* du vécu à la conscience.

15 Au modèle topologique correspondait la logique de l'intervalle; la logique de l'essence-totalité animée par le vide engageait le modèle totalisant conduisant au réseau. Enfin, le nouveau modèle logique va déterminer la construction progressive d'une théorisation radicale dans son principe (c'est une phénoménologique qui se dégagera en dernière instance, par delà l'interprétation d'abord tentée de la phénoménologie comme nous le faisons). Les trois espèces de modèles fondent trois niveaux de théorisation; toutefois les trois modèles sont en continuité dans la stricte mesure où ils compliquent le concept-princeps de vide, présent dès la topologique; complémentairement, nous trouverons *une* Raison phénoménologique derrière toutes les approches (voir le concept de niveau de théoricité).

16 Par exemple, pour l'Etat II, le notion indubitales de "tout des touts" absolument distincte du réseau universel: le tout des touts correspond à la voie du sens = signification, homogénéisée téléologiquement sans faire appel à la notion de totalités locales (réclamant une articulation ultérieure et de seconde main, qui lutte contre l'instance première de description).

17 L'efficace du concept d'interprétation semble fixé puisque nous nous interrogeons subsidiairement sur la place du concept. Cependant il n'est pas inutile de reconsidérer le contexte théorique de l'interprétation, notamment en la référant à sa connotation logico-mathématique. Certes l'interprétation *cherche* à se distinguer d'une élucidation herméneutique, on l'aura bien compris. Mais la situation théorique est loin d'être aussi claire; le *modèle* temporel (notre nouvelle logique) *demande* une interprétation, alors que le modèle logico-mathématique *est* une interprétation, ou l'application d'une structure axiomatique à un champ extensionnel, à un domaine d'individus. Quel est donc le sens de cette différence importante?

Une démarche logico-mathématique procède univoquement d'une syntaxe axiomatique et recherche ensuite une interprétation sémantique. Dans notre cas, existe originairement une confusion de la syntaxe (vide d'articulation) et de la sémantique (les limitations articulatoires par le vide recoupant l'équation sens-signification). C'est le degré de généralité de notre discours qui a déterminé la confusion. Mais l'examen de notre perspective directrice globale confirme un processus de modélisation *progessive* qui s'est risqué à casser les généralités afin de susciter un niveau théorique d'abstraction; en effet, la protologique, puis l'autologique temporelle sont des essais de plus en plus forts pour articuler la connexion du syntaxique et du sémantique. Ce premier processus d'abstraction est une *modélisation* qui a ancré la syntaxe du vide dans un champ sémantique (le temps-théorie). On retrouve dès lors le concept logico-mathématique de l'interprétation. Et en ce point d'analyse où nous sommes actuellement, se tente une *seconde modélisation*: il s'agit de trouver un domaine d'individus – dans le corpus dit néophénoménologique –pour resémantiser le modèle temporel, le réinterpréter. En somme, la modélisation s'effectue en deux temps: le premier, aboutissant au temps-théorie, a encore une efficace sémantique faible; le second concrétise cette dernière en l'étendant au domaine néophénoménologique. En résumé, le travail procède de la confusion du syntaxique et du sémantique; la première interprétation livre la force syntaxique du vide dans les niveaux sémantiques successifs; la seconde retrouverait une sémantique forte. Ainsi se précise le rapport de notre interprétation à l'interprétation univoque logico-mathématique. Toutefois demeure pour nous la question de la possibilité de l'interprétation seconde, de la sémantique forte ou de la néophénoménologie. Syntaxe et sémantique se retrouvent, maintenant distinguées.

CHAPITRE II: L'HYPOTHESE DE LA DYNAMIQUE NEOPHENOMENOLOGIQUE

1. DYNAMIQUE DE LA DISTANCIATION UNIVERSELLE

Il s'impose de procéder du tout des touts du corpus et de repérer comment une dynamique de la distanciation intervient. L'opération s'effectuera en trois temps: d'abord, repérer la notion de mise en distance dans le champ universel du corpus, puis analyser sa dynamique sur un aspect particulier, enfin généraliser la dynamique.

a. *Le logos universel du sujet-objet*: Les *Prolégomènes empiriques* avaient légitimement imposé la relation sujet-objet comme la seule forme qui *structure* l'universalité du corpus husserlien. Le champ d'universalité du corpus est donc tout trouvé. Examinons dans quelle mesure la forme sujet-objet accepte son inscription dans le premier aspect de la logique nouvelle, c'est-à-dire la mise à distance des mêmes. A cet égard, il est instructif de *partir* des *Recherches logiques*[1].

Les *Recherches logiques* s'articulent autour de la différenciation entre intention de signification et intention de remplissement. Le ressort néophénoménologique sera perçu si, et seulement si, existe une distanciation de deux mêmes. Dans la progression du remplissement, Husserl remarque que le but final est la "véritable *adequatio rei et intellectus*"[2]. En d'autres termes, le remplissement adéquat correspond au *recouvrement* de l'intention de signification et de l'intention de remplissement. L'expression: "recouvrement", est importante: la totalité de l'intention de signification se superpose avec l'intention de remplissement. Tel est l'aspect quasi géographique du remplissement. Déjà nous accédons au concept d'un raccordement de deux mêmes extensions structurées. Mais cette distanciation-recouvrement de deux mêmes structures vaut-elle pour les contenus structurés? Le texte de Husserl discute de l'évidence et la conçoit comme un "acte qui confère à l'intention (...) la plénitude absolue du contenu (...)"[3]. L'intention de signification entre en fusion avec l'intention de remplissement. Auparavant, toutefois, Husserl avait renvoyé l'intention de remplissement à l'intention de signification:

(Il faut distinguer): d'une part, ceux (les actes) qui sont *essentiels* à l'expression (...); ce sont ces actes que nous appelons les *actes conférant la signification, ou intentions de signification*. D'autre part, les actes qui ne sont sans doute pas essentiels à l'expression comme telle, mais qui se trouvent néanmoins avec elle dans ce rapport logique fondamental, qu'ils remplissent (confirment, renforcent, illustrent) son intention de signification (...)".[4]

Par là il devient indiscutable qu'intention de signification et intention de remplissement répètent respectivement chacune leur contenu dans l'autre instance. La distanciation et le recouvrement des deux structures extensives concernent donc autant les contenus sémantiques. Ce résultat obtenu, il est facile de mesurer la progression par rapport à la première matrice empirique subjectivo-objective (Section I) où les mêmes citations avaient suscité l'idée que le penser (signification) et le voir (remplissement) étaient réunis. En fait l'univers thématique husserlien différencié — le sujet, l'objet, l'intuition de l'essence — était encore indépassable, de sorte que la réunion n'était envisageable que sous la forme d'une "contraction" thématique qui laissait glisser le ressort logique de la distanciation de deux mêmes.

Pourtant, cette concordance des deux intentions, qui s'interprète néophénoménologiquement, constitue-t-elle le tout de l'acte de connaître? C'est ce que nie Husserl, pour qui la connaissance complète suppose l'adéquation à la plénitude de la chose elle-même[5].

Le concept de plénitude, ou de "chose elle-même" donné en personne, fait maintenant problème. Dans sa *Phénoménologie des Recherches logiques*, Schérer en propose une définition satisfaisante:

La plénitude n'est pas quelque chose de perceptible dans l'objet lui-même (...). Ce qu'elle apporte, c'est *l'être même* de l'objet visé. On voit, par là comment l'analyse de la plénitude conduit nécessairement à l'explication de *l'être*, prédicat non réel dans les jugements et à la constitution du *concept catégorial d'être* sur la base des remplissements".[6]

L'analyse de Schérer dynamise les textes: le point le plus important est abordé lorsque Schérer dit que la plénitude "apporte l'être" de l'objet visé et déplace alors la problématique vers la catégorialité. Une telle proposition métamorphose le concept d'objet: l'objet *est* l'objet catégorial. L'objet sensible n'est qu'un des éléments de la totalité: "objet". Le débat est donc porté sur un autre terrain.

Sur ce nouveau plan thématique, la contestation n'est guère possible, car Husserl prend les devants, en toute positivité, et institue les conditions d'une reformulation néophénoménologique:

Comme il résulte de la série de nos dernières réflexions, nous employons le terme de *forme catégoriale* en un *double sens*, ce qui paraît naturel et, étant donné le bien-fondé de notre distinction entre l'acte et l'objet, sans inconvénient. *D'une part*, nous entendons par là les *caractères d'actes fondés*, caractères qui donnent une forme aux actes d'intuition simple (...) et les transforment en de nouvelles objectivations (...). Les *objets* primitifs se présentent dès lors dans certaines *formes* qui les saisissent et les relient d'une manière nouvelle, et ce sont là les *formes catégoriales au second sens, le sens objectif*. La liaison conjonctive A et B, qui, en tant qu'acte unitaire, vise une unité catégoriale d'objets (leur ensemble, le "tous deux") peut nous servir d'exemple.[7]

La distinction préliminaire entre acte et objet vacille: il y a certes deux significations; mais ces significations sont les *mêmes*: en effet, les caractères d'*actes* fondés sur l'intuition simple s'e superposent avec *l'objectivité* de la forme caté-goriale. En somme: *"A et B" est à la fois un acte et un objet.* Husserl considère que cette distinction a une valeur préliminaire: c'est un "présupposé" dont il ne fait pas la théorie. Almeida résume la situation:

> Pour éviter les malentendus nous voulons indiquer pour conclure que dans le cas de l'identité – comme pour toutes les Idées en général – l'intention signifiante et l'intention remplissante *coïncident (zusammenfallen)* comme règles de la constitution objective.[8]

En droit, la néophénoménologie est justement la théorie qui rend compte du "présupposé" husserlien: la logique de la mise à distance de deux mêmes articule la thématique du sujet-objet.

De plus une remarque importante mérite sa place et améliore la pertinence du concept de temps-théorie: le remplissement, comme "renforcement" et "illustration", succède à l'intention de signification dans le cas de la perception incomplète; dans la perception complète, la forme catégoriale *succède* au caractère d'acte et le concrétise. Autant dire que la vérité, à la différence de ce que dit Husserl dans ses *Leçons sur la synthèse passive*, ne se fonde pas dans le *premier* (ordre de succession) présent vécu de la vérité. Ici, la mise au premier plan du temps-théorie implique que la vérité est indépendante de la succession, donc *index sui*. La véritable actualité est celle de la vérité logique. Le vrai ne s'enracine plus dans un présent vécu (celui vécu maintenant), mais dans la coordination de deux mêmes, dont peut importe l'ordre de succession: le vrai est déjà là, dans l'égalité "intention de signification-remplissement" et précède en soi son actualisation psycho-transcendantale dans une présence vécue, qui disloque alors une vérité première d'une vérité à retrouver. C'est une démarche descriptive qui introduit un problème et privilégie le présent vécu contre le présent rappelé. La description entraîne la sécabilité du procès de mise à distance: les éléments deviennent vécus "un par un". C'est alors que le schéma temporel husserlien (de rétention) devient nécessaire pour raccrocher chaque élément à un originaire (urjetzt) représentant l'identité vraie de l'élément, qui est cependant extrait d'une logique plus profonde par une démarche de particularisation. Le schéma temporel husserlien, usant des emboîtements rétentionnels, tente donc de représenter un procès logique supérieur assurant la notion d'une identité supérieure: c'est le vrai, dans le temps-théorie, qui raccorde identitativement deux mêmes et non pas le temps vécu qui, par sa structure, a pour fonction asymptotique d'identifier les mêmes malgré la dispora du vécu. Le temps-théorie est ordonné à la logique du vrai. Le temps vécu rapporte illusoirement la vérité au présent actuel, ce qui conduit à une difficultueuse légitimation du vrai dans le passé.

La rigueur demande, dorénavant, de confirmer la logique du même à distance dans les autres points du corpus, afin d'en vérifier l'universalité. *Ideen I* offre une structure d'accueil très favorable aux nécessités néophénoménologiques. Rappelons que la doxa noétique est le principe d'actualisation et que l'actualité apparente de l'objet, dans le flux temporel vécu, procède de la *vérité* de l'actualité contenue dans la noèse. L'actuel véridique est donc l'actuel authentique, ce qui subvertit le concept empirique de flux temporel, où il est manifeste que la constitution de l'objet est affrontée à la nécessité de *vérifier* le télos. Le temps-théorie assure la réalité de la vérité au départ, alors que le temps-métaphore nous laisse dans la demi-mesure, c'est-à-dire prescrit une vérité téléologique au point-origine, mais reprend tout de même l'origine dans un procès de confirmation de la vérité[9]. A partir de cette structure vectorisante, *Ideen I* véhicule le logos de la distanciation de deux mêmes: en effet, la *Sinngebung* du sujet noétique transporte son contenu sémantique *dans* l'objet, ce que traduit le concept de "donation originaire", et seules les incoordinations thématiques de la pensée husserlienne associent à la donation originaire l'intuition pour construire le concept "barbare" de "intuition donatrice originaire". Enfin, ces deux mêmes (noèse-noyau noématique) sont reliés par le même identificateur, ou intentionalité: cette troisième présentation du concept de même est l'agent opérateur de la gnoséologie husserlienne, qui débloque les recouvrements du même et propose apparemment une théorie de la connaissance jouant sur deux présentations de la "même" instance identifiante afin d'introduire, comme dirait Platon contre les "Amis des Idées", le mouvement dans l'être.

Le modèle gnoséologique qui succède à *Ideen I* est entièrement conçu à partir du concept de temps: il n'est donc pas étonnant que ce soit au sein de l'écoulement temporel que se trouve métaphorisée la logique de la distanciation des mêmes. Ici, les mêmes correspondent aux occurrences du *Jetzt*. Et on retrouve l'équivalent métaphorique de la subordination de l'actuel vécu à l'actualité vraie: pour pallier l'écoulement qui disloque existentiellement l'actualité, Husserl multiplie à l'indéfini les occurrences des Jetzt. De sorte que, apparemment, l'actualité du présent d'identification est maintenue et que l'irrésistible épanchement de l'actuel vécu dans l'inactuel est dominé. Dans ces conditions métaphoriques toutefois, les mêmes prolifèrent et déterminent plus une statique qu'une logique. Mais cette métaphorisation respecte tant bien que mal les conditions de possibilité néophénoménologiques, tout en demeurant viciée par ce statut existentiel du temps.

En somme, le corpus s'adapte dans son ensemble à l'hypothèse de la néophénoménologie, même s'il s'agit d'une universalité d'approximation. Afin de résumer cette riche potentialité husserlienne, il semble bon de faire appel à une formule utilisée par Dieter Sinn dans son livre, *Die transzendantale Intersubjektivität bei E. Husserl mit ihren Seinshorizonten*. Dans un autre cadre problématique que le nôtre, puisque D. Sinn se limite à une restitution claire du corpus husserlien, l'auteur propose une thèse générale fort intéressante; pour lui la situation intersubjective exemplifie un mode d'être conceptuel constant dans toute la phénoménologie: l'existence d'autrui est subordonnée à la nécessité conceptuelle d'un *"formales-Dort-sein-können"*[10]. Le "pouvoir être là-bas" caractérise bien sûr la position d'autrui pré-comprise dans mes structures aprioriques. Qui plus est, toutefois, cette ouverture conceptuelle subsume L'*a priori* de corrélation (tel qu'il est énoncé dans la *Krisis*), toutes les espèces de la *Paarung*, et la structure: rétention-protension; en ajoutant le couple intention de signification et intention de remplissement, qui recoupe conceptuellement la contenu de l'*a priori* de corrélation, on reconnaît la généralisation qui va de l'intersubjectivité aux structures de connaissance les plus larges. Cette opération trouve sa fondation dans la néophénoménologique. Dans la terminologie qui nous semble s'imposer, *on pourrait dire que la théorie husserlienne de la connaissance est la version naïve et empirique de la logique absolue*. La revalorisation d'un passage très important de la sixième *Recherche* corrobore l'affirmation; déterminant est le fait que Husserl ne formule pas une théorie de la connaissance mais architecture les conditions de possibilité *formelles* de la vérité et de l'erreur; parlant de "l'inconciliabilité de contenus en général", l'auteur se livre à la série de remarques suivantes:

Inconciliables, pouvons-nous dire maintenant en recherchant les conditions générales du cas opposé, sont des contenus quand ils ne peuvent s'accorder dans l'unité d'un tout (...). Mais le *fait de l'échec* ne prouve pas sa *nécessité* (...). Un contenu de l'espèce q n'est jamais incompatible purement et simplement avec un contenu de l'espèce p, mais, quand on parle de leur incompatibilité, on se réfère toujours à une combinaison de contenus d'une espèce déterminée G (*a' β'* ..., p) qui contient p et à laquelle q *doit* aussi venir s'intégrer (...); il en résulte une espèce unitaire douée de validité qui, sur la base G, *réunit p et q par leur conflit.*[11]

Dans cette démonstration, Husserl est extérieur à la théorie stricte de la conaissance, puisqu'il ne met pas en présence le sujet et l'objet. Toutefois, sont formulées logiquement les lois de toute connaissance possible. La thématique se marginalise donc dans une approximation de logique. Symptomatiquement, on trouve formulé l'équivalent conceptualisé des exigences néophénoménologiques. Ici, la Deckung impossible de deux données renvoie à une Deckung réelle, celle qui les fonde dans leur statut de "mêmes", issu de la reconnaissance du conflit comme principe dialectique d'union. L'inconciliabilité apparente, qui est l'actualité *présente*, se réfère ainsi à la conciliation réelle, qui vit de l'actualité du vrai. Quel est le facteur de conciliation qui projette sur les absolument différents la même "base" problématique et les égalise alors dans leur discordance? La texte nous apprend qu'il n'y a aucune médiation, qu'il s'agit d'une loi brute. *L'absence* de cette médiation ressortit néophénoménologiquement à la toute puissance du vide-identifiant-dans-la-distanciation. Dans ces conditions, nous sommes au plus près de la logique de la néophénoménologie. La vectorisation du temps-théorie, qui articule l'actualité authentique à la vérité, projette la logique de la distanciation des mêmes aux quatre coins de l'horizon husserlien.

Ainsi, le travail, articulé au sujet-objet, a concerné *tout* le corpus empirique. La possibilité de la *structure* de la mise à distance, repérée dans les *Recherches logiques*, s'est trouvée généralisée. Dans un second moment, sera examinée la possibilité de la *dynamique* de la mise à distance. Nous procèderons à nouveau du cas des *Recherches*, qui servira de point de départ. Alors, peu à peu, se placeront les éléments permettant de justifier ou d'infirmer l'hypothèse néophénoménologique[12].

b. *La dynamique de la répétition*: Retrouver la logique néophénoménologique dans *Recherches logiques*, c'est constater que, dans une situation où deux termes sont en contradiction, le statut de même leur est conféré par leur subsomption sous un identique problème, qui réalise entre eux l'unité et les transforme en partenaires "égaux" — également problématisés — vivant à distance l'un de l'autre. L'unité est l'instance principielle qui impose l'égalité des mêmes fonctionnels. Dans les conditions actuelles, l'insertion dans la thématique du temps-théorie livre *en retour* la *dynamique* de la production de l'unité, l'unité procédant des deux mêmes. Un texte est fort parlant:

Pas à pas a lieu l'identification car l'identification ne signifie rien d'autre que le vécu du reconnaître dans l'écoulement d'une représentation intentionnelle dans son intuition visée (...). Là où (...) nous retrouvons toujours "le même", alors nous avons objectivement une unité.[13]

Husserl thématise le "toujours le même" de l'identité. Et le fait de retrouver *activement*, par "l'identification", le même, est une condition nécessaire de la constitution de l'unité objective, sinon, nous n'avons pas une "unité". L'idée d'une dynamique est donc effective. Ce texte livre la loi interne de celui des *Recherches* portant sur l'unité. De plus, et encore une fois, il apparaît que la vérité (véritative) est survol; son actualité s'impose de soit et domine la succession.

Notre ligne directrice, appuyée à l'unité et à l'identité des termes du sujet-objet universel, est facilement reconnaissable ailleurs. La métaphorique temporelle universelle obéit au même ressort:

Ainsi est donc *transcendantalement* constitué le monde, dans un tel style aperceptif — constitution dans une constante répétition (*Wiederholung*) dans une constante réflexivité. Dans la primordialité, répétition du souvenir, *première* autotemporalisation; *Einfühlung* et répétition de la primordialité comme je étranger et répétition de ce qui est constitué en chacun par *l'identification* et la complémentarisation socialisante; et ainsi unité d'un monde, qui contient une infinité ouverte de co-sujets, chacun répétant chacun et répétant le monde comme Idée, en l'*identifiant* (...).[14]

Depuis la "première autotemporalisation" qui est répétition, jusqu'à "l'infinité ouverte de co-sujets" qui répètent le même, une structure se reprend. Ce qui compte, ce n'est pas la répétition passive dans le souvenir, mais c'est "l'identification", la formation d'une unité qui fonde *dynamiquement* ce qui est constitué en imposant un présent théorique universel et non le rappel d'une vérité annexée au présent vivant. La notion métaphorique de Wiederholung est fondamentale; les deux mêmes renvoient à une reprise (*Wiederholung*) ou à un dédoublement du *seul* même. Ceci explique parfaitement que le vide d'identification soit le même que les mêmes vides de signification: ces deux derniers sont en effet le vide d'identification, mais reporté (comme égal à lui-même) à distance. A propos de ce mouvement théorique, se formule l'articulation d'une logique de la distanciation de deux mêmes à une logique de l'autodistanciation du même, connexion à approfondir encore.

Ce point dynamique précisé, il est méthodologiquement requis de se pencher sur les valences *descriptives* correspondantes. D'ailleurs, le texte husserlien est néophénoménologiquement si riche qu'il contient lui-même de quoi élaborer franchement un niveau de phénoménologie descriptive. Nous possèdons alors l'envers et l'endroit d'une propédeutique néophénoménologique à partir d'un sujet-objet. Jusqu'ici la phénoménologie husserlienne a été analysée comme une instance naïve-thématisante qui recèle un sens constructeur se répétant en tant que "même"-à-distance-de-soi. Toutefois, certains passages husserliens donnent la possibilité d'y reconnaître les conséquences d'une démarche descriptive. Une démarche descriptive (objectivante) casse la dynamique (subjectivante), présente une succession accumulée (et non articulée dans une répétition) de faits qui échappe intrinsèquement à la loi du: "sens = signification". Alors, le "secondaire" reprendrait dans son propre registre le mouvement théorisant de "l'originaire". Le concept de *Rekonstruktion* est dans cette position par rapport au concept de *Konstitution*. Dans *Husserl und Kant*, Iso Kern cite quelques extraits importants, et nous en reprendrons deux:

Un texte de l'année 1921 explique que, dans la connaissance subjective, il en va de la "donnée de la saisie, de la donnée de connaissance originale par le moyen de la *reconstruction* des (...) *constructions* originaires accomplies".[15]

Par la reconstruction, il s'agit *d'actualiser* dans un temps *vécu* ce qui n'est plus actif et actuel:

Husserl utilise le terme de reconstruction (...) non seulement en regard de la constitution originaire, mais aussi à l'égard de la problématique de l'être "latent": "du sommeil sans rêve, de la forme de naissance de la subjectivité, notamment de l'être problématique de la naissance, de la mort et de "l'après la mort" (...).[16]

Il nous semble que Kern associe simplement les contextes d'utilisation du concept de reconstruction. En droit, la relation de la reconstruction à l'Ur-Konstitution et à l'inactualité forme une unité. Husserl *coupe* la dynamique de théorisation que cache le concept d'Ur-Konstitution: cette dynamique enferme, on le sait, l'exigence du temps-théorie qui retient comme facteur d'actualité la vérité et non l'existentialité — ou le "patent" dont se dissocierait le "latent". Par le biais de cette cassure s'immisce la possibilité descriptive, qui met en relief le vécu actuel thématisé (isolé) et qui engage à la réactualisation du latent dans une sphère de présence patente. Dès lors, la théorisation constituante, l'actualité véridique, est dominée par la description reconstituante, dont la fonction est de réactualiser l'ancien actuel-vécu. C'est l'opération qui transforme la dynamique intraphénoménologique en statique des significations associées.

Dans la logique du sujet-objet universel, nous avons, à partir des *Recherches*, isolé un maillon continu de la dynamique de la mise à distance. De plus, la position descriptive, qui casse la "constitution subjective" au profit d'une "reconstruction objective", semble légitimer l'autonomie d'une dynamique sémantique. Il est bon de reconnaître, dorénavant, la possibilité d'une universalité de cette dynamique.

c. *L'universalité des superpositions conceptuelles*: Il semblerait que l'effectivité des superpositions du même, laquelle doit multiplier le rapport simple de deux mêmes en une multiplicité de mêmes interconnectés, rapproche au plus près possible certains éléments du corpus d'une existence légitimée de la néophénoménologique. Analysons les points de repères husserliens afin de confirmer éventuellement cette hypothèse. La thématique du corpus se rassemble autour d'un point fixe: le "même" thématique sur fond duquel opèrent toutes les investigations, et qui se retrouve en chacune d'elles, est le concept de conscience-sujet. La conscience-sujet est le milieu universel tautologique du discours husserlien. Mais cette cohérence thématico-empirique n'a-t-elle pas valeur de symptôme? En effet, aussi bien les rationalisations empiriques opératoires (la matrice sujet-objet; la dialectique Blick-Zuschauer) que les investigations théoriques descriptives (la topologie biaxiale; le réseau), ont instauré le travail logique à partir de la *figure* problématique du sujet: dans le sujet-objet matriciel, le sujet est dominant; le renvoi de l'instance de Zuschauer à la référence essentielle laisse en dernier ressort la primauté au Blick constituant, même s'il faut alors déproblématiser la thématique dominante de l'essence; la topologique rapporte l'axe de l'unité à celui de la conscience; enfin, lorsque le réseau est privé de ses composantes descriptives objectivées, sa signification est dans l'équivalent théorique d'un procès vécu de subjectivation-temporalisation. La zone d'influence universelle de la néophénoménologie se traduirait-elle donc dans le corpus par une interconnexion de concepts qui connoteraient le "même" sujet-conscience?

Seule l'idée d'un même dé-placé dans un réseau de relations, et qui égalise donc le contenu de toutes les significations (jusqu'au vide) donne une cohérence à la situation énoncée et apparemment contradictoire. Alors, il est nécessaire de poursuivre l'examen de la thématisation husserlienne, afin de donner corps à la proposition qui semble s'imposer. *En somme, suivons le concept de Ich dans ses déplacements.* Le premier a trait aux rapports du statut du Ich avec celui de *l'objet*:

Le pôle subjectif (*Ichpol*) est en tout cas un centre apriorique de particularités originaires du Ich. Tout comme un objet a son identité comme pôle de particularités constantes relativement ou absolument, et tout comme chaque particularité est un identique, mais un identique non indépendant (dans le pôle), il en va de même pour le Ich.[17]

La fonction univoque de polarisation entretient donc l'équivoque de la super-position sémantique du sujet et de l'objet. L'activité du Ich, qui semble le distinguer de la passivité de l'objet, est soumise à l'identité-pôle. La psycho-phénoménologie de l'activité et de la liberté est ainsi ordonnée à la logique qui la rapporte à un pôle théorique (l'Idée) ne conservant plus rien de commun avec une subjectivisation. La convergence sémantique des deux concepts de sujet et d'objet tient donc fermement. Un extrait de *Phänomenologische Psychologie* suscite une réflexion plus radicale encore:

L'objet intentionnel est un point-en-regard de l'unité de toutes les modalités de la conscience qui, justement, sont reliées par le moyen de l'identité de l'objet et par là comme membres de synthèses d'identité. Elles sont toutes subsumées par lui et ont une communauté essentielles.[18]

En regard de "l'unité des modalités de la conscience" active se trouve l'objet. Toutefois, "l'activité" de la conscience est prise dans un *Polsystem* d'origine objective. Ce qui confirme d'abord la connaturalité du Ichpol et du Gegenstandpol. Mais plus souverainement, la démarche conduit sur la voie d'un abandon de la distinction de la passivité et de l'activité, puisque l'activité est le *produit* de ce qu'elle *doit produire* dans la constitution (la passivité objective). Cause et effet, origine et produit, principe et conséquence, l'activité ressortit à une mythologie et à une dramatisation subjective. En retour, il apparaît que le même conceptuel se déplace du sujet dans l'objet. C'est le dernier coup de boutoir contre une phénoménologie qui prétendrait au statut de théorie de la connaissance: le sujet ne "connaît" point; parler ainsi signifierait s'engouffrer dans la mythologique. La néophénoménologie poursuit d'autres "buts".

Un second déplacement du *même* subjectif détermine l'égalisation du sujet-conscience et du *Leib*. En règle presque générale, les textes placent le Leib sous la dépendance du Ich dont il est le serviteur. Pourtant le travail conceptuel se poursuit également dans un sens contraire. Le Leib est doué intrinsèquement de liberté[19] et possède une "spontanéité"; comme le sujet, il est alors dit "fungierend"[20]. Surtout, une remarque de Husserl présente une réelle valeur heuristique; nous l'extrayons du corpus de la thématique de l'intersubjectivé:

Les mouvements kinesthétiques libres jouent un rôle fondamental dans la constitution de chaque corps objectif (*Körper*). Ils ne peuvent faire défaut dans aucune perception. Ils sont "motivants", tandis que les sensations spécifiques de chaque "sens" produisent, en tant que motivées, des esquisses.[21]

On sait que la motivation est l'exercice réservé de la transcendantalité. Donner aux kinesthèses le pouvoir de motivation signifie les hausser au plan d'actes transcendantaux. C'est ce vers quoi pourtant indique la *thématisation* husserlienne: dans une page centrale de *Ideen II*, Husserl place en parallèle le phénomène de centralisation subjective (*Ichzentrum*) et celui de centralisation par le corps, et se demande s'il s'agit d'une adéquation conceptuelle ou métaphorique[22]. La note de bas de page apporte des éléments de réponse très fructueux:

L'élucidation plus poussée de l'analogie indiquée réclamerait des examens véritablement systématiques (...). Il semble donc y avoir un chemin pour saisir la centration par le Ich comme un analogon de l'orientation qui lui est parallèle et de ce qui peut y être mêlé.[23]

Husserl a une position oscillante. Prudent, il reporte la possibilité d'analogie. Engagé, il l'accepte. Néophénoménologiquement, nous possédons la raison de l'oscillation: capté par sa *thématisation*, Husserl est contraint de donner un sens absolu à ce qui n'est que figure (le Ich, le corps); dès lors il craint la métaphore comme illusion alors qu'elle travaille dans la thématique comme principe. Parallèlement, cependant, la logique du "même" oeuvre sous la superficie métaphorique et le détermine à accepter la communauté sémantique des deux centrations. Dans ces conditions, c'est l'univocité logique qui doit l'emporter et *destituer* la mythologique de son pouvoir: le même (sujet) se retrouve à distance dans le même (corps). Plus généralement *s'institue* une connection à trois termes où sujet, objet, corps (corps-sujet et corps-objet) s'échangent; en ce sens la différence des figures — sujet, objet, corps — exprime seulement la différence dans les présentations du même.

Ce complexe minimal articule trois mêmes, trois facteurs d'interchangeabilité. Mais d'autres connotations multiplient les possibles interconnectables. Par exemple, l'examen du concept d'acte est enrichissant, ce que révèle un passage de Schérer:

Par "actes", on doit entendre les vécus du signifier, et ce qui est significatif dans chaque acte particulier doit précisément résider, non dans l'objet, mais dans le vécu d'acte, il doit résider dans ce qui fait de celui-ci un vécu "intentionnel", "dirigé sur des objets".[24]

La route de la terminologie de l'activité est nettement barrée: l'acte se confond avec le "vécu du signifier": par conséquent, lorsqu'est employée l'expression: "actes de la conscience", rien n'est changé par rapport à la position simple de la conscience comme signification. Simplement le signifier exprime naïvement la notion de mise à distance de deux mêmes (constitution), qui peuvent être le sujet et l'objet. Cette valence de positionnalité est reprise dans *Ideen I*:

Je ne prends plus l'un pour l'autre sans précaution les expressions acte et vécu intentionnel. Il apparaîtra par la suite que mon concept primitif d'acte est absolument indispensable, mais qu'il est nécessaire constamment de tenir compte de la différence modale entre acte opéré et acte non opéré.[15]

La distinction de l'acte non opéré et de l'acte opéré est véritablement motrice dans la logique de la distanciation des mêmes: *la thématisation de la positionnalité est l'équivalent prélogique de la distanciation* constituante. L'acte opéré est en même temps l'opération interconceptuelle qui divulgue la néophénoménologique. Par-delà la mythologique de l'activité veille donc la vraie logique de la *dynamique*. Avec le sujet l'objet et le corps en tant qu'instances égalisées c'est *tout* le corpus qui est annexé à la logique. De plus, "tout" est articulé par la métaphorique de l'acte, qui recouvre la valence logique.

Sans continuer à sonder des couches encore plus profondes, car il faudrait investiguer du côté du monde et restructurer alors des thématiques de plus en plus compactes (cf. la société humaine, l'Etat)[26] qui sont presque uniquement descriptives — donc antinéophénoménologiques au sens fort du terme —, ces indications démonstratives suffisent pour repérer derrière les thématiques du corpus une convergence avec la notion d'une néophénoménologie.

Il existe une universalisation des superpositions dynamiques du même sens. Elle ne va pas sans une position *descriptive*: les découpes descriptives des plans isolés (topologique-réseau) constituent le droit des mêmes à distance, mais perçus en d'autres temps comme différents, à cause de la thématisation différenciante. En somme la forme générale de la description est replacée: la logique des mêmes à distance — qui se caractérise certes encore par son imcomplétude — transcrit malgré tout sur le registre théorique déjà absolu les factualités véhiculées par la forme descriptive. Il faut signaler qu'on se trouve bien dans l'ordre théorique absolu car l'analyse procède néophénoménologiquement de la totalité des mêmes à distance dans leur articulation, et depuis son départ. Au contraire le procès descriptif s'initiait dans les éléments simples de description (les signifiants) pour *recomposer* progressivement — et nous avons vu les limites de l'opération — le tout des touts. Ainsi, la forme descriptive est transcrite dans un ordre provisoire, puisqu'il se signale par son incomplétude, mais qui la métamorphose de droit, étant donné que cette nouvelle logique, certes insatisfaisante, articule tout de même tous les éléments du corpus, dans la forme de récollection primitive du sujet-objet, forme que nous avons depuis lors développée.

Récapitulons brièvement les résultats: cette *dynamique de la distanciation universelle* a commencé de donner corps à l'hypothèse d'une néophénoménologie. Dans l'universalité structurale du sujet-objet, s'est concrétisée une dynamique, d'abord repérée dans les *Recherches logiques*, puis élargie. Il reste un deuxième élément du modèle à concrétiser: la notion d'une *auto*distanciation du même. C'est à la condition de développer cet élément dans des contenus, et ensuite, terminalement, de proposer une notion universelle qui *interprète* le modèle sous ses deux aspects, que l'on pourra parler de néophénoménologie accomplie.

2. DYNAMIQUE DE L'AUTODISTANCIATION UNIVERSELLE

La notion d'une universalité de la mise à distance (par le vide) du même sémantique est acquise. Mais il s'agit d'en percevoir la logique complète, ou logique réflexive. Comme d'habitude, le travail utilise les *Recherches logiques*, qui témoignent de l'efficace du sujet-objet, l'instance universelle au sein du corpus[27].

a. *La logique réflexive*: Le point d'Archimède de la logique réflexive concerne toujours le concept de dynamique temporisante. C'est pourquoi la dialectique de l'actualité (apparente) et de l'inactualité (vraie) forme le nerf directeur de l'élaboration. Mais comment une logique de l'autodistanciation peut-elle s'appliquer au sujet-objet des *Recherches logiques*? Certes sujet et objet sont les mêmes à distance, mais forment-ils pour autant, comme dans la *Wiederholung* intersubjective, *le* même *auto* distancié? Il semble que la situation se dessinera plus clairement si nous parvenons à animer cette éventuelle néologique en procédant du centre primordial: la temporalité, qui donne immédiatement à l'analyse sa dimension universelle. Dans les *Recherches logiques* l'objet se donne lui-même en personne et dans son originalité de première donation. Mais une fois que l'objet est donné, il peut être provisoirement "mis de côté" dans la structure rétentionnelle du souvenir; puis, il est possible de le "réactualiser" existentiellement: alors, dans le souvenir, l'objet se redonne. Il n'est donc pas indifférent de se pencher sur le rôle du temps qui exerce une fonction apparentée à la donation de l'objet. *Mais la redonation temporelle expliquerait-elle la donation première?* On le voit, l'utilisation du temps ne sera efficace qu'à condition que la structure du "se redonner" soit *identique* à celle du "se *donner*" perceptif. A partir de ce moment, il sera convenable de parler d'une universalité du se *redonner*, qui ouvre à son tour vers une logique réflexive.

Ainsi, il faut s'attacher à démontrer que le processus du ressouvenir objectivant a même structure que l'acte de perception de l'objet[28]. La comparaison de deux textes s'impose: les *Analysen zur passiven Synthesis* servent d'analyseur pour les *Recherches logiques*. Rappelons déjà que, étant données les structures respectives de l'acte de perception et de l'acte de ressouvenir, l'intention de signification a pour homologue — dans la rétention — l'objet déjà constitué non thématisé (cf. la leere Vorstellung). En poussant l'homologie d'un cran, on est conduit à affirmer que le sens rempli de l'intention de signification est homologue à l'objet reconstruit lorsqu'il est évoqué dans le ressouvenir. Tels sont les deux parallélismes de structure: intention de signification/objet dans la rétention (leere Vorstellung); remplissement de l'intention/reconstruction de la Wiedererinnerung (ou anschauliche Vorstellung). Mais ces deux piliers d'homologie ne forment qu'un élément d'un procès plus ample, et plus satisfaisant dans l'ordre de la comparaison. Pour plus de commodité on se proposera d'abord de recomposer le parallèle perception/ressouvenir en partant des cas les moins favorables pour aboutir à la perception et au souvenir parfaits. Dans la synthèse passive, le moment négatif extrême est celui où l'éveil (*Weckung*) dans la sphère lointaine (Fernsphäre) aboutit à un "Null der Affektion", dans la mesure où les représentations ne sont pas raccrochables au présent vivant:

Mais l'éveil du lointain englouti produit des représentations qui ne sont pas en rapport de contexte avec celles du présent vivant.[29]

Cette mésaventure gnoséologique correspond tout à fait à celle qui ne permet pas, dans la perception de l'objet (cf. les *Recherches logiques*) l'adéquation entre l'intention de signification et l'intention de remplissement: cette expérience est appelée: "déception". En ce sens, les deux intentions perdent également tout "rapport de contexte" et ne se recouvrent donc pas. La solution au problème posé par la déception montre également le parallélisme des deux situations théoriques. Dans la synthèse passive, et malgré la discontinuité entre les représentations dans la *Nullsphäre* et celles du présent vivant, il reste une possibilité de Weckung:

L'éveil (*Weckung*) est possible car le sens constitué dans la conscience d'arrière-plan (...) est réellement impliqué (...). Ce qui est constitué une fois comme objet, peut entrer en liaison avec tout autre objet qui est déjà constitué comme objet (...).[30]

Il existe donc un "sens impliqué" qui rétablit la continuité entre le passé et le présent. Cette opération fait immédiatement penser à la production d'une unité supérieure (dans la sixième *Recherche*) qui, par son implicite structural, unifie les contradictoires dans une unité positive[31]. L'unité du tout de réconciliation détermine l'appartenance des termes étrangers − ou contradictoires − à un même contexte. Enfin, le mécanisme même de la mise en continuité du présent et du passé offre encore d'étroites analogies avec le mécanisme perceptif des *Recherches logiques*:

L'éveil d'un lointain obscur est d'abord une activation vide.[32]

Dans les *Recherches*, Husserl s'exprime en ces termes:

Les actes significatifs forment l'échelon le plus bas; ils n'ont absolument aucune plénitude.[33]

Au vide de la Weckung correspond le vide des actes significatifs.

Tel est le premier palier qui scelle le parallélisme de la perception et du ressouvenir. Ce stade est encore bien imparfait pour chacun des deux domaines en particulier. Dans la synthèse passive, il a été question d'un éveil qui rayonne en retour et qui élucide à nouveau des représentations vides et donne une valeur affective aux contenus de sens impliqués en elles[34]. Husserl le caractérise plus précisément:

Dans le vide ne prendront de valeur que les moments de sens isolés, particulièrement, du présent lointain concerné, tout comme des contours bruts dans une brume qui s'éclaire un peu.[35]

La manifestation de contours dans l'irréalité d'une brume qui est comme un écran devant l'objet qu'elle transforme en image brute, voilà qui trouve pour sûr un écho dans ce texte de la sixième *Recherche*, qui fait d'ailleurs pendant à celui précédemment évoqué:

Les actes intuitifs ont une plénitude, mais avec des différences graduelles de plus ou de moins, et cela déjà au sein de la sphère de l'imagination. Mais, quelque grande que soit la perfection d'une imagination, elle laisse subsister une différence *par rapport à la perception*: elle ne livre pas l'objet lui-même, pas même en partie, elle donne seulement son *image*, qui, tant qu'elle n'est qu'*image*, n'est jamais la chose elle-même.[36]

Dans les deux cas, c'est le rapport inévitable à la perception qui fait défaut. Il manque dans le souvenir *l'objet* ressouvenu, et dans la perception, la chose elle-même. Mais, à partir de cette insatisfaction, l'homologie structurelle se continue avec beaucoup de précision et mène à la perception parfaite de l'objet (ressouvenu; perçu). Le passage à l'opération de *Wiedererinnerung* confirme notre assertion:

La situation est beaucoup plus favorable lorsque l'éveil (évocation) passe dans le ressouvenir. Naturellement, ce passage s'effectue comme *synthèse d'identité*, qui est l'opération du ressouvenir intuitif, de la *reconstitution* de l'objectif (...).[37]

La "synthèse d'identité" concourt à l'établissement d'une "reconstitution de l'objectif". Les *Recherches logiques* terminent également sur l'idée d'une synthèse d'identité. La synthèse d'identité dernière sanctionne la progression perceptive qui cesse d'appréhender "le contenu de l'esquisse comme image" pour le percevoir comme "présentation de l'objet lui-même (esquisse de l'objet lui-même)"[38]. Aux deux espèces de la Weckung: Weckung du lointain englouti, et Weckung par le *Reiz* qui est immédiate[39], se conjoignent les deux modes de l'appréhension: imaginative et perceptive absolument. L'appréhension immédiate est celle de la perception:

Le contenu intuitif de cette représentation finale est le maximum absolu de plénitude possible; le représentant intuitif est l'objet lui-même, tel qu'il est en soi. Le contenu représentant et le contenu représenté sont, en ce cas, identiquement un.[40]

La *prospective* intentionnelle des *Recherches* vaut donc comme la transposition de la *rétrospective* intentionnelle de la synthèse passive. Comme la perception aboutit à l'évidence de la chose elle-même, la rétro-spection du ressouvenir culmine dans la vérité de l'objet reconstruit[41]. En conclusion, la comparaison de la constitution de l'objet perçu (*Recherches*) et de la reconstitution de l'objet dont on se ressouvient, montre que la même structure prête son effectivité aux deux mouvements.

Mais qu'est-ce à dire alors, sinon que (logiquement parlant) *se donner* n'est autre que *se redonner*? Aussi la structure temporelle théorique des *Leçons sur la Synthèse passive* gouverne-t-elle les deux registres: l'actualité apparente de la *Weckung* issue du présent vivant recouvre l'actualité vraie du même objet — ici — qui se retrouve dans un là-bas (le passé existentiel). L'actualité vraie bouleverse l'état présent existentiel. Une structure universelle est effective: le "présent" vrai est dominant alors que le présent existentiel était subordonné à son adéquation à l'objet passé. Il en va donc de même pour la vectorisation apodictique des *Recherches*. De droit, la vérité de la théorisation procède du présent alors que, dans la thématisation husserlienne, c'est l'intuition-à-venir qui donne la vérité. Dorénavant, l'actualité vraie ressortit à un mouvement qui s'origine dans l'intention de signification pour se *redonner* dans l'intention de remplissement. L'identité des deux structures de perception de l'objet autorise en effet à proposer que le remplissement et, *a fortiori* la chose elle-même, ne sont que les thématisations naïves de la redonation d'un actuel vrai. Ainsi se vérifie la législation de la dynamique temporelle[42].

La structure universelle temporelle est reproduite à partir du corpus. Il reste toutefois à examiner comment les contenus de la gnoséologie en général peuvent correspondre à l'idée d'une redonation — réflexion, laquelle ne caractérise pour le moment que la structure générale de la perception (= re-perception). Quelques approches thématiques aideront à sonder les difficultés. Dans son livre, *Husserl und Kant*, I. Kern démontre patiemment qu'à l'opposé de Heidegger dont la pensée s'installe dans la tentative d'instaurer un langage sur l'être, Husserl renvoie l'être-connu à la supraactualité du sujet:

Selon lui il ne peut s'agir de questionner le monde étant (qui est déterminé par les principes ontologiques du monde) et chaque étant en général (qui est déterminé tout à fait généralement par les principes ontologiques formels) que d'après leur *être-constitué* dans la subjectivité.[43]

Alors qu'il ne travaille que thématiquement — au plan husserlien — Kern donne pourtant à l'actualité vraie sa véritable dimension. L'actualité est dans le même vrai (subjectif) qui se redonnera ensuite sous forme d'une intuition à venir. L'intuition est donc secondarisée par rapport à la première véritable incidence du même. Le texte husserlien résonne dans le même sens:

Nous avons il y a un instant déjà mentionné le fait que la donation des choses elles-mêmes, comme tout vécu intentionnel particulier, est une *fonction* dans l'ensemble universel de la conscience.[44]

La donation des choses est une fonction qui travaille à l'intérieur de l'actualité vraie du même sens, lequel se place comme originaire avant l'intuition comme redonation. Voilà donc que la temporalisation actualisante imprègne le devenir des concepts et tient lieu de véritable condition préliminaire dynamisante.

Il faut aller plus loin toutefois. Dans la même direction que nous, Husserl cherche thématiquement un introuvable dans le cadre thématique:

L'intentionalité en général — vécu d'un avoir conscience d'une chose quelconque — et *l'évidence, l'intentionalité de la donation des choses elles-mêmes* sont des *concepts* qui, *par essence, sont apparentés.*[45]

"Concepts apparentés", dit thématiquement Husserl. Mais que cache cette convergence? Deux propositions husserliennes fournissent une réponse, pourvu que l'on s'attache à la dynamique qu'ils véhiculent:

— Le sens lui-même a tendance à être.[46]
— La donnée adéquate consiste en cela que, dans chaque phase de perception, son sens (...) est pleinement réalisé.[47]

La première citation est extraite des *Leçons sur la synthèse passive* et montre nettement la dynamique du sens objectif qui se rappelle au Ich par le biais du *Reiz*. Dans la seconde, il est question d'un sens objectif réalisé − et ceci dans la perception normale, non dans le souvenir −. Rappelons que la structuration de la synthèse passive est archétypale puisqu'elle a imposé l'idée d'une re-donation du sens dans le remplissement. Au ″sens qui a tendance à être″, mais qui n'est pas encore objectivé dans une Wiedererinnerung, correspond une Leervorstellung. La communauté structurale avec la perception cognitive suggère l'hypothèse que le sens ″pleinement réalisé″ de la seconde citation ne serait que la *re-donation* de l'équivalent perceptif (intention de signification) de la Leervorstellung (correspondant gnoséologiquement au *Reiz* du ″sens qui a tendance à être″). Un dernier texte husserlien permet de mieux assurer l'hypothèse de structure:

> *Des actes du Ich*, comme ″je vise cela″ (...) sont des lignes de structure de l'activité (...) et celles dans le cas du *remplissement originaire* de l'intention pratique − donc à chaque pas de la concrétisation de l'action − ont un *caractère subjectif*, justement celui de l'autosaisie (*Selbsterfassens*) − de l'autosaisie d'un objet (expérience) ou d'une généralité essentielle (...) de l'avoir-atteint-soi-même, de l'autoréalisation.[48]

Le texte est difficile car il mêle deux approches. Dans le cadre phénoménologique naïf, il n'apparaît pas clairement comment, par exemple, le remplissement originaire de l'action est la concrétisation de l'action: en effet, le remplissement devrait venir du dehors, et non prolonger un dedans. Parallèlement, une expression comme ″l'autosaisie de l'objet″ prête à confusion, car soit l'objet est real et alors, il faut parler d'hétérosaisie, soit l'objet est immanent, mais dans ce cas, comment rendre compte de *l'Erfahrung* qui connote aussi bien l'externalité? L'idée qui choque est celle de l'autoconcrétisation: même dans le cas du sujet qui s'atteint dans un acte de connaissance, l'autoconcrétisation ou auto-realisation (*Selbstverwirklichung*) résonne mal avec la nécessité du remplissement. Par contre il suffit de pratiquer une approche néophénoménologique pour que la deuxième composante, implicite dans le passage cité, émerge dans toute sa force: le remplissement s'efface devant la concrétisation qui redonne le sens actuel vrai; l'autosaisie est la re-prise du même à distance de lui; le ″s'atteindre soi-même″ est la ″re-position de soi″; enfin les données naïves de concept de ″*Selbsterfassung eines Gegenstandes*″ s'effacent dans la mesure où l'objet perd ses attributs descriptifs, devient une occurrence du même qui s'autosaisit. L'actualité vraie du sens (avoir un sens) se redonne réflexivement dans le sens visé: la forme en ″auto″ assume l'*unité* réflexive du sens. L'hypothèse structurelle semble donc confirmée au plan des contenus phénoménologiques, qui obéissent au ressort néophénoménologique. Plus généralement, la logique ainsi découverte justifie ce qui, à un autre moment, apparaîtrait comme une confusion: l'interchangeabilité des concepts de *Reduktion* et de *Réflexion* que certains textes pratiquent[49]; dans la Réduction, surgit l'opérationnalité du sens. La Réflexion est l'explicitation de cette opérationnalité: le sens donne dans l'actualité vraie pour se redonner réflexivement dans des figures naïves diverses. La gnoséologie husserlienne recouvre alors une logique réflexive, et la dynamique de l'autodistancia-tion est toujours explicatrice en dernier ressort. La notion d'une néophénomé-nologie s'enrichit donc progressivement.

Qu'en est-il toutefois du correspondant descriptif de la dynamique? Notons que la *forme* de la description (la succession de la topologique et du réseau) a été déjà replacée par rapport à la dynamique. Il reste à en éprouver les *contenus*. Il suffit de travailler sur un exemple qui illustre la fonctionnement général de la topologique et du réseau: prenons l'intersubjectivité. La topologique supprime les naïvetés de la thématique intersubjective: "moi" et "autrui" sont des fonc-tions d'une discursivité combinatoire, et plus précisément sont des éléments de signification. Mais la logique reste descriptive dans la mesure où elle part du sim-ple absolu: l'élément de signification. Du jeu des signifiants-signifiés dépend la topologique; lorsqu'un signifiant et un signifié ne sont pas en situation de vis-à-vis, il y a disjonction. Cette possibilité actualise le procès descriptif. Par contre le face à face des deux instances détermine une conjonction: c'est le cas du moi-autrui. Dans cette condition se trouve reformée la relation interne qui *unifie* signifiant et signifié dans la signification. La composition, identifiant moi et au-trui, et créant une signification topologique totalement désexistentialisée concré-tise le ressort néophénoménologique. Le logos des deux présentations du *même* est roi. Ainsi la topologique est replacée, ce qui opère une nouvelle confirmation de la validité de la théorisation générale. La logique du réseau simple est dominée par deux possibilités analogues. Afin de les mettre en évidence, retenons toujours l'exemple de l'intersubjectivité: le réseau introduit l'idée de disjonction générali-sée car il compose des significations à partir d'axes différents. Dans cette nou-velle dimension, la complexification s'effectue également par le biais de la sub-stitution des significations aux éléments de signification. En sorte que la possibi-lité simple (ou topologique) d'une conjonction identifiante d'un signifiant et d'un signifié doit être restructurée. Une dimension négative s'exprime dans la nécessité de placer la signification "moi" en disjonction par rapport à elle-même ce qui fait d'ailleurs que moi = autrui, mais que, surtout, le report de l'instance "moi" sur celle "d'autrui" introduit la thématisabilité (description) d'autrui isolé. En retour, toutefois, la *description est bien l'envers d'une dynamique supérieure*: en effet, on ne peut statuer descriptivement sur "autrui" puisque cette dernière signification est autodisjonctive et qu'elle renvoie à son tour à "moi". La notion d'une thématisation isolante est donc niée par le mouvement même qui le rend possible. Il manque bien sûr l'idée de la conjonction universelle qui ressortit à l'égalité du sens et de la signification, et qui caractérise intrinsèquement le tout des touts autodistancié. Toutefois, on peut déjà dire que le réseau simple est renvoyé intrinsèquement à la vraie logique dans la mesure où il *institue et desti-tue* la description. En somme, la topologique et le réseau restreint, formant les deux contenus de l'élaboration théorique, sont replacés successivement. La dis-tanciation sémantique universelle semble assurée par son autonomisation en re-gard du procès de description.

Ceci est désormais clair: les analyses descriptives antérieures, qui préparaient l'idée factice de réseau universel, ne se réintroduiront pas dans la néophénoménologie, puisqu'elles sont explicitées comme des potentialités négatives dont on n'a plus à craindre la fonction implicite. La notion d'une dynamique d'un tout des touts autodistancié est préservée de ce côté. Par ailleurs, le travail a toujours procédé du "tout des touts" du corpus, tel qu'il s'articule positivement dans la fonction universelle du sujet-objet. Dès lors, les deux précautions requises dans les *Prolégomènes empiriques* (in *les bornes du travail*): donner l'équivalent descriptif de la dynamique et partir du tout structuré, sont amplement respectées. Pour autant, la notion d'une sémantique de la néophénoménologie est-elle pertinente?

Pour l'heure, cette vaste organisation sémantico-conceptuelle relève simplement d'un appareil de contenus qu'on a voulu ployer à l'ordre de la nouvelle logique. Certes, l'Elaboration est partie du tout des touts et a fait fonctionner les concepts du corpus selon l'exigence logique. La difficulté est cependant de rester indubitablement dans le tout des touts. Sinon se détermine un procès de simplification, c'est-à-dire une nouvelle statique descriptive qui tronque l'universel. Dans ces conditions, et pour éviter la lecture qui s'appuie sur une succession de contenus limités et particuliers (notre travail sur *Recherches logiques*, par ex.), il s'agit de reconnaître *une* notion totalisante dont la sensibilité théorique l'égale au tout des touts et la départicularise absolument. C'est à travers cette grille sémantique que se lit obligatoirement l'organisation des concepts du corpus. Si cette grille est consistante, on dira que la modèle a trouvé une *interprétation* correcte. C'est *une* interprétation qui évitera les nouvelles découpes descriptives. Telle est la dernière condition à laquelle est soumise l'hypothèse de la justification d'une néophénoménologie[50].

b. *La notion d'un vecteur d'interprétation*: Gardons à l'esprit que la tâche est de tester la possibilité d'autonomiser une sémantique par rapport à la syntaxe du vide homogénéisant. De sorte que le vecteur interprétateur se doit d'échapper à sa circonscription dans une *totalité locale*, sinon la force du vide (devenue sémantique) annihilerait le sens[51]. Par ailleurs, la mise en place de la dynamique éventuelle du vecteur aura encore à situer en regard d'elle la pente descriptive de l'analyse.

Comment devrait alors s'autostructurer le corpus des contenus[52]? Nous partons d'un vecteur, et non d'un concept, puisque le concept est toujours limitable dans une totalité locale de sens. Ce vecteur doit être unique et interpréter le tout des contenus. En ce sens, il est prescrit que le vecteur obéisse à une loi d'autodialectisation ou de suppression d'une de ses connotations sémantiques et d'établissement d'une autre. Ainsi serait évitée la fixation d'un sens dans une totalité conceptuelle homogène, et donc vide. Il semble que l'intentionnalité respecte ces conditions: c'est le seul vecteur qui recouvre tout le territoire, car le "tout des touts" est tel en vertu d'une donation intentionnelle; la fonction intentionnelle est le rôle dynamique qui représente au mieux l'efficace d'une position universelle de sens[53]. Enfin, l'intentionnalité dialectise ses significations:

intentionalité d'acte, transversale, horizontale, Aufmerken, Instinkt, etc..., sont autant d'occurrences qui cassent et dépassent l'homogénéité d'un sens fixe. Il est donc justifié de tester la pertinence logique du vecteur d'interprétation formé par l'intentionalité.

Il est banal de noter la connaturalité de l'intentionalité et de la temporalité. La relation est très étroite, en effet, entre la *Längsintentionalität* et la structuration interne du temps. Mais même l'intentionalité d'objet s'articule dans le temps. La transposition de ces caractéristiques temporelles-réelles dans le temps-théorie ne fait pas problème. Le temps-théorie suscite la prévalence de l'actualité vérité sur l'actualité vécue. Inversement, l'intentionalité porte dans son actualité vraie la vérité de l'actualité vécue du quelque chose intentionalisé. Dans l'expression: toute conscience est conscience de quelque chose, la présence de l'essence est accordée à la vérité actuelle de la conscience. Les apories, longuement dénoncées, de la logique essentielle (de la prédication universelle) laissent intacte la nécessité de droit d'un Blick même si les *contenus* de droit proviennent de la réceptivité du Zuschauer. L'intentionalité comme vecteur recouvre donc la dynamisation entée dans l'actualité. Qu'en est-il de la structure réflexive de la dynamisation? Là encore, la métaphore de l'intentionalité autorise une solution: dans cette perspective, il faut noter que l'intentionalité est bidimensionnelle. La *Längsintentionalität* de 1905 ouvre la voie vers la thématisation de l'intentionalité d'horizon (cf. *Logique formelle et logique transcendantale* en 1929); d'autre part, reste l'intentionalité objectivante, en tant que deuxième terme. Mais ces deux facteurs sont interdépendants, et en un sens très intéressant pour nous. Reprenons un texte de Husserl:

Qu'on remarque par exemple l'énorme domaine des *jugements occasionnels* qui ont pourtant aussi leur vérité et leur fausseté intersubjectives. Cette vérité (ou cette fausseté) repose manifestement sur le fait que toute la vie quotidienne de l'individu et de la communauté se rapporte à des *types de situations similaires*, de sorte que tout homme qui entre dans telle situation a *eo ipso*, en tant qu' homme normal, les *horizons de situation* qui appartiennent à cette situation et qui sont communs aux situations du même type. On peut expliciter ces horizons après coup, mais *l'intentionalité d'horizon*, intentionalité *constituante*, par le moyen de laquelle le monde environnant de la vie quotidienne est vraiment *monde de l'expérience*, existe toujours antérieurement à l'explicitation de celui qui réfléchit; et elle est ce qui *détermine essentiellement le sens des jugements occasionnels* (...).[54]

Husserl est fortement occupé à souligner (aux deux sens du terme) les expressions conduisant à une élucidation *thématique* de la *terminologie* nouvelle. Mais, concurremment, son texte a une autre dimension: "l'intentionalité constituante" (horizontale) existe "toujours antérieurement à l'explicitation de celui qui réfléchit". C'est dire déjà que *l'antériorité* temporelle recèle celle (logique et non plus existentielle) de l'actualité vraie. C'est dire aussi que les jugements occasionnels et objectivants reprennent des sens d'horizon déjà constitués. Inversement, il revient au même d'énoncer que l'actualité vraie des horizons de situation *se* reprend (se réfléchit) dans l'actualité existentielle des jugements occasionnels objectivants. Dès lors, la thématique de l'intentionalité est transcriptible dans une logique réflexive.

Examinons en dernier lieu si l'intentionalité recouvre un vecteur qui est susceptible de prendre deux pentes, une descriptive et une théorique-dynamique. Le travail subtil de Asemissen articule justement une critique sur ces deux dimensions de la constitution intentionnelle ce qui, en retour, établit préliminairement la réalité des deux pentes théoriques:

a. Constitution de l'objet et intentionalité.
Déjà le concept volontiers employé de constitution sert de base en lui-même à l'équivocation de sa signification statique et de sa signification dynamique-génétique. Que quelque chose soit constitutif d'autre chose, cela peut vouloir dire qu'il appartient à son existence statique, et cela peut vouloir dire qu'il a nécessairement part à son devenir dynamique en cet état.[55]

Gardons à l'esprit que la constitution est *intentionnelle*, comme l'indique le titre du paragraphe reproduit en français. Alors, on comprend que la constitution intentionnelle soit constitutive et constituante de l'objet: constitutive, elle fait partie des conditions thématiques de la description de l'objet. Constituante, elle s'intègre à la dynamique (ici métaphorique) de la *Sinngebung*. La thématisation husserlienne vit donc, comme le montrera Asemissen, dans la contradiction[56]. Cependant Asemissen ne porte pas le débat à son véritable niveau: la contradiction est bien dans l'ordre thématique; mais dans l'ordre théorique sous-jacent, description et dynamisation prennent très facilement place l'une par rapport à l'autre. La notion infixable d'intentionalité assumerait alors la concrétisation du modèle logique. Le tout des touts serait-il *interprété*?

En retour, il faudrait que fût claire l'idée que l'intentionalité demeure u-topique, jamais particularisable, *jamais déterminable* par une limite. Cette exigence est à approfondir encore. Le texte husserlien révèle deux formes globales de l'intentionalité – l'intentionalité d'horizon et l'intentionalité d'acte. Ces deux espèces structurelles recoupent les diverses connotations thématiques de l'intentionalité auxquelles nous avons réservé un sort: l'*Aufmerken*, la *Längsintentionalität*, la *fungierende Intentionalität* etc. En fait, les thématiques de l'intentionalité suivent les hésitations thématiques husserliennes et ne déterminent donc pas un véritable travail conceptuel: le propos glisse d'une acception à l'autre. Cependant, la distinction des deux formes structurelles ancre pour ainsi dire les fluctuations thématiques. C'est pourquoi elles susciteront plus particulièrement notre attention. D'un point de vue logique, l'intentionalité d'objet est particularisante et isolante. Le vide qui est par là métaphorisé se nomme vide de disjonction: c'est celui qui est fabriqué par la pente descriptive de la phénoménologie. Mais, dans le contexte explicite, tout semble normal puisque l'intentionalité d'acte est la redonation, la ré-flexion de l'intentionalité d'horizon. En analogie avec le statut du temps théorisé (ou diffusé), l'intentionalité d'acte, qui est l'envers de l'intentionalité d'horizon, livre alors des significations. En somme, la descriptivité de ces dernières serait seconde, tout comme la mise en place d'un vide disjonctif, qui suit la description. Revenons alors à l'intentionalité d'horizon, qui devrait donc primordialement animer métaphoriquement la logique de l'universalisation et donner la clef de la relation entre les deux présentations du même vide autodistancié. Il apparaît d'abord que l'horizontalisation intentionnelle est homogénéisante et obéit à la loi du vide de conjonction: dans l'horizon, le sens "égale" la signification, cette dernière ne se détachant point de l'espace d'homogénéisation. Dans ces conditions, le statut du vecteur temporel serait exactement reproduit: le mouvement du "théorisant-théorisé" caractérise également la bifonction de l'intentionalité; et l'intentionalité garderait son indéterminabilité.

Toutefois, le passage tautologique du modèle théorique-abstrait à l'interprétation concrétisante n'a de sens que s'il reproduit complémentairement l'articulation logique fondamentale des deux vides. Or, l'observateur constate la *contiguïté* du vide actif de la synthétisation (horizon) et du vide passif de description (constitutif des séquences d'objets). Comment s'opère la production du principe secondaire (vide passif) par le principe primaire? *Rappelons que cette question est fondamentale: toute la néophénoménologie est accrochée à l'existence seulement seconde du vide de disjonction.* La difficulté du problème qui surgit exige alors une rethéorisation de l'intentionalité d'horizon, afin de déterminer le noeud qui engendre la piétinement et bloque l'autodéveloppement dans sa source logique. C'est dans *Expérience et jugement* que Husserl précise l'efficace du concept d'horizon. Notre but est d'évaluer dans le registre théorique le discours thématisant de l'auteur. L'horizon est une détermination essentielle de l'environnement chosal et structure ce dernier en formant la condition de possibilité de l'apparaître de l'objet. Un passage nous en convainc facilement:

Mais je peux me convaincre sans peine qu'aucune détermination n'est la dernière, que ce qui a déjà été éprouvé a encore, indéfiniment, un horizon d'expérience possible du même. Et cet horizon, dans son *indétermination*, est toujours co-présent au départ; il est un espace où jouent les possibles en tant qu'il prescrit une voie vers une *détermination* plus précise qui seule peut, dans le cadre de *l'expérience réelle*, décider en faveur de telle possibilité déterminée qu'elle réalise de préférence aux autres.[57]

Quittons l'expérience réelle dont nous savons qu'elle fait partie, au même titre que la corrélation du sujet et de l'objet, de la dramatisation naïve amoindrissant et même dénaturant la néophénoménologie en "théorie" de la connaissance. Par contre le jeu de "l'indétermination" et de la "détermination" a un ressort plus intéressant, théoriquement parlant. L'indétermination renvoie à l'homogénéisation exercée par le vide identifiant, et la détermination exprime la réflexion de l'intention d'horizon et sa position comme intention d'acte particularisante. L'indétermination et la détermination donneraient-elles alors les clefs pour comprendre l'articulation du vide? Il s'agirait toujours de trouver une logique plus originaire que celle de la réflexion, laquelle a trait à l'autodéveloppement des contenus issu du logos bâti sur le vide. Malheureusement, *Expé-*

rience et jugement porte un coup fatal à toute tentative de solution en ce sens; la proposition qui suit contraint à une sérieuse remise en question:

Pour le dire plus nettement: l'horizon qui, dans son unité, est originairement complètement vague, sans distinctions, se charge, par ce remplissement, de l'explicat qui vient à chaque fois ʾjour, et qui l'éclairait: cet ex-plicat n'apporte assurément qu'un éclaircissement partiel, dans la mesure où demeure un *horizon résiduel non éclairci.*[58]

En continuant la théorisation avec la conceptualisation précédemment employée, on voit que c'est la détermination qui détient la vérité de l'indétermination. Cette dernière perd sa primauté, étant donné que l'horizon n'a de sens que *déterminé* par un ʾʾremplissementʾʾ, fût-il complet ou non.

Il est temps de tirer les conséquences. Principiellement, le corpus prescrit que l'intentionalité soit déterminée, circonscrite dans une signification remplie, donc dans une *totalité locale*. Dès lors, l'intentionalité est, en dernière instance, une notion engagée dans un procès de description, ce qui explique la simple contiguïté des deux fonctions de l'intentionalité, contiguïté cassant la dynamique. Les acceptions de l'intentionalité, complémentairement, sont autant de significations dont la *disposition* caractérise un aspect de la nouvelle logique (l'aspect statique) et non son caractère dynamique. Ainsi la sémantique de l'intentionalité n'est pas la sémantique dynamique. Par ailleurs, l'intentionalité est le vrai représentant adéquat du corpus, on l'a vu[59]. En retour, il n'y a donc pas d'autonomie d'une sémantique néophénoménologique: la collaboration d'une sémantique et d'une syntaxe en vue de la constitution d'un Etat III de la phénoménologie est une perspective à proscrire de droit.

Ainsi une vérité continue se manifeste depuis la tentative de fonder un réseau généralisé des totalités jusqu'à celle de développer une néophénoménologie: dans les deux cas, la puissance dynamique est captée par la détermination descriptive qui isole des totalités et annihile l'incidence d'un sens autonome. Ce qui veut encore dire que la loi suprême du sens = signification, pourtant ici reconnue dans une nouvelle logique qui s'est substituée à celle, viciée, de l'articulation des totalités locales, ne se retrouve toutefois (à l'état pur et dynamique) que dans la syntaxe du vide autoposé. *L'efficace logique, c'est-à-dire le vide d'autoposition modélisé dans la notion d'un temps-théorie véritatif, ne souffre pas d'interprétation sémantique.* L'Etat III de la phénoménologie, c'est l'autonomie absolue d'une *phénoméno-logique* ou d'une dynamique logique, qui ne se transmet pas positivement à des contenus, mais entretient avec eux des relations externes.

c. *L'Etat III, ou Etat phénoméno-logique*: La syntaxe logique du vide, modélisée dans le temps, exclut la pertinence de l'hypothèse d'une néophénoménologie. Néophénoménologie et réseau généralisé sont pénétrés du Faktum de la description. Dès lors, n'est-il pas capital de concrétiser la proposition des *Prolégomènes théoriques* (Cf. *Reformulations problématiques*) dégageant le concept de "niveau de théoricité"?

Cette question repose celle du statut de la description, mais une dernière fois. La description a été envisagé soit positivement, soit négativement: positive, la description représentait la face recouverte (disposée en significations-totalités) de l'autorecouvrement dynamique. Négative, la description constituait le risque de subversion factuelle de l'ordre dynamique. Mais cette oscillation est maintenant dépassée: car positivité et négativité postulaient la possibilité dynamique sémantique, à laquelle la description se place par rapport à la seule réalité: la phénoméno-logique. Et son statut est enfin univoque. Intrinsèquement, la description est un travail sur des contenus. Dès lors il suffira de réarticuler la dynamique du vide par rapport au "sens-limite" pour trancher définitivement sur la description.

En effet que représente désormais la bi-positionnalité du vide? Le vide est auto-représenté. La position est l'affirmation du "sens-limite" = vide. La reposition est la cassure du sens en significations descriptibles. Dans un premier cas joue l'intégration logique, dans le second la désintégration. Sémantiquement ceci veut dire que la nécessité de limiter le vide en sens clos échoue dans une dispersion des significations, une non-identité globale. Il reste à laisser jouer la forme "auto": c'est le *même* vide comme sens qui devient dispersion. En sorte que la vérité de l'instance du même vide comme sens est dans l'*autosuppression* du sens[60]. En somme, *articuler le sens et l'exclure, ou le vider, c'est tout un.* Voilà comment se manifeste la prégnance d'un état logique de la phénoménologie.

Dans ces conditions, la description des thèmes particuliers est en dernier ressort au service de la logique: elle sanctionne la nécessité intrinsèque d'abandonner l'idée d'une sémantique phénoménologique. En d'autres termes, la particularisation des totalités thématiques est préarticulée par la logique; c'en devient un moment. Rétrospectivement, nous sommes donc amenés à convenir que le réseau universel et la néophénoménologie qui, en dernière instance, et parce qu'elle articule des contenus intrinsèquement transformables en totalités, se ramène au réseau généralisé, forment un niveau amoindri de la phénoménologie. L'Etat II est un moment, à exclure, du travail qui conduit à l'Etat III.

Mais, prospectivement, reste à penser l'articulation de cet Etat III. Le fondement du travail se résume dans cette proposition: la logique entretient avec les contenus des relations non intrinsèques; elle n'est pas forme-d'une-matière. Ce qui signifie déjà que la phénoméno-logique est en regard de toute phénoménologie. La question de l'autoexclusion de la phénoménologie par sa logique va former notre première perspective. Mais puisque la logique de la phénoménologie s'extrait du datum historique des contenus, n'entretient-elle pas alors des rapports de type logique avec d'autres contenus historiques? Telles sont les deux *autologiques* qui s'imposent, les deux procès qui vont actualiser à un degré de norme — et non dans l'amoindrissement — l'équation antisémantique du sens = signification.

1   Nous rappelons que le corpus devient l'auxiliaire d'un travail qui ne retourne pas nécessairement à lui, quand bien même ses émergences positives seront toujours remarquées. Mais la question de l'identité du corpus est maintenant dépassée.

2   *Recherche logique 6*, p. 146.

3   Ibid., p. 150.

4   *Recherche logique 2*, p. 43-44.

5   *Recherche logique 6*, p. 147.

6   Schérer, p. 308.

7   *Recherche logique 6*, p. 222-223.

8   Almeida: *Sinn und Inhalt in der genetischen Phänomenologie E. Husserls*, p. 149. (Nous soulignons: coïncident).

9   C'est ce que nous disons ci-dessus. La vérité est posée comme origine vécue mais il existe tout un arsenal artificieux pour la confirmer. Par rapport au passé, c'est la structure rétentielle du temps. Par rapport à l'avenir, c'est la fonction téléologique de l'Idée rapportant la vérité-à-venir à celle du présent vécu.

10   p. 85.

11   *Recherche logique 6*, p. 134-135.

12   Les Prolégomènes théoriques ont établi la nécessité de reproduire la position descriptive) qui correspond à la position dynamique. C'est ce qui nous préoccupera *au cours* de l'effort d'articulation dynamique de la néophénoménologie.

13   *Husserliana 10*, p. 149. "Schritt für Schritt findet also Identifikation statt, denn Identifikation bedeutet ja nicht anderes als das Erlebnis des Wiedererkennens beim Uberfliessen einer intendierenden Vorstellung in ihre intendierte Anschauung (...). Wo wir (...) immer "dasselbe" wiederfinden, da haben wir eben objektiv eines".

14   *Husserliana 15*, p. 547, note 1. "So ist also *transzendental* mit solchem apperzeptivem Stil die Welt konstituiert – Konstitution in ständiger Wiederholung in ständiger Reflexivität. In Primordialität Erinnerungswiederholung, *erste Selbstzeitigung; Einfühlung und Wiederholung der Primordialität als fremde Ich und Wiederholung des in jedermann konstituierten unter* Identifikation und vergemeinschaftender Ergänzung; und so Einheit einer Welt, die offene Unendlichkeit mit Mitsubjekten enthält, jeder jeden und Welt als Idee wiederholung, sie identifizierend (...)".

15   Kern, p. 371. (Nous soulignons).

16   Ibid., p. 372, note 2.

17   *Husserliana 4*, p. 311. "Der Ichpol ist jedenfalls apriorisches Zentrum ursprünglicher Icheigenschaften, wie ein Gegenstand seine Identität hat als Pol relativ oder absolut bleibenden Eigenschaften, und wie jede Eigenschaft ein Identisches, aber unselbständig Identisches ist (im Pol), so für das Ich".

18   *Husserliana 9*, p. 426. "Das intentionale Objekt ist ein Gesichtspunkt der Einheit aller Bewusstseinsweisen, die eben durch Identität des Objekts und damit als Glieder von Identitätssynthesen verbunden sind. Unter ihm gehören sie alle zusammen und haben Wesensgemeinschaft".

19   *Husserliana 4*, p. 56-57-58. *Husserliana 11*, p. 14.

20   *Husserliana 9*, p. 391; 392. *Husserliana 13*, p. 412, etc.

21   *Husserliana 13*, p. 332. "Freie kinästhetische Bewegungen spielen eine grundwesentliche Rolle bei der Konstitution jedes Körpers. Sie können bei keiner Wahrnehmung fehlen. Sie sind "motivierende", während die spezifischen "Sinnes" empfindungen als motivierte Abschattungen ergeben".

22   *Husserliana 4*, p. 105-106.

23   Ibid., p. 106, note 1. "Die nähere Klärung deraufgewiesenen Analogie bedürfte eigener systematischer Erwägungen (...). Hier scheint es also einen Weg zu geben, um die Ichzentrierung als ein Analogen der parallelen Orientierung und was damit verflochten sein mag zu erfassen".

24   Schérer: *Phénoménologie des Recherches logiques*, p. 117.

25 *Ideen I*, p. 285.

26 A ces ensembles massifs et isolés pourrait tout de même correspondre le concept d'intentionalité pratique. Pour plus de détails sur cette dernière, consulter le livre de Steer: *Die Anthropologie des späten E. Husserls*, p. 15 et suivantes.

27 Il y a dans la thématique de l'intersubjectivité de quoi *illustrer* la notion d'autodistanciation, ou d'autoposition. Les concepts de *Wieder-holung*, de *Réflexion* caractérisant bien l'autoposition du moi en autrui, et l'autodistanciation du même. C'est un premier indice. Cependant, notre propos est de procéder du tout des touts (métaphorisé dans le corpus par la relation sujet-objet) et non d'un thème. Ceci est maintenant entendu.

28 La même thématique – le rapport perception-souvenir – a été analysée dans la section I (partie II, chap. I). Mais alors, le temps était un thème métaphorique articulé à la dominante, certes contestable, de l'essence et servait à *représenter* la conciliabilité d'une fonction de constitution avant l'essence (Blick) et d'une fonction de réception après l'essence (Zuschauer). Par contre, le propos présent s'attache justement à subvertir la relation de l'avant et de l'après, en la considérant *théoriquement* – selon l'ordre du véridique et non du réel vécu – ce qui bouleverse totalement la problématique, malgré la superposition thématique.

29 *Husserliana 11*, p. 179. "Weckung der versunkenen Ferne ergibt aber Vorstellungen, die mit denen der lebendige Gegenwart nicht zusammenhängend sind".

30 Ibid. "Weckung ist möglich, weil der konstituierte Sinn im Hintergrundbewusstsein (...) wirklich impliziert ist (...). Was einmal gegenständlich konstituiert ist, kann mit jedem andern, das gegenständlich schon konstituiert ist, Verbindung eingehen (...)".

31 Cette thèse nous a déjà servi il y a peu.

32 *Husserliana 11*, p. 179. "Die Weckung einer dunklen Ferne ist zunächst eine leere Weckung".

33 *Recherche 6*, p. 144.

34 *Husserliana 11*, p. 180-181. "Die zweite Stufe (...) war die der zurückstrahlenden Weckung, welche verdunkelte Leervorstellungen wieder verdeutlicht, in ihnen implizierte Sinnesgehalte zu affektiver Geltung bringt".

35 Ibid., p. 182. "Im Leeren werden dabei nur vereinzelte, besonders kräftige Sinnesmomente der betreffenden fernen Gegenwart zur Geltung kommen, so, wie im ein wenig sich lichtenden Nebel nur rohe Konturen".

36 *Recherche 6*, p. 144. (Nous soulignons).

37 *Husserliana 11*, p. 182. (Nous soulignons). "Sehr viel günstiger steht es, wenn die Weckung in Wiedererinnerung übergeht. Natürlich vollzieht sich dieser Ubergang als Identitätssynthese, die Leistung der anschaulichen Wiedererinnerung ist, der Wiederkonstitution des Gegenständlichen (...)".

38 *Recherche 6*, p. 146.

39 *Husserliana 11*, p. 283.

40 *Recherche 6*, p. 146.

41 *Husserliana 11*, p. 374.

42 Les *Recherches logiques* participent donc de la dynamique autodistanciatrice qui fonctionne dans la *Synthèse passive*. Plus généralement toute la structure gnoséologique husserlienne est en adéquation avec ces résultats: dans *Ideen I*, l'objet real ne fait que *redonner* un contenu qui se *donnait* déjà dans la noèse. Nous ne réexaminerons point le dernier modèle gnoséologique, puisqu'il a la même structure temporelle que celui mis en rapport avec les *Recherches logiques*: l'autoobjectivation temporelle est effectivement la *redonnée* d'un objet qui vit d'une actualité vraie (qui dépasse le mode de donnée objective) en amont, dans le *Zeitigen*.

43 I. Kern, p. 188.

44 *Logique formelle et logique transcendantale*, p. 217.

45 *Logique formelle et logique transcendantale*, p. 217.

46 *Husserliana 11*, p. 42. "Der Sinn selbst hat Neigung zu sein".

47 *Husserliana 9*, p. 185. "Die adäquate Gegebenheit besteht darin, dass in jeder Wahrneh-

236

mungsphase ihr Sinn (...) voll verwirklicht ist".

48   *Husserliana 8*, p. 289. "*Ich-Akte*, wie "Ich meine das" (...) das sind Strukturlinien der Aktivität (...) und die im Falle der originären Erfüllung der praktischen Intention – also in jedem Schritte direkt verwirklichenden Handelns – einen *subjektiven Charakter*, eben des Selbsterfassens – des Selbsterfassens eines Gegenstandes (Erfahrung) oder einer Wesensallgemeinheit (...) des Selbst-erzielthabens, der Selbstverwirklichung".

49   Cf. à ce sujet: *Husserliana 15*, p. 426, 537, 543.

50   Nous venons de reprendre brièvement la méthode exprimée dans les *Prolégomènes théoriques*.

51   Puisque dans une totalité locale, le sens = le vide.

52   Par corpus des contenus, on entend les textes husserliens. Rappelons que nous avons repris du texte "phénoménologique" la notion de "tout des touts", et l'intégralité de la logique.

53   Le sujet, la conscience sont des "substances" phénoménologiques, ou en tout cas, des substrats. Il n'y a que l'intentionalité qui ne soit pensable que comme universalité "active": par définition, elle est "fungierende Intentionalität".

54   *Logique formelle et logique transcendantale*, p. 269.

55   Asemissen, *Strukturanalytische Probleme der Wahrnehmung*, p. 65.

56   Presque tous les commentateurs ont relevé les nombreuses acceptions de la constitution (cf. Boehm, Fink, etc...). Il nous semble toutefois que Asemissen focalise au mieux la difficulté thématique.

57   *Expérience et jugement*, p. 37.

58   Ibid., p. 147-148. Cf. p. 44 pour la prévalence de l'idée de *détermination* de l'horizon.

59   On sait également que, dans notre "phénoménologie identifiante", seul, le concept de tout des touts échappe à la pente descriptive particularisante, et a été utilisé positivement. Il n'y a donc rien à chercher de ce côté.

60   Nous tenons la dernière modification du sens = signification, qui ressortit à la nécessité de penser l'égalité des deux termes dans une dynamique; la difficulté consistait à concilier l'égalisation du codomaine de sens en significations *avec* l'inéluctable détermination du sens (ensemble des connotations articulées) en dénotations ou significations. L'idée d'une autoposition autoexcluante nous libère de l'impasse: la nécessité qui dégénère les connotations en dénotations, c'est l'autoposition du sens en significations distinctes, mais l'autoposition du sens en significations cache la *vérité de* l'éclatement en dénotations: l'égalité sens–significations triomphe en effet dans *l'autoéviction* du sens autoposé en significations, car les positions du sens sont certes autonomes mais enferment fondamentalement un procès d'autoéviction des positions. Dès lors, la nécessité de la position du sens est en relation avec celle de sa déposition, cette dernière demeurant en dernière instance maîtresse du terrain. Ainsi, le vide déborde de la logique et envahit l'ordre sémantique. En conséquence, le sens, auxiliaire de la phénoménologique, est la caractéristique des syntaxes articulatoires et de leurs propriétés. La vérité du sens = signification est enfin exhibée.

CHAPITRE III: AUTOLOGIQUES (L'ETAT III)

Effiler au mieux la pointe de la dynamique, c'est notre propos. En ce sens, il est un point antidynamique qui, certes, a été longuement contesté, mais jamais travaillé de front: le fait que la description isole des totalités locales. Il demeure que les totalités sont à la fois posées (validées) et déposées (invalidées) par l'autologique. Ce registre réclame une Elaboration maximale, afin que soit légitimement élucidée la mise en regard active de la phénoménologie par la phénoméno-logique. Nos outils sont les mêmes: la bifonction du vide (poser—exclure) et le modèle du temps véritatif. Ils doivent permettre d'Elaborer d'abord une autologique interne qui travaille dans le corpus phénoménologique, en établissant le mode de fonctionnement du vide conjonctif normant, et la modalité de sa déposition en vide décrit.

1. AUTOLOGIQUE INTERNE: L'AUTOEVICTION DE LA PHENOMENOLOGIE

Annoncer que les contenus ressortissent à la description et que cette dernière couvre ainsi un champ parfaitement précis n'est pas encore opérer l'autologique phénoméno-logique. L'autologique est le processus même qui casse la solidarité entre la forme et les contenus postulés par la néophénoménologie, et c'est cela qu'il est nécessaire d'éclaircir. Cette dernière mise en question revêt une importance fondamentale: en effet, si cette autodélivrance n'est pas accomplie, toute la théorisation s'enfonce dans les ténèbres; notamment, dans la mesure où les *formes* de totalités sont à l'évidence des *figures*[1] de description, le problème est grand. La description, qui isole des figures, ressuscite la notion d'une référence de la figure, d'un figuré. Une autologique conséquente travaille donc d'abord contre le surgissement de références internes dans le corpus.

Théorie des références internes

Le vide de conjonction et la temporalité actualisante sont les ressorts théoriques en dernière instance qui nous assurent de l'envergure rationnelle de la phénoménologique. Quels sont toutefois les résistances conceptuelles, les figures totalisantes à disloquer et le mode de leur brisure? Ainsi se formule l'interrogation qui s'impose au premier chef.

a. *Le véhicule de la dé-figuration*: Notre point de départ est fixé par la portée même de la question. En effet, la défiguration est le corrélat obligé de la figuration; et cette dernière est à son tour un avatar théorique de l'idée de mise en figure conceptuelle, c'est-à-dire de totalisation. Dès lors, il est nécessaire de revenir sur la thématisation des contenus totalisés. Avec plus de précision, il est même rigoureux d'avancer que la défiguration est l'opération qui travaille en sens inverse de la thématisation totalisante[2]. La source logique de la totalisation est à rechercher sans conteste dans les statuts de la signification (le vide interne ou relation interne), de l'essence (le vide de "l'essence sans essence"), et du sens (le sens comme *Umfang*). Ceci forme l'aspect positif qui a été exhibé sur fond de thématisation, le logos qui a donné lieu à l'idée même de phénoméno-logique. Ce logos se distingue des concepts thématisés sous forme de totalisa-tion, qui sont à critiquer. Mais il est bon d'aller à la racine de la critique; c'est-à-dire au *thème* fondamental derrière lequel se dessine le logos positif de la logique du vide. L'atteinte portée à l'hégémonie de ce concept directeur *formera* le véhi-cule de la dé-figuration universelle. Or, la figure thématique essentielle corres-pond au concept de réduction. La réduction est le thème qui cache l'exercice de la suprême totalisation: réduire c'est exclure la totalité la plus extensive (dans *Ideen I*) ou inclure cette totalité, le monde dans son sens vrai (à l'époque de la maturité). Il est ainsi vrai que le concept de réduction cache une fonction de totalisation. C'est cette forme présumée qu'il faut articuler comme figure. La réduction est psychologiquement référée par Husserl à une attitude, une *Einstel-lung*. Dans la protologique dépsychologisante, la réduction est cependant ren-voyée à l'idée de réseau généralisé qu'elle connote. Or, ce réseau est la disposi-tion des contenus qui imposent intrinsèquement l'idée d'une description. Ainsi, la défiguration radicale de la réduction mettrait à jour *la* référence absolue des contenus, ou l'existence même d'une antiphénoménologique. Tout concourt donc à focaliser l'attention sur la réduction.

Il est indéniable que la réduction est la porte qui ouvre sur la phénoméno-logie transcendantale. C'est aussi le point de départ incontestable du travail ulté-rieur sur les structures noético-noématiques. Mais comment opère cette totalisa-tion absolue par rapport aux totalisations apparentes qui structurent le monde naïf? Iso Kern semble résumer excellement le rôle négatif de la réduction, néga-tif par rapport à ce qui est à restructurer:

La réduction transcendantale apparaît ici justement comme une *brisure des barrières (Durchbrechen von Schranken)*, notamment des barrières de la con-naissance naturelle-objective qui se montre "d'un seul côté", "abstraitement", "extérieurement", "superficiellement". Elle accède donc à sa validation en tant qu'elle accomplit le pas vers "l'englobant" (*Umfassende*), dans le "concret", dans "l'intérieur", dans "la dimension des profondeurs" (...).[3]

Au-delà de la thématisation "naïve" qui reprend les contenus husserliens, le lan-gage de Kern ne laisse aucun doute sur la bivalence de l'articulation opérée par la réduction: *durchbrechen* et *umfassen*, tels sont les deux exposants logiques affectés à la réduction. La réduction ferme (englobe) la phénoménologie et ouvre (brise) les conceptualisations naïves.

Toutefois le destin de la réduction n'est pas étranger à une problématique plus complexe. La configuration "réduction", comme point de départ de la phénoménologie transcendantale, n'est qu'un chemin possible. La voie d'accès utilisée dans *Ideen I* est l'approche cartésienne; mais il existe une possibilité qui transplante la réduction pour la placer au terme d'une thématisation de la psychologie intentionnelle, et une autre qui la fait succéder à l'ontologie, ce que met parfaitement en relief I. Kern[4]. "En chemin vers la réduction": telle est l'expression que Husserl utilise couramment dans ses derniers écrits. Ce qui signifie que la thématique d'une totalisation initiale qui (en)ferme tous les possibles phénoménologiques est subvertie. La perspective d'une totalisation est terminale; en d'autres termes, la totalisation absolue − qui était la vérité de la thématique cartésienne − n'est plus que la forme logique, mais la figure provisoire que le devenir phénoménologique brise. Dans la *Krisis*, Husserl n'affirme-t-il pas que la réduction est provisoire, et que son sens attend être fixé car le terme absolu est l'élucidation du *Totalhorizont*[5]? En conséquence, les deux exposants logiques attachés au concept de réduction (*durchbrechen* et *umfassen*) se retournent contre l'efficace conceptuelle présumée; là où on attend l'*Umfassung* originaire − de la voie cartésienne − s'impose brutalement une *Selbstbrechung* que rien ne laissait prévoir dans l'analyse de la forme protologique du concept. Acteur apparent de la formation phénoménologique, le concept est de droit véhicule passif de sa défiguration. La pseudo-référence interne de la réduction est le *repoussoir* d'une logique supérieure qu'il est assez simple de relever: il s'agit avant tout de la cassure (ouverture) d'un concept englobant (enfermant), de sorte qu'est déterminée *l'équivalence logique du fermer et de l'ouvrir*. Comme pour toute signification, la détermination limitante appelle intrinsèquement son autodestruction. Cette opération demeure incompréhensible tant que le concept de temps-théorie n'est pas montré dans une activité intrinsèque qui élabore et traverse la thématique. Le fait que Husserl mette terminalement (mais dans l'ordre du temps vécu) sur un même plan l'accès cartésien, et l'accès par la psychologie ou par l'ontologie, traduit simplement la supériorité logique de l'actualité vraie sur l'actualité présente. Si l'on réfère à l'ordre du présent et du passé, il est strictement impossible de déterminer quel est l'accès primordial. Si par contre on respecte le "geste logique" qui consiste à syn-chroniser les trois approches possibles, il devient clair que la forme initiale logique de la fermeture cartésienne cache sa subversion dans la vérité de sa dé-figuration nécessaire. En somme, la dynamisation temporelle opère derrière la thématique de l'éclatement progressif, thématique qui articule le mouvement du temps-vécu, une *éviction* d'une figure qui sert de repoussoir phénoménologique. Quel est alors le rôle du vide de conjonction? En termes simples, la conjonction produit la possibilité de l'actualité vraie: le débordement du vrai vécu par le vrai actuel-théorique n'a de sens que dans la négation d'éventuels relais médiateurs qui instaureraient une théoricité fondée sur des contenus. Ici, tout est immédiat[6]: le vide de conjonction nie la possibilité de contenus dé-

240

crits et con-joint les occurrences de l'actuel vrai qui visent toutes à une défiguration de la forme apparente de fermeture. Le texte husserlien fonctionne d'ailleurs en respectant la phénoméno-logique: la thématique de la simple association des trois voies d'accès, qui est aux antipodes d'une théorisation médiati-
sante, recouvre certes, comme nous l'annoncions, le roc de la conjonction par
le vide normant.

Cependant, la primauté du temps-théorie d'actualisation conjoignante est-
elle si claire que la textualité husserlienne accepterait encore de voir fondamentalement bafouées les exigences de *succession* du temps-vécu? L'autoéviction
temporelle de contenus-repoussoirs pourrait-elle aussi bien s'effectuer malgré une
approche *régressive* du temps et non plus d'après le devenir des concepts selon
l'axe d'une progression phénoménologique (cf. les trois réductions?) Il y aurait
donc un devenir intrinsèque des thèmes qui renverse la nécessité vécue de la succession. Une architecture centrale de *Logique formelle et logique transcendantale*, correspond "aux idéalités du ainsi de suite" − ou "forme fondamentale" −
qui amoindrissent le ressort théorique dans le sens d'une "idéalisation" descriptive, la description étant "la forme fondamentale" qui préside à l'association des
"ainsi de suite". Tel est le type de forme qui détermine selon Husserl la phénoménologie, sous l'espèce infrastructurelle d'une "morphologie des sens analyti-
ques"[7]. Dans ces conditions, il semblerait que fût trouvé le vrai principe d'*ouverture* de la phénoménologie; la réduction imposait malgré la Durchbrechung, une
fermeture; au contraire, le "ainsi de suite" additif est le fabricateur de l'ouvert à
l'indéfini. En somme, Le "ainsi de suite" additif est la vérité de la Durchbrech-
ung-par-la-réduction, la vérité de sa fonction d'ouverture. C'est de lui que nous
allons procéder.

Dès lors, pourrons-nous vérifier que, principiellement, l'ouverture du "ainsi
de suite" n'est pas intrinsèquement liée au moment historique de la fondation
subjective de la logique dans *Logique formelle et logique transcendantale*? Ainsi,
une possibilité transhistorique − qui dépasse l'ordre de succession − deviendrait
assumable. Les textes vont dans cette direction, car, effectivement, le fait de débarrasser légitimement la forme fondamentale de connexion additive de la référence subjective husserlienne (le *transcendantal* dans *Logique formelle et logique transcendantale*) provoque à son tour une Durchbrechung: l'ouverture logique de la conjonction associative du "ainsi de suite" se voit renvoyée à une
fermeture plus originaire qui *actualise* le vrai; et cette mise à distance contredit
à l'exigence de la succession, car c'est dès la *Philosophie de l'arithmétique* que
fonctionne l'opérer additif. Par là, la construction du concept de quantité *enferme*, par son *actualité véridique*, la simple occurrence seconde de sa reproduction dans la *Logique*.

En somme l'ouverture apparente d'un contexte formel recèle la fermeture
pré-inscrite qui gouverne de loin les lois internes futures. Les contenus de la
Logique jouent bien le rôle de repoussoir, de véhicule passif de défiguration. Le
rôle du vide de conjonction demeure constant: le vide rapproche les occurrences
de l'actuel vrai homogénéisées par la vection temporelle, et détermine la conjonc-

tion de deux moments théoriques de la *même* forme arithmétique. En conclusion, le parallèle avec la réduction est décisif: dans l'ordre d'une défiguration connotée par la *progressivité* temporelle-vécue, on s'aperçoit que fermer le tout des touts n'est jamais que l'ouvrir; dans l'ordre d'une défiguration connotée par la *régressivité* temporelle-vécue, ouvrir le tout absolu dans une forme fondamentale signifie d'abord le fermer dans le respect de sa pré-formation arithmétique.

Cette première approche vient de révéler à la fois la résistance de la thématique et l'utilisation de celle-ci par une vection phénoméno-logique qui disloque les figurations. Ainsi, la logique s'inscrit dans un mouvement qui détruit les figures de totalisation données en vertu de l'efficace d'une afiguralité dominante. Cependant l'effectivité de la dynamique conjonctive de négation des contenus ne sera totale que lorsque l'élucidation du phénomène inverse aura été produite: il a été examiné en premier lieu comment les contenus sont des repoussoirs indiquant vers des solutions proprement inattendues; maintenant, il s'agit de révéler dans quelle mesure des contenus forment des "solutions" à des données problématiques en soi. En somme, d'abord repoussoir, le donné du contenu se métamorphoserait en repoussé. Comment fonctionne donc ici le vide de conjonction, l'instance qui active la défiguration, déplace (repousse) le contenu pour en faire une "solution"?

b. *L'activité défigurante*: Les nouvelles conditions théoriques ont trait à l'existence même des contenus et à leur production. Il n'est plus question d'analyser les contenus comme véhicules passifs de défiguration, mais de reconnaître le jeu logique qui suscite les contenus comme des solutions à rien de formulé. Ainsi, c'est encore plus radicalement que seraient niées les références internes: des figures s'adjoindraient sans référer à un questionnement explicite. L'exemple de la thématique de la réduction peut servir de relais à la théorisation qui est proposée; la réduction a une fonction de contenu-figure qui fait d'elle un repoussoir, un véhicule d'autosuppression. Mais une opération plus profonde ne *dispose*-t-elle pas de la réduction comme contenu?

En effet, il est fort possible que le ressort phénoméno-logique utilise la thématisation en articulant les thèmes selon un ordre de production inouï dans la phénoménologie husserlienne. Y aurait-il alors une réelle activité, qui fût défigurante et non point stagnante dans la même figure de réduction? C'est l'évidence, contractant en un seul terme véritatif toutes les thématiques husserliennes, qui servira de fil conducteur. La notion d'une statique phénoménologique est le premier contexte problématique qui insère l'évidence dans une articulation conceptuelle: dans la statique, l'essence est intuitionnée et la théorie thématique de la connaissance vise à élaborer les conditions de l'intuition: les *Recherches logiques* développent successivement la positivité des thèmes d'approche: l'idéalité de la signification, l'acte comme vécu du signifier, le concept de remplissement, puis celui de plénitude, autant d'éléments qui s'ajustent peu à peu à une problématisation menée de plus en plus finement. On s'attendait alors à ce que le fil directeur problématique apportât des solutions intrinsèquement reliées à lui.

242

Pourtant, l'étape ultérieure est radicalement surprenante: en effet, à la statique fait suite une génétique phénoménologique; dans ce cadre thématiquement neuf, il serait normal que la problématisation aboutît à une constitution de l'essence: l'essence devrait être seconde par rapport à un "X" tout comme la statique succède en droit à la génétique. Or, l'approche génétique, qu'on croit fermement articulée à la statique, *ne développe pas* ce type de questionnement qui aboutirait à produire un "X" explicateur comme donnée ultime. Qui plus est, la génétique s'appuie sur le concept de temps réel; et ce dernier n'a aucune racine dans la statique. Dans ces conditions, l'articulation thématique de la statique et de la génétique, qui détermine une problématique, est battue en brèche: d'un côté, il doit y avoir des réponses dynamiques aux questions statiques; d'un autre côté toutefois, on voit que la "réponse" temporelle n'a aucune commune mesure avec la question de la statique — qui demanderait une constitution de l'essence. La "solution" se manifeste sur un autre plan que les questions, ce qui conduit à une *défiguration* de l'unité formelle de la statique et de la dynamique. Qui plus est, les *Méditations cartésiennes* nous apprennent que la temporalité, explicatrice en dernière instance, est *fondée* dans cette même essence qu'elle avait pour devoir de *fonder*. De sorte que la question, dans la statique, est une réponse dans la dynamique, ce qui brouille totalement la continuité d'un fil directeur. En fait, la phénoméno-logique est l'activité qui casse les figures thématiques de progression, et c'est elle qui assure en dernière instance le passage de la statique à la dynamique, lequel est thématiquement chaotique. Enfin, le rythme défiguratif ne s'arrête pas sur ces considérations; une dernière étape restitue la même difficulté thématique et la même phénoméno-logique sous-jacente. La génétique met en place la problématique temporelle tout en conservant l'explication par l'essence. Comment la thématisation rend-elle alors compte de l'interrogation articulée à la temporalisation réelle? Le troisième et dernier stade du parcours husserlien surprend aussi radicalement que la seconde étape. C'est encore le texte de Husserl qui apporte une "réponse" à un procès qui se pense par-delà la thématisation:

Considéré absolument, chaque ego a son *histoire*, et il n'est que comme sujet d'une histoire, de son histoire (...). *L'histoire est le grand Faktum de l'être absolu*; et les questions dernières, les ultimes questions métaphysiques et téléologiques, font un avec les interrogations sur le sens absolu de l'histoire.[8]

L'articulation thématique est réelle, tout comme entre la première et la seconde étape: Husserl spécifie précisément que l'interrogation dernière renvoie à l'histoire considérée dans son absoluité interne, avec la forme sémantique du Faktum. Ainsi, la temporalisation et l'essentialisation explicatrices suscitent un fil directeur qui semble mener à une solution correspondant à un questionnement antérieur. Pourtant, un second extrait du même recueil de textes donne à réfléchir:

Portons ici notre attention sur la chose suivante: chaque *Faktum*, et ainsi également pour le *Faktum* du monde, est, en tant que *Faktum* comme on l'entend généralement, *contingent.*[9]

En d'autres termes, à la question qui procède par essentialisation temporalisante répond une "solution" qui s'enracine dans la contingence, l'anti-essence. Ici encore, la "solution" vaut pour un problème qui n'est pas posé dans l'étape antérieure, puisqu'il était bien entendu que la donnée-solution était connectée à un domaine de rationalité exigé par l'essence temporalisante.

Par deux fois la phénoméno-logique opère afiguralement en détruisant les configurations thématiques espérées. Or, les trois segments mis en valeur (statique – génétique – position du Faktum) forment ce qu'on peut naïvement considérer comme la "continuité" de la phénoménologie. En conséquence, le jeu afigural qui suscite les contenus caractérise l'ordonnance principale de la thématique husserlienne, et ne se borne donc pas à quelques incidentes mineures. Il reste cependant à formuler la logique de la production de figures qui défigurent les formations antérieures. Etant donné que les contenus ultérieurs ne répondent pas aux questions thématiques c'est que l'opération d'exclusion est effective. La vection d'actualisation vraie, ou encore le trajet temporel théorique, induit la déformation de la thématique de l'actualité: *thématiquement*, en effet, l'actualité du présent réel fonde l'actualité à venir du futur; en d'autres termes, la statique conditionne la génétique; par contre une logique de *l'actualité vraie* perturbe ce devenir dont la logique n'est qu'apparente: en cassant les continuités du questionnement, en imposant des "solutions" à des absences de "problèmes" formulés et en répondant "à côté" des problèmes, la dynamique temporelle, au nom de la vérité, place à un même niveau les éléments diachroniques: chaque phase vaut bien pour une autre, chaque contenu "en phase" est un point de départ et un point d'arrivée (cf. l'essence; le temps qui se comprend avant et après le *Faktum*). En sorte que le vide de conjonction est l'arme absolue d'actualisation: tout communique avec tout contre les lois apparentes de la raison; mais aussi, c'est par là l'autoexclusion de tout contenu qui est engendrée; si tout est conjoint avec tout, c'est que rien ne tient droit et que l'ensemble est précipité dans l'abîme. Dans ces conditions, l'ordre thématique factice, qui cache une chaotique profonde, est l'arme fourbie par la puissance d'exclusion des contenus: l'ordre thématique se confond avec l'ensemble des coupes descriptives. La pandescriptibilité trouve concrètement un emploi au service de la phénoméno-logique, alors que cette possibilité n'était dégagée qu'abstraitement à la fin du chapitre 2 de cette partie. *Décrire signifie bien thématiser, expulser du centre phénoméno-logique, lequel se décide donc en toute exactitude après une auto-éviction phénoméno-logique de la phénoménologie.*

Reprenons ce mouvement qui fait des contenus thématiques une "réponse" s'exprimant en discontinuité totale avec les questions antérieures: le devenir normé par la progression du temps réel est brisé et cet état de choses est l'indice de la cassure thématique car, pour Husserl, l'objectivation est autotemporalisante. Corrélativement s'exerce la vection défigurante qui casse et reproblématise la fermeture de l'espace totalisé d'un problème antérieur. C'était déjà la raison pour laquelle les contenus forment des repoussoirs; mais le jeu défigurant portant sur les contenus et leur déplacement révèle plus profondément l'exercice a-figural qui suscite des contenus comme des "solutions" à aucune formulation problématique explicite. Il reste toutefois que le découvrement exhaustif des présupposés intrinsèques de la méthodologie exige que soit extraite une autre potentialité, qui correspond à la défiguration des contenus suivie selon l'ordre d'une *régression* temporelle-réelle. Cette détermination suscite un second mouvement au plan des contenus tenus pour des pseudo-solutions à des riens explicites de problématisation: dans un premier temps étaient évoquées les questions implicites *antérieures* et les réponses ultérieures; un second moment se doit d'envisager des réponses antérieures à des questions problématiques *ultérieures*. L'existence d'une symétrie révèlera en toute certitude une chaotique thématique articulée à la cassure du temps réel — véhicule de thématisation — par l'actualité vraie de la temporalité vectrice. Le domaine de recherche est toujours la gnoséologie husserlienne, étant donné qu'elle représente le véhicule unitaire de la défiguration. La question qui nous dirige résonne ainsi: la théorétique des pseudo-références sera-t-elle complète?

Le problème de l'objectivation semble avoir été résolu par Husserl dès *Ideen I*. Pourtant, le reste de l'oeuvre continue de combattre au plan de la transposition temporelle: la bataille théorique a pour fin d'insérer la réalité (*reale*) de l'objet dans le flux constituant, ce qui amène d'ailleurs Husserl à déclarer les sensations intentionnelles. Malgré tout, cette recherche n'aboutit guère puisque l'auteur exorcise le mal pontuel par une opération étrange: tout procède de l'Urimpression pré-objective, concept relayé par celui de Faktum lorsque Husserl s'échappe de la métaphorique temporelle vers la thématique gnoséologique. En somme, l'auteur pense *supprimer la difficulté en la proposant comme solution universelle.* Mais alors, on s'explique avec de plus en plus de peine comment la subjectivité constituante assume son rôle. L'incidence de plus en plus forte du concept de *Rekonstruktion*, qui s'impose devant la spontanéité de la *Konstitution*, ressortit à la même problématique. Ces éléments critiques concourent donc à remettre à question l'évidence affichée de la solution proposée par *Ideen I* à la possibilité d'une "connaissance — constitution" de l'objet. Il a déjà été étudié comment la fin de *Ideen I* concrétise l'échec dans la mesure où le théorisateur, absolu, part cependant en quête des relativités *reales* pour tenter de les intégrer désespérément dans la structure noético-noématique. Par contre, le ressort phénoméno-logique de cette dialectique en pure perte, nous ne pouvions alors le manifester. On procèdera, en ce sens, de l'observation que dans *Ideen I* se trouve la source *athématique* des difficultés de l'objectivation. Existe-t-il un contenu-solution *antérieur* qui ait un rapport avec la situation dans *Ideen I*? Dans cette oeuvre, Husserl place au premier plan le sujet qui doit constituer totalement l'objet. Toutefois, le fil conducteur de l'objet *real* est maintenu. Ceci revient à avouer que la dimension définitive de l'objet échappe au Blick transcendantal et que l'empirique continue de servir de repère. Par là, Husserl se place méthodologiquement en état d'infériorité par rapport à la théorisation-princeps des *Recherches*; celles-ci avaient en effet fixé la bonne dimension: l'objet real n'est qu'une partie de l'objet total qui est idéal (la catégorialité, fondée sur le sensible, l'englobe toutefois théoriquement). C'est cet amoindrissement conceptuel de *Ideen I* qui induit la difficulté: comment comprendre, notamment, que la partie (reale) soit prise comme fil *directeur* de l'élucidation du tout (idéal)? On désobéit ainsi à une loi fondamentale selon laquelle, dans un tout véritable, un tout indépendant ou concret, l'unité procède de l'ensemble et non de l'association des parties dépendantes. Le problème non explicite concerne donc une mauvaise approche de l'unité de l'objet. Or, il existe dans *Philosophie de l'arithmétique* un contenu-"solution" au problème; en effet l'unité est parée d'une double fonction; dans l'examen des "équivoques du nom unité", Husserl considère d'une part que "le concept de l'unité se trouve dans un rapport de corrélation avec le concept de la quantité"[10]. D'autre part, toutefois, "le nom unité signifie aussi n'importe quel *objet, dans la mesure où il se range sous le concept de l'unité*"[11]. L'unité est soit un objet, soit une idée. De sorte que la *Philosophie de l'arithmétique* expliquerait que dans *Ideen I*, l'objet real ait le statut de l'unité, malgré la nécessité de référer l'unité à un objet total-catégorial. Aurions-nous donc ici *simplement une réponse qui précède la question, mais qui s'adapterait à elle?* Si c'était le cas, le processus thématisant, s'articulant à la progression du temps-réel, serait déjà désarticulé par l'inversion de la progression (la solution étant dans l'avenir) en régression (la solution est dans le passé). Toutefois, une logique des contenus serait alors honorée; il suffirait de réarticuler le réseau généralisé, pour enfin réintroduire l'idée de néophénoménologie. Mais cette conclusion serait extrêmement imprudente, comme le montra la suite du texte cité de Husserl, que nous reprenons depuis le début pour plus de clarté:

Le nom unité signifie aussi n'importe quel objet, dans la mesure où il se trouve sous le concept de l'unité. Ce genre d'équivoque n'est pas particulier au nom unité, il la partage avec tous les *noms abstraits*, dans la mesure où ils sont employés aussi comme *noms généraux*.[12]

Tout change de registre: il y a d'abord l'unité comme objet, qui répond à l'objet *real* de *Ideen I*; mais il y a surtout l'unité comme "abstrait", qui est abyssalement différente de l'unité catégoriale de l'objet, cette dernière pouvant être dénommée concrète. L'unité du concept ne répond en aucun cas à l'unité de l'objet catégorial. Tout l'acquis thématique des *Recherches*, c'est-à-dire la possibilité gnoséologique elle-même, dépend du respect de l'autonomie des objets idéaux. C'est pourquoi la "solution" de la *Philosophie de l'arithmétique* à la difficulté dans *Ideen I porte de nouveau à faux. Que la "solution" soit postérieure au antérieure, la phénoméno-logique exclut les contenus se pro-posant pour une résolution des problèmes athématiques.* Le vide de conjonction relie des contenus pour produire leur exclusion réciproque et déterminer l'autoéviction phénoméno-logique de la phénoménologie en défigurant la totalité problématique d'*Ideen*

I par sa transposition à faux dans la configuration de la *Philosophie de l'arithmé-tique*. Telle est l'opération d'actualisation vraie de la vection temporalisante.

En résumé, la continuité qui relie le *véhicule* de défiguration à *l'activité a-figurante* est suffisamment élucidée: lorsque les contenus sont conçus comme des repoussoirs, et localisent ainsi la difficulté, l'approfondissement de cette dernière mène à une cassure qui les ouvre et les défigure, puis les referme en les défigurant à nouveau. Lorsque les contenus représentent des "solutions" de problèmes implicites, on s'aperçoit alors qu'une investigation plus précise aboutit à casser le problème dans sa pseudo-solution. Examinés soit comme sources de difficultés, soit comme "réponses" à des difficultés, les contenus sont en définitive égalisés et totalement laminés par une logique qui joue sur les formes-figures pour les défigurer et réaffirmer la seule prégnance de la phénoméno-logique.

Ces analyses de détail ont pour rôle de révéler, en dernière instance, la procédure logique de l'exclusion des formes qui cachent des figures. En somme, les références internes sont décryptées. Par là, notre tâche est accomplie avec suffisamment de rigueur pour ce qui a trait au discours spécifiquement husserlien et néophénoménologique. En termes naïfs, nous avons contourné l'originalité thématique de Husserl, qui crée la "moment historique" individualisé de la phénoménologie. Toutefois l'autologique interne, si elle est radicale, doit être exhaustive. Or, le discours husserlien est sans doute une des formes philosophiques qui, a côté de son incontestable originalité, opère le plus d'emprunts à l'histoire de la Philosophie. Une bonne part des concepts est à l'évidence issue de la tradition, ne serait-ce que le vocable de "sujet transcendantal". Pourtant, Husserl les intègre au corpus phénoménologique et ne les additionne pas superficiellement: par exemple, le concept leibnizien de monade est inséré dans le procès de l'auto-objectivation et de la personnalisation de l'ego pur. De sorte que les emprunts font partie intégrante de la thématisation phénoménologique et prennent le statut de contenus internes. Dans ces conditions, l'autologique excluante, qui assume l'autoéviction de la phénoménologie, a pour tâche de les théoriser. A l'exclusion des références internes succède donc nécessairement celle des références externes.

Théorie des références externes

La textualité husserlienne manifeste deux types de références à l'histoire de la philosophie. Il est utile de procéder des renvois qui semblent les plus éloignés du champ de la phénoménologie pour évoquer ensuite ceux qui prétendent se mêler beaucoup plus intimement aux préoccupations de la thématique transcendantale: en effet la méthode transcendantale connote la rupture avec l'empirie; et c'est justement pourquoi il est bon de tester la logique conjonctrice à propos de cette dernière thématique qui présente des termes conceptuels absolument étrangers au propos transcendantal. C'est la force d'absorption de la phénoménologique qui est donc préliminairement en question.

a. *La con-jonction avec l'empirisme*: Pour notre projet, il s'avère nécessaire de préciser le rapport de la logique avec son négatif. A strictement parler, la phénoménologie husserlienne n'emprunte guère la terminologie empiriste, mis à part le concept-clef d'association, qui, à vrai dire, est totalement métamorphosé. Mais surtout, Husserl est redevable à la pensée empiriste de l'esprit que cette dernière a introduit dans la philosophie.

L'auteur pense surtout à Hume qu'il évoque en ces termes, dans *Logique formelle et logique transcendantale*:

La grandeur de Hume (grandeur qui n'est pas encore reconnue sous ce point de vue qui est très important) réside en ce que malgré tout il fut le premier à saisir le *problème concret* universel de la philosophie transcendantale; en partant de l'intériorité purement egologique concrète, dans laquelle, comme il le vit, tout ce qui est objectif devient, grâce à une genèse subjective, présent à la conscience et, en mettant les choses au mieux, saisi par l'expérience, il a vu le premier la nécessité d'étudier précisément ces formations objectives comme formation de leur genèse (...).[13]

Une certaine forme de conjonction thématique semble être réelle: Hume est parti de l'intériorité concrète, et a étudié l'objectivité sous l'espèce de l'objectivation. Toutefois, la thématique husserlienne rétablit bientôt une distance absolue:

Alors nous pouvons à coup sûr décrire à partir de la phénoménologie d'aujourd'hui l'intention générale de Hume. Avec cette réserve que nous devons ajouter qu'en aucune façon il n'a exercé consciemment ni examiné à fond d'une manière entièrement principielle la méthode de déduction phénoménologique (...). (...), il ne voit *absolument pas la propriété, fondamentalement essentielle, de la vie psychique* en tant que vie de la conscience, à laquelle se rapporte la problématique constitutive; et de ce fait il ne voit pas la méthode qui est appropriée à cette problématique en tant que problématique intentionnelle (...).[14]

Voilà que la conjonction thématique est refusée sur un point "fondamental" et "essentiel". Nous n'approfondirons pas plus cette critique husserlienne, étant donné qu'elle échappe parfaitement au champ d'investigations de la phénoménologique. Toutefois n'existe-t-il pas une dynamique logique qui relie étroitement, par le biais de l'instance de conjonction-exclusion, Husserl à Hume, et qui fonde ainsi l'esquisse de jointure thématique? Cette dernière serait alors niée comme thématique, mais effective comme logique.

En remarquant que la pensée empiriste est avant tout à la recherche du simple, et se rapproche ainsi de la phénoménologie qui thématise l'originarité des "choses elles-mêmes", D. Souche-Dagues touche à un point essentiel. La fascination exercée par Hume sur Husserl est d'ordre logique: car le simple, c'est ce qui est avant tout descriptible. C'est pourquoi le rapport à l'empirisme représente la réalité de la dramatisation phénoménologique: revenir à la simplicité de l'ego, ce qu'illustre le véritable "problème concret"[15], à la simplicité de la chose transformable en idée-copie, ce qui signifie à son tour le rattachement ombilical des "formations objectives à leur genèse"[16], autant de miroirs qui renvoient la phénoménologie à elle-même et à l'idée générale d'une pandescriptibilité. *Ideen I* représente d'ailleurs la traduction thématique de la logique descriptive: décrire, tel est le but de la gnoséologie dans cette oeuvre; et Husserl transcrit cet opérer dans un opéré: l'essence; l'essence est le lieu d'application de la description. De sorte qu'*Ideen I* est l'ouvrage par excellence où l'expression: "valable par essence" redouble toutes les descriptions du monde de l'*Erfahrung*. L'essence individuelle forme le *Dies-da* de l'essence. C'est pourquoi aussi l'individu est le vide sous forme de l'être-là. En somme, la relation phénoméno-logique à Hume connote l'extensibilité de l'exercice de description. Aussi Husserl est-il tout proche de Hume — conjoint à lui — tout comme il en est infiniment éloigné; parallèlement, la phénoméno-logique ne se distingue pas de la phénoménologie et de la néophénoménologie au plan des contenus. C'est le vide de conjonction qui s'autothéorise comme sens rejeté (contenus exclus). La recherche de la simplicité descriptible est donc la source du rapport de Husserl à Hume et de la phénoméno-logique à la phénoménologie. Fondamentalement, et dans les deux cas, peu importent *les* contenus: le fait principal est déterminé par la position isolée de contenus en général. Ainsi, la con-jonction avec l'empirisme est réelle et se manifeste dans l'articulation à la forme "contenu simple"; la philosophie humienne est la *forme* discursive effective qui correspond à une phénoméno-logique amoindrie en phénoménologie. On comprend parallèlement que le caractère effectif de l'amoindrissement absolu, qui, chez Hume, se tire de la description du simple (l'idée-copie) serve de pierre de touche à la phénoméno-logique: la présentation empiriste des analyses est le modèle de ce que l'autologique doit éviter, sous peine que le vide s'autopose comme sens *sans* l'exclure.

La thématique transcendantale connote la rupture-conjonction avec l'empirisme humien, c'est ce qui a été proposé puis démontré. Cependant le rapport à la position empiriste ne fait qu'actualiser un des modes de la relation de la phénoméno-logique à son contraire. En effet, la théorie empiriste est une des approches de l'empirie. L'autre approche est dans la philosophie transcendantale elle-même, sous l'espèce de la thématisation du monde quotidien de l'expérience. Telle est sans doute l'influence décisive de Hume sur Husserl. Auparavant, la relation à l'empirie était examinée à travers le filtre critiqué de Hume; dorénavant, la référence à l'empirie est vue par le biais de l'intégration du télos humien: décrire "les choses elles-mêmes" qui s'enchaînent dans les cadres de l'expérience. Aussi sommes-nous invités à rendre compte du rejeton phénoménologique qui est né de l'ambiguïté de la liaison entre Husserl et la théorisation empiriste. Ce faisant, on demeure toujours dans le cadre prescrit: la référence à l'histoire de la philosophie, en analysant la rétroréférence de cette histoire vivante dans la thématisation de la phénoménologie. Mais de plus, la phénoméno-logique est maintenant affrontée encore plus intrsinsèquement à son contraire absolu, nous dirons à son con-joint.

L'identification de l'originaire phénoménologique à la thématisation archétypale de la Lebenswelt est patente; c'est l'apport presque essentiel de la *Krisis* que d'avoir déterminé le champ de Lebenswelt qui préexiste à touts les idéalisations des sciences naïves, la mathématique y comprise. La Lebenswelt servirait-elle d'étai pour la construction transcendantale et fait-elle partie intrinsèquement de l'architecture? Répondre affirmativement engage à susciter l'adéquation entre la géométrie et l'arpentage, ou entre le produit du transcendantal et l'empirique-subjectif. Comme chez Hume, les "principes de l'expérience" seraient constituants. La position thématique de Husserl est trouble: en effet, la validité fondatrice de la Lebenswelt n'est jamais niée: c'est elle qu'il faut rechercher sous le "vêtement" des idéalités. Toutefois, revenons plus précisément sur l'operation exacte qui caractérise les formulations praxéologiques dans la Lebenswelt:

Le fait que Galilée ne questionne pas en retour l'action donatrice de sens originelle, celle qui, en tant qu'*idéalisation* travaille sur le terrain primitif de toute vie théorique et pratique (...), ce fut une omission fatale.[17]

L'important est de remarquer que la vie et ses opérations praxéologiques travaillent par "idéalisations". Or n'est-ce point là le signe d'un statut infratranscendantal? Une seconde position thématique husserlienne tranche dans ce sens:

Cette ultime tâche exige que l'on s'écarte de toute activité logicisante, et, en ce qui concerne les sciences déjà données, elle exige l'épochè eu égard à leur validité, mais elle exige encore des deux côtés une épochè différente: elle exige que l'on se *"place au-dessus du monde de la vie"*, au lieu de poursuivre en lui les intérêts quotidiens normaux (...).[18]

Le propos de Husserl relaie notre interrogation sur la place exacte de l'idéalisation: l'hésitation procède donc du caractère concomitant de la mise au premier plan de la Lebenswelt et de sa mise au dernier plan exigée par la réduction. Certains commentateurs ont relevé cette difficulté. Pourtant, le paradoxe ne vaut que pour la phénoménologie. Par contre, dans la perspective d'une phénoméno-logique, les deux positions contradictoires s'accordent. Il suffit de relever dans une des précédentes citations que la Lebenswelt est un lieu "d'intuition" et de rattacher cette proposition à une autre sur la Lebenswelt comme domaine des évidences originaires[19] pour penser aussitôt à la notion d'une pandescriptibilité. Un domaine d'évidences intuitives est le lieu par excellence où se forment les simplicités essentielles déterminées par la méthode même de description husserlienne, qui isole le simple dans les variations apparemment complexes. En sorte que la notion de réduction cache une problématique phénoméno-logique, la réduction *figure* l'autosuppression des domaines de description; en somme la réduction *véhicule* le jeu dé-figurant qui instaure des figures provisoires (cf. la réduction) pour les inscrire dans une thématique nécessairement chaotique. Le travail de la logique se dispose donc parfaitement au coeur même de l'articulation des contenus, laquelle détermine leur choc chaotique, afin de vider la "logique des positions du vide-comme-sens". Cette effectuation fondamentale est par ailleurs appuyée sur le grand principe dynamisant de l'actualité: certes la

Lebenswelt est première et originaire dans l'ordre subjectif de la temporalité vécue; pourtant l'actualité vraie réalise la synchronie de la Lebenswelt et des autres domaines d'idéalisation: la vection dynamisante articule bien le vide à l'autosupression d'une de ses occurrences sous forme de sens, occurrence dont la positivité révélerait la construction sémantique et temporelle d'une néophénoménologie drainant des contenus. Ainsi la conjonction avec l'empirie satisfait aux conditions d'une phénoméno-logique. *Ce qui est absolument étranger thématiquement est logiquement conjoint à la phénoménologique pour se voir en dernier ressort auto-supprimé.* Tel est l'aboutissement d'une analyse qui a d'abord cherché les renvois les plus lointains du champ thématique de la phénoménologie, comme pour s'assurer de la force logique du "conjoindre-supprimer". Ici le mode même de la présentation des contenus, c'est-à-dire leur simplicité, et non les connotations sémantiques de ces derniers, a suffi à déclencher le procès phénoméno-logique.

La théorie des références externes a pris son allure la plus générale, puisqu' elle a inclus les éléments de référence dont le statut aurait été susceptible de placer dans la difficulté l'autologique évictrice. En ce sens, la Lebenswelt, qui thématise le ressac de l'empirisme sur la phénoménologie, partage encore le rôle des concepts formulés par Hume, malgré son originalité terminologique et thématique en général. Il existe cependant une autre espèce de références externes qui semblent de prime abord plus proches de la phénoménologie et dont l'examen sera décisif. Le rapport à Hume était déterminant pour *tester* la puissance de la logique; la relation avec des auteurs dont la conceptualisation est directement intégrée (ce qui n'est pas le cas pour Hume qui n'a pas produit le concept de Lebenswelt) servira de critère pour examiner et *spécifier* l'exclusion de la phénoménologie par la phénoméno-logique. La conjonction globale avec l'empirisme fait donc place à une étude de la conjonction particularisée et affinée avec des concepts *externes internalisés*.

b. *La conjonction déproblématisante*: il est instructif de reprendre l'ouvrage consacré à l'examen critique des doctrines philosophiques, c'est-à-dire la première partie de la *Philosophie première*. En procédant de l'archè grecque, Husserl emprunte certes à Platon le concept d'intuition des idées; toutefois, dans *Philosophie Première*, le rapport à Platon est bien plus général. Globalement, Platon est l'interlocuteur de la rationalité dans la philosophie. L'attitude de Husserl face à Platon est révélatrice: il s'agit positivement de poursuivre le travail platonicien, d'adapter "l'idée d'une humanité et d'une culture issues de la raison philosophique" à la "pure rationalité"[20]. En fait, Husserl ne thématise pas *ici* l'emploi de sa terminologie platonicienne[21] et, parallèlement, son appréciation de l'effort platonicien est toute positive[22]. Platon forme en quelque sorte l'ouverture de la philosophie. Par contre, l'état husserlien des données cartésiennes prend une autre tournure; méthodologiquement, il est d'autant plus intéressant d'analyser le rapport à Descartes que la démarche cartésienne a été thématiquement assimilée par Husserl. En regard de Platon, qui a introduit l'idée de la rationalité, Descartes *spécifie* cette dernière. On s'attendrait alors à ce que l'acceptation sans faille du projet platonicien fût renforcée: en effet, alors que chez Platon, "l'exigence d'une théorie de la connaissance" n'est *"qu'impliquée* dans l'idée (...) de la dialectique"[23], la position de Descartes est toute différente; à proprement parler, elle concrétise et solidifie autour du sujet l'espace de rationalité platonicien:

Les temps modernes commencent avec Descartes (...); il fut le premier à s'assurer par la réflexion théorique du fondement ontologique le plus universel (...) à savoir la *subjectivité* connaissante certaine d'elle-même.[24]

Dans cette proposition absolue, Husserl affirme la naissance de la phénoménologie avec la thématisation cartésienne du sujet. Ainsi le texte de *Philosophie première*, avec son contexte thématique propre dans lequel on se tient volontairement, identifie *ici* sa rationalité subjective avec celle de Descartes:

Mais, d'une part, il faut souligner encore le point suivant: les *Meditationes* de Descartes n'entendent pas être des méditations subjectives fortuites d'un Descartes (...); il doit les effectuer en tant qu'il est un sujet qui a choisi l'idée de la philosophie comme idée téléologique le guidant dans sa vie et qui, précisément du fait qu'il la réalise spontanément dans sa vie de connaissance, doit devenir un philosophe authentique.[25]

Comment dire plus clairement la proximité du commencement cartésien et du point de départ phénoménologique, lequel est thématisé comme un re-venir à Descartes? La conjonction thématique semble certaine. Cependant, les affirmations qui succèdent font douter de ce qui précède:

Le rationaliste que fut Descartes inaugura l'ère moderne précisément en ouvrant l'accès à la sphère immanente en tant que sol absolu de toute fondation de la connaissance (...). Mais nous le savons déjà: Descartes n'a pas compris le sens philosophique véritable de sa découverte qui ne devait lui servir que de point d'ancrage où amarrer les sciences positives dogmatiques. Ainsi il engagea toute l'évolution ultérieure sur le chemin d'une métaphysique dogmatiste et des sciences particulières dogmatiques.[26]

Les deux moments du passage forment un paradoxe difficile à soutenir thématiquement: ce qui *s'identifie* à la rationalité phénoménologique s'en *écarte* absolument. En somme, la thématisation des concepts les mieux *spécifiés*[27] et les plus proches du corpus phénoménologique provoque en retour l'éclatement de la possibilité de jointure absolue. Tel est le premier fil directeur: Husserl ne spécifie pas la rationalité platonicienne; elle est pourtant acceptée dans son ensemble, et même rattachée à la phénoménologie par des raffinements (cf. le concept d'implication) qui sont sans doute étrangers à l'esprit platonicien; par ailleurs, c'est comme si c'étaient la trop grande précision et la trop évidente proximité du subjectivisme cartésien par rapport au subjectivisme husserlien qui jugent de son exclusion.

Pour donner corps à cette hypothèse, il serait bon de reprendre un exemple

252

qui réactualise peu ou prou la situation de Husserl face à Platon; dans le même ouvrage, Husserl fait succéder au chapitre sur Descartes un chapitre sur Locke. Un certain rapprochement avec la rationalité en général (toujours platonicienne) est envisageable puisque Husserl termine sur une "mise en valeur critique de la problématique authentique permanente *impliquée* dans les recherches de Locke", ce qui rappelle les *implications* platonicienne[28]. Mais cet état de choses est terminal: en effet, Husserl commence par déterminer la "limitation fondamentale de l'horizon de Locke et ses raisons"[29]. En clair, il y a chez Locke l'actualité de la permanence rationnelle introduite par Platon. D'autre part, rien ne semble disposer la phénoménologie à s'identifier à l'empirisme; on l'a déjà vu avec Hume où l'immanence de la Nature humaine a dû se métamorphoser en Lebenswelt. Alors, la *proximité* serait ici gagnée contre une première approche constatant l'*éloignement* de la phénoménologie par rapport à l'empirisme. On assisterait au mouvement inverse de celui engendré par la proximité cartésienne. Toutefois, afin de ne pas forcer les textes laissons-les parler une nouvelle fois, de manière à conclure ensuite définitvement et surtout, à trouver la raison de ce singulier mécanisme d'inversion. En ce qui concerne Locke, l'auteur prend d'abord absolument ses distances:

(...) Locke présuppose en toute naïveté la validité des nouvelles sciences objectives, et il lui semble encore plus naturel d'admettre, comme si elle allait se soi, l'existence du monde expérimenté (...).[30]

Le point de départ de Locke est certes localisé aux antipodes de la phénoménologie. Pourtant, d'autres passages atténuent ce sentiment: Husserl reconnaît d'abord que "Locke lui-même n'est pas encore véritablement aveugle pour le moi, mais il ne sait qu'en faire"[31]. Notre auteur donne cependant une explication qui relativise la possibilité d'inversion thématique; la suite du texte résonne en ce sens:

Comme il s'était engagé dans la direction de pensée naturaliste tout en conservant le moi, il en résultait une tension entre des motifs incompatibles, qu'il fallait supprimer. Si le naturalisme restait bien déterminant, le développement ultérieur des doctrines naturalistes devait nécessairement conduire à la mise hors-circuit du moi ou plutôt de la substance psychique qu'on lui avait substituée.[32]

Voilà une première ligne de commentaire certes adoucie mais tout de même assumée: le moi est "hors-circuit" en ultime instance. Mais rien n'est terminé encore, car la thématisation organise tout aussi bien sa subversion cette fois réussie:

L'essai sur l'entendement humain de Locke, cet ouvrage fondamental de la psychologie sensualiste moderne fondée sur l'expérience interne, constituant en même temps l'ouvrage de base du psychologisme épistémologique. (...). Un *déplacement* singulier mais instructif s'opère dans cet ouvrage. Il n'est plus sérieusement question ici d'une philosophie radicale, de la fondation systématique d'une science (...). Le monde est *certain et il en est de même au fond de*

la possibilité d'une science objective. En revanche, il s'agit d'étudier correctement l'outil dont elle se sert, l'entendement humain, pour pouvoir la promouvoir. Ce qui ce faisant doit être pris naturellement pour thème concret, d'après
Locke, *ce n'est pas autre chose que l'ego* cartésien, seulement conçu, *il est vrai,*
de manière naturelle et objective (...). Si Descartes avait omis (...) de faire de
l'ego cogito le thème d'une science spécifique, l'originalité de Locke *est de
l'avoir fait* tout en concevant dans l'attitude strictement naturaliste (...) l'ego
comme âme existant dans le monde prédonné.[33]

Cet extrait méritait d'être reproduit. En effet, il résume les deux positions: la
première éloigne absolument Locke de la science de l'ego: des expressions comme "un déplacement singulier", "le monde est certain", "l'attitude naturaliste"
conservée, tirent Locke vers l'anti-monde de la phénoménologie. Par contre les
expressions "ce n'est pas autre chose que l'ego cartésien", "l'originalité de Locke
est de l'avoir fait (la science de l'ego)", assimilent la théorisation de Locke à
l'effort husserlien. D'un plan à l'autre il n'y a pas de transition, sinon un *"il
est vrai"* qui reconnaît thématiquement l'inexplicabilité profonde du passage.
Par contre, dans un contexte logique, il s'introduit une rationalité: *plus un contenu est spécifié comme phénoménologique, plus il est écarté par la logique.* La
phénoméno-logique est là où rien ne prépare thématiquement son insertion.
C'est l'effet du vide de conjonction, qui déplace l'actualité apparente dans l'actualité vraie en bouleversant l'ordre temporel[34]. Telle est la source logique de la
possibilité affirmée par Husserl d'une "problématique authentique" lockienne,
en dernière instance. La cohérence de l'inversion logique est donc vérifiée en ce
qui concerne Locke.

Avant que d'en tirer d'autres enseignements, revenons sur les causes profondes de l'écartement de la phénoménologie par rapport à la thématique de la
subjectivité exprimée chez Descartes; résumons ce qui apparaît positif:

(...) toute connaissance d'une existence extérieure est une opération de jugement et de connaissance se produisant au sein de la connaissance elle-même.
Du moins est-ce qui apparaît bien en toute évidence *à partir du moment
où Descartes avait mis au jour la subjectivité pure, l'ego cogito constituant une
sphère close en soi.*[35]

La positivité cartésienne connote la clôture de la subjectivité sur soi. Mais la
négativité cartésienne, celle qui détermine le rejet de la philosophie du sujet
cartésien, renvoie à une cause qui donne à penser.

L'ego pur qu'il a découvert n'est pas autre chose pour lui que l'âme pure, que le
petit *fragment du monde* qui est donné à tout sujet connaissant dans une certitude absolue, et qui seul est donné dans une expérience immédiate; c'est à partir
de ce fragment qu'il s'agit de s'assurer par *déduction* de *tout* le *reste de l'univers.*
Du fait précisément qu'il ne s'est pas élevé à la compréhension de la problématique transcendantale proprement dite, qu'il rencontre pourtant avec le problème
de l'évidence, il ne voit pas l'absurdité de toute cette conception (...).[36]

L'éloignement fait suite à la proximité, c'est bien clair, Husserl allant jusqu'à
qualifier les erreurs cartésiennes de "tare héréditaire"[37]. *Le premier état du*

texte husserlien est porteur de l'accusation de naturalisme dirigée contre Descartes. Pourtant Locke est un "naturaliste" avoué. N'y-a-t-il point une raison qui gouverne l'ensemble plus profondément? Alors un second état du texte serait à rechercher: les deux passages cités renvoient tous deux à une thématique de la totalité: tant la noble "clôture en soi" que l'exercice rédhibitoire de la "fragmentation" s'inscrivent dans un souci de délimiter un espace de thématisation, positif ou négatif. L'accusation de naturalisation se détache donc sur le fond de deux dimensions de la totalisation. Mais c'est justement en ce lieu que se place la possibilité d'une proximité avec la phénoménologie, qui révélera en retour la conjonction phénoméno-logique avec les références externes: la "fragmentation" en parties ressortit protologiquement à la topologique et à la logique du réseau simple. Par contre, la "clôture en soi" a trait au logos de la néophénoménologie. En somme le second état du texte husserlien concrétise la conjonction, par le vide du temps-théorie, d'un logos cartésien et du logos protologique et néophénoménologique. Conséquemment, un troisième état explicatif est appelé, celui où la phénoméno-logique s'active en tant qu'autosuppression de l'autoposition du vide comme sens; c'est-à-dire que la proximité protologique et néophénoménologique cartésienne pâtit de son identité nouvelle, cette dernière étant rejetée comme sens par un logos de l'exclusion des contenus. On comprend maintenant comment le plus proche thématiquement est repoussé comme lointain. Plus profondément l'exclusion logique du même sens (autoposé dans l'espace cartésien) révèle l'exclusion définitivement sémantique. La phénoménologie se *déproblématise* donc phénoméno-logiquement au contact des contenus externes assimilés par la textualité husserlienne. C'est pourquoi la filiation thématique continue a pour vérité la discontinuité de la cassure du champ problématique d'articulation. Le vecteur dynamisant est tout puissant: *l'actualité n'est pas la vérité-présence de Descartes chez Husserl mais la vérité-actualité du rejet des discours cartésiens sur le sujet, comme sens phénoméno-logique auto-posé (supprimé).* Le plus proche du plan des thématiques est ainsi la forme-à-défigurer, l'ordonnance-descriptive-à-décrypter. C'est pourquoi les affirmations cartésiennes, intégrables dans une logique des totalités, participeront d'une phénoménologie universelle amoindrie.

Inversement, le rapport à Locke, soumis à la même loi, actualise cette dernière plus simplement: par l'observation du naturalisme de Locke, Husserl s'est dès l'abord livré à la déproblématisation éventuelle d'une proximité philosophique. La distance a-problématique est donc déjà instituée. Alors joue le grand principe d'exclusion de la sémantique: le lointain sémantique est aussi bien le proche puisque l'éloignement et la proximité sont prélevées sur la fonction d'indifférence absolue du vide de conjonction. Ce principe d'indifférence opère les conjonctions déthématisées. En général telle est la conséquence d'une analyse qui recherche les lois phénoménologiques à partir d'une *spécification* (dé-limitation) des relations aux références externes intégrées: l'effectivité d'une exclusion de la phénoménologie par la phénoméno-logique est nettement observable. Toutefois, la force de la dynamique théorique est plus importante: avec l'intervention de Locke est également apparue la nécessité conjonctive d'intégrer le lointain. A l'état de fait — transformé en droit — de l'insertion des concepts cartésiens dans la phénoménologie succède phénoméno-logiquement le droit d'intégrer les concepts franchement étrangers. Qui plus est: les thèmes cartésiens sont exclus et les thèmes lockiens se voient assurés de leur permanence phénoménologique. Au maximum d'extension, on comprend définitivement la liaison de la phénoménologie à Hume: la pensée humienne est d'abord reproblématisée comme phénoménologie: le lointain des vécus empiriques de l'imagination (dans la Nature humaine) est devenu le proche absolu des vécus quotidiens dans la Lebenswelt. Puis la transposition de l'empirie en Lebenswelt cède de nouveau la place à une déproblématisation de la phénoménologie au contact de cette insertion conceptuelle: la Lebenswelt est soumise à la réduction transcendantale. En d'autres termes le vide de conjonction a ré-uni les termes lointains, puis dissocié leur conjonction: c'est là exactement une autocritique (exercée par la phénoméno-logique) de la phénoménologie[38].

Ces recherches valent pour une logique conjonctrice articulée à la *spécification* (détermination limitante) des rapports de la phénoménologie à l'étranger, que ce dernier fût simplement externe, transposé (Lebenswelt) ou intégré à la phénoménologie (le sujet cartésien). Mais elles continuent d'être valides en travaillant dans une ordre universel *a-découpé* qui est celui de l'ouverture de rationalité produite par Platon. Il est temps maintenant de produire la synthèse de ces deux dimensions, synthèse qui, en fait, mène à comprendre logiquement le cours thématique de *Philosophie première I*: Locke et Descartes, Hume (qui approfondit Berkeley) et Kant, sont autant de doublets qui manifestent la portée critique de la phénoméno-logique: lointains puis proches, proches puis lointains, empiristes et rationalistes idéalistes, prennent place dans l'opération de conjonction-exclusion du vide comme sens autoposé dans des limites thématiques. Ainsi fonctionne la théorie des pseudo-références externes, théorie qui vit de l'actualité vraie et synchronique, bouleversant la fausse direction du temps réel. En conséquence, la référence et la spécification ont même destin. Par contre, la rationalité platonicienne, qui, dans le texte de *Philosophie première I* n'est pas systématiquement délimitée[39], connaît un autre sort: elle s'identifie décisivement à la phénoménologie. Au lieu que l'emporte la logique du même vide autoposé comme sens, s'impose avec Platon un logos du même (vide = ouverture de rationalité) sans différenciation thématique. Dans les catégories de la phénoméno-logique, nous sommes amenés à affirmer que Platon (ici vu par Husserl) est analysé comme actualisant au mieux le: "sens = signification" de la ratio husserlienne. Or, le "sens = signification" est l'assomption conceptuelle de l'exclusion des lois qui régissent les contenus. En ce sens, chez Platon, l'investigation husserlienne *retient la non-position du vide comme sens particulier, comme signification*. Il reste donc la vection vide, le sens sans positions de sens, ou le vide de l'authothéorisation temporelle, qui s'articule au fondement phénoméno-logique de la phénoménologie. Telle est la modalité phénoméno-logique d'une théorie des références externes.

L'autologie interne est le mouvement de l'autoéviction de la phénoménologie: cette dernière fut d'abord intrinsèque: les contenus servent de repoussoirs ou de repoussés, suscitant des difficultés à l'infini ou répondant comme solutions à des difficultés dont ils désarticulent la cohérence. L'existence certaine d'un procès de défiguration qui met à mal toute phénoménologie[40] de la totalisation et donc, plus profondément, l'existence d'une régulation interne de la phénoménologie par sa norme phénoméno-logique, voilà un résultat qui ne fait plus de doute. Mais l'autologique évictrice n'est pas encore caractérisée entièrement; en effet, une étude exhaustive des références historiques externes, intégrées ou pas, a généralisé le procès d'autoéviction: non seulement le phénoménologie est en *regard* d'une logique normante, mais surtout, la phénoménologie prend rang dans l'histoire de la philosophie; se déproblématisant au contact de Descartes et Kant après s'être en un sens identifiée thématiquement à eux, la phénoméno-logique exprime l'autodésintégration de l'articulation des contenus. L'autodésintégration connaît même une efficace absolue dans la mesure où la phénoménologie *s'assimile, comme thème* à ce qui lui est étranger, comme elle se nie dans ce qui lui est proche (cf. les empiristes). Alors, Descartes, Kant, Locke, Berkeley, Hume sont autant d'élément d'une néophénoménologie qui assume son destin de désintégration, laquelle est articulée à sa dissémination descriptive. L'autologique produit la cata-strophe des thèmes. Pourtant, ce mouvement de décomposition qui exprime l'hypothèque de la pandescriptibilité ne ranime-t-il pas l'espoir au plus profond? En effet, la cassure de la néophénoménologie dorénavant généralisée ne forme-t-elle pas l'envers – le dépôt – d'une dynamique? Alors, cette extension catastrophique ne serait que le développement d'un germe dont la logique est bien connue. Dans ces conditions, à ce logos négatif de la pandescription – de l'autoposition universelle du vide comme sens – devrait correspondre en majeur une phénoméno-logique dynamique *universelle* qui s'éclate méthodiquement et unitairement dans un milieu d'expansion. Ainsi, l'autologique interne évictrice serait une prémisse de l'autologique externe: tout débordement négatif vers l'extérieur (les références externes) doit trouver un correspondant actif, qui assumera dans l'ailleurs la défiguration interne et positive de la phénoménologie.

2. AUTOLOGIQUE EXTERNE: UNE PHENOMENO–LOGIQUE DE L'AILLEURS

L'autoéviction de la phénoménologie accomplie par l'autologie interne conduit à placer, par rapport aux contenus, la phénoméno-logique dans un ailleurs négatif. Toutefois, il faut accentuer le renversement et cesser de référer les notions à une autologique interne qui vise un espace de contenus phéno- ou néophénoménologique. Il s'agit d'être attentif dorénavant au *rien* de la phénoménologie. Cette constatation a une valeur libératoire. Le point acide qui l'a transpercée négativement au plan des contenus est la flèche même qui peut la prolonger positivement, dans l'ailleurs historique au niveau de la logique exclusive de la dynamique. En somme, ce n'est plus ni le corpus, ni la phénoménologie, ni la néophénoménologie, qui sont en regard de la phénoméno-logique. Mais c'est l'histoire des concepts qui passerait devant le tribunal de la phénoméno-logique. Ainsi, nous assisterions à l'élaboration de la capacité inhérente à la dynamique *d'enjamber vers l'ailleurs* les limites qui séparent l'interne phénoménologique de l'externe historique. Alors serait déterminée la fonction absolue du temps-théorie, dont le rôle central est d'établir les conditions plaçant au premier plan l'actualité vraie, la vérité de l'histoire-fonction, au détriment de la succession des vérités prétendues et vécues. Quant à nous, notre tâche est de révéler l'effectivité d'une transgression phénoméno-logique vers ce passé. Ce n'est que dans ces conditions que la thématique husserlienne perd sa facile naïveté.

Dynamisation et tradition

L'assomption des résultats de l'autologique interne est cela même qui pousse à sonder le destin rétroactif — selon l'ordre de la temporalité vécue — de la phénoméno-logique. Une précision s'impose tout de suite: l'autoéviction absolue de la phénoménologie au nom de sa logique place la phénoménologie en situation d'extériorité. De sorte que le passage à l'extériorité en général est induit de la réalité de cette extériorité en particulier. Il reste bien sûr, et c'est là le fil directeur de l'analyse à venir, à démontrer cette possibilité exigée par le déplacement de la logique eu égard aux contenus. Toutefois, ce projet n'a de sens que dans la mesure où l'étude *procède* du datum historique de la phénoménologie. Au contraire, si l'investigation provenait d'autres contenus historiques, nous n'aurions jamais qu'établi éventuellement l'existence de structures communes, de réseaux universels analogues à des siècles de distance. Or, le but n'est pas de construire des parallèles "externes", mais de reconnaître un procès intrinsèque originé dans l'ordre logique-qui-se-démarque-intrinsèquement-de-la-phénoménologie. Ainsi, la vérité du débat *s'originera* de toute manière dans le datum historique de la phénoménologie. Et certes, le résultat final aura une fonction d'homogénéisation[41], puisqu'il est question, justement, d'omnitemporaliser (nous parlons du temps réel) le vecteur logique au nom de sa puissance d'actualisation vraie.

Ces prémisses posées, il est bon de revenir sur la méthode, sur le comportement à adopter face à la dimension de la réalité historique empirique, et aux théories philosophiques que véhicule *l'empirie*. Il s'agit d'assumer la phénoméno-logique aussi loin que possible. Or, jusqu'à présent, l'effort a consisté surtout à élaborer logiquement l'exclusion des thématiques husserliennes: c'est ainsi qu'a été formée une théorie des thématiques internes et une théorie des thématiques externes. Le pas qui s'essaie à aller de l'examen des thématiques externes intra-phénoménologiques vers celui des thématiques externes de l'histoire en général — là où la phénoménologie comme référentiel ne joue plus — trouve encore un appui dans une thématique husserlienne: l'idée de tradition; la tradition est le thème qui assure la liaison au passé. Cette considération est d'une extrême importance pour la portée de notre propos: *nous sommes amenés avant tout à restituer en procès qui mette en rapport la logique phénoménologique et la tradition, afin de tenter de vérifier – dans l'ailleurs – la dominance de la phé-noméno-logique.* Dès lors, le travail ne vise aucunement à une restitution des thématiques historiques, ce qui est l'office de l'histoire de la philosophie. En retour, il ne s'agit nullement, si l'opération réussit, de proclamer l'impérialité *conceptuelle* de la phénoméno-logique, qui écraserait les philosophies prises en considération. Modestement, on suit d'abord les traces du discours husserlien naïf: en ce sens, il est fortement incontestable que Husserl n'assume pas une histoire de la philosophie; au contraire, il lui a été fortement reproché de déformer les thématiques envisagées. Le but est ensuite d'examiner la *logique* de cette déformation pour prouver que cette logique engage réellement l'histoire-réelle de la temporalité philosophique dans un ordre distinct du niveau thématique apparent, ordre qui manifeste une panlogique négative du vide comme autosuppression du sens. La mise en rapport à l'histoire se sert donc de cette dernière et des thèmes véhiculés pour aboutir à la manifestation de lois inouïes du temps-théories actualisant, et penser la clôture de la tradition comme logique – et non comme thématique (oeuvrant par concepts).

Clôture de la tradition, clôture de la phénoménologie, tels sont les deux espaces que nous supposons innervés par la même autologique. La confirmation de l'hypothèse tient donc à l'applicabilité dans la tradition historique des résultats issus du travail de l'autoéviction phénoménologique. Une même nécessité dans l'examen critique des *figures* déterminerait le droit de transposer l'autologique interne dans l'autologique externe. L'autoéviction reposait sur la fonction de contenus-repoussoirs et de contenus repoussés-comme-pseudo-solutions. Le rapport à la tradition est-il fondé de la même manière?

a. *Première approche d'une dynamisation de l'ailleurs*: L'élément théorique fondamental dont nous disposons est celui-ci: le sens même de notre tentative implique que la vection dynamique procède de la logique de la phénoménologie, historiquement parlant. Dans ces conditions, l'hypothèse de contenus fonctionnant comme repoussoirs n'est examinable qu'à la lumière d'une étude de la régression dans le temps réel: à l'intérieur de l'espace du corpus donné, la défiguration empruntait le canal externe d'un mouvement d'annihilation en suivant les figures régressives et progressives; ici, au contraire, les prémisses nous contraignent à abandonner la cassure des figures s'inscrivant dans la progression temporelle-réelle, car le corpus husserlien[42] s'arrête bien évidemment avec la mort de Husserl. La dimension du temps réel à-venir est donc absente, pour l'instant, mais sera reprise ultérieurement, et cette fois en fonction d'une origine logique (véritative) dans la phénoméno-logique. Cette base fixée, il convient de se demander si une phénoméno-logique règle les rapports de la phénoménologie avec la tradition[43], si l'actualité vraie et la conjonction déterminent bien une "chaotique" des thématiques se succédant dans le temps réel.

Retournons alors à la thématique de la phénoménologie. La détermination d'un concept-repoussoir fondamental est assez facile. Le concept de *centration* (*Zentrierung*) constitue le commun dénominateur de toutes les recherches thématiques husserliennes. Toute intentionalité, qui valorise les choses et l'ailleurs en général, dirige sa visée à partir d'un centre; le concept cardinal de Ichpol ou Ich-Zentrum est un révélateur de cette situation théorique qui se retrouve universellement, tout comme est inscrite partout l'efficace de l'intentionalité. Au fil de la thématisation, d'ailleurs, la fonction de centration se multiplie: alors que la fonction d'originarité est transférée à la temporalité, c'est l'Urimpression qui est Affektionszentrum; de sorte que le Ich-Zentrum se double d'un centre au tréfond de lui. Enfin, Dieu est le télos, le Zentrum absolu. Mais, plus généralement encore, le Gegenstand est également Gegenstandpol et Gegenstand-Zentrum: c'est le "X" qui supporte tous les prédicats, le foyer central de leur coordination. En somme, que ce soit dans l'ordre du constituant, ou dans celui du constitué, tout développement thématique a pour constante la référence d'éléments à un centre de coordination. Le concept de centre forme donc l'instance qui unifie les discours intraphénoménologiques; et puisque la phénoménologie est prise de conscience du Ichzentrum par lui-même, on est amené à affirmer sans hésitation que le concept de centre unifie également le discours primordial dans lequel se développent les discursivités intraphénoménologiques secondes. Si repoussoir il y a, il doit donc se déterminer à partir de ce concept qui ramifie les thèmes husserliens[44] et *en fait l'élément éventuel à ajouter à une tradition.*

Or, sans conteste, cette omni-efficacité du centre renvoie à des solutions antérieures dans le temps vécu, ce qui assurerait une certaine continuité et instituerait une chronologique au lieu d'une phénoménologique. L'actualité présente serait-elle expliquée par une inactualité passée? Puisque notre propos n'est point de reconstituer une histoire de la philosophie, ni même une histoire du concept de centre, mais de tester la phénoméno-logique, quelques indications suffiront, surtout quand elles semblent fonctionner radicalement à l'encontre de la thèse phénoméno-logique. De ce point de vue, il apparaît que toutes les couches — des plus immédiates aux plus sous-jacentes — de la phénoménologie, sont traversées par la tradition de sorte que la phénoménologie est une *recollection* de solutions antérieures: le Zuschauer comme centre de perception, comme fonction de la *théorie*, est l'émanation d'un propos platonicien; le Blick comme centre de constitution est une réexpression du kantisme et du néo-kantisme; de sorte que c'est *l'association* du Zuschauer et du Blick qui fait problème, problème dont la solution est repoussée là où les concepts existent dans leur simplicité, chacun pour soi. La question du *Gegenstandpol* renvoie directement aux théorisations de Stumpf et de Ehrenfelds, et, une nouvelle fois, c'est la composition extrinsèque du centre subjectif et du centre objectif sous l'idée de centre qui joue le rôle de repoussoir problématique vers des solutions antérieures simples. En somme, alors qu'existent dans la succession du temps réel des réponses simples, Husserl *compose* ces réponses, dont la complexité est l'élément-repoussoir qui réclame une individualisation: alors, l'association de réponses forme un problème: l'adjonction aux termes déjà cités d'un centre temporel, puis d'un centre divin etc. ajoute à la nécessité de revenir aux solutions en décomposant. La thématique phénoménologique se fait donc en continuité avec la tradition dans la mesure où elle constituerait une fantastique tentative pour résumer la tradition: le dernier terme serait *l'expression stricte de la totalité* qui précède. Telle est l'idée, qui, rapidement exposée, rendrait compte de l'insertion de la phénoménologie dans la continuité de la tradition: le centre sert de récollecteur de toutes les centrations thématiques rencontrées dans le cours des temps. C'est la notion d'une chronologique thématique qui l'emporterait contre les ruptures phénoméno-logiques.

Toutefois il faut revenir sur le concept de tradition; la tradition est la transmission du même. Ce qui implique bien que les maillons actualisent ce même. Or, on s'aperçoit à l'évidence que les "solutions" traditionnelles *cassent* le même, étant donné que leur composition provoque justement dans la phénoménologie une recollection et non une fusion thématique (car le concept de centre fonctionne dans la généralité et non dans l'union des régions individualisées: le centre subjectif ne sera jamais le centre objectif). Dès lors, la thématique phénoménologique sert de pierre de touche à la possibilité de la transmission temporelle-réelle du même. Ce qui signifie qu'il n'existe pas de *continuité du même*, puisque ce dernier se disloque en positions thématiques diverses et successives. *En retour, on ne peut plus affirmer que l'actualité présente est expliquée par une inactualité passée.* Cependant, changeons le langage, et tout deviendra plus clair encore: sur quoi est fondée la discontinuité? Sur l'intransmissibilité du "même" total, disions-nous. Mais cet état de fait a un correspondant théorique: le "même total" a la même validité que l'équation "sens = signification"[45]. Or, cette dernière égalité signifie que la triade de succession: corpus, phénoménologie, néophénoménologie à contenus, se situe dans l'infralogique absolue. Parallèlement, la tradition comme succession de significations qui n'actualisent pas à chaque instant le même sens, se voit traduite devant le tribunal phénoméno-logique: comme la thématique phénoménologique et comme la néophénoménologie, elle articule des contenus séparés, des espaces sémantiques de description. Ce qui veut dire que s'instaure la coalescence de la tradition, du corpus, de la phénoménologie identifiante, et de la néophénoménologie. La vectorisation vraie dépasse bien la phénoménologie et soumet le temps réel à la domination du temps-théorie qui ignore la succession et la disposition de la pensée dans la continuité d'une progression. L'inactualité réelle des thématiques temporelles se voit ramenée à l'actualité vraie de leur synchronisation et de leur subordination au vecteur dynamique absolue, qui se détache distinctement de son efficacité première dans les contenus interne du corpus.

Cependant tout n'est pas évident encore; en effet, c'est au nom d'une particularité de signification (le centre) que l'opération a été menée; d'un point de vue logique, nous aboutissons au résultat suivant: certes, la tradition se voit assujettie au logos de la conjonction[46] et on peut dire que le vide discursif de la phénoméno-logique se conjoint au vide de la tradition; en effet, les thématiques présentent le *même* logique de l'évacuation du même (sens) par les significations. Toutefois, le vide est oblitéré par *un* contenu-repoussoir, le centre: en sorte que dans la discontinuité temporelle réelle, ou la conjonction logique, le vide n'a pas opéré l'autoexclusion du vide-sens comme sens posé, ou du sens comme signification. Notre propos consiste donc à réélaborer la possibilité d'une phénoméno-logique totale, qui pense la tradition comme fermeture, et sans s'enraciner dans une thématique (le centre) qui signale encore la présence de la temporalité réelle et la *détermination par les significations disposées en elle*. Dans ces conditions expresses, il reste toutefois un moyen, testé dans l'autologique interne, et qui peut resservir: théoriser des contenus qui sont des *solutions* à un problème travaillant athématiquement la tradition, mais véridiquement phénoméno-logique. C'est une nouvelle manière de tenter d'assumer l'omnipotence de la vection actualisante du temps-théorie. Une question s'impose alors: le recours à des contenus-solutions (dans la situation théorique décrite) rattache-t-il l'ailleurs passé à une logique absolue, et sans enraciner la logique dans un sens particulier (le centre)?

b. *La phénoméno-logique de la tradition*: Méthodologiquement, la recherche part encore de la phénoméno-logique. On suit donc régressivement la temps-vécu. Les conclusions du paragraphe précédent imposent de considérer que si les contenus-solutions renvoient à des problèmes historiques et établissent ainsi un lieu de continuité, en vérité, l'ordre chronologique est lui-même dépassable dans la construction d'un ordre logique qui impose la vection du temps-théorie. Telle est du moins la proposition qu'il faut vérifier.

Quel serait alors l'instance-solution qui répondrait logiquement à un questionnement phénoméno-logique re-prenant une difficulté antérieure et demeurée impensée? Le problème qui nous a arrêtés dans le paragraphe précédent est celui de la particularisation du sens-vide dans un sens en tant que posé dans une signification. C'est pourquoi, une vection *générale* doit recouvrir l'idée du "même sens = signification" et susciter alors une reproduction du même: le concept de téléologie semble être adéquat. En effet, la téléologie est l'instance qui donne à chaque signification un sens et qui, inversement, loge tout le sens dans chaque signification. D'autre part, le télos domine de son *présent* l'idée neuve d'une réunification de problèmes[47] qui s'inséraient dans le cours passé du temps: ainsi les implicites factuelles-passés se formulent comme problèmes posés et résolus dans la totalité des éléments du questionnement, totalité qui accompagne l'auto-donation du télos. La thématique du télos offre donc un substitut de la notion théorique d'une actualisation véritative. Toutefois, ne retrouverons-nous pas alors un procès continuiste qui concurrence dangereusement la nécessité phénoméno-logique de discontinuité? Il y a là une réelle difficulté, puisque la téléologie structure la continuité thématique malgré la nouveauté de la reproblématisation.

Toutefois, il est préliminairement intéressant d'élucider plus en détails la thématique du télos, comme terrain d'épreuves, avant d'investiguer sur le plan décisif de la phénoméno-logique. En outre, limitons-nous d'abord à la fonction anti-particularisante de la téléologie: de ce point de vue, tout est satisfaisant; le télos engendre la composition intrinsèque des termes séparés et la téléologie est notamment la plus grande réductrice des dualismes conceptuels; les dualismes théoriques sont résorbés: la thématique téléologique husserlienne montre combien le sujet et l'objet qui persistent dans leur séparation depuis la grande instauration cartésienne, sont deux termes infléchis l'un vers l'autre par une polarisation de la connaissance, qui met en place l'*Idée* comme terme médiateur. On montre par là que le véritable plan d'actualité globalisant de la problématique de la connaissance, qui est phénoméno-logique, dépasse les occurrences factuelles historiques, toujours inchoatives; la solution téléologique correspond à une problématisation complète s'exprimant dans la phénoméno-logique. De même, le concept de téléologie réduit les dualismes pratiques (le bien-mal; le fait à faire); le télos est l'idée qui concilie l'être et la devoir-être dans la mesure où la radicalité du mal ou la difficulté du devoir-être sont ordonnés à la finalité rationnelle d'un "en vue de". Il existe une structure de médiatisation des valeurs. Une nouvelle fois, *les difficultés inanalysées dans le passé réel, et ponctuelles (significations), sont intégrées dans une structure téléologique (le sens) qui fonde véritativement les interrogations*: les contenus-solutions de la phénoméno-logique *res-suscitent* donc la condition de possibilité du problème; de plus ce problème est *maîtrisé* par la vection d'actualité et non par les incidentes passées. Enfin la notion de ponctualité véritative, exprimant l'efficace du temps-théorie, donne des éléments pour aborder la difficulté de la continuité historique qui semble aller de pair avec toute téléologisation. En premier lieu, l'instauration d'une logique qui place les significations au même plan que le sens (et inversement) donne une concrétisation effective à la nécessité de partir du *plan d'actualité totale*. Ce qui veut dire que les contenus-solutions actualisent globalement, et non plus seulement ponctuellement − comme pour le cas du concept de centre − le rattachement de la tradition à la phénoméno-logique. Ceci apporte une réponse à la difficulté centrale: la chronologie est continue, toutefois la panlogique, actualisante véridiquement, instruit très favorablement le procès de la discontinuité. Le bloc véritatif se forme comme *ensemble* par abstraction des chaînes réelles-vécues de la temporalité. Tels sont les éléments livrés par l'analyse heuristique de la téléologie.

Dès lors, la problème de la discontinuité illustre simplement les limites de la thématique téléologique: le concept de téléologie ne répond pas totalement aux exigences de la phénoméno-logique, ce qui n'est pas pour nous étonner puisque la téléologie se *développe* dans la chronologie. Retenons par contre que le concept permet d'expliquer comment les contenus-solutions sont fondés par un *plan* de problématisation cassant la chronologie et qui départicularise les contenus au nom de l'actualité vraie. On échappera donc à la fois au spectre de la particularité et à celui de la continuité, pourvu que la thématique téléologique soit relayée en profondeur par une logique. En termes clairs, il s'agit de reprendre le travail pour continuer et confirmer l'articulation qui se dessine déjà dans la thématique. En ce sens, il faut départiculariser complètement, c'est-à-dire supprimer *la* figure thématique (téléologie) qui connote *l'universalité* du "sens = signification". En somme une figuration universelle demeure *une* figuration et oblitère toujours le vide d'un plein et le sens d'une signification; c'est cela que nous sommes amenés à comprendre. Mais, dans ce cas, comment re-logiciser?

Il reste une solution: assumer la défiguration-suppression de la terminologie téléologique, tout en reprenant cependant la logique articulatoire qui transperce le thématique. Ainsi serait conservée l'opération de départicularisation, opposée aux significations oblitérantes. En introduisant la téléologie, nous avons abouti à une grande coupure à laquelle la problématisation de cette téléologie n'a pas remédié intrinsèquement: la téléologie se propose *thématiquement* de dépasser le clivage de l'être et du devoir-être, de la gnoséologie et de la praxis. C'est ce qu'il faut *théoriser* en utilisant comme outil la seule logique. L'installation d'une logique réconciliatrice signifierait la constructibilité d'une phénoméno-logique de la tradition[48]. Deux conditions sont bien entendu requises: garantir la discontinuité et ne point faire monter en première ligne de théorisation une particularité (une signification) qui jouerait alors à nouveau le rôle oblitérateur du concept de centre.

Dans la tradition philosophique le clivage du théorique et du pratique s'assortit d'une connotation complémentaire demeurant athématique: *si la gnoséologie est première, la praxis en est déduite. Quand la praxis est première, c'est la théorie de la connaissance qui succède, pour approfondir ensuite cette praxis.* Là encore, nous rappelons qu'il n'est aucunement question de restituer la vérité locale (historiquement parlant) des théorisations philosophiques, mais de tester l'actualité véritative du vecteur phénoméno-logique, de rendre la logique de cet impensé traditionnel. Cela va sans dire, d'autres vecteurs peuvent oeuvrer, en accord ou en concurrence avec la phénoméno-logique; mais ce débat est un autre débat, car avant que de cerner la conjonction d'efficaces discursives diverses, il est au moins nécessaire de s'assurer de la possibilité d'*une* démarche qui rétro-agit en problématisant véritativement le problématisé historique. Sans pratiquer rigoureusement *l'histoire* de la philosophie (laquelle renvoie au temps réel) il est cependant possible de donner quelques repères; la mise au premier plan du théorique est presque consubstantielle à la philosophie: même les philosophes à destinée morale articulent la sagesse à une théorie. Toute la philosophie antique et la philosophie dite de l'époque classique sont bien sûr concernées au premier chef[49]. Par contre la reconnaissance d'une praxis fondamentale se trouve dans la pensée de Marx dont une des thèses essentielles est que toute théorie est produite par une possibilité enfermée dans la praxis infrastructurelle. Que Marx se proclame hors de la philosophie et en rupture avec la tradition[50], cela demeure indéniable. Mais que le discours de Marx actualise la *thématique* traditionnelle cela est également évident: sa grande hypothèse de la rationalité historique est un thème traditionnel per excellence[51]. Il reste à montrer, maintenant, comment une logique s'introduit dans les dépôts traditionnels et provoque discursivement des adéquations inouïes, qui dominent les clivages et enferment les problèmes les plus thématisés (chez Marx par exemple) dans un autre logos des thèmes, demeuré athématique.

Rappelons que soit la théorie est déductible d'une pratique, soit, d'un autre côté, la pratique suit la théorie. Tel semble être le donné traditionnel. Pourtant, l'effectivité d'un bloc "véritatif-dételéologisé" a une efficace extraordinaire: véritative et discontinue dans sa relation aux thématiques réelles passées, la phénoméno-logique énonce à partir d'elle l'instance de discours qui détermine la mise sous forme de problème des thèmes; enfin, comme bloc, la phénoméno-logique institue l'omnipouvoir du "sens = signification". Deux thèmes phénoménologiques, qui reproduisent la distinction du théorique et du pratique, *traduisent* l'efficace logique par leur conjonction et leur suppression comme significations distinctes du sens universel. Il s'agit du "savoir" phénoménologique qui est équivalent à un "pouvoir". Dans la *Krisis*, le *fonctionnaire* de l'humanité est le savoir concrétisé qui fonctionne comme pouvoir: le concept de prise de conscience est l'opérateur naïf correspondant à l'opération logique qui place en adéquation le sens et la signification: le sens comme tout des touts est également dans chacune des deux significations cardinales. En retour, chaque signification (savoir/pouvoir) porte le sens: ce dernier est métaphorisé par *l'humanité*, qui *est* savoir-pouvoir. Tel est le logos des thèmes qui forme la gangue en tant que condition de possibilité originaire de la formulation ultérieure d'autres problèmes; par exemple, là-même où Marx thématise le savoir seul (particularisé en signification) comme impuissance, s'exerce plus fondamentalement une logique qui interdit de concevoir la particularisation du savoir. *C'est que le vide discursif-traditionnalisant – s'autopose comme vide en niant les pleins du sens comme significations particulières*; le "savoir-pouvoir" est l'articulabilité première qui traverse la thématique marxienne du savoir — en niant cette dernière — et en participant de *l'énonciation* du problème d'une "efficace de pouvoir des superstructures de savoir". La thématique traditionnelle est donc articulée selon la conjonction discursive du théorique et du pratique, dans la proposition phénoméno-logique du "sens = signification". Si le thème est historiquement premier, il succède de droit à une logique des thèmes, logique phénoméno-logique, qui précède toute problématisation. En conséquence la problématisation-dans-la-tradition est issue du moins en partie d'une phénoméno-logique. C'est pourquoi la réactivation d'une telle problématisation (on pense aux concepts marxiens) appellerait la déconstruction de la gangue thématique articulée par une phénoméno-logique[52]. Dans le cas de Marx c'est toute la question du rapport des superstructures (theoria) et des infrastructures (praxis) qui est à reproblématiser, ce que tentent d'ailleurs les commentateurs actuels. Il s'agit en effet de faire surgir une problématique délestée des thématiques et de la logique qui leur est imposée: sinon, tout succombe à la phénoméno-logique de la tradition, par laquelle le sens est inscrit dans l'autosuppression par le vide.

En revenant sur la thématique strictement husserlienne, il est bon d'embrasser une dernière fois l'espace conceptuel autonié; la présentation est d'abord thématique: l'individu-philosophe est une totalité qui porte l'humanité et donc le logos de cette dernière. C'est pourquoi, celui qui sait, fait, car en vertu du "sens = signification" de totalisation, c'est le tout qui sait en même temps: alors l'actualisation par la pratique d'un savoir individuel devient inutile. La communication interne de chaque signification et du sens assure biunivoquement le relai. Ainsi, le concept de prise de conscience d'un individu est immédiatement transposable dans la prise de conscience de l'humanité. Telle est la raison fondamentale pour laquelle Husserl "projette" des données psychotranscendantales individuelles (la volonté ...) dans le contexte social. C'est qu'il y a, par derrière la thématique, la logique du "sens = signification". Donc le problème d'un individu isolé dans un savoir ou dans un pouvoir est inexistant chez Husserl. L'individu, comme la pratique, comme la théorie, sont des autopositions du vide comme sens-signification, autopositions à exclure pour les réintégrer dans la fonction fondamentale, articulée au vide du "sens = signification"[53]. Logiquement exprimé, ce processus est celui du vide (= sens) qui s'autopose comme sens déterminé, pour nier cette occurrence. Dorénavant, il n'existe plus de concept — le centre par exemple — qui s'impose comme plein. Par là. la logique est effectivement départicularisée; par deux fois elle s'est défigurée: dans l'abandon du concept de centre, et dans celui de téléologie. Voilà que le logique est maintenant *en regard* de la phénoménologie; le thématisé est *utilisé* par la logique mais ne *l'ancre* plus. En conséquence, la logique phénoménologique ne peut plus être considérée comme datant historiquement de la phénoménologie: cette dernière est le terrain-repoussoir général contre lequel se formule la dynamique. La phénoméno-logique enferme et clôt l'idée de tradition qui est pour nous articulation d'une même logique (et non sémantique). Thématiques et problématiques sont substructurées, nous l'avons vu sur l'exemple de Marx. C'est pourquoi, dans notre présent historique réel, toute réactivation des problématiques implique une restructuration qui sort les concepts en question de la logique du vide autoposé et autorisé comme sens.

Bien entendu, une question demeure ouverte: cette désinsertion ne trouble-t-elle pas profondément et radicalement la consistance des concepts, toujours englués dans les thématiques? La réponse à cette interrogation exigerait d'abord que fussent construites les éventuelles autres vections substructurantes de la tradition, les lois de leur efficace, et les lois de leur composition avec la phénoméno-logique. Mais, en ce qui concerne cette dernière et son efficacité individuelle, il apparaît sans conteste qu'elle tend à énoncer la loi de l'autoélimination des sens posés par le Rien. Le "sens = signification" signifie fondamentalement la nécessité de clore la "filiation" des idées par leur subordination à une logique qui les réduit à rien. Mais notre ignorance porte sur la base sémantique absolue: tout sens de tradition s'auto-pose-t-il comme vide? L'analyse a été conduite par la phénoméno-logique: ce sens est le vide sous une de ses *figures* totalisantes. Seul l'état d'incomplétude de la référence aux substructures logiques de la tradition nous interdit de répondre; existe-t-il des problèmes affermissant la notion d'une sémantique traditionnelle et réactualisables? L'universalisation de la phénoméno-logique nierait cette possibilité: il n'existerait pas de sens en général mais des déterminations sémantiques figuratives qui sont autocassées par le vide.

En somme, le développement de l'autologique externe est une réponse satis-faisante à la question laissée en suspens à la fin de la première partie de ces *Ela-borations*: le problème portait sur l'existence d'une référentialité en dernier ressort, malgré l'élimination du logos de l'essence-référence. Le travail sur ce concept a longuement démontré que, non seulement la phénoménologie ne con-naît pas de référence, mais que, par surcroît, elle n'est elle-même qu'une des ré-férences à nier de la logique de l'exclusion. Cette assertion vaut pour un aspect au moins du temps réel passé, la tradition; mais qu'en est-il du statut de la vec-torisation logique si on la situe dans l'avenir de la phénoménologie, qui est notre présent? L'assomption d'une possibilité dynamique par notre présent serait la reformulation éclatante du démarquage de la phénoméno-logique par rapport à la phénoménologie.

La dynamique de notre "présent vivant"[54]

a. *Les conditions de la dynamisation*: Dans sa relation fondamentale à la tradi-tion historique — laquelle se trouve dynamisée dans ses structures thématiques — la phénoménologie thématique imposait des distorsions dans l'étude rapide des philosophies du passé. Ces déformations sont l'indice même de la phénoméno-logique. Dès lors la dynamique enjambe les limites du *datum* historique de la phénoménologie. Mais ce mouvement conserve-t-il un sens si l'on prend en compte l'avenir-réel de la phénoménologie, c'est-à-dire notre "présent vivant"?

Une première indication rapide s'appuie sur l'effectivité dûment constatée de la séparation de la phénoménologie et de la phénoméno-logique; l'acquis est principiel, engendre la possibilité simple du rapport de la logique à notre pré-sent vivant; et c'est l'étude *détaillée* de l'enjambement des limites du datum husserlien vers le futur qui constituerait la dernière pierre et assurerait l'omniva-lidité d'un bloc véritatif dominant de ses exigences le temps-réalité. Ce n'est pas le temps réel qui serait principe de progrès, mais l'instance logique véritative se retrouverait simplement à distance d'elle-même et continuerait alors un cycle qu'on peut nommer traditionnel, malgré les allégations des philosophes contem-porains. Cette remarque, toutefois, cache une difficulté: en effet, si l'étude d'une phénoméno-logique de la tradition historique a été rendue efficace, c'est par l'u-tilisation des fils thématiques qui reliaient le passé à la phénoménologie. Mais dans notre situation, il est absolument impossible, en procédant de la phéno-nologie, de trouver une thématique qui serve de tissu conjonctif entre la phéno-ménologie passée et l'actualité vécue du présent; la thématisation phénoméno-logique s'est *arrêtée* avec Husserl, et nos thématisations néophénoménologiques ne suivent en aucune manière un ordre historique réel; leur portée est simple-ment méthodologique: elles ouvrent la voie à l'autologique. En d'autres termes, la phénoménologie peut contenir à l'évidence les thèmes auxquels elle s'alimente (ceux du passé) mais, inscrite dans le temps-réel, elle cesse thématiquement avec la mort de Husserl. Ce point est certes incontestable.

Toutefois, nous dira-t-on, qu'est-ce qui empêcherait de transposer les thématiques phénoménologiques et leur mode d'articulation dans notre monde actuel afin d'examiner si d'une part elles sont toujours efficientes et si, d'autre part, elles recèlent la même logique d'exclusion? Alors, on respecterait le point de départ phénoménologique. Cependant la réponse ne se fait pas attendre: l'opération ne vaut que si les discursivités actuelles ont réellement une autonomie logique au-delà de l'autonomie thématique; en ce sens, effectivement, existerait une comparabilité; par contre dans l'hypothèse où les discours actuels n'ont pas de logique intrinsèque[55], la transposition de la thématico-logique phénoménologique est d'un grand danger: certes, au plan thématique, une comparaison est possible car, à l'évidence, il existe dans notre présent une thématisation; mais, au plan de l'*organisation* des thématiques, on risque d'imposer de fait la substructure phénoménologique; ce qui revient à dire que la phénoméno-logique comblerait une absence de procès logique de notre présent[56]. C'est pourquoi il n'est pas possible de transposer la thématico-logique de la phénoménologie, si l'on veut oeuvrer en toute rigueur.

Mais, inversement, n'est-il pas envisageable de transposer les thématiques actuelles sur la thématico-logique de la phénoménologie? Deux types de réponses s'imposent: d'abord cette opération désobéirait à la nécessité de procéder de la phénoménologie. Certes, il est reconnu que le datum historique de la phénoménologie est relativisé — ce qui pourrait lever l'obligation de partir de la phénoménologie —. Toutefois, s'il est possible que les thématiques actuelles n'ont pas de logique intrinsèque, rien ne prouve qu'elles n'obéissent pas à une vection logique substructurelle, qui s'ajouterait à celle de la phénoméno-logique de la tradition: en ce cas, la situation serait extrêmement compliquées car il s'agirait de *composer* des vections dont on ne connaît ni les limites ni la puissance respectives. Dans ces conditions, il est préférable de s'en tenir à l'efficace d'une vection, le logos phénoméno-logique. Ce qui nous contraint bien à procéder de la phénoméno-logie. Tel est le langage du droit.

Par ailleurs, une seconde réponse est apportée, de fait; laissons la parole à G. Granel dont le propos exprime une opinion générale à notre époque, propos d'autant plus intéressant qu'il se dégage intelligemment de toute polémique et que l'auteur a longuement pratiqué la philosophie husserlienne:

Bref, nous sommes, de toute façon, beaucoup plus "savants" et beaucoup plus "forts" que ne l'était Husserl, parce que nous le sommes plus qu'il ne pouvait l'être.
C'est qu'il ne s'agit pas là d'une différence entre les hommes, mais d'une différence entre des âges de l'humanité (...). Ni Marx, ni Freud, ni Saussure, ni non plus Nietzsche et non plus Heidegger (...) ne permettent en effet que nous puissions reprendre l'intention et la tâche dont vécut et mourut Husserl (...). Que faire d'autre que reconnaître cette situation d'effacement? (...).[57]

La sentence de Granel consacre un état de fait. C'est pourquoi il serait bien inutile de transporter les thématiques présentes.

Mais en retour, l'état "d'effacement" ouvre une porte de théorisation: la thématico-logique phénoménologique est non-transposable, puisque les thématiques actuelles s'éloignent de "l'autre monde" husserlien et même de la *logique exclusive* qui est extérieure à la thématico-logique et à la Raison de la tradition. Quels sont les concepts et les articulations conceptuelles de la contemporanéité qui, selon Granel, ensevelissent les potentialités phénoménologiques dans l'oubli de l'effacement? Dans le même article, l'auteur répond à cette interrogation en quelques mots:

Le réseau de l'économique, de l'inconscient et du langage, celui de la destruction et de la différence, non seulement ne peut pas se rabouter aux connexions terminales du réseau de la conscience et de l'idéalité de la construction et de la différence, mais encore défait dans les retours de sa puissance propre les attaches initiales de l'autre (...).[58]

"L'économique", "l'inconscient" et le "langage" sont les néothématiques. La "destruction" et la "différence", voilà la néologique qui s'oppose à la "construction" et à l'intuitionnisme de la "présence". Dans son fond, la critique de Granel converge d'ailleurs avec une constante de "l'esprit contemporain" qui cerne chez Husserl une thématique idéaliste et une logique de la présence intuitionnée de l'essence (ou logique de la raison). Cependant, cette thématicologique est peut-être loin d'épuiser les richesses de la phénoméno-logique. Dans ces conditions, inversement, il suffit de demeurer dans la ligne de cette dernière et *d'examiner si elle ne se pousuit pas jusque dans le procès infrastructurel de la présentation des thématiques contemporains.* La question qui se fait pressante se résume alors facilement: existe-t-il dans l'actualité présente l'actualité véritative et la dynamique reconnues comme phénoméno-logiques?

b. *L'idée d'une perpétuation de la logique subtraditionnelle*: Brièvement, notre projet se limitera à reconnaître la possibilité de la logique exclusive. C'est une modeste ambition, mais le travail s'effectue en connaissance de cause: d'une part, il n'est pas évident que la logique de toutes les thématiques vise simplement à la destruction du logos traditionnel et qu'elle forme simplement l'envers critique et non productif de la tradition. La position de Granel appelle donc sa relativisation. D'autre part, l'idée a déjà suscitée que la vection phénoméno-logique — éventuellement à l'oeuvre ici — pourrait composer avec d'autres infrastructures vectionnelles totalement inouïes. En conséquence, et toujours en vue d'assumer cette possibilité de logos, il semble tout indiqué de s'attaquer aux *démarches* les plus fondamentales opposés à la *démarche* traditionnelle et d'analyser l'effectivité ou la non-effectivité d'une phénoménologique qui leur serait intérieure. Le discours sera donc volontairement éclaté, car en l'absence de toute possibilité de correspondance thématique — qui seule déterminerait une homogénéité d'approche — il s'agit de se diriger phénoméno-logiquement vers les points de résistance les plus extrêmes par rapport à l'ordre phénoméno-logique. En résumé, 1) les thématiques actuelles sont éclatées de fait; Granel veut justifier cette différence de droit et il n'y a apparemment pas de législation qui parle en sens contraire, même si cela reste possible; 2) il n'y a pas — ni de droit, ni de fait —

de centre thématique phénoménologique s'ajustant respectivement sur les ponctualités contemporaines; 3) la détection d'une phénoméno-logique, qui se veut la plus rigoureuse possible, doit ainsi procéder de l'examen des démarches les plus critiques et y chercher la logique qui la satisfasse; 4) une généralisation de la phénoméno-logique est alors envisageable, au moins en ce qui concerne les théorisations *se réclamant* des procédures les plus critiques, qui forment la "tradition du nouveau".

La logique de l'exclusion clôt la tradition en instaurant sa discontinuité malgré la continuité thématique du télos; ici, une transition ne s'imposerait-elle pas malgré la discontinuité thématique? Notre point de repère logique demeure l'équation logique du sens et de la signification qui domine la diversité des thèmes et des problèmes. Or le "sens commun" actuel s'accorde à reconnaître que la rupture avec la tradition s'est opérée grâce au clivage assuré par les démarches de Marx, Nietzsche et Freud[59]. Nous ne discuterons pas la pertinence de ce choix car justement notre propos est de rechercher la phénoménologique dans la gangue du sens commun, la "tradition" actuelle de lecture. Qu'il suffise de remarquer que ces trois auteurs, même s'ils ne sont pas les seuls à le faire, thématisent *explicitement* leur coupure avec un passé. Ceci donné, le projet d'une phénoméno-logique de l'ailleurs aura un sens si, et seulement si, l'équation du sens et de la signification règle leur démarche. Une première remarque générale nous aiguille déjà: rompre avec la tradition, c'est participer de la dynamique qui refuse le sens posé (signification); le sens se donnant est toujours à nier. Tel est l'intérêt d'une philosophie du soupçon. Mais lors, n'est-il pas fructueux de rechercher si la négation ne serait pas d'ordre phénoméno-logique? Pour que l'interprétation ait quelque consistance, il faut reprendre, dans chacun des trois cas, une démarche qui procède d'un *fond commun* discursif. De l'évidence même de notre présentation — en d'autres termes, de sa banalité — naît l'évidence d'une logique qui anime la gangue du consensus égalisant les philosophies du soupçon[60]. Le "lieu commun" de toutes les approches de la pensée de Marx est l'articulation des superstructures sur les infrastructures. Ce procès est toujours abordé, même indirectement, parce que Marx lui-même le met déjà au premier plan. Travaillant en accord thématique avec tous, il nous sera inutile de citer le texte de Marx. Rappelons simplement que la *Struktur* détermine en dernière instance la formation des superstructures. Cette articulation correspond-elle à une vection phénoméno-logique?[61] L'infrastructure est l'ensemble des conditions déterminantes du mode de production capitaliste. La morale, ou le droit, sont des exemples de superstructures. Or ces deux dernières formations ressortissent à la thématique philosophique, aux thèses et positions de l'idéologie philosophique. Et l'idéologie a un statut négatif: elle exprime la position d'une classe sociale dont l'ascendant est contesté par l'état de maturité technico-social du mode de production. En conséquence la négation des positions de la tradition, opérée par Marx, s'explicite ainsi: le vide infrastructural (ou l'absence du sens comme catégorie sémantique, puisque l'infrastructure échappe à la sphère des idéalités de la conscience) est déterminant d'un procès de position de l'idéologie (et le vide devient sens déterminé, ou signification) qui est en même temps la négation de ce dernier (l'autonomie de l'idéologie n'est qu'apparente). Le vide (de sens traditionnel) se détermine comme plein (de sens déterminé) pour nier cette occurrence. Voilà une première manifestation de la logique de l'exclusion, dans le territoire discursif le plus éloigné qui soit. Ceci montre, comme il a déjà été dit pour Marx, que la logique subtraditionnelle ordonne les thématiques en énonciations problématiques, que l'autonégation de la partie expressive du tout est une catégorie de la discursivité occidentale. Dès lors, l'originalité problématique de Marx, celle de notre présent, doit être *réénoncée* et non pas reproduite simplement. La logique d'exclusion[62] est l'actualité véritative qui travaille la textualité marxienne: d'autres vections doivent être reconnues qui contrecarrent cet enlisement dans la tradition. Toutefois notre projet s'arrête en ce point.

Une autre investigation prend pour cible théorique l'originarité du discours freudien. Ici la structure sens = signification s'élucide encore plus univoquement. Nous suivons toujours la pente de plus grande banalité, qui souligne l'incontestabilité de l'énonciation *reconnue*. L'inconscient obéit à une économique des pulsions, et correspond au *vide* de la rationalité-instituée-par-le-processus secondaire: il est *rien* par rapport à cette dernière, n'entre aucunement dans ses cadres. C'est proprement la vacuité de sens. Dans le délire, tout le sens comme vide est dans chaque signification, qui est à elle seule le sens: telle est la loi de l'inarticulation hallucinatoire, où les signifiants (comme vides de sens) sont fabriqués comme signifiés (actualisant la logique du délire). En d'autres termes, le processus primaire est le lieu où le vide de sens sécrète le plein de sens comme apparence, où le vide global (la vacuité de sens) entre en adéquation avec le vide particularisé (le vide de signification dans *l'illusion* du signifié). De plus la logique de l'exclusion est issue du rapport entre processus primaire et processus secondaire: dans ce dernier, le sens est posé dans la réalité et non dans l'illusion qui confirme le sens comme vide. C'est-à-dire que le plein de la donnée du sens n'est plus apparence. Alors le vide se détermine comme plein, par l'opération combinée du "réfoulement-sublimation". Cependant cette position de sens renvoie à son tour vers le vide puisque le processus secondaire n'est que l'étape du parcours existentiel adapté à la réalité, mais recherchant fondamentalement la satisfaction. Et la satisfaction est du registre primaire. Dès lors, nous sommes amenés à conclure que le vide se détermine comme sens en opérant son exclusion. En conséquence, *au moins une* infrastructure discursive freudienne est d'ordre phénoméno-logique.

Enfin, un dernier repérage s'attachera à l'examen de l'articulation sous-jacente aux discours de Nietzsche. L'équation du sens = signification se manifeste tout à fait banalement — au regard d'une lecture de Nietzsche qui cherche le clivage énonciatif reconnu comme dominant — dans la disposition de la constellation axiologique dont tous les contenus sont intriqués avec celui de la volonté de puissance. Cette remarque est si vraie qu'une volonté de puissance ascendante (signification) se diffracte dans le tout des touts des valeurs (le sens).

Inversement, la volonté de puissance est le sens qui s'ouvre dans chaque signification. Il en va de même du logos dans lequel est pris le concept de volonté de puissance décadente: le sens de l'idéalisme moral entre en con-jonction avec toutes les valeurs de la chrétienté. De sorte qu'*une* vérité — ou une déformation décadente de celle-ci — est aussi bien *la* vérité — ou sa négation décadente —. Telle est la prémisse logique absolue, homologue structuralement aux prémisses marxiennes et freudiennes. Mais la *même articulation se retrouve également*: toute signification est une position de la volonté de puissance; complémentairement, le sens = signification est une figuration du vide = vide, puisque le sens comme jeu de l'être, innocence du devenir et de l'éternel retour, est le vide du sens sémantico-philosophique; enfin, selon Nietzsche, le rôle essentiel de la volonté de puissance est de se dépasser sans arrêt, de s'informer toujours nouvellement en acceptant de nier les in-formations actuelles. Toutes les conditions du déploiement logique sont données: le "sens = vide" se pose comme sens déterminé (occurrences de la volonté de puissance) qui est nié et ramené dans le jeu originaire, celui du sens comme vide. Ainsi il existe chez Nietzsche, comme chez Marx et chez Freud, une vection véritative qui actualise véridiquement la logique exclusive (par-delà la critique thématique de la religion par exemple) et qui résonne puissamment dans leurs textes. Une autologique externe phénoméno-logique est la gouvernante des ressorts thématiques[63].

En obéissant au programme fixé, nous nous sommes dirigés phénoménologiquement vers les points de résistance les plus durs de notre actualité présente, ceux qui sont aux antipodes thématiques de la tradition. Dans les trois cas s'est exprimée la même logique phénoméno-logique laquelle contredit aux affirmations de Granel pour qui la pensée contemporaine vit de la différence et de la séparation. Un principe d'unification du logos contemporain serait-il alors envisageable? En d'autres termes, pourquoi cette logique égale à elle-même ne s'imposerait-elle pas comme logique universelle explicite? Remarquons que cette question sonne juste puisque la quasi-totalité des philosophes de l'actualité réelle se réclament de la révolution théorique qui est survenue avec Marx, Nietzsche et Freud[64]. Le texte de Granel, qui est symptomal, indique même que cette filiation ressortit autant à la méthode, à la logique de la démarche, qu'aux thématiques. En somme, une unité logique s'opère dans l'universalisation de la négativité critique.

Pourtant, au nom même de la démarche instituée par la révolution théorique, il s'avère que les recherches doivent demeurer sectorielles et emprunter leur logique aux particularités analysées[65]. On n'imagine plus en effet que puissent fleurir de nouveaux "principes de philosophie". Rappelons qu'il ne s'agit pas du tout (pour nous) d'en restaurer la possibilité, mais de comprendre la relation équivoque entre trois termes: pérennité d'une logique de l'exclusion, consensus de l'actualité présente pour l'établissement d'une logique thématico-critique s'affranchissant du procès conceptuel traditionnel, différenciation des méthodologies selon les régions du savoir qui sont abordées. La réponse à cette interrogation implicite sur la conciliabilité des trois facteurs se développe en deux points: d'une part, notre travail vient d'aboutir à la constatation selon laquelle la logique critique n'est qu'un moment thématique, arbitrairement extrait de la coordination phénoméno-logique (voir note sur l'analyse *ab inferiori*). Ceci ramène le second terme au premier. D'autre part, la conciliation avec le troisième terme apparaît maintenant à l'évidence; étant donné que les particularisations de la même logique – qui sont des moments thématiques critiques – ont pour source leur captation par des *régions* thématiques délimitées, on est amené à considérer que l'éclatement de la phénoméno-logique est issu de la *thématisation* de cette dernière. De sorte qu'elle ne se manifeste que scindée et que le consensus universel ne s'exprime qu'à propos d'un de ses termes, celui de la thématique négatrice. *En résumé, la logique est oblitérée, comme vide, par des pleins thématiques qui la découpent mais laissent ressortir le moment logique de la négation au travers de la thématique négatrice.* La critique thématique est partie prenante de la logique qu'elle décoordonne simplement en s'imposant comme plein. La coordination travaille toutefois en sous-jacence: certes au premier abord, le vide ne se pose pas comme plein (= signification) autonié, puisque le plein est affirmé; toutefois, la *critique* est tellement structurée par une logique de l'éviction des pleins qu'elle se dépasse régulièrement (s'auto-exclut) en *autocritique* (Althusser, Foucault). C'est d'ailleurs la conséquence la plus attendue d'une attitude qui prétend traquer le *même* traditionnel alors qu'elle est structurée par sa logique[66]. Ainsi la logique construit le mouvement du plein comme négation: le plein est la figure autoévictrice du vide, et rien par lui-même.

Cette fondation par la logique n'en laisse pas moins ressortir qu'en première instance travaille le thème, même si, en dernière instance, il apparaît que le thème manifeste le logos de dé-thématisation. On retrouve la même situation que celle qui régissait la néophénoménologie où les thèmes se proposaient contre leur insertion dans un procès d'exclusion des contenus. Cependant la logique de notre actualité présente comme critique n'est qu'une logique *parcellaire, puisque, seul, le moment négatif est perçu par notre sens commun, alors que le moment est en soi pris dans un tout logique* (en néophénoménologie, par exemple). La critique actuelle se bat à l'intérieur des thèmes alors qu'un logos supérieur exclut les thèmes pour fermer l'espace de leurs manoeuvres et terminer *le* cycle philosophique. C'est pourquoi elle pourfend et reprend, scinde, mais sur fond de même inexprimé.

c. *La logique parcellaire, ou le logos dans les thématiques critiques*: Suivons donc l'éclatement, puisque les thématiques s'imposent et que la prise en considération de l'actualité présente comme "Philosophie critique" rencontre des espaces d'inscription non coordonnés dans une positivité logique globale, mais dans une négativité thématique qui coupe la logique. La seule méthode qui soit alors disponible est de s'ajuster au mieux à l'éclatement thématique en tentant de laisser entrevoir un ordre: ce dernier reposera sur la plus ou moins grande proximité que les théorisations manifesteront par rapport à la logique supérieure. Nous irons du plus proche de la logique supérieure au plus lointain, c'est entendu. Mais une autre distinction est importante: il est des thématiques qui actualisent plus ou moins la phénoméno-logique, selon qu'elles composent plus ou moins avec d'autres dynamiques ou d'autres sémantiques. Les thématiques critiques visiblement articulées selon un ordre néophénoménologique dominant trouveront leur place dans le texte, les autres seront insérées en notes. Ainsi, l'éclatement sera au moins engagé dans un processus de classification rationalisatrice où sont analysées la continuité qui *éloigne* progressivement de la phénoméno-logique et les latéralités posant un problème particulier. Par ailleurs notre souci n'est aucunement l'exhaustivité; plus modestement, il s'agit toujours de reconnaître les protensions de la phénoméno-logique en des lieux apparemment fermés à la tradition[67].

Les deux derniers ouvrages de M. Foucault – *Surveiller et punir, La volonté de Savoir* – nous semblent se rapprocher sensiblement de l'effort phénoménologique. Comme d'habitude, suivons la pente de la banalité, qui permet de focaliser l'attention sur l'articulation reconnue et sur son *énonciation traditionnelle*. Nous évitons ainsi de tomber dans la recherche éperdue de la vérité d'un texte, vérité qui est toujours thématico-logique, alors que nous sommes intéressés par la logique. Les deux ouvrages seront donc considérés dans leur ensemble, sans être cités précisément, thématiquement. Un grand axe problématique court à travers les deux textes: la "théorie" *est* "pratique", le "savoir" *est* "pouvoir"; les effets de savoir, qu'ils soient politiques et juridiques, ou sexuels (le savoir de la psychanalyse comme fonction de pouvoir de la bourgeoisie) sont bien des effets de pouvoir. La textualité de Foucault re-prend donc la circonscription thématique de la traditionnalité que nous avons cernée dans ses aboutissements husserliens, lesquels étaient seuls problématisants. L'univers de discours substructuré par la phénoméno-logique est ici re-produit. Rien d'étonnant à cela puisqu'on a constaté combien la *tradition* logique absorbe la *révolution* thématique. Un point est remarquable toutefois: Foucault explicite, *thématise* le problème des rapports pouvoir-savoir, lequel était un produit de la sub-logique de la tradition, tradition qui vivait *implicitement* – dans sa substructure logique – l'articulation du savoir au pouvoir. Comme Husserl, Foucault place en rapport de corrélation le savoir et le pouvoir. Qui plus est, il n'utilise point la métaphorique de la prise de conscience, de l'humanité, du fonctionnariat etc. A-t-il pour autant dé-figuré les apparences qui cachent la logique, qui masquent l'adéquation fondamentale du sens et de la signification? Reconnaissons d'abord que la prémisse logique est bien là: toute signification (praxème ou idéologème) est prise dans le sens qui se distribue dans toute position de savoir ou de pouvoir. Qui plus est, les différentes positions de significations sont niées dans le rapport qu'elles entretiennent avec le dispositif général de pouvoir-savoir. Ceci est bien admis. Examinons toutefois les conséquences de la thématisation par Foucault des rapports "pouvoir-savoir". L'arrière-plan descriptif est formé par la région politique, la région de l'administration judiciaire, celle de la sexualité, du champ éthico-religieux depuis le Moyen-Age, etc. Remarquons déjà que ce champ thématique est très large. Par ailleurs Foucault tente de formuler une thématique positive de la surveillance et de la sexualité. Dans *Surveiller et punir*, le pouvoir et l'administration de celui-ci ne sont pas des négations, dit Foucault, mais des déterminations positives; de sorte que le caractère répressif du pouvoir n'est qu' un accident secondaire; de même, dans *La Volonté de savoir*, Foucault insiste sur le fait que la conception juridique du pouvoir transforme ce dernier en instance négative alors qu'une conception plus vaste lui accorderait une juste positivité. Ainsi, le pouvoir-savoir est proposition d'un faire pratique et d'un discours théorico-politique. C'est là que nous rejoignons la largeur du champ thématique: la positivité du savoir-pouvoir n'intervient que dans la mesure où les délimitations discursives attendues sautent sous une pression que nous nommerons logique: le pouvoir n'est pas seulement de l'ordre de la jurisprudence mais, plus globalement, connote la socio-logique; de même la sexualité touche aussi bien au discours normant qu'à une pratique sur les corps. A partir de ce moment, la critique thématique – c'est-à-dire la critique de la pratique sexuelle traditionnelle, ou du pouvoir comme institution de répression – cède la place à un procès où l'universalisation thématique l'emporte et où la *positivité globale* est reconnue. Complémentairement, on conçoit bien que ce positif renvoie à la logique: il rejoint l'équation du sens = signification, du tout particulier et du tout des touts. Foucault ne cède donc pas à la thématique négative, et son discours n'est pas simplement traversé par la logique phénoméno-logique.

Toutefois, le concept de thématique demeure. Quel emploi en est-il alors fait? Notre développement apporte une réponse: Foucault totalise les thématiques, tente de créer la continuité logique en sommant les discontinuités descriptives; la négation de la possibilité d'une mise au premier plan d'un champ particulier procède donc d'une logique *recomposée*. On voit que cette démarche suscite une difficulté: il est inconcevable de totaliser toutes les thématiques car ce procès conduit à une régression à l'infini. C'est pourquoi Foucault travaille à l'intérieur d'une *figure* thématique qui tient lieu de principe de totalisation: il s'agit du politique qui régit toutes les dispositions secondes. La socio-politique est la figure du tout des touts, du sens = signification. Cette bavure logique explique l'ambiguïté de la théorisation de Foucault: d'une part il est à juste titre extrêmement attentif aux formations discursives, aux connexions archéologiques qui substructurent les thématiques se développant dans le savoir. De ce point de vue, la méthode est sans tâche et participe de la construction de vections autres que celles de la phénoméno-logique. L'archéologie, comme science des discours, est à la limite de ceux-ci, mais ne s'implante pas en eux; elle est "derrière" les systèmes achevés[68]. Par contre une autre dimension des recherches de Foucault entre dans les thématisations. Certes, Foucault ne décrit pas simplement la folie dans son histoire, ou la sexualité dans son devenir réel. En effet, l'auteur problématise l'histoire, articule les espaces d'explication et les seuils de transformation des problèmes. Ce faisant, malgré tout, il demeure dans la figuration; cette dernière ne s'effectue pas au premier niveau, c'est-à-dire que Foucault oublie l'imagerie traditionnelle comme elle mérite de l'être (les grands personnages, les dates pour les dates, les événements localisés... autant de produits d'une description pure) mais la remplace par l'image totalisant du politique. Une figure représente le tout du procès logique. A la différence de Marx, Nietzsche, Freud, Foucault n'isole point (*ab inferiori*) un élément pour l'insérer dans une thématisation négative. Mais il contracte la positivité du tout dans une figure de représentation. De sorte que la logique est brisée, que la contraction du sens = signification dans une instance thématique dont les limites sont gonflées oblige l'auteur à creuser à l'intérieur du monde thématique et à masquer une logique qu'il cherche ailleurs sous le nom d'archéologie. C'est pourquoi, soit la démarche est ensevelie sous le contenu "politique", soit elle est vide de contenus (archéologie). Mais la solution de conciliation n'est pas trouvée, qui nie les contenus au nom du vide. Dans ces conditions la phénoméno-logique est seulement approchée sous l'espèce de la positivité représentée par une figure, qui a pour fonction de totaliser les coupes thématiques. En ce sens le logos archéologique est pris dans la logique des substructures traditionnelles, mais la tentative d'explicitation de cette dernière amoindrit la vraie logique véritative.

En continuant ce parcours, éclaté par la nature même de la des-truction contemporaine du savoir comme critique, il est fort intéressant de rendre compte des thématiques qui re-pensent l'actualité des instigateurs de la "révolution" épistémologique, afin de constater si les discursivités originaires sont ré-énoncées et obéissent alors à d'autres critères que ceux de la phénoméno-logique. En somme l'actualité la plus contemporaine, la tradition actuelle trahit-elle d'autres vections qui assument son éventuelle autonormation? Plus que jamais, nous serons rapides, car il s'agit simplement de reconnaître un terrain sans s'y implanter, d'esquisser une pro-tension phénoméno-logique afin de tester sa pertinence, c'est-à-dire l'effectivité d'un éclatement thématique. En ce qui concerne la post-discursivité nietzschéenne, la situation est claire: la critique actuelle est prise dans le discours nietschéen, cherche son tissu mais ne bâtit pas encore une réénonciation discursive. Nietzsche peut donc être considéré comme actuel à part entière, c'est-à-dire que nos analyses antérieures valent pour le présent vivant[69].

Par contre, les conditions thématiques de la discursivité marxienne se trouvent réélaborées tout à fait explicitement. Dans son *Lire le Capital*, L. Althusser commence son travail de réénonciation en précisant qu'il faut *lire* le texte de Marx pour laisser surgir les blancs de non-énonciation, les questions non explicitées, et dès lors, les problématiques qui travaillent sous les thématiques à réévaluer (cf. le concept de l'efficace d'une structure présente à ses éléments). Ce dernier concept mérite une élucidation: en prenant l'exemple de "l'effet de connaissance", nous comprenons bien que celui-ci n'est qu'une forme particulière qui assume la présence du système de la scientificité à ses éléments. De sorte que la vérité n'est point une vérité devenue, à la différence de Hegel, que le résultat vaut "sans son devenir" (p. 82). Comment ne pas dire alors que chaque signification actualise le sens présent dans chacune d'elle[70]? La matrice du sens = signification est donc particulièrement applicable à la théorisation de Althusser. Cependant, ce développement ne caractérise pour l'instant que l'effet de connaissance; c'est-à-dire que l'effet de théorisation (de savoir) doit composer avec l'effet de pratique (pouvoir) pour que l'on puisse réellement affirmer l'équation sens-signification. Or, ici le bât blesse: en effet, Althusser énonce d'une part le "primat de la pratique" (p. 70); d'autre part, cependant, il est dit que la pratique théorique est à elle-même son propre critère (p. 71). En d'autres termes, l'auteur institue le primat du pratique pour aussitôt le détruire dans l'insertion de ce dernier dans un contexte théorique, dans une philosophie comme "théorie de la pratique théorique" (p. 6). De sorte que le lecteur est balancé d'un point de vue à un autre et qu'il ne saisit ni l'émergence de la théorie au sein du pratique — puisque la pratique est dominante —, ni les conditions de surrection de la pratique dans la théorie — puisque la théorie est l'instance où se pensent les pratiques dans leur articulation. En somme, le "sens = signification" est le télos de l'argumentation de Althusser, Althusser qui veut penser l'adéquation du savoir et du pouvoir; toutefois la prééminence d'une pratique est affirmée dans la théorie, ce qui introduit un clivage désidentificateur. Dans ces conditions, l'auteur tente une réénonciation du problème de Marx, mais demeure en fait en-deçà des connexions thématiques marxiennes formulant l'énoncé originaire, énoncé qui s'inscrit dans un "sens = signification". Althusser demeure dans une infralogique de l'occultation du vide d'exclusion par la position thématique de *plein de la théorie*. D'ailleurs, les *Eléments d'autocritique* publiés plus tard, pratiquent justement l'autocritique de ce "théorisme" qui confond erreur et idéologie et qui inclut la dimension de la praxis dans celles du procès de la connaissance. Toutefois, ce rééquilibrage, qui est certes réel, *re-produit la logique phénoméno-logique* qui vit de l'exclusion du primat des contenus de connaissance autoposés. En sorte que le télos de l'autocritique althussérienne ne se démarque point du télos de la logique de l'exclusion des contenus, quand bien même Althusser propose *thématiquement* la construction de nouveaux contenus. Il restera toujours que *dire* le *faire* oblitère de son plein un procès absolu (social, ici) qui dépasse le dire de toutes parts. Il faut donc conclure à la validité de la phénoméno-logique et à la non-réénonciation originale, par Althusser, du problème marxien.

La postériorité freudienne actualise-t-elle l'effectivité d'une rethématisation qui réexprime la thématique problématisante originale? Notons d'abord que Freud, comme Marx, a été soumis à des tentatives de réélaborations conceptuelles, ce qui justifie une interrogation sur la portée de ses *formulations* théoriques. Il semblerait normal de laisser la parole à un psychanalyste et, plus particulièrement, à un théoricien qui préconise un retour à Freud contre le culturalisme américain: c'est le cas de Lacan. En continuant la logique de notre attitude, nous refusons de nous enfermer dans la vérité de Lacan pour plutôt relever l'éventualité d'une nouvelle discursivité fondamentale, qui échappe à la "thématique — origine". Or, une difficulté énorme traverse en ce sens le discours lacanien; en effet, si Lacan propose de recourir aux données actuelles de l'anthropologie et de la linguistique (cf. *Fonction et champ de la parole et du langage*), le même texte précise décisivement que, ce faisant, la "psychanalyse n'a qu'a y reprendre son bien" p. 114). En ce sens, également, Lacan focalise son effort sur la nécessité de revenir aux concepts théoriques de Freud, parce qu'il "semblerait prématuré de rompre la tradition de leur terminologie" (p. 114). De sorte que l'opération d'adaptation à l'anthropologie et à la linguistique ne signifie rien d'autre que réassumer le "champ de parole" freudien. La psychanalyse reprend donc "son bien" en étant confrontée avec les *techniques* actuelles parce qu'elles fonctionnent comme des auxiliaires de la thématique qu'il s'agit de préserver. Notamment, l'insistance à préserver la thématique de la sexualité contre les déviations américaines est le ressort fondamental de la continuité thématique. Ainsi, complémentairement, la réénonciation lacanienne n'est que la poursuite de l'énonciation freudienne et vit en continuité stricte avec cette dernière. C'est pourquoi, un même champ discursif se re-produit malgré les apparences, et c'est Lacan lui-même qui invite à ré-investir le texte de Freud, à lui redonner *sa* parole.

Dans ces conditions, il faut donc laisser la parole à des théoriciens qui ne préconisent point de retour à Freud. C'est bien le cas du couple Deleuze-Guattari dans l'*Anti-Oedipe*. Les deux auteurs se servent en effet du point d'appui freudien comme pierre de touche et semblent énoncer une nouvelle problématique qui soit en même temps la vérité de la discursivité freudienne. Le changement de thématique s'impose à l'évidence: du théâtre de l'inconscient où se joue le drame des représentations-de-pulsions (cf. le concept de *Triebpräsentanz*), on est conduit à l'usine où se produit le désir dans des machines spécifiques. Plus généralement, le concept de psychanalyse est transvalué: à la psychanalyse des représentations manifestes ou latentes, succède la schizoanalyse des flux, des intensités et de leur blocage. Enfin la métamorphose de la thématique décide d'une nouvelle problématique: la problématique freudienne s'installe dans un champ de parenté originaire et décrypte les codes manifestes en les rapportant à des investissements parentaux — qu'ils soient familiaux ou sociaux. Par contre, la problématique de la schizoanalyse s'épuise originalement dans la considération d'un inconscient orphelin dont il s'agit de déterminer les lois qui captent son "devenir-schizo" pour le limiter dans un système de marquage où la marque limite dans un territoire le "déterritorialisant". Cette nouveauté thématico-problématique enregistrée, peut-on dire pour autant que la logique substructurelle corresponde à la tentative de formulation originaire de la vérité de Freud contre Freud? Tout devient plus difficile; car on retrouve étonnament l'équation "sens = signification" dans la théorisation d'un corps sans organe, c'est-à-dire d'une somme d'intensités qui ne se répartir pas dans des canalisateurs-spécificateurs de l'intensité. Ici, le vide du sens conceptuel est le vide de la signification: un seul flux sans affluents, une hydraulique sans canaux de dérivation, telle est fondamentalement la situation. Cette dernière enjoint formellement de considérer que toutes les positions (les organes dont l'efficace déterminerait un sens-limité du flux; le moi comme pétrification du moi nomade imposionnable; les représentations-de-pulsion comme intériorisation linguistique du marquage social oedipianisant) forment des négations de la structure originaire du désir inspécifiable et fondamentalement a-sémantique. En somme, le sens-déterminé participe de la logique de son autosuppression. Ainsi, une grande traditionnalité logique structure le champ d'énonciation de la schizoanalyse.

Ce parcours éclaté a donc reconnu le terrain des combats où se joue l'offensive contra la tradition passée[71]. Mais *l'organisation* des thèmes, quelquefois nouveaux, détruit l'effet d'originalité: les dispositifs logiques particuliers reproduisent la cadence originaire. Dans le paragraphe précédent, où était développée l'idée d'une perpétuation actuelle de la logique traditionnelle, le travail a abouti à reconnaître que l'universalité de la thématique − qui sous-tend la forme la plus reconnue de l'effort philosophique contemporain − *casse* la logique de l'exclusion en faisant ressortir des thématiques et l'*exhibe* dans la mesure exacte où les thématiques sont critiques. Déjà les *aspects non-critiques* de ces mêmes thématiques (cf. la construction d'une économie politique chez Marx) participent de la résorption des particularités dans le tout structural du sens = signification (l'infrastructural déterminant, pour Marx). Mais l'intériorité articulatoire de *chaque thématique critique* est encore plus celle-là même de la logique sub-traditionnelle, car les positions critiques sont englobées par l'*auto*-position de la logique fondamentale. Ainsi se signale la dynamique originaire qui assume pleinement l'idée d'une logique interne démarquée par rapport aux contenus en la parachevant dans un logos externe qui s'échappe de la phénoménologie et dispose les formes d'énonciation du passé réel et du présent réel dans la nécessité de la Réunion articulatoire[72]. Telle est la phénoméno-logique de l'ailleurs.

---

1   Par figure, on entendra l'équivalent de *Gestalt*: il s'agit d'une forme qui "colle à un contenu" et non d'une forme relationnelle insérable dans une théorie.

2   Lorsque la théorisation s'attachait à l'idée de réseau-simple et universel, le concept de thématisation correspondait aux conséquences de l'attention exclusive portée aux significations et aux éléments de signification. Mais, maintenant, étant donné que tout contenu conceptuel intrinsèque − même pris dans un réseau totalisé − ressortit à la description, il devient nécessaire de généraliser l'emploi du concept de thématisation.

3   I. Kern, *Kant und Husserl*, p. 233.

4   Ibid., p. 195.

5   *Husserliana 6*, p. 250.

6   Nous trouvons en ce sens la véritable efficace de la fonction d'immédiatisation, laquelle est totalement déréférentialisée, tant en ce qui concerne les renvois thématiques externes (l'essence intuitionnée) que les références thématiques internes (la fausse primauté de la réduction cartésienne).

7   *Logique formelle et logique transcendantale*, p. 254-255.

8   *Husserliana 8*, p. 506. "Absolut betrachtet, hat jedes ego seine *Geschichte*, und es ist nur als Subjekt einer, seiner Geschichte (...). *Die Geschichte ist das grosse Faktum des absoluten Seins*; und die letzten Fragen, die letzt-metaphysischen und − teleologischen, sind eins mit den Fragen nach dem absoluten Sinn der Geschichte".

9   *Husserliana 8*, p. 50. "Beachten wir hier folgendes; jedes Faktum, und so auch des Weltfaktum, ist als Faktum, wie allgemein zugestanden, kontingent".

10 *Philosophie de l'arithmétique*, p. 187.

11 Ibid.

12 Ibid. Nous soulignons et supprimons le passage mis en valeur par Husserl (voir citation ci-dessus).

13 p. 342.

14 Ibid., p. 343.

15 Voir la première citation sur Hume.

16 Voir la seconde citation sur Hume.

17 *Husserliana 6*, p. 49. (Nous soulignons). "Es war ein verhängnisvolles Versaümnis, dass Galilei nicht auf die ursprünglich sinngebende Leistung zurückfragte, welche, als *Idealisie-rung* an dem Urboden alles theoretischen wie praktischen Lebens (...) betätigt (...)".

18 *Husserliana 6*, p. 399. (Nous soulignons). "Diese letztere Aufgabe erfordert das Ab-sehen von jeder logifizierenden Aktivität und, hinsichtlich der schon vorgegebenen Wis-senschaften, eine Epochè hinsichtlich ihrer Geltung, beiderseits aber noch eine andere Epochè – *ein Sich-über-die-Lebenswelt-stellen*, statt in ihr den normalen alltäglichen In-teressen nachzugehen (...)".

19 *Husserliana 6*, p. 130.

20 *Philosophie première I*, p. 22.

21 Pourtant, le fait que Platon ait pratiqué "l'intuition des idées" est *loin* de lui être in-connu (cf. même texte, p. 283).

22 Nous verrons comment à la fin de ce paragraphe, la référence platonicienne est posi-tive, en fonction justement de sa *généralité*.

23 *Philosophie première I*, p. 53.

24 Ibid., p. 86. (Nous soulignons).

25 *Philosophie première I*, p. 88.

26 Ibid., p. 262.

27 Par "spécifiés", il faut entendre "délimités", inscrits (et isolés) dans des totalités locales.

28 *Philosophie première I*, p. 145. (nous soulignons).

29 Ibid., p. 111.

30 Ibid., p. 112.

31 Ibid., p. 150.

32 Ibid.

33 Ibid., p. 105-106. (Nous soulignons).

34 Le vide d'exclusion casse donc les continuités thématiques apparentes, bouscule l'ordre des significations (inverse leur rapport de proximité sémantique apparente au corpus).

35 *Philosophie première I*, p. 94. (Nous soulignons).

36 Ibid., p. 103. (Nous soulignons).

37 Ibid.

38 Il est facile de noter en quelques mots que dans *Philosophie première I*, la triangula-rité maintenant analysée: "Descartes-Locke-phénoménologie" a la même structure qu'une triangularité historiquement ultérieure, celle: "Hume-Kant-phénoménologie". Husserl est très proche de Kant (p. 300-301) et très lointain (p. 282). En même temps, la phénoménolo-gie se rapproche de son contraire, Hume (cf. p. 225, où il est dit que "le *Treatise* de Hume est la première ébauche d'une phénoménologie pure", bien qu'elle fût "sensualiste et empi-riste"). Hume et Locke jouent bien le même rôle dans une logique de l'exclusion du proche et de l'intégration du lointain.

39 Dans sa sixième *Leçon*, Husserl tire il est vrai "l'exigence d'une théorie de la connais-sance" de "la dialectique" (p. 53). Mais Platon est pris plus comme prétexte que comme fon-dateur, puisque Husserl cherche une théorie des jugements, une catégorisation étrangère à Platon. Ceci noté, il convient de remarquer que sur ce cas très particulier, joue encore la phénoméno-logique: le *lointain* thématique (la différence entre la connaissance selon Platon et la connaissance pour Husserl) est *rapproché* en vertu du principe infra-thématique incarné dans le vide d'indifférence conjonctrice.

40   Nous employons l'un pour l'autre phénoménologie et néophénoménologie, dans la mesure où il s'agit de contenus en général, malgré les niveaux différents où ils se placent.

41   En disant "fonction d'homogénéisation", nous voulons laisser supposer que l'histoire réelle des idées puisse être concernée intrinsèquement par la phénoméno-logique. Les deux seraient en quelque sorte de plain-pied, sous certaines conditions à préciser.

42   Nous avons insisté, et insisterons particulièrement sur le texte husserlien, et non sur les textes phénoménologique ou néophénoménologique, tout simplement parce que les concepts inclus dans ces derniers sont trop dépendants de la description. Au moins le *datum* du corpus est-il riche de plus d'implicites, puisque ce sont ces dernières qui ont conduit à l'auto-logique, contre la méthode de description justement.

43   Par *tradition* nous entendrons provisoirement et communément la chaîne unitaire des idées-forces se structurant et perdurant dans le temps historique réel.

44   Rappelons que le corpus est unifié, identifié par le sujet-objet de rationalisation. Nous en restons ici à la thématique husserlienne, comme simple point de repère, de ramification.

45   Dans la tradition, chaque idée (signification) est prise dans le sens global, qui se manifeste en retour dans chaque idée et à partir de chacune d'elle.

46   Ce point est décisif mais problématique. Que la phénoméno-logique soit efficiente, c'est certain. Parallèlement, il est assuré – quand bien même cela n'a pas été établi dans le détail – que le temps-tradition *participe* de ce logos arrimé au vide. Toutefois, toute la richesse de la notion de tradition et des *effectivités* conceptuelles n'est pas pour autant épuisée. Il aurait fallu montrer (mais est-ce possible et même pensable?) que les effectivités conceptuelles de la tradition s'articulent à des essences-totalités vides.

47   On retrouve les conditions de l'autologique interne: une solution véritative s'impose comme réponse à un problème impensé: en effet, le télos impose une forme nouvelle (globalisante) à des questions particulières; il leur propose leur sens d'être, celui d'être insérées dans une nouvelle problématique qui ne se découvre qu'à partir de la phénoméno-logique. (Voir la suite du texte pour des exemples). La *discontinuité* serait donc respectée.

48   Mais le fait de dépasser le concept-solution de téléologie remet en question notre définition de la tradition: la tradition avait été qualifiée comme une chaîne de continuité thématique véhiculant le même sens. D'un point phénoméno-logique, on ne peut plus parler que *d'une articulation* traditionnelle; les contenus conservent en effet cette fonction oblitérante que la continuité téléologique elle-même, pourtant universelle, n'est pas parvenue à éliminer. Complémentairement, notons que cette dynamique phénoméno-logique ne prétend pas constituer une conception exhaustive du concept de tradition. Pour notre propos, il suffit simplement que cette dynamique existe, et impose sa discontinuité articulée.

49   Dans leur cas précis, le mouvement de balance de la théorie à la praxis est révélateur de l'impossibilité de se fixer dans une signification oblitérante: posséder la théorie, c'est oblitérer une praxis et inversement. Le "sens" dément son occultation par la "signification" et dépose de droit la prétention de chacun d'elle, ce qui engendre leur *alternance*. On comprend l'importance de la notion bâtarde de *sagesse* qui indique vers ces deux significations, sans en promouvoir une absolument. Le recours à Marx sera plus positif, car ce dernier relie intrinsèquement théorie et praxis, dans un *système discursif*, qui dépasse la morale personnelle et ses engagements existentiels, difficilement théorisables en dehors du concept justement ambigu de sagesse.

50   La référence à Marx n'est pas innocente. De toute évidence, le roc de l'explication marxienne de l'histoire est formé par la lutte contre *certaines* données sémantiques traditionnelles (la religion; l'Etat; l'homme etc.). *Toutefois nous considérons ici les théories antérieures à Husserl et leur inscription dans le temps réel.* C'est pourquoi Marx prend place légitimement dans ce développement. Par ailleurs, cependant, nous verrons que l'inclusion de la pensée marxienne dans une logique transhistorique (qui domine le temps réel) forme justement la raison pour laquelle Marx pourra être réutilisé dans une étude de la phénoméno-logique de l'avenir. Passé, avenir, c'est tout un pour le logos des infrastructures subsémantiques.

51   Pour plus de précisions, le travail qui est mené a trait à la logique thématique du *discours* et non à l'examen direct de la pertinence des *problèmes* marxiens, ceux-ci pouvant s'avérer en dernière instance parfaitement cohérents et *déterminants*. Mais le discours marxien véhicule la thématique traditionnelle. C'est sans doute pourquoi, d'ailleurs, les interprètes veillant à l'actualisation de Marx cherchent à préserver les concepts centralisant les problèmes, en les sortant de la gangue discursive du XIXe siècle. Pour nous, ce sont justement ces formes de gangue, ces formes d'époque, qui revêtent de l'intérêt car elles informent la tradition, c'est-à-dire provoquent la transmissibilité du transmissible. Ici intervient la possibilité d'une connexion con-jonctive phénoméno-logique qui domine et articule la forme: "tradition" et ses thèmes éparpillés; à l'opposé des idées-forces qui véhiculent les traditions en tant que significations, la phénoméno-logique déterminerait la jointure des thèmes par le vide. L'idée-force traditionnelle est le vide comme plein (signification); l'opération de jointure de thèmes autosupprimés manifeste le vide comme vide. Dans le vide comme vide travaille l'égalité sens = signification, qui refuse la détermination simple et descriptive du sens en significations. C'est une conception phénoméno-logique de la tradition qui est tentée.

52   Rappelons que le vecteur phénoméno-logique ne prétend aucunement à l'exhaustivité. Que l'existence de cette logique ait été montrée, cela suffit pour notre propos.

53   En demeurant sur le plan thématique, il pourrait sembler intéressant de rapprocher Husserl de Hegel: chez ce dernier l'idée d'une réunion articulatoire de significations supprimées dans leur individualité (par la dialectique) formerait un terrain d'analogie; de plus, chez Hegel, l'histoire comme sens est immanente aux significations. Toutefois le retour au clivage savoir-pouvoir est révélateur: le fonctionnaire hegelien s'inscrit dans l'Etat et non dans l'humanité. Et, même si les fonctionnaires s'intègrent dans les structures de pouvoir, il reste que ces dernières s'alignent sur un ordre universel autonome: ce n'est pas l'individu qui porte les structures de pouvoir, mais c'est la *fonctionnarité* qui les anime. Il faut donc discerner ici l'individuel abstrait de l'individuel concret, lequel a nié son abstraction a-dialectique. Chez Hegel, la pratique est une théorique (l'Idée) devenue, c'est-à-dire concrétisée; l'Etat réalise l'idée de liberté. La temporalité réelle du devenir est donc le ressort de la négation des significations particulières. Par contre la phénoméno-logique s'articule sur une temporalisation véritative qui bouleverse l'ordre du temps réel pour imposer l'actualité vraie. Le ressort logique est donc différent. Et c'est cela qui importe, au-dessus des convergences thématiques.

54   Par "présent vivant", il ne faut pas entendre le Jetzt husserlien dans la structure temporelle des *Leçons* de 1905. Le présent vivant est le maintenant théorique, derrière notre maintenant historique vécu, et qui forme une puissance de gestation dans ce dernier.

55   Le propos ne relève d'aucun catastrophisme. La facilité avec laquelle s'imposent des modèles logiques (cf. le modèle structural) au sein des thématiques, jusqu'à les égaliser en les aplanissant de l'extérieur, laisse quelque doute sur la logique interne des thématiques particulières. Toute une série de modèles ont créé de toutes pièces des logiques thématiques; nous citerons les modèles biologique, linguistique, informationnel etc. De sorte que l'adaptabilité des registres philosophiques à ces schémas logiques importés est très parlante et nie la spécificité d'une logique autonome, notamment en philosophie. Mais cela serait vrai encore pour la psychologie, la sociologie, la politique, etc.

56   Mais notre présent vivant ne porte-t-il pas une logique interne, non seulement éventuelle – ce que nous reconnaissons tout à fait –, mais encore formulée? Dans cette décisive question s'inscrit la problématique heideggerienne, qu'il faut aborder, car elle a justement pour rôle d'architecturer l'historialité, et le présent en fait éminemment partie. Si la "monstration" heideggerienne est efficace, c'est notre méthode qui sera en question, car il ne sera plus possible de renvoyer à la possibilité de vacuité logique de notre présent pour autoriser l'approche phénoméno-logique. Deux dimensions de l'analytique heideggerienne semblent s'imposer contre nous. D'abord, Heidegger prétend logiciser le présent, comme moment structuré de l'histoire de la métaphysique, en renvoyant son logos à celui de l'Etre parlé-

oublié. De sorte que l'historialité du présent comme métaphysique se distinguerait de la phénoméno-logique traditionnelle et proposerait un mode de cohérence autonome. Par ailleurs, on trouve chez Heidegger de quoi *penser* cette architecturation: en effet, à côté de la temporalité inauthentique, naïve, qui conserve le passé, existerait la temporalité extatique véritative formant un vecteur gnoséologique analogue à la vection phénoménologique temporalisante, mais qui conserverait sa loi autonome (ouverture vers l'avenir). Pour approfondir l'efficace théorique de ces deux dimensions, il faut tenter de comprendre le mode de fonctionnement de cette logique du présent-avenir. Il est certain que le vrai, selon Heidegger, est *dé*-couverture, *dé*-cèlement, c'est-à-dire dé-particularisation de l'étant (*dés*-oblitération du sens-signification par la signification). Peut-on dire en ce cas que Heidegger *formule* la phénoméno-logique, énonce la loi de notre présent en exhibant explicitement toutes les armes théoriques que nous avons mis tant de temps à confectionner? Heidegger aurait-il fondé le dire absolu, alors que nos analyses se savent relatives à certaines couches discursives? On voit donc que l'acceptation de la formulation de la logique présente par Heidegger rejaillit sur celle de la résorption de la phénoméno-logique par la véritativité de l'historialité. En cet instant décisif, il faut noter que la terminologie de la vérité – si dangereuse – ne forme qu'une phraséologie d'appui qui masque un logos plus fondamental: en effet, la dés-oblitération (qui converge avec la phénoméno-logique de l'autoexclusion) est à son tour oblitérée par un contenu définitif: l'Etre. L'Etre est *la* vérité de toutes les dés-occultations. La thématique dominante de l'Etre, qui constitue l'arrière-plan positif (récollectant) de toutes les étantités thématiques autoexclues, est justement l'expression d'une phénoméno-logique amoindrie. L'Etre est ainsi une formation thématique "réactionnaire", qui *re*-cèle la vérité et la *recouvre* comme dé-couverture. Complémentairement, on voit que la fonction véritative de la temporalité est articulée à la problématique d'une "existentiellité – présence" de l'Etre: l'homme est le berceau de la parole, ce qui se tient dans l'ouverture, et *attend*, comme berger, l'annonciation. Le temps devient antropo-logique. En dernier ressort, la textualité heideggerienne est donc travaillée par la phéno-ménologique de l'autoexclusion des thématiques. Par là, la problématique heideggerienne n'est pas la vérité de la phénoméno-logique. Plus particulièrement, elle partage le sort des thématiques actuelles, mais, alors que ces dernières s'arrêtent au moment de la *néga*tion (elles développent des critiques), Heidegger se fixe dans celui de la position (de l'Etre, derrière la découverture critique des étants). Dans ces conditions, ce n'est pas le logos heideggerien qui est susceptible de donner leur cohérence aux thématiques du "présent vivant", puisqu'il est géré de l'intérieur par la même phénoméno-logique. En somme, c'est notre méthode qui est justifiée: le "présent vivant", s'il renferme une forme d'unité, ne l'a *pas auto-explicitée*. Méthodologiquement on est alors fondé à procéder de la phénoméno-logique, qui est *énoncée.*

57   Article in *Encyclopaedia Universalis, Husserl.* (Vol. 8, p. 613).

58   Article de Granel. *Encyclopaedia universalis.* (Nous soulignons).

59   La démarche de Marx, celle de Nietzsche également, sont considérées comme actuelles malgré leur dépendance à l'égard du passé *réel* de l'histoire; Marx a vécu antérieurement à la période créatrice de Husserl, et Nietzsche est seulement quasi contemporain. Toutefois, leur actualité, théorique, provient de *l'acceptation* par les philosophes présents de leur texte, auquel on se réfère toujours, soit pour le reformuler, soit pour le comprendre. Ces deux penseurs ont donc un *rôle théorique transhistorique.* Ne peut-on déjà en conclure qu'une logique particulière, trans-historique(au sens de l'histoire réelle) car véritative, détermine l'enjambement, le dépassement vectionnel de certains data historiques-réels? Ainsi, il deviendrait important de se demander pourquoi exactement les "auteurs traditionnels" *ne sont pas réassumés par la néo-tradition critique: Marx et Nietzsche (Freud également) refusent la tradition,* le rapport au XIXe siècle., en *suscitant des thématiques anti-thématiques.* Il reste à élucider, dès lors, si le passé est tué par l'instrumentation thématique ou si, plus profondément, cette dernière n'est pas au service d'un logos plus fondamental.

60   Cela ne veut pas dire que nous déduisons la validité d'une théorisation de l'universa-

lité de l'adhésion qu'elle occasionne, ce qui serait bien sûr erroné. Notre propos, encore, est différent; la convergence des commentaires, portant sur une oeuvre, et qui reconnaissent tous l'importance de telle articulation, souligne cimplement *un consensus discursif formant tradition*. Or, c'est tout ce que nous cherchons: non point une vérité sur tel ou tel point, mais l'exhibition de l'articulation fondamentale *énoncée*. Avec Marx, Nietzsche et Freud, nous verrons que cela ne fait point de difficulté, quoiqu'il paraisse.

61   Dans la phénoméno-logique de la tradition, la référence à Marx indiquait comment la phénoméno-logique absorbe un contraire thématique de la phénoménologie, et ceci dans le passé. Ici, la même opération est tentée pour l'avenir-réel, c'est-à-dire l'actualité présente du texte de Marx.

62   C'est la dialectique logique qui suscite l'énonciation de certains thèmes en problèmes. L'équation sens-signification se réfracte dans le rapport infrastructure-superstructure et institue l'interrogation sur la corrélation de ces deux concepts. On comprendra alors la difficulté de tirer au clair cette interrogation centrale, qui n'est pas marxienne au sens strict, mais préparée par les linéaments d'une sublogique.

63   Cette caractéristique autorise une remarque: la raison qui fonde la difficulté intrinsèque d'une analyse thématique *ab inferiori* est trouvée; extrinsèquement, cette difficulté transparaît dans la querelle du spiritualisme et du matérialisme, ou de l'humanisme et de la philosophie critique, plus généralement. Il nous semble que ces oppositions délaissent un point fondamental: Marx, Nietzsche et Freud, entre autres, critiquent thématiquement une tradition thématique qui est animée de la même logique que la leur. Dans ces conditions, ils coupent, par leur thématisme, *un* procès qui anime la thématique traditionnelle comme la thématique critique. De sorte que leur analyse *ab inferiori* retient en fait *un* moment d'une coordination intrinsèque de moments. Là est l'arbitraire, et non dans le fait qu'ils *expliqueraient* le supérieur par l'inférieur.

64   Dans notre texte, nous sommes conscients de réduire les thématiques critiques à un commun dénominateur, ce qui est fort dangereux en regard des originalités de pensée qui sont véhiculées. Toutefois, le lecteur est prévenu depuis longtemps que l'approche phénoméno-logique est justement une logique – un procès qui oeuvre sur le plan général contre celui des ponctualités, si riches fussent-elles. D'autres vecteurs énonciatifs méritent d'être recherchés, qui concurrenceront le vecteur universel d'exclusion des ponctualités sémantiques. Mais pour notre propos, la logique des énonciations peut primer les contenus énoncés, puisque ces derniers s'accordent pour se référer négativement à la traditionnalité, malgré leurs caractères intrinsèques.

65   Sur ce point, voir inédit de M. Foucault sur "la fonction politique de l'intellectuel" in l'hebdomadaire "politique-hebdo", semaine du 29/11 au 6/12/1976.

66   Rappelons, pour plus de précision, que les connotations positives – et non thématiquement négatives – des thématiques renvoient à leur intégration *parfaite* dans la logique du sens = signification. De sorte que la phénoméno-logique se vérifie médiatement et immédiatement. L'analyse vaudra pour le "sens = signification", qui se reprend dans la logique éclatée des antithématiques du présent vivant.

67   La décision de référer l'originalité de chaque critique à l'horizon commun de leur énonciation critique ne vaut pas pour les *thématiques non critiques*. Mais la recherche ne vise pas à s'éclater à l'indéfini; quelques repères suffisent pour re-connaître la phénoméno-logique en des lieux théoriques dont l'articulation interne désobéit à l'évidence contraignante de la thématique critique (cf. Heidegger déjà). Le travail reste donc à faire qui constituerait et le logos éventuel de l'originalisation des thématiques critiques et celui des thématiques non critiques. Pour l'instant, qu'il suffise de déterminer un point de chute supplémentaire dans l'ailleurs phénoméno-logique, mais toujours en respectant les exigences de la logique de l'exclusion. Or, une pensée échappe dans toute sa puissance à la force contraignante de la philosophie comme "soupçon". En effet, dans la *Critique de la raison dialectique*, Sartre assume une riche ambivalence: d'une part rien n'est né de son attitude la plus originaire: c'est l'existence qui produit l'essence, l'homme est centre, la praxis domine la

theoria. D'autre part, ce véritable testament théorique laisse toutefois clairement entendre que la raison dialectique est aux antipodes de la raison analytique séparatrice. Sa tâche est de *comprendre* ce qu'*explique* le matérialisme historique, de sorte que les moments de l'histoire ne sont point séparés, en vue du rejet de certains, mais *totalisés* de l'intérieur. En ce sens, Sartre ne s'intègre pas au jeu des thématiques du soupçon. Dès lors, on comprend que les développements conceptuels de la *Critique de la raison dialectique* ont une racine commune avec notre perception de la totalisation protologique. Certains éléments militent en effet pour le rapprochement des analyses sartriennes avec une protologique développée en néophénoménologie: pour Sartre, l'intelligibilité de la raison est celle d'une totalisation. Ainsi, la néophénoménologie se développerait dans l'articulation d'une infinité de contenus historiques, alors que nous nous sommes bornés aux contenus théoriques de la phénoménologie. De surcroît, le vecteur de totalisation connaît une efficace semblable chez Sartre: le tout, pour l'auteur, n'est pas une totalité morte, mais "l'unité de l'acte totalisateur" (p. 140 note). En somme, un vecteur dynamisant animerait la totalisation de tous les thèmes (théoriques et praxiques). Il reste toutefois une question difficile, celle de la sérialisation: en effet, la sérialisation phénoménologique — ou forme de la reproduction fondamentale et additive — caractérise uniquement la protologique et disparaît dans l'*Aufhebung* de la protologique pour la néophénoménologie. Le problème de la sérialisation sert donc de pierre de touche: comment se fait-il que la logique du texte sartrien demeure sur ce plan inférieur? La réponse vient avec l'examen de la seconde dimension du rapport avec la phénoménologie; car non seulement l'univers de la raison dialectique reproduit la néophénoménologie, mais, plus encore, la conceptualisation sartrienne présente une communauté avec la phénoméno-logique, et organise alors le procès de son autodépassement: très clairement, Sartre *pense* l'adéquation du sens et de la signification: son propos méthodologique n'est-il pas de fonder les instruments de pensée par lesquels "l'histoire se *pense*", en tant qu'ils sont aussi les instruments *pratiques* par lesquels elle se fait"? (p. 135). Ce qui signifie que la "totalisation réflexive est intérieure" à la totalisation (p. 139). En d'autres termes on retrouve le fait que "savoir = pouvoir". De plus la raison dialectique (= sens) est extérieure à tous parce qu'intérieure à chacun" (= signification) (p. 134). Alors le savoir = pouvoir est un cas particulier du sens = signification. Dans ce contexte, le moment de la série est celui de la position pour elle-même des significations, là où, justement un contenu n'est qu'un contenu, c'est-à-dire une particularité posée. Dans ces conditions, le moment théorique de la série s'intègre à la logique du sens = significations; mais, dans la mesure où Sartre leste le logos de la réalité thématico-historique, on comprend que la logique conserve un thématisme et participe aussi bien de la phénoméno-logique déréalisée que de la protologique totalisante et réalisante. Tel est le schéma logique de ce que Sartre nomme "totalité synchronique" (p. 754). Mais on peut remarquer également que la "totalité diachronique", historique et concrète (p. 754), est redevable de ce schéma mis à jour, malgré la différence évidente des statuts thématiques. Dans son analyse synchronique régressive, Sartre insiste sur le concept central de "double circularité" (p. 641). Dans la première circularité, les structures du groupe sont définies par les caractères de sérialité du collectif, mais, en retour, le groupe rétroagit sur le collectif. En deuxième lieu, la seconde circularité est le mouvement inéluctable de dégradation du groupe dans le collectif. Cette analyse est un modèle qui vaut pour toutes les situations historiques (cf. la classe, le syndicat etc.). Dès lors le développement conceptuel — et non encore réel — se décompose ainsi: série — groupe (d'abord fusionné, puis assermenté, puis institutionnalisé) — série. En somme la rétroaction du groupe sur la sérialité n'empêche point la dégradation du groupe, qui prélude à sa reconstruction. Cette thématicologique, recouvre la *logique suivante: les positions (sérialité) du "sens = signification" (Raison dialectique) sont niées (groupe) puis réaffirmées et ainsi de suite.* Voilà la reconstruction conceptuelle, mais relogicisée. Pour ce qui a trait à la transposition historique, rien n'est plus simple puisque Sartre affirme que l'histoire vit de la vie libre des structures (p. 755); or la vie libre, nous l'avons vu, est la succession alternée des positions et négations de la sérialité. La logique est donc historique. Toutefois, *elle n'est pas univoquement phénoméno-logique puisque le mouve-*

ment s'ouvre à l'infini, sans que la négation l'emporte décisivement. C'est ici que l'attention portée au concept de série doit se poursuivre dans l'examen du concept d'histoire. La *réalité* de la figure historique *re-produit* la logique à l'infini, qui est condamnée à se répéter à cause de la formulation historique. De sorte que la logique sub-traditionnelle, enfermée dans la figure, est l'instance motrice qui harcèle la temporalisation de l'intérieur: conceptuellement, elle l'active et la détruit; mais la métaphorique historique oblige à la répétition conceptuelle. Dans ce jeu troublant, le retour de la série est l'indice de l'insertion du logos dans le thématico-historique; c'est le retour de l'occultant, du particularisé, qui sont certes niés logiquement, mais réactualisés métaphoriquement. Cependant, à la différence des perpétuateurs de Marx, Nietzsche et Freud, Sartre assume toute la logique, quand bien même il redescend aux connotations protologiques thématiques de cette dernière, et les inscrit dans une thématicologique de l'histoire. Complémentairement, les critiques négatives sont assumées, comme il a été vu, par cette même phénoméno-logique. C'est pourquoi, la théorisation de Sartre échappe au parcours éclaté, à l'ad-venir des thématiques négatives. La ponctualité des concepts sartriens s'égale à la logique absolue, mais en s'habillant historiquement, et en dérivant donc vers une logique descriptive, qui est toutefois intégrée; ce n'est pas le cas des thématiques critiques qui dispersent le logos absolu. Dans ces conditions c'est l'ampleur même de la philosophie sartrienne qui laisse soupçonner d'elle qu'elle s'inscrive dans d'autres conditions d'approche que phénoméno-logique. Si d'autres formes énonciatives peuvent cerner les thématiques critiques, *a fortiori* doit-on le penser de vections théoriques déterminant les conditions de problématisation de la raison dialectique. Assumant la logique d'exclusion, même en dégradé, elle semble pouvoir se déployer à d'autres plans de logos.

68 *Archéologie du savoir*, p. 101.

69 Rappelons les principales lectures nietzschéennes, en quelques mots; Jaspers est le premier qui ait imposé une lecture de thèmes et de signifiés: la restitution du mouvement riche et contradictoire du "se transcender", dans la textualité, donne lieu à la pénétrante fixation des analyses sur le thème du labyrinthe, qui chiffre l'homme, l'histoire, l'art; le monde etc. Granier, dans sa perspective régressive-structurale, dévoile le signifié originel de la vérité; Fink, en suivant l'ordre de publication historique des oeuvres majeures de Nietzsche, retrouve le signifié dramatique du jeu comme mouvance et innocence. Il n'est pas jusqu'à Deleuze, qui, tout en s'efforçant de couper Nietzsche de la métaphysique, n'en part pas moins à la recherche des connotations du questionnement généalogique (cf. la bipartition des forces qui règle les ordonnances thématiques) *formulé* par Nietzsche. Une seconde lecture, herméneutique celle-là, est très nette chez Heidegger; nous avons déjà statué sur Heidegger, et montré comment sa rénonciation était en fait véhiculée par la "logique subtraditionnelle", ce qui ôte à la lecture heideggerienne toute autonomie véritative. Or son travail sur Nietzsche est partie prenante, absolument parlant, de sa conception de l'Etre comme vérité dissimulée de la métaphysique culminant dans le subjectivisme nietzschéen. En sorte que, ce qui caractérise le général vaut aussi pour le particulier, et qu'alors, l'interprétation de Nietzsche n'apporte rien de nouveau. De même l'analyse philologique, celle des codes formels, le déchiffrement des scènes signifiantes et des transversalités déconstructrices (Rey), forment autant de méthodes pour approcher Nietzsche, pour *énoncer* sa vérité. Nous sommes loin, semble-t-il, d'une *réénonciation* problématique. Que cela tienne à la discursivité même de Nietzsche, c'est ce que l'on nous objectera, Nietzsche produisant des "formations discursives", et non des "mises en forme" datées. Toutefois, la considération ne peut que renforcer ce caractère in-tempestif des textes nietzschéens, qui – pour le moment tout au moins – refusent leur datation, s'insinuent massivement dans la contemporanéité et participent de ses énoncés, situation qui exclut leur objectivation (distanciation) et réénonciation.

70 A ce sujet nous ne dirons pas que les significations "expriment" le sens comme les individus expriment une essence (cf. la critique de Hegel par Althusser). Simplement, la structure déterminante est *présente* dans ses éléments, qui en retour supportent son efficace en *l'actualisant*.

71 L'exposé ne peut échapper à la nécessité de faire un sort à une pensée qui se dit forte-

ment anti-traditionnelle mais qui, toutefois, s'articule au registre thématique husserlien. Dans ses ouvrages, Derrida s'impose en effet comme déconstructeur de la traditionnelle et omnipotente thématique philosophique de la présence, et sa théorisation procède d'un rejet de toutes les occurrences de la présence chez Husserl (notamment dans le champ temporel et dans le champ signitif). Pourtant, Derrida n'échappe pas à la structuration de son penser par le logos du sens = signification. Le concept directeur est celui de *trace* qui connote l'ouverture de l'extériorité en général, de l'espacement; la trace est le vide de la présence, la *différance* comme anti-présence. Certes, la trace détermine l'écartement originaire des apparaissants et de la forme d'apparaître, des signifiés et du sens, en imposant la législation du dehors universel (*De la Grammatologie*, p. 103). Toutefois, cette différance est antérieure théoriquement à la distinction de l'être et des étants, du sens et des significations: elle est leur condition théorique de conjonction, c'est-à-dire (dans notre langage) le vide qui égalise le sens comme vide et la signification comme vide. En retour, tout sens, étant comme tel, est rapporté à la nécessité de sa déconstruction, à l'examen originaire de son oblitération de la trace comme différance, ouverture, con-jonction, matrice vide. La vérité de la grammatologie est donc phénoméno-logique. *Qui plus est*, la grammatologie (ou théorie du gramme-trace) occulte de sa thématique la logique exclusive. Le concept de trace, qui ressortit à la symbolique scripturale de l'ordre langagier, impose l'idée d'une présence que le texte refuse partout: la grammaire fondamentale de la trace s'établit comme *figure* totalisante du tout des touts culturel (cf. p. 103 où Derrida universalise son modèle grammatologique) jusqu'à la biologie, la vie, la mort etc. *Derrida travaille donc à l'intérieur d'une figure présente, pour détruire toutes les figures de présentification.* Comme Foucault, il succombe ainsi à la nécessité d'une "représentation" totalisante. Telle est notamment la thématique de l'écriture. Cependant, en instituant l'espace de "représentation" du politique, Foucault assume la totalité en totalisant dans la discontinuité l'équivalent du contenu du "savoir = pouvoir". Par contre, Derrida demeure dans une thématique particulière, malgré les approfondissements totalisateurs toujours possibles. C'est pourquoi la tentative de Derrida nous semble prendre place dans l'espace éclaté des thématiques, alors que Foucault re-totalise les éclats.

72   La phénoméno-logique se situerait alors par rapport à une discipline dont l'évocation semble inattendue: l'histoire des sciences. Depuis Bachelard, en effet, l'histoire des sciences est véritative: elle se réfère au passé scientifique en portant en elle les critères de la science actuelle qui juge de la pertinence des théorisations passées. Le caractère véritatif va de pair avec l'introduction d'une discontinuité de droit: les contenus passés sont soit "sanctionnés", soit rejetés comme idéologiques. Toutefois, on voit bien que, contrairement à la logique exclusive, il ne s'agit point ici d'autonier *tous* les contenus, puisqu'il existe une histoire sanctionnée. Ce trait correspond par ailleurs au rattachement critériologique de l'histoire de chaque science à la thématique actuelle de chacune des sciences, alors que la phénoménologique s'exclut des contenus présents comme des contenus passés. Ces points de désaccord, *réels et définitifs*, ne font cependant que souligner une complémentarité profonde: l'histoire d'une science *procède* de l'*énonciation* optimale de chaque science dans l'état actuel. C'est pourquoi elle ne nie point les formes d'énonciation qui sont en droite ligne par rapport aux critères actuels. La phénoméno-logique qui ne s'ancre pas positivement dans un corpus, forme une instance dont la seule pertinence est articulatoire, puisque les énonciations actuelles participent de l'autonégation de la tradition par sa sub-logique. Dans ces conditions, la phénoméno-logique est une antithématique de l'épuration généralisée, de la clôture des gangues discursives. L'histoire des sciences est le reflet de la fondation d'un logos autonormé, lequel a suscité la clôture des ensembles idéologiques par sa formation même. Par comparaison, il en ressort que c'est la forme "philosophie" dans son intégralité qui n'a pas forgé le lieu de sa bonne énonciation. Et la phénoméno-logique, comme pratique de déthématisation assumée, est donc la forme optimale qui "réalise" le destin négatif des problématiques hétéronomes; l'histoire des sciences est l'instance optimale qui "réalise" la nécessité autonome et récursive de la scientificité contemporaine. D'un côté, une vérité dans la négativité et le rejet des contenus; de l'autre, une vérité dans l'assomption des contenus adéquats.

CONCLUSION

1. LES ETATS DE LA PHENOMENOLOGIE

Au terme de ces *Elaborations,* il devient possible de donner un sens développé à la problématique directrice forgée dans l'Introduction. Il a toujours été question de la nécessité de reconnaître une *forme d'unité* au discours phénoménologique. Ce n'est pas dans le projet husserlien qu'on a pu la trouver; c'est pourquoi cette forme a dû être postulée d'abord, proposée, puis *modifiée.* A l'Etat husserlien de la phénoménologie ont ainsi succédé deux Etats qui ont progressivement dégagé une unité définitive et fondatrice.

De l'intérieur du texte, et contre son désordre apparent, le travail a reconnu en premier lieu l'existence d'un espace autonome du corpus; et ce fut un préliminaire fondamental, car dans cette proposition tient la vérité des *Prolégomènes empiriques.* Une *identité* de la phénoménologie, ou Etat II, domine donc définitivement l'état husserlien. Ensuite, l'identité a été concrétisée dans une protologique, comprenant successivement la topologique et le réseau. Topologique et réseau ont fourni des lois pour conférer une forme d'unité au corpus, mais à l'abri de leur absorption par le projet husserlien dépassé. C'est avec cette protologique que s'est exprimée la première version des *Elaborations.* Puis la notion de réseau a servi de pierre de touche: soit la nécessité *principielle* du sens = signification engendrait un réseau généralisé; soit elle aboutissait à une nouvelle voie. Contre le développement d'une logique moyenne intertotalitaire — dans le réseau universel — a prévalu l'idée d'un procès s'originant dans le "tout des touts" du corpus. Dès lors, c'en était fait de la problématique de l'identité de la phénménologie, dans la mesure stricte où cette dernière privilégie l'exercice de description, qui casse le tout des touts en totalités particulières. Aussi, pour construire un Etat III de la phénoménologie, a-t-il fallu thématiser deux moyens d'investigation: d'une part, procéder de l'idée du tout des touts, le corpus servant de point d'appui seulement, et non plus de matériau à identifier; d'autre part éviter de tomber dans les travers d'une antilogique de la description. L'hypothèse d'une *néophénoménologie* s'est d'abord imposée pour concrétiser dans des contenus l'idée d'une logique de l'autoposition du vide, qui est la vérité ultime du sens = signification. Mais il est vite apparu que la néophénoménologie est inconcrétisable en un Etat III développé sémantiquement. En effet la puissance intrinsèque de la forme "phénoménologie" s'affirme dans l'autoexclusion des contenus par l'efficace du moteur logique articulé au vide. La vérité de la phénoménologie est la syntaxe *phénoméno-logique* — ou troisième Etat de la phénoménologie. En

retour, la néophénoménologie, le réseau, la topologie sont des organisations valides à leur niveau amoindri, qui est celui d'une "phénoménologie descriptive",
anti—dynamique.

En conséquence, l'Etat dernier et fondamental est phénoméno-logique: la
logique d'autoexclusion opère le repoussement des contenus. Le corpus, puis la
phénoménologie (prolongée en néophénoménologie) sont défigurés, dé-sémanti-
sés: l'autonomie phénoméno-logique, c'est l'exclusion des configurations sémantiques, assurée par une autologique. Ainsi s'exprime une nouvelle Raison du discours dans le corpus.

2. LES ETATS DE LA PHENOMENO—LOGIQUE

Mais l'exercice de défiguration, de dé-territorialisation, montre à l'évidence que
la résurrection du rapport à soi de la phénoménologie engage cette dernière par-
delà ses limites factuelles, et la situe dans une trame historique: la temporalité
phénoméno-logique dynamise la tradition philosophique et la néotradition de la
philosophie comme critique. Cette percée théorique procède, avons-nous dit, de
la particularité phénoménologique. C'est cette détermination qu'il va falloir discuter maintenant jusqu'au bout, afin de tenter de res-susciter les problèmes et les
énonciations non plus à partir d'un lieu mais d'un complexe théorico-historique
qui rassemble les localités. En ce sens, la rigueur commande d'interroger la portée de la phénoméno-logique. Dans un premier temps, cependant, il est bon de
rassembler les résultats pour cerner les limites de leur validité. A été traité le problème du rapport de la phénoméno-logique à l'histoire-tradition en partant de la
phénoménologie. Il est facile de comprendre que procéder de cette dernière était
nécessaire puisque le commentateur phénoménologue recherchait justement la
possibilité d'une *extension* de l'autologique extraite de la textualité husserlienne.
Cela vaut bien sûr autant pour la tradition passée que pour la néotradition critique de notre "présent vivant". De plus, le rapport à une globalité et non aux
particularités traditionnelles a été dicté par la logique elle-même, apte à saisir
des articulations massives, recoupant les multiplicités doctrinales. Ce fut le cas,
notamment, pour l'équation traditionnelle: "savoir = pouvoir", qui travaille intérieurement toute l'histoire de la philosophie, jusqu'à l'histoire contemporaine.
En ce sens, nous avons suivi les lignes de sédimentation temporelles et leurs
confuses élaborations: il s'est agi d'accepter et de tester les énoncés formulés et
reformulés universellement, les domaines thématiques usités, ou refusés — mais
maintenus alors comme point de départ de toute critique, ce qui est très révélateur de l'imprégnation des mentalités par les globalités sédimentées et transmises
dans la tradition —. Ainsi l'analyse se déploie sur un socle d'énonciation évidemment perceptible pour chacun, socle qui fait d'ailleurs partie intégrante de la philosophie comme autodéveloppement empirique-historique. C'est pourquoi aussi,
les énoncés particuliers (surtout ceux qui prennent un relief saisissant dans notre
présent vivant, avant que s'exerce peut-être l'égalisation des sédimentations tem-

porelles) n'ont pris une valeur qu'en regard de la schématique traditionnelle, et ont été placés dans les notes. Telle est la première limite des acquis théoriques: ceux-ci dépendent de la mise en rapport de la phénoméno-logique à *un* niveau, le plus large certes en extension, de lisibilité de l'histoire de la philosophie.

Toutefois, cette limite externe n'impose-t-elle pas une limitation interne de la validité phénoméno-logique? En effet, le fait de procéder de la particularité de la syntaxe phénoménologique ne condamne-t-il pas à ne dynamiser que les *apparences* de l'histoire, c'est-à-dire la succession des préjugés colportés dans le tout d'association de la tradition? En d'autres termes, la logique phénoménologique n'aurait aucun mal à articuler ce qui ne contient pas de logique. Parallèlement, on comprendrait que le vide d'exclusion fût roi puisque les thèmes chaotiques ne se relieraient point intrinsèquement et n'opposeraient aucune résistance à une relation d'exclusion. Les choses seraient simples, en somme, et l'appareillage lourd de la vection temporalisante ne viendrait que redoubler un état de fait. Pourtant, tout est plus complexe: car, par exemple, le "savoir = pouvoir", qui renvoie à la relation intrinsèque du théorique et du pratique, indique précisément que cette architecture impose au moins une ligne de continuité, une structuration de sens = signification, qui propose et absorbe la production de significations (la mise au premier plan du théorique et son retour à une égalisation théorico-pratique, et inversement). La Raison phénoméno-logique ne ressuscite donc pas l'histoire faible, apparente; les sédimentations sont articulées. Parallèlement, on s'explique qu'il y ait auto-exclusion des significations par l'efficace d'une structure "sens — signification" et non simple indifférence. Dès lors, il est permis d'affirmer que la phénoméno-logique participe de toute logique de l'histoire; c'est la proposition minimale; la proposition maximale consisterait à prétendre aligner la logique de l'histoire sur la phénoméno-logique.

Voilà donc que la question du niveau de validité de la phénoméno-logique se déplace. Dorénavant, le problème consiste à éprouver non plus la pertinence, mais la puissance explicatrice de la vectorisation temporelle. Res-susciter la tradition et en construire le fondement en Raison ne sont pas une velléité rédhibitoire, c'est certain. Mais cette perspective légitimée, il manque l'appréciation de la force de la logique phénoménologique. C'est ici que l'énonciation de la logique de l'autoexclusion admet plusieurs destinées possibles. Une première approche consisterait à reconnaître la pertinence historique de la vectorisation tout en considérant toutefois qu'elle forme la couche négative de la discursivité traditionnelle — son minimum — celle qui autoexclut les résidualités et non les lignes de masse thématiques. Toutefois, l'articulation obligée de la science et de la sagesse, du savoir et du pouvoir, dans l'équation "sens–signification" recouvre un clivage à l'évidence fondamental, ce qui détruit cette acception de la phénoménologie comme niveau minimum. Ce n'est pas pour autant que l'efficace doive être considérée comme maximale nécessairement: en effet, quand bien même la logique de l'autoexclusion fonctionne dans la tradition, il n'a pas été démontré que le concept de vide désémantise cette dernière. A strictement parler, "l'essence-vide-totalité" ne concerne que la phénoménologie. C'est pourquoi il est fort possible d'admettre que la phénoméno-logique participe *nécessairement* de la structuration des traditions (passée-présente) sans l'oblitérer absolument. Il existe donc une marge d'incertitude qui laisse libre et la possibilité de contre-logique et celle d'un balancement de la résorption des significations autoposées par des exigences différentes. Ainsi, le fait que nous soyons partis d'*une* détermination (phénoménologie) de l'histoire de la philosophie laisse ouverte la mise en place d'autres déterminations, qui auraient suffisamment de prégnance logique pour participer du re-modelage, de la résurrection de la tradition.

Enfin, l'appréciation de la puissance de l'énoncé phénoménologique procède non seulement de l'élucidation d'autres data philosophiques susceptibles de produire des contre-droits, mais encore de la tradition elle-même: en effet, il est évident que les globalités sémantiques massives peuvent cacher des articulations décisives, que certains pouvoirs, ou savoirs, par exemple, sont inassimilables par la structure "sens = signification". Nous pensons notamment à l'irréductibilité du pouvoir comme fascisme, c'est-à-dire comme signification qui ne participe pas d'une autoexclusion mais d'une tautologisation: le même comme force se répète sans se résorber dans l'élucidation de ses conditions de possibilité (économiques, sexuelles etc.). Sa logique est celle du "je suis parce que je suis". Telle est la dangereuse irrationalité fasciste qui signifie (aux deux sens du terme), sans résorber la signification dans un sens explicite. Cependant, il reste à comprendre, en suivant notre exemple, comment se généralise, se traditionnalise cette anti-phénoménologique, comment des dires s'imposent par leur fait même. Sans cette "dynamique", le datum redevient pauvre, simple occurrence résiduelle, ce que n'est justement pas la phénoméno-logique.

Tous ces éléments montrent combien la phénoméno-logique com-pose avec d'autres données logiques, faibles ou fortes, apparentes ou réelles. De sorte que, en un dernier sens, il est nécessaire de réintroduire la polémique. Elle fut d'abord intraphénoménologique. Elle caractérise à présent les contenus idéologiques d'une civilisation. La dramatisation de la recherche succède donc normalement à la légitimité d'une résurrection qui s'est penchée sur les acquis d'un travail de pénétration de plus en plus fin. Le droit intraphénoménologique devient le fait historique – ou droit provisoire – qui sert de modèle de sémantisation, mais dont la force ne procède que de sa potentialité explicatrice. Plus universellement, c'est la totalité idéologique d'une civilisation, et non point seulement la traditionnalité philosophique, qui prend méthodologiquement le statut factuel de chaotique, et qui quête son fondement en Raison. A nouveau composer, décomposer pour espérer, solidifier et abattre, voilà le chemin qui devrait conduire au domaine historique, si cette expression peut avoir théoriquement un sens. Désormais le travail phénoménologique cède la place à l'universalisation d'une méthodologie de l'erratique, et trouve sa véritable fin, qui n'est pas sa mort, mais sa re-mise en jeu.

Une prenante nécessité point avec force: la rigueur demande un oubli au second degré et une épochè du droit patiemment acquis contre les faits successifs. Les véritables énoncés proclameront leur force terminale contre les chutes abyssales et les ensevelissements irréversibles. A ce titre, les formes vraies du savoir (comme formes d'articulation de l'idéo-logie) *n'insistent* pas au nom de quelques nouveauté scintillante, mais *ré-sistent* après s'être d'abord *dé-sistées* de leur droit acquis pour le reconquérir éventuellement dans le grand combat. Aussi en va-t-il fondamentalement de toute pensée: *s'imposer* ou occuper le terrain, ou refuser la noble éristique pour verser dans les empoisonnements faciles, c'est manifester l'angoisse d'être *dé-posé* justement. Contre cette perspective, il est urgent de fonder un logos de la *pro-position*, où les hypothèses ne se convertissent pas magiquement en thèses, où le désir d'efficace — qui ne dépasse pas l'efficacité du désir — n'universalise point sa réalisation dans l'illusion ce qui, en retour, dégraderait les réalités de pensée, condamnées à cohabiter avec des phantasmes, à compter avec ce qui ne compte pas. Ainsi, le problème husserlien de l'unité d'une civilisation, transvalué, est d'une surprenante actualité qui subvertit les actuelles "grandeurs d'établissement" de la philosophie. C'est la fêlure inflexible qui conteste les édits massifs et simplistes contre la Raison.

BIBLIOGRAPHIE

Cette bibliographie volontairement limitée, mentionne les ouvrages et manuscrits utilisés pour ce travail. Le texte se réfère à la traduction française de l'oeuvre de Husserl quand cette traduction existe[1]. Dans le cas contraire, nous avons proposé une version française du texte allemand.

I — OEUVRES DE HUSSERL

1. TEXTES EDITES

Husserliana — oeuvres complètes — (Martinus Nijhoff/La Haye)

I   Cartesianische Meditationen und Pariser Vorträge (S. Strasser), 1963.
II   Die Idee der Phänomenologie (fünf Vorlesungen) (W. Biemel), 1958.
Ideen zu einer reinen Phänomenologie und phänomenologischen Philosophie.
— III   Erstes Buch: Allgemeine Einführung in die reine Phänomenologie (W. Biemel), 1950.
— IV   Zweites Buch: Phänomenologische Untersuchungen zur Konstitution (M. Biemel), 1952.
— V   Drittes Buch: Die Phänomenologie und die Fundamente der Wissenschaften (M. Biemel), 1952.
VI   Die Krisis der europäischen Wissenschaften und die transzendantale Phänomenologie (W. Biemel), 1962.
Erste Philosophie
— VII   Erster Teil: Kritische Ideengeschichte (R. Boehm), 1956.
— VIII Zweiter Teil: Theorie der phänomenologischen Reduktion (R. Boehm), 1959.
IX   Phänomenologische Psychologie (W. Biemel), 1968.
X   Zur Phänomenologie des inneren Zeitbewusstseins (R. Boehm), 1966.
XI   Analysen zur passiven Synthesis (M. Fleischer), 1966.
XII Philosophie der Arithmetik (L. Eley), 1970.

---

1 La publication française de la *Krisis*, par G. Granel, est intervenue alors que notre travail était terminé, de sorte qu'on a préféré laisser dans leur état de première rédaction les traductions, dans la mesure où dépend d'elles, et très étroitement, la terminologie que nous utilisons dans notre texte.

Zur Phänomenologie der Intersubjektivität (I. Kern), 1973.

XIII Erster Teil (1905–1920)
XIV Zweiter Teil (1921–1928)
XV   Dritter Teil (1929–1935)

Divers

Ideen zu einer reinen Phänomenologie und Phänomenologischen Philosophie. I Teil. Jahrbuch für Philosophie und phänomenologische Forschung. I. Halle Niemeyer, 1913.
Logische Untersuchungen, I. Band M. Niemeyer Halle, 1913.
Logische Untersuchungen, II. Band 1 M. Niemeyer Halle, 1913.
Logische Untersuchungen, II. Band 2 M. Niemeyer Halle, 1921.
Formale und transzendentale Logik, M. Niemeyer Halle, 1929.
Briefe an R. Ingarden, M. Nijhoff, 1968.

2. ECRITS INEDITS

A   *Mundane Phänomenologie*

   V   Intentionale Anthropologie
       A V 5 (1933)
       A V 22 (1931)
   VII Theorie der Weltapperzeption
       A VII 12 (1932)
       A VII 13 (1918–1930)

B   *Reduktion*

   I Wege zur Reduktion
     B I 13 I (1932)

C   *Zeitkonstitution*

   C I (1934)
   C 4 (1930)
   C 6 (1930)
   C 16 IV (1932)

D   *Primordiale Konstitution*

   D 7 (1917)

E   *Vorlesungen und Vorträge*

   F I 32 (Natur und Geist, 1927).

3. TRADUCTIONS FRANCAISES

- Méditations cartésiennes VRIN 1947.
- Rapport entre le Phénoménologie et les Sciences (M III L 6) "Les études philosophiques" janv-mars 1949.
- La crise des Sciences européennes et la Phénoménologie transcendantale "Les études philosophiques" avril-déc. 1949.
- La crise de l'humanité européenne et la Philosophie (M III 5 II b) "Revue de métaphysique et de Morale" juil-sept. 1950.
- Idées directrices pour une phénoménologie – Gallimard 1950.
- La philosophie comme prise de conscience de l'humanité (K III 19) "Deucalion".
- La philosophie comme science rigoureuse – PUF 1954.
- Logique formelle et logique transcendantale – PUF 1957.
- Recherches logiques – PUF 1959–1961, 1962–1963.
- L'origine de la géométrie – PUF 1962.
- Leçons pour une phénoménologie de la conscience intime du temps – PUF 1964.
- Expérience et jugement – PUF 1970.
- Philosophie première – PUF Tome I, 1970, Tome II, 1972.
- Philosophie de l'arithmétique – PUF 1972.
- Articles sur la logique – PUF 1975.

II – OUVRAGES GENERAUX SUR HUSSERL

- Th. Adorno, Zur Metakritik der Erkenntnistheorie, Kohlhammer, 1956.
- S. Bachelard, La logique de Husserl, Paris, 1967.
- O. Becker, in Jahrbuch für Philosophie und phänomenologische Forschung
  - "Mathematische Existenz" Bd. 8, 1927.
  - "Beiträge zur phänomenologischen Begründung der Geometrie und ihrer physikalischen Anwendungen" Bd. 6, 1923.
- G. Brand, Welt, Ich und Zeit, La Haye 1969.
- J.M. Broekman, Phänomenologie und Egologie, La Haye 1963.
- S. Breton, Conscience et intentionalité, Paris 1956.
- Th. Celms, Der phänomenologische Idealismus Husserls, Riga 1928.
- U. Claesges, Husserls Theorie der Raumkonstitution, La Haye 1964.
- J. Derrida, La voix et la phénomène, Paris 1967.
- Th. De Boer, Die Entwicklung in Denken Husserls, Assen 1966.
- A. De Wahlens, Existence et signification, Louvain 1957.
- A. Diemer, Edmund Husserl, Meisenheim 1956.
- G. Eigler, Metaphysische Voraussetzungen in Husserls Zeitanalysen, Meisenheim 1961.
- L. Eley, Die Krise des Apriori, La Haye 1962.

296

- L. Eley, Metakritik der formalen Logik, La Haye 1969.
- M. Farber, The Foundation of Phenomenology, 1943.
- E. Fink, De la Phénoménologie (recueil de trois articles), Paris 1974.
- G. Funke, Zur transzendentalen Phänomenologie, Bonn 1969.
- G. Granel, Le sens du temps et de la perception chez Husserl, Paris 1968.
- K. Hartmann, Husserls Einfühlungstheorie auf monadologischen Grundlage, Bonn 1963.
- H. Hohl, Lebenswelt und Geschichte, München 1962.
- H. Hülsmann, Zur Theorie der Sprache bei E. Husserl, München 1964.
- P. Jansen, Geschichte und Lebenswelt, La Haye 1970.
- I. Kern, Husserl und Kant, La Haye 1964.
- Q. Lauer, Phénoménologie de Husserl, Paris 1965.
- E. Levinas, En découvrant l'existence avec Husserl et Heidegger, Paris 1949.
- G. Misch, Lebensphilosophie und Phänomenologie, Darmstatt 1967 (réédition).
- W. Müller, Die Philosophie Ed. Husserls nach den Grundzügen ihrer Entstehung und ihrem systematischen Gehalt, Bonn 1956.
- A. de Muralt, L'Idée de la Phénoménologie, Paris 1958.
- H. Plessner, Die Krisis der transzendentalen Wahrheit in Anfang. Heidelberg 1918.
- A. Roth, Ed. Husserls ethische Untersuchungen, La Haye 1960.
- M. Saraiava, L'imagination selon Husserl, La Haye 1970.
- R. Schérer, La Phénoménologie des Recherches logiques, Paris 1967.
- Sinn Dieter, Die transzendentale Intersubjektivität bei E. Husserl mit ihren Seinshorizonten, Heidelberg 1958.
- Souche-Dagues, Le développement de l'intentionnalité dans la phénoménologie de Husserl, La Haye 1972.
- R. Toulemont, L'essence de la société selon Husserl, Paris 1962.
- Tran-Duc-Thao, Phénoménologie et matérialisme dialectique, Paris 1951.
- R. Zocher, Husserls Phänomenologie und Schuppes Logik, München 1932.

III – REVUES ET ARTICLES

1. *Numéros spéciaux*

"Problèmes actuels de la Phénoménologie". Desclée de Brouwer, 1951.
Les Etudes philosophiques juil-sept. 1954.
"Husserl" (Congrès de Royaumont), Paris 1959.
"Husserl et la pensée moderne", La Haye 1959.
"Edmund Husserl" Recueil commémoratif, La Haye 1959.
Revue philosophique oct-déc. 1959.

2. *Articles*

- Asemissen, Strukturanalytische Probleme der Wahrnehmung in der Phänomenologie Husserls – Kantstudien – Ergänzungshefte n. 73.
- Berger, Husserl et Hume – Revue internationale de Philosophie, 1938/39.
- Bernardski, La réduction husserlienne – Revue de métaphysique et de morale, 1957.
- R. Boehm,
  - Die entscheidenden Phasen der Entfaltung Husserls Philosophie – Zeitschrift für philosophische Forschung, 1959.
  - Zum Begriff des "Absoluten" bei Husserl. Zeitschrift für philosophische Forschung 1959.
- A. Diemer, Die Phänomenologie und die Idee der Philosophie als strenge Wissenschaft. Zeitschrift für philos. Forschung 1959.
- L. Eley, Zum Begriff des Transzendentalen – Zeitschrift für philos. Forschung 1959.
- A. Gurwitsch, Phänomenologie der Thematik und des reinen Ich. Studien über Beziehungen von Gestalttheorie und Phänomenologie. Zeitschrift für Pscyhologie und ihre Grenz-Wissenschaften, Bd XII, 1929.
- L. Landgrebe,
  - Seinsregionen und regionale Ontologien in Husserls Phänomenologie. Studium generale 1956.
  - Husserls Phänomenologie und die Motive zu ihrer Umbildung. Revue internationale de philos. 1939.
- N. Mouloud, Le principe spatial d'individuation: fondements phénoménologiques et signification géométrique. Revue de Métaphysique et de Morale, janv-mars 1956, juil-décembre 1956.
- P. Ricoeur,
  - Husserl et le sens de l'Histoire. Revue Méta-Morale 1949.
  - Analyses et problèmes dans "Ideen II" de Husserl. Revue Méta-Morale 1957-1962.
  - Husserl et Kant. Kantstudien 1954-55.
- R. Schérer, Sur la philosophie transcendantale et l'objectivité de la connaissance scientifique. Revue Méta-Morale 1957.
- H. Spiegelberg, Der Begriff der Intentionalität in der Scholastik, bei Brentano und bei Husserl. Philos. Hefte, Bd V.
- S. Strasser, Das Gottesproblem in der Spätphilosophie E. Husserls. Philosophisches Jahrbuch der Görres Gesellschaft. München 1959.
- A. Schutz, Das Problem der transzendentalen Intersubjektivität bei Husserl. Philosophische Rundschau 1957.
- R. Toulemont, La spécificité du social d'après Husserl. Cahiers internationaux de Sociologie 1958.
- J. Thyssen, Husserls Lehre von den "Bedeutungen" und das Begriffspro-

298

blem. Zeitschrift für philos. Forschung 1959.

— J. Vuillemin, Le problème phénoménologique: intentionalité et réflexion. Revue Philos. de la France et de l'étranger 1959.

— H. Wagner, Kritische Bemerkungen zu Husserls Nachlass. Philos. Rundschau 1943-1954.

— J. Wahl, Notes sur quelques aspects empiristes de la pensée de Husserl. Revue Méta-Morale 1952.

— H. Zeltner, Das Ich und die Andern. Zeitschrift für philos. Forschung 1959.

INDEX

On trouvera dans cet index les concepts les plus importants avec:
— soit leur rapport au corpus husserlien (état I).
— soit leur fondement dans l'état II posthusserlien (Phénoménologie).
— soit leur fondement dans l'état III (Phénoméno-logique).

Les caractères romains I, II, II, qui précèdent les renvois (en caractères arabes) aux pages de notre texte, signalent les états I, II, et III correspondants du texte phénoménologique. Notons que certains concepts sont à la jointure de deux états différents du texte phénoménologique; on fera alors précéder les renvois *des* caractères romains adéquats.